主编◎林木西

"十二五"国家重点图书、400种精品项目
国家"211工程"三期重点学科建设项目标志性成果
东北老工业基地全面振兴系列丛书

东北老工业基地产业结构调整优化研究

DONGBEI LAOGONGYE JIDI
CHANYE JIEGOU TIAOZHENG
YOUHUA YANJIU

黄继忠　等著

U0874329

经济科学出版社
Economic Science Press

图书在版编目（CIP）数据

东北老工业基地产业结构调整优化研究/黄继忠等著．—北京：经济科学出版社，2011.12

（东北老工业基地全面振兴系列丛书）

ISBN 978－7－5141－1593－2

Ⅰ.①东… Ⅱ.①黄… Ⅲ.①老工业基地－产业结构调整－研究－东北地区②老工业基地－产业结构优化－研究－东北地区 Ⅳ.①F127.3

中国版本图书馆CIP数据核字（2012）第026999号

责任编辑：柳 敏 岳 琨
责任校对：徐领弟 刘 昕
版式设计：代小卫
技术编辑：邱 天

东北老工业基地产业结构调整优化研究

黄继忠 等著

经济科学出版社出版、发行 新华书店经销

社址：北京市海淀区阜成路甲28号 邮编：100142

总编部电话：88191217 发行部电话：88191540

网址：www.esp.com.cn

电子邮件：esp@esp.com.cn

北京汉德鼎印刷厂印刷

三河市华玉装订厂装订

710×1000 16开 23.25印张 430000字

2011年12月第1版 2011年12月第1次印刷

ISBN 978－7－5141－1593－2 定价：42.00元

（图书出现印装问题，本社负责调换）

（版权所有 翻印必究）

序

《东北老工业基地全面振兴系列丛书》（共10本）终于和广大读者见面了。这套丛书是辽宁大学“211工程”三期重点学科项目的标志性成果，也是我校围绕老工业基地调整改造和全面振兴进行长期研究所取得的又一重要进展。有一种说法认为，老工业基地振兴“全国看东北、东北看辽宁”。辽宁大学作为全国“211工程”重点建设大学、辽宁唯一一所综合性大学，多年来围绕这一问题进行了认真研究和不断探索：“八五”期间承担了国家社科基金重点研究课题“老工业基地调整与改造研究”并获国家教委人文社科优秀成果一等奖；“九五”期间，由程伟教授主持国家社科基金重点项目“振兴辽宁老工业基地研究”并出版了系列丛书（共8本），在全国引起了较大反响；2004年，以程伟教授为首席专家主持了国家教育部哲学社会科学研究重大课题攻关项目“东北老工业基地改造与振兴研究”结题评审获得“优秀”，并获“中华优秀出版物”提名，入选首批“教育部哲学社会科学重大课题攻关项目文库”；2009年，由我撰写的《东北老工业基地制度创新》先后获辽宁省第十届哲学社会科学成果（省政府奖）一等奖、全国高校人文社会科学研究优秀成果三等奖（人文社会科学）；2011年，以我为首席专家获得了教育部哲学社会科学研究重大课题攻关项目“东北亚区域合作与我国东北地区对外开放研究”。长期以来，我校的研究人员围绕上述问题不断产生新的研究成果。

作为辽宁大学“九五”“211工程”重点学科“国民经济与城市群发展”和“十五”“211工程”重点学科“辽宁城市经济”研究的直接延续，“东北老工业基地改造与振兴研究”既与以往研究成果一脉相承，又与以往研究有所不同：（1）研究视野不断拓宽。“九五”

“211工程”侧重研究了东北振兴的一个“点”，即辽宁中部城市群（现沈阳经济区）；“十五”“211工程”侧重研究东北振兴的一条“线”，即辽宁区域经济；本项目扩展开来研究一个“面”，即把整个东北地区老工业基地作为一个新的增长区域进行全面深入的研究。（2）研究的问题更加深入。当下，东北老工业基地调整改造的任务已基本完成，现已进入全面振兴的新阶段。按照我们的观点，2010～2015年为东北老工业基地全面振兴的攻坚阶段，2016～2020年为东北老工业基地全面振兴的实现阶段，这一划分的主要依据是2007年8月2日国务院正式批复的《东北地区振兴规划》关于东北老工业基地全面振兴需要“经过10年到15年的努力”的基本判断。（3）对建设目标和任务提出了更高的要求。

总体说来，《东北老工业基地全面振兴系列丛书》的编写目标是适应国家实施东北地区等老工业基地全面振兴的重大战略、教育部门对本学科建设和人才培养的重大需求以及服务地方经济社会发展的需要，为此力争从改革、发展和开放的角度在以下三个大的方面实施重点突破：

1. 东北老工业基地创新体系研究

东北老工业基地全面振兴重在创新，关键在于制度创新。从一定意义上说，制度创新和技术创新是东北振兴的“鸟之两翼、车之两轮”。而要实现制度和技术创新，不能囿于现有的政策，必须实现区域经济政策体系的创新。因此，这方面的研究主要包括以下三部著作：

□《东北老工业基地制度创新体系研究》（张桂文等著）

主要从制度创新的相关理论、非均衡制度变迁对东北经济发展的影响出发，设计东北的制度创新体系：一是正式制度创新，包括产权制度创新、企业制度创新、市场制度创新和地方政府管理制度创新；二是非正式制度创新，主要从价值观念、道德伦理、风俗习惯出发，研究东北市场文化氛围的形成、自主创新精神的培育和诚信体系的建设等问题。

□《东北老工业基地技术创新体系研究》（武萍等著）

主要分析三方面的内容：一是技术创新的基础理论，包括国内外技术创新的模式与借鉴、技术创新评价体系的建立；二是东北老工业基地的技术创新体系，包括企业技术创新体系、中介服务体系、人才体系和环境支持体系；三是东北老工业基地技术创新绩效评价。

□《东北老工业基地经济政策创新体系研究》（马树才等著）

主要内容包括：一是区域经济政策创新的基础理论；二是东北老工业基地经济政策创新体系，包括区域产业政策创新、区域财政政策创新、区域货币政策创新和区域对外经济政策创新；三是区域经济政策协调配合创新体系研究。

2. 东北老工业基地经济发展与和谐东北构建

促进经济发展、构建和谐东北既是东北老工业基地全面振兴的内在要求，又是实现区域发展总体战略的重要组成部分。这方面的研究主要包括五部著作：

□《东北老工业基地新型产业基地建设研究》（林木西等著）

主要分析：一是新型产业基地建设的基础理论；二是东北地区新型产业基地的建设，包括先进装备制造业基地、高加工度原材料工业基地、高新技术产业基地、新型能源基地、现代服务业基地和现代农业基地；三是新型产业基地建设政策支持体系。

□《东北老工业基地产业结构调整优化研究》（黄继忠等著）

主要分析：一是产业结构优化的内涵及其借鉴，主要是国内外产业结构的高度化、合理化、高效化、生态化和产业结构优化效应；二是东北老工业基地产业结构的历史演进和产业结构优化的方向及路径；三是实现产业结构优化的新理念和战略选择。

□《东北老工业基地经济与社会可持续发展研究》（张虹等著）

主要分析：一是区域可持续发展的基本理论；二是东北老工业基地经济与社会可持续发展的评价指标体系及综合评价；三是东北老工业基地区域经济协调、资源型城市转型与可持续发展；四是东北老工业基地能源资源、生态环境与可持续发展；五是东北老工业基地和谐社会建设与可持续发展。

□《东北老工业基地劳动力就业研究》(穆怀中等著)

主要分析：一是东北振兴过程中面临的“三个转变”，即经济转轨过程中的失业人口和就业、二元经济转换过程中的剩余劳动力就业、人口转变过程中的未来人口结构和就业；二是“两个互动”所引发的问题，即改革和城市化所形成的原有的就业和“新就业”问题。

□《东北老工业基地统筹城乡社会保障制度研究》(柳清瑞等著)

主要分析：一是统筹城乡社会保障的相关理论和东北老工业基地统筹城乡社会保障的基本框架；二是东北老工业基地统筹城乡养老保险、医疗保险、最低生活保障制度、社会福利与救助制度；三是东北老工业基地统筹城乡社会保障制度的关键问题和实现路径。

3. 东北区域一体化与东北亚区域合作研究

东北老工业基地全面振兴必须扩大开放：一是扩大对内开放，在东北区域一体化的基础上谋求实现与国内其他地区在更大范围内的合作；二是扩大对外开放，主要是加强东北亚区域合作，促进东北亚区域一体化目标的实现。这方面主要包括两部著作：

□《东北老工业基地区域一体化研究》(崔万田等著)

主要分析：一是区域一体化的相关理论及国内外区域一体化模式的比较与借鉴；二是东北老工业基地区域一体化的目标及路径分析；三是东北老工业基地的基础设施一体化、市场一体化、资源环境治理一体化、产业结构一体化、“东北大城市群”建设和行政体制一体化。

□《东北老工业基地振兴与东北亚区域经济合作研究》(崔日明等著)

主要分析：一是东北地区扩大开放与加强东北亚经济合作的理论与现实基础；二是东北老工业基地振兴与东北亚区域合作互动的态势、优势与障碍；三是东北老工业基地振兴与东北亚区域合作互动的路径选择。

从整体上看，编写这套系列丛书的目的有两个：一方面是谋求建立一个比较完整、内容互补的理论分析体系，这10本书之间的关系不是单摆浮搁而是内在联系、互相统一的；另一方面，并不求“全”而是强调突出重点、面对现实问题和力求为解决实际问题提供思路和政策咨询。从实际效果看，这一目标初步得到了实现。

令人欣慰的是，这套系列丛书的出版得到了经济科学出版社的大力支持，特别是得到了国家有关部门的高度重视：2011年4月13日，国家新闻出版总署公布了“‘十二五’时期国家重点图书、音像、电子出版物规划”，《东北老工业基地全面振兴系列丛书》名列其中；9月20日，新闻出版总署又公布了“关于做好2011年‘十二五’规划400种精品项目出版工作的通知”，本系列丛书被确定为155种社科与人文科学精品项目之一。所有这些，都使我们深受鼓舞，备感责任重大。

在《东北老工业基地全面振兴系列丛书》出版之际，对各级领导、国内外学者及诸多朋友对本丛书出版给予的支持，表示衷心感谢。

书中的不足之处，恳请各位读者不吝赐教。

林木西

2011年12月于沈阳

目　录

绪　　论

一、研究背景

东北老工业基地是新中国最重要的工业摇篮。新中国成立以来，党和国家在东北地区投资建设了具有相当规模的以能源、原材料、装备制造为主的战略产业和骨干企业，为我国形成独立、完整的工业体系和国民经济体系作出重大贡献。随着改革开放的不断深入，东北老工业基地的体制性、结构性矛盾日益显现，进一步发展面临着许多困难和问题。党中央、国务院高度重视东北老工业基地的改造和发展，2003 年 10 月 5 日，中共中央、国务院正式印发 11 号文件，提出振兴包括东北三省、内蒙古东部地区在内的整个东北老工业基地，“振兴东北”成为国策，被放在了整个国家战略的重要位置。在此基础上，2007 年 8 月，国家发改委、国务院振兴东北地区等老工业基地领导小组办公室发布了经国务院批复的《东北地区振兴规划》，提出东北振兴的目标是：经过 10 到 15 年的努力，实现东北地区的全面振兴，将东北建设成为具有国际竞争力的装备制造业基地、国家新型原材料和能源的保障基地、国家重要商品粮和农牧业生产基地、国家重要的技术研发与创新基地，以及国家生态安全的重要保障区。为应对金融危机，在新形势下实现东北全面振兴，2009 年 9 月 9 日，国务院正式下发了《关于进一步实施东北地区等老工业基地振兴战略的若干意见》，即 33 号文件，有人将其称为振兴东北的“国九条”。从做好调整改造工作到要在应对国际金融危机中实现新的跨越：从国家给予优惠政策和大力扶持到要为全国经济发展做出更大贡献。

进入 21 世纪以来，东北老工业基地如何利用国家的相关政策，制定了怎样的老工业基地改造的战略和策略，其改造振兴和产业结构优化的效果如何，这些都是有待我们研究和分析的。此外，作为理论工作者，我们必须善于从实践中总结抽象新的理论，即产业结构优化的新理论，并运用这些新的理论和方法，分析现实的产业结构水平，选择未来的产业结构优化方向和战略重点，通过实施新的优化战略，实现产业结构的高效化和生态化目标，并最终实现东北老工业基地振兴的愿景。

二、国内外相关研究文献综述

产业结构优化仍然是经济学界经常探讨的一个话题。通过调整和优化阻碍经济发展的产业结构，提高资源配置效率，使各产业实现协调发展，并满足社会不断增长的需求，从而推动国民经济又好又快发展。

（一）早期的产业结构优化理论

对于产业结构优化问题的研究，罗斯托的主导产业理论、筱原三代平的“需求收入弹性基准”和赫希曼的产业关联理论颇具代表性。

美国经济学家罗斯托在1960年出版的《经济成长的阶段》一书中，将人类社会发展的历史划分为五个不同阶段，无论哪个国家及其在何种经济发展阶段上，主导产业群的形成、发展和转换，均是推动其整体经济发展的根本因素和原动力。也就是说在一国经济成长从低级向高级演进的过程中，主导产业群也依次发生相应的更替，从而推动该国产业结构的转换，通过主导产业的快速发展来带动经济增长，使人类社会依次向更高级阶段变更。罗斯托认为，主导产业的形成必须具备足够的资本积累、充足的市场需求和创新等条件。正确选择和扶持发展主导产业，是发展中国家和地区实现经济起飞和经济持续增长的一个基本条件。

日本经济学家筱原三代平是在罗斯托主导产业理论基础之上，于1957年提出产业结构优化的两个基准，即“需求收入弹性基准”和“生产率上升基准”。筱原三代平指出，需求收入弹性大的产业，随着经济的发展和国民收入的增加，可以创造出较大的市场需求，便于利用规模经济效益，迅速地提高利润率，因此需求收入弹性基准要求把积累投向收入弹性大的行业或部门。同样，一般生产率增长较快的产业，其技术进步速度都比较快，才能不断降低生产成本，取得竞争优势，从而必然吸引各种生产要素流入，使产业本身能获得更快的发展，逐渐成为一国或地区社会经济增长的支柱和主动力。

美国经济学家艾伯特·赫希曼在其著作《经济发展战略》中，依据投入产出原理，提出了产业关联度标准。产业关联是不同产业之间的投入品和产出品相互运动形成的技术经济联系。产业关联度是产业之间这种技术结构和产品的需求结构的扩散程度和相互依存、相互推动的强度。赫希曼认为，产业关联度高的产业对其他产业会产生较强的后向关联、前向关联和“波及效应”，产业结构优化应加强这些产业的发展。

（二）产业结构优化的内涵研究

不同的学者对产业结构优化的内涵理解上并不完全相同。国内学术界较早探究产业结构优化内涵这一问题的学者是上海社会科学院经济研究所的周振华研究员，他（1992）[①] 认为产业结构优化包含产业结构的高度化和合理化两个主要内容。产业结构的高度化是指产业结构从较低水准向较高水准的发展过程，它可以用第二、三产业的比重、资金与技术知识密集型产业的比重以及中间产品与最终产品产业的比重来测度。产业结构的合理化是指提高产业之间有机联系的聚合质量，即产业之间相互作用所产生的一种不同于各产业能力之和的整体能力，它可以用产业之间的关系均衡程度和产业之间的关联作用程度来表示。苏东水（2000）[②] 教授认为，产业结构优化是指推动产业结构合理化和高度化发展的过程。李红梅（2000）[③] 认为，产业结构的优化主要意味着产业结构的升级、技术和资本密集程度的提高。张立厚等学者（2000）[④] 则认为，产业结构优化是指在国民经济整体效益最优化的目标下，根据资源条件、经济发展水平、科学技术能力、人口环境素质以及国际、国内经济关系等因素，实现生产要素的合理配置，使各产业协调发展，以适应社会不断增长的需求和可持续发展战略的要求。产业结构优化的核心是产业结构合理化与产业素质高度化的有机结合，以产业结构合理化促进产业素质高度化，以产业素质高度化带动产业结构合理化。黄继忠教授（2002）[⑤] 提出产业结构高效化理论，认为产业结构高效化是指在假设技术经济条件不变的条件下，低效率产业比重不断下降和高效率产业比重不断增大的过程，并进一步论证了产业结构高效化存在的客观依据，设计了度量高效化的标准和方法，分析并模拟计算了高效化效果。唐晓华、黄继忠等（2007）[⑥] 认为产业结构优化是指产业结构效率、产业结构水平、产业结构协调能力不断提高的过程，它包括产业结构高效化、产业结构高度化、产业结构合理化，这三者构成了产业结构优化的有机整体，其中：产业结构高效化是目标，产业结构高度化是条件，产业结构合理化是基础。史忠良（2007）[⑦] 认为产业结构优化是指通过产业

---

① 周振华，《产业结构优化论》，上海人民出版社 1992 年版，第 89 ~ 90 页。

② 苏东水，《产业经济学》，高等教育出版社 2000 年版。

③ 李红梅，《世纪中国产业结构调整的战略选择》，载于《首都师范大学学报（社会科学版）》2000 年第 6 期，第 56 ~ 60 页。

④ 张立厚、陈鸣中、张玲，《石龙镇产业结构优化的系统仿真分析》，载于《工业工程》2000 年第 3 期，第 51 ~ 54 页。

⑤ 黄继忠，《对产业结构优化理论中一个新命题的论证》，载于《经济管理新管理》2002 年第 4 期，第 12 ~ 16 页。

⑥ 唐晓华，《产业经济学教程》，经济管理出版社 2007 年版。

⑦ 史忠良，《新编产业经济学》，中国社会科学出版社 2007 年版。

结构调整，使各产业实现协调发展，并满足社会不断增长的需求过程。产业结构优化包括两方面的含义：一是结构效益优化，即结构演进过程中由于协调化而产生的结构效益的不断提高；二是转换能力优化，即产业发展过程中，不断提高技术创新能力的市场化过程。原毅军、董琨（2008）① 认为，随着经济的发展，产业结构是在不断变化的。这种变化可能会促进经济发展，也可能会阻碍经济发展。当产业结构不适应经济发展的要求时，就需要进行调整。无论是借助市场机制还是采用政策干预，只要这种调整过程推动了产业结构趋于合理化，或更加适应经济的发展，那么这一调整过程就是产业结构优化过程。从经济意义上讲，产业结构优化的目标是在保证资源配置最优化和宏观经济效益最大化的前提下实现经济的健康、协调发展。

综上所述，大多数学者从动态角度研究和解释产业结构优化问题，把产业结构优化理解为推动产业结构合理化、高度化和高效化发展过程，是实现产业结构与资源供给结构、技术结构、需求结构和就业结构相适应，甚至总量经济健康、快速增长等优化目标的动态调适过程。产业结构优化过程就是通过政府的有关产业政策调整影响产业结构变化的供给结构和需求结构，实现资源优化配置与再配置，来推进产业结构的合理化与高度化发展。

（三）产业结构优化的判别标准

产业结构是指在社会再生产过程中，国民经济各产业之间的生产技术经济联系和数量的比例关系。怎么判别产业结构优化，原毅军、董琨（2008）② 认为产业结构优化的评判标准主要有与“标准结构”比较、考察产业结构的协调性、考察供给结构对需求结构的适应性、考察产业发展对各种经济资源的有效利用程度和考察产业结构的“自组织能力”五大类。

“标准结构”法是目前最为常用的产业结构优化的判别标准方法。该方法是将一国或地区的产业结构与世界其他国家产业结构的平均高度进行比较，以确定该国或地区产业结构的优化程度。“标准结构”法的使用中较常见的参照系有：钱纳里的“产业结构标准模式”、库兹涅茨的“标准结构”、“钱纳里—塞尔奎因模型”等③。

---

① 原毅军、董琨，《产业结构的变动与优化：理论解释和定量分析》，大连理工大学出版社 2008 年版。

② 原毅军、董琨，《产业结构的变动与优化：理论解释和定量分析》，大连理工大学出版社 2008 年版，第 18 ~ 19 页。

③ 杨公朴，《产业经济学》，复旦大学出版社 2005 年版。

我国学者江小娟（1996）[①]、吕政（2000）[②]、陈佳贵、黄群慧（2003）[③] 和黄群慧（2004）[④] 等是国内较早研究产业结构优化判别标准的代表人物。在他们的研究中，主要是以"标准结构"法为准绳，依据经济发展阶段进行判别。然而，他们选取的变量仅仅包括收入水平、产值和劳动投入等少量指标，只能反映各国工业发展演变的共性问题，而无法对各国国情所决定的工业结构升级的个性差异进行更深入的研究。

王岳平（2004）[⑤] 就指出利用高级生产要素的生产率来测评产业结构优化升级是最理想的方法。张建华和李博（2008）[⑥] 将 KLEMS（资本、劳动、能源、原材料和服务）生产率核算方法引入产业结构优化升级研究当中，建立一套兼具描述、评价、解释和预测各项功能于一体的全面系统的产业结构测评体系，并在此基础上建立数据库，对不同国家的要素禀赋特点及其对产业结构演变的影响等问题进行深入的研究。刘伟、张辉和黄泽华（2008）[⑦] 将我国各地区各产业部门的比例关系和劳动生产率的乘积作为产业结构优化的测度指标，得出上海、北京和天津三个直辖市的产业结构高度显著大于 1 的结论，认为上海、北京、天津已经完成了工业化。

李邃、江可申、郑兵云（2010）[⑧] 在产业结构系统是耗散结构的假设基础上，建立新兴产业和产业结构优化升级指标体系，运用灰关联熵模型定量分析了 2000 ~2008 年间新兴产业和中国产业结构优化升级有序度之间的关系。结果表明：在 2000 ~2003 年间，前者造成了后者的熵减，提高了系统的有序度；而在 2004 ~2008 年间，前者使后者产生了熵增，降低了系统的有序度。进一步的原因分析中发现，三资企业在我国的新兴产业发展中占据了主导地位，三资企业新兴产业的发展是影响我国产业结构优化升级系统有序发展的重要因素；而国有及国有控股企业新兴产业的发展在多数年份与产业结构优化升级系统处于无序度加大

---

① 江小娟，《世纪之交的工业结构升级》，上海远东出版社 1996 年版。

② 吕政，《关于中国工业化和工业现代化的思考》，载于《中国工业经济》2000 年第 1 期，第 5 ~ 9 页。

③ 陈佳贵、黄群慧，《工业现代化的标志、评价指标及对中国工业的初步评价》，载于《中国社会科学》2003 年第 3 期。

④ 黄群慧，《中国工业现代化水平的基本测评》，载于《中国工业经济》2004 年第 9 期，第 20 ~ 28 页。

⑤ 王岳平，《开放条件下的工业结构升级》，经济管理出版社 2004 年版，第 31 ~36 页。

⑥ 张建华、李博，《KLEMS 核算体系与产业结构优化升级研究》，载于《当代经济研究》2008 年第 4 期，第 12 ~16 页。

⑦ 刘伟、张辉、黄泽华，《中国产业结构高度与工业化进程和地区差异的考察》，载于《经济学动态》2008 年第 11 期，第 4 ~8 页。

⑧ 李邃、江可申、郑兵云，《新兴产业与中国产业结构优化升级有序度研究》，载于《科学学与科学技术管理》2010 年第 12 期，第 115 ~121 页。

状态。今后我们应当重视国有及国有控股企业在新兴产业领域的壮大，这才是我国产业结构优化升级的可靠保障。

上述这些学者们对产业结构优化的研究尽管在研究指标之间可能存在的自相关、时效性和地域性等问题，但不可否认，这些方法为今后研究如何判别产业结构优化标准提供了新的思路。

（四）产业结构优化的制约因素

制约产业结构优化的因素比较复杂的，涉及经济、人口、环境、制度等方面，学者们广为重视。

不少学者认为，经济发展水平的高低决定产业结构优化升级，经济发展是推动产业结构优化的最基本因素。推动产业结构优化升级的经济发展因素主要包括生产力发展水平、社会分工和专业化程度、经济总量规模和增长速度等等。例如，杨治（1985）[①] 在借鉴西方产业结构与产业组织理论后，认为一定的产业结构状况是同一定的经济发展阶段联系在一起的，不同的经济总量有不同的经济结构，经济总量增长依赖于结构变动，特别依赖于增长速度高于平均增长率的新兴产业。苏东水（1985）[②] 认为，产业结构优化和经济增长在地区经济发展过程中密切联系、相互制约。产业结构优化将会促进经济的快速发展，经济的快速发展也会促进地区产业结构的高度化和合理化，从而促进地区产业结构的优化。

劳动力作为重要的生产要素之一，其既是经济增长的必要条件又是决定经济发展的重要因素，因此劳动力数量和质量均影响着产业结构的优化升级。张学江（2009）[③] 认为，产业结构优化升级将会直接引起社会职业在数量、种类、结构等方面发生变化，从而相应地要求通过教育培训等方式加快提高劳动力素质。能否为新的或发展扩大中的产业源源不断地输送劳动力，是产业结构不断优化升级的重要条件。具体来说包括两点：一是在劳动力供给数量过分充裕时，政府受“充分就业”这一宏观经济政策的制约而将支持劳动密集型产业的发展放在较为重要的地位；反之，在劳动力供给数量相对紧缺时，政府除了采取鼓励劳动力流入和输出资本的政策外，就是支持资金密集型和技术密集型产业的发展，试图以产业结构的升级来解决劳动力要素供给的不足。二是劳动力供给的质量同样也影响到产业结构的高度化。劳动力在产业间的移动不仅要有量的保证，而且要有质的保证，即教育和训练的水平、掌握高度技术和技能的能力也是至关重要的。有

① 杨治，《产业经济学导论》，中国人民大学出版社 1985 年版。

② 苏东水，《产业经济学》，高等教育出版社 2000 年版，第 298 页。

③ 张学江，《产业结构优化升级与提高劳动力素质》，载于《商业研究》2009 年第 2 期，第 83 ~ 85 页。

较高质量的劳动力供给，就能发展技术集约程度较高的产业。丁焕峰（2006）[①]也认同，劳动力成长是产业结构优化的一个重要影响因素。劳动力素质的不断提高，既可以节省和替代资本，提高劳动生产率，也可以促使新的生产方式和产业的形成。

环境因素也是制约产业结构优化的因素之一。环境是作用于人类的所有自然因素和社会因素的总和。世界各国在工业化过程中，出现了形形色色各样的环境污染问题和环境资源短缺现象，因此，环境因素对产业结构优化的制约作用也越来越受到重视。夏平华等（2008）[②] 在对广东省 1990 ~ 2005 年推进产业结构高度化过程中的环境负荷进行数理建模分析，认为广东省以往的产业结构高度化进程具有"压缩、并进型"特点，其环境负荷模型性质表明，如不采取补救措施，照此模型发展下去，将使广东省在工业化中后期的产业结构高度化进程中遭遇巨大的环境负荷压力。为解决广东省产业结构高度化推进中存在的环境负荷压力大的问题，对未来可采用的模型作了分析，并在此基础上作了实证分析。其结论是：如广东省的产业结构高度化推进过程能与该发展模型的第三项假设条件拟合，则完全可以成功地走出一条可持续发展之路。同时建议，建立相应系统指标体系，并制定指标体系规划目标，采取措施确保相应的目标值的实现。丁焕峰（2006）[③]认为，国内外环境的变化也是产业结构优化的重要影响因素。

技术创新因素对产业结构优化的影响也越来越受到学者的重视。技术进步对经济增长和产业结构变动是一个持久并日益增强的重要因素。丁焕峰（2006）[④]认为，技术创新是产业结构优化的核心动力。当某产业的技术创新带来新的需求时，一般将引起生产要素向该产业流入，促进该部门的成长和发展，从而引致产业结构的优化升级；另外，当某产业的创新仅带来生产效率的提高，但没创造出新的需求时，则往往引起生产要素从该产业的流出，从而加速了该部门的萎缩和退出过程，这同样导致整个产业结构的优化。创新引起生产要素在各部门之间的转移，导致不同部门的收缩和扩张，从而促进产业结构的有序发展，因此创新从根本上提高产业结构的转换能力，推进产业结构的优化。

但也有学者指出，如姚德文、张晖明（2008）[⑤] 认为，在产业结构优化升级过程中，技术虽然是关键因素，但是其主要障碍在于长期的中国式的分权改革，

---

①③④　丁焕峰，《技术扩散与产业结构优化的理论关系分析》，载于《工业技术经济》2006 年第 5 期，第 95 ~ 98 页。

②　夏平华、宋之光、肖贤明，《广东省产业结构高级化环境影响模型的建立及实证分析》，载于《科技管理研究》2008 年第 2 期，第 97 ~ 101 页。

⑤　姚德文、张晖明，《上海产业结构优化升级的障碍和对策分析》，载于《上海经济研究》2008 年第 3 期，第 52 ~ 58 页。

造成了企业和产业投资融资渠道不畅，要真正实现畅通，出路在于培育一个良好的金融市场，尤其是资本市场。

除上述主要影响产业结构优化的因素外，对外贸易结构对产业结构优化也会产生一定程度的影响。如黄建康（2002）① 对外商直接投资对我国产业结构优化的影响进行了探讨。

（五）产业结构优化的对策

产业结构优化对策也是研究产业结构问题的学者们关注的重点之一。学者们从不同的角度对这一问题进行了研究。宋涛（2002）② 认为，我国产业结构的优化和升级，首先要以马克思的产业结构理论为指导，同时运用市场机制来调节，而且国家有关部门要从宏观上进行调控。温国才（2002）③ 在分析我国改革开放30多年来产业结构发生深刻变化的基础上，初步探讨调整与优化我国产业结构的若干对策，即要加强基础工业，振兴支柱产业，发展优势产业，实施科教兴农战略，推进农业科技进步与农业产业化经营，推进第三产业的改革和开放。岳军（2003）④ 认为，制度性因素是中国产业结构存在问题的症结所在，并指出为形成有利于产业结构优化的微观基础和宏观环境，必须在宏观管理制度、生产经营单位的组织和经营管理形式、市场规划等方面进行制度创新，以制度创新为契机加快产业结构调整的步伐。王亚平（2008）⑤ 从产业政策角度出发，认为应当进一步完善投、融资政策，加强信贷与产业政策的协调配合，落实土地管理和耕地保护政策，加大环境监管力度，加强资源保护和有效利用，从而发挥价格杠杆的作用。魏梅（2008）⑥ 以徐州市为例，指出徐州需要加快实现工业化进程的路径转换，坚定走新型工业化道路。应当寻求工业化与信息化互动的结合点和切入点，推进产业结构优化升级，强化科技创新和扩大对外开放；要牢固确立新的发展观，切实转变经济增长方式，大力发展循环经济，必须充分发挥资源采掘业废弃物再利用优势，提高能源利用率，并努力构筑循环经济技术支撑体系和项目推

---

① 黄建康，《外商直接投资与我国产业结构调整的政策思考》，载于《现代经济探讨》2002年第2期，第18～21页。

② 宋涛，《调整产业结构的理论研究》，载于《当代经济研究》2002年第11期，第4～9页。

③ 温国才，《我国产业结构调整与优化的对策初探》，载于《暨南学报（哲学社会科学）》2002年第2期，第73～79页。

④ 岳军，《制度创新：中国产业结构优化的出路所在》，载于《山东大学学报》2003年第5期，第106～109页。

⑤ 王亚平，《新阶段产业结构优化升级的方向与政策》，载于《宏观经济管理》2008年第7期，第36～38页。

⑥ 魏梅，《资源和环境约束下的城市产业结构优化》，载于《江苏环境科技》2008年第2期，第75～78页。

广服务体系，促进资源、环境与新型工业化协调发展，形成政府引导和市场激励推进相结合的有效发展机制。

（六）产业结构优化的定量分析

学者们不仅从理论上对产业结构优化进行探讨，而且还从实证角度对产业结构优化进行研究，并逐渐成为一种新的研究趋势。产业结构优化的定量分析方法主要有投入产出方法、计量经济方法和数学优化方法三种。

投入产出方法是研究产业结构的最常规方法，由美国经济学家瓦西里·里昂惕夫于1936年在美国《经济统计评论》上发表的《美国经济制度中投入产出的数量关系》一文中最先提出。从第二次世界大战后投入产出方法逐渐得到学者们的重视，在世界各国得到广泛的运用，目前已成为研究产业结构定量分析的主要方法之一。这种方法用矩阵形式把最终需求通过“里昂惕夫逆阵”与总产出联系起来，把单位产品劳动消耗通过里昂惕夫逆阵的转置与单位产品的价格联系起来，可用来进行经济分析、经济预测和编制经济计划。经过学者们几十年的努力，投入产出方法不论在深度上还是广度上均有了较大的发展。由静态模型向动态模型发展，如里昂惕夫（Leonteafe）于1953年和1970年提出的“动态求逆模型”、卡尔巴哈和库尔兹（Kalmbach & Kurz，1990）① 的“变系数投入产出（Time-Varying Coefficient Input-Output）模型”；庄·J·刘（Chuang J. Liew，2000）的“动态可变投入产出（Dynamic VariableInput-Output）模型”；由单地区模型向多地区模型发展，如波伦斯基（Polenske，1995）② 的“投入产出空间（Spatial Input-Output）模型”；投入产出模型与经济优化分析结合分析。但是投入产出方法不能很好地解决产业结构优化问题。因此，有学者将其与线性规划、非线性规划、动态规划等模型结合，建立投入产出最优规划模型。例如美国著名经济学家萨缪尔森、德芙曼和索洛（Samuelson，Dorfman & Solow）就将经济优化方法中的线性规划与投入产出分析结合起来，提出了“大道定理”，研究经济发展的最优途径③。

与此同时，随着20世纪80年代初国家统计局投入产出编制工作的开展，我国对于投入产出模型的研究也得到一定发展，逐渐形成了一系列具有代表性的研

---

① Kalmbach P.，Kurz H. D.，Micro-electronics and employ-ment：A dynamic input-output study of the West Getman economy [J]，Structural Change and Economic Dynamics，1990，2：371－386.

② Polenske K. R.，Leontief's Spatial Economic Analyses [J]，Structural Change and Economic Dynamics，1995（6）：3.

③ 原毅军、董琨，《产业结构的变动与优化：理论解释和定量分析》，大连理工大学出版社2008年版，第185页。

究成果。钟契夫（1982）[①]、邵汉青和钟契夫（1983）[②]、陈锡康（1983）[③]、张塞和罗蘅同（1983）[④] 等早期一批国内学者就围绕投入产出方法应用及投入产出表编制内容等问题进行应用层面上的研究，这也为后来投入产出技术在国内的推广起到了重要的作用。

计量经济模型与产业结构理论结合最紧密的部分就是在产业结构与经济增长之间的量化分析，对于产业结构中各种要素在多大程度上发挥着推动经济增长的作用进行有效的说明。刘伟和李绍荣（2002）[⑤] 对各地区国内生产总值和第一、二、三产业在1992~2000年的样本观测值进行了回归，得出结论认为，中国经济最有效地拉动经济增长的产业，除建筑业外几乎全是第三产业的部门，这说明过去中国经济的增长主要是通过制度改革由第三产业（包括建筑业）拉动的，然而通过产业结构对经济规模和要素效率的实证分析可知，对中国经济规模产生正效应的是第一产业和第二产业，而第三产业产生的却是负效应。因此，中国经济要维持长期稳定的高增长就必须改造传统的农业结构和生产方式，同时还必须改革传统工业的生产组织形式和生产结构，并利用新技术提升工业的生产方式，以提高第一产业和第二产业对经济增长贡献的效率。

数学优化方法则包括生产函数法和经济优化模型法两种。生产函数法是通过选择设定反映生产过程中投入要素与产出量之间的技术关系的生产函数来表示产业结构对经济增长的贡献的方法。何忠伟、曾福生（2002）[⑥] 用生产函数法研究了农村的要素结构，得到结论：1980~2000年间，我国农村经济总要素生产率增长中的56.81%来自要素配置结构的变化，33.15%来自农业与非农业产值结构的变化，10%来自技术进步。要素结构的变化对总要素生产率增长率的作用在初期（1980~1988年）更为突出，而后期（1989~2000年）其相关份额有下降趋势，这表明随着农村生产要素的结构性流动，报酬递减规律开始发生作用。经济优化模型方法从现实经济问题中找出可控制变量、现实的约束条件和期望达到的目标，在此基础上建立适应的模型，然后求解最优解。该方法一般以特定的经济理论为基础，在产业结构定量分析的实际运用中与经济与计量经济、投入产出、系

① 钟契夫，《投入产出原理及其应用》，中国社会科学出版社1982年版。

② 邵汉青、钟契夫，《投入产出法（部门联系平衡法）概论》，中国人民大学出版社1983年版；陈锡康，《投入产出法》，人民出版社1983年版。

③ 陈锡康，《投入产出法》，人民出版社1983年版。

④ 张塞、罗蘅同，《投入产出基层调查表编制方法》，山西人民出版社1983年版。

⑤ 刘伟、李绍荣，《产业结构与经济增长》，载于《中国工业经济》2002年第5期，第14~21页。

⑥ 何忠伟、曾福生，《农村产业结构调整影响经济增长的模型构建与分析》，载于《农业技术经济》2002年第4期，第12~16页。

统论等其他方法相结合。陈宏、韩轶和戴华（1997）① 等将经济优化方法与投入产出模型中的经济结构系数矩阵的特征分析相结合，研究了最终产品最大和社会纯收入（利税）最大情况下的最优产业结构及存在的条件，并讨论了两种最优产业结构之间的关系。薛声家（2003）② 借助投入产出和目标规划技术，建立产业结构调整的多目标优化决策模型。在不增加总投入的假设条件下，以极大化国内生产总值、保证三次产业的合适比例等为目标，对广东省产业结构调整与优化进行实证分析。刘春山和辛杨（2005）③ 基于产业结构优化理论的多产业部门动态优化模型充分利用投入产出表，用产业经济系统中的需求、供给及均衡增长理论构建产业结构动态优化理论模型，模拟一个需求向均衡增长的产业结构及各产业要达到均衡增长所需的投资结构，充分体现非线性的需求函数，供给函数，及需求导对投资的影响。这一过程已经在吉林省产业结构动态优化实证中得以运用。刘春山（2006）④ 在充分研究产业结构演变内在机理的基础上，改进现有的基于里昂惕夫动态投入产出和哈罗德模型，建立需求导向的六部门动态优化模型，模拟了消费与净输出需求拉动下的供求均衡增长过程，优化了各时期的投资结构和产业结构。宋辉和王会强（2007）⑤ 提出了投入产出模型与层次分析及多目标规划法有机结合起来的复合模型，解决了主导产业的选择和产业结构的优化问题，使主导产业部门的选择、发展和对国民经济的带动影响及优化问题得到了系统解决。并利用模型对河北省“十一五”时期主导产业选择及其带动影响和产业结构优化等问题进行了实证研究。

（七）国内外老工业基地产业结构优化的研究

世界各国的老工业基地曾在各国经济发展中发挥着重大作用，为各自国家的工业化进程作出了历史性的贡献。但随着生产要素和资源的外流与枯竭，环境问题的日益突出，市场需求状况的改变，老工业基地衰退有其必然性。20 世纪中叶以来，老工业基地的调整改造是各国面临的共同课题。

发达国家依靠其成熟的市场机制，依据市场规律进行资源配置，通过产业结

---

① 陈宏、韩轶、戴华，《利用投入产出模型研究最优产业结构》，载于《电子科技大学学报》1997 年第 3 期，第 293～297 页。

② 薛声家，《基于投入产出模型的产业结构优化》，载于《暨南学报（哲学社会科学版）》2003 年第 1 期，第 49～53 页。

③ 刘春山、辛杨，《产业结构动态优化理论体系研究》，载于《工业技术经济》2005 年第 8 期，第 74～75 页。

④ 刘春山，《六部门动态优化模型在吉林老工业基地产业结构优化升级中的运用》，载于《东北亚论坛》2006 年第 5 期，第 54～58 页。

⑤ 宋辉、王会强，《主导产业选择与结构优化模型分析——以河北省为例》，载于《河北大学学报（哲学社会科学版）》2007 年第 6 期，第 85～88 页。

构调整、加大资金和技术的投入、加快环境改造等措施，对其老工业基地进行了颇具成效的调整和改造，使老工业基地重新振兴（李俊江、史本叶，2006）。不少学者对发达国家老工业基地改造振兴的成功经验进行了研究，如王晓来(2004)、郁培丽和鄢皓月（2005）、许广义和张逸昕（2005）、李俊江和史本叶(2006）等学者均对此进行了探讨，大部分的结论认为发达国家政府的相关部门从宏观战略上相当重视老工业基地的改造，成立专司部门或机构，制定和实施老工业基地调整与改造的战略规划；在资金、技术、信息等方面给予大力的支持和援助；制定和实施产业政策，改造传统产业，淘汰落后产业，推进产业结构合理化、高度化，优化产业结构；发展新兴产业，加快环境治理、改造和开发利用，为老工业基地改造提供良好的外部环境；加强法律法规等制度建设，优化老工业基地改造的制度环境。

发达国家老工业基地改造振兴的核心和关键是用高新技术改造传统产业，优化产业结构，培养新的经济增长点和新兴产业。淘汰不具有竞争优势的落后产业，尤其是资源已枯竭的资源密集型产业。如由于开采成本高使得煤炭产业竞争力下降，因此法国采取逐步淘汰、放弃的政策，于2005年将所有的煤矿全部关闭；同时铁矿品位降低，生产成本高于进口矿石，冶金工业中的铁矿、炼铁部门也已经全部关闭，重点发展钢材深加工，如发展市场短缺的汽车板材、镀锌板等，这使钢铁工业的附加值提高1倍以上，并占领了欧盟镀锌板市场的45%。对仍有发展空间的传统产业，如机械制造、化工、冶金、纺织等依托区域优势，对其生产工艺进行技术改造。如德国对老工业基地进行改造，其机械制造业技术革新的目标是与电子工业结合，生产数控机床、工业机器人等新型产品；化学工业以石油化学为主转向高科技的生物化学和遗传工程为主。利用高新技术，拓展原有的单一产业结构，因地制宜发展新产业，尤其是高新技术和环保等产业，实现产业结构的多样化。如德国鲁尔老工业基地已从“炼钢中心”逐步变成了一个炼钢等传统产业与信息技术、生物技术等“新经济”产业相结合、多种产业协调发展的新经济区，原单一的产业结构向多元化发展，推进产业结构高度化，产业结构调整取得了明显的成效。加快老工业基地的第三产业发展，利用老工业基地特殊的旅游资源，开发工业遗产旅游，既解决了很多下岗职工的再就业问题，也优化了老工业基地的经济环境，实现经济社会与生态环境协调发展。如英国著名的铁桥峡谷（Iron Bridge Gorge），自20世纪80年代开创了工业遗产旅游，于1986年11月被联合国教科文组织正式列入世界自然与文化遗产名录，从而成为世界上第一个因工业而闻名的世界遗产，目前平均每年约有30万人游览此地。又如德国鲁尔地区的埃森市的“鲁尔文化基金会”的历史图片资料展览，和当地开发的别具特色的旅游线路，吸引着上百万的游客。

国外老工业基地改造的成功经验对我国实施老工业基地振兴战略具有重要启示和借鉴意义。我国东北、重庆、武汉、天津等老工业基地改造的过程中均应针对各自的资源和区域优势，坚持市场导向原则，进一步完善市场经济体制，建立健全相关制度，建立良好的政策环境和外部制度环境，加大资金和技术投入力度，注重资金和技术的使用效率，因地制宜选择好主导产业，改造传统产业，发展新产业，推进产业结构合理化、高度化和高效化，促进产业结构优化。

从已有的文献来看，从不同角度和不同侧重点对产业结构优化升级进行研究的文献众多，范围比较广泛。总的来看，有关产业结构优化领域的研究取得了不错的进展，但仍存在着没有形成一个相当完整的研究体系，定性分析过多，定量分析仍比较少，产业结构不够细化，某一特定产业结构优化的研究不够等问题。未来仍需在这些方面加以努力，深化和拓展产业结构优化的研究。

三、研究视角与方法

（一）研究视角

本书对东北老工业基地产业结构优化进行研究，主要从资源配置效应和环境效应两个视角展开研究，通过东北老工业基地产业结构优化提高其资源配置效应和环境效应，以实现经济和社会效益。

产业结构优化的出发点和落脚点均是经济效益水平的提高，所以促进资源配置效率是产业结构优化的第一个目标。通过产业结构的高度化、合理化和高效化来实现产业结构优化，提高资源配置效率，实现资源配置效应。本书从总量生产函数入手，用丹尼森对综合要素生产率分解的一般方法，来测定东北老工业基地在产业结构演进过程中资本和劳动力要素的资源配置效应。

随着经济的快速发展，工业化过程中资源短缺、环境污染、生态安全问题日益凸显，仅仅从经济利益上考虑的产业结构优化评价体系就需要改进，必须将生态化纳入产业结构优化的评价体系中去。用生态学的方法和价值观审视产业结构，在考虑经济利益的基础上，兼顾社会、环境生态利益，是新阶段新形势下产业结构优化理论的发展。产业结构的环境效应和资源配置效应并不冲突和矛盾，两者是相辅相成、相互促进。产业结构优化的生态效应主要通过产业结构生态化来实现。

产业结构生态化是一个产业系统模拟自然生态系统的产业结构优化的动态过

程，在产业系统内部各企业间，由下游企业消化利用上游企业的废弃物；在产业间各产业间形成类似于自然界的资源提供者（农业扮演）、生产（工业扮演）、消费者（服务业扮演）和分解者（环保业扮演）的共生的新兴产业结构，最终将一个产业输出的废弃物变为其他产业的输入的资源。该结构内涵上包括了生态农业、生态工业、生态服务业以及静脉产业。本书将通过反映生态效率的指标（单位产值自然资源使用率、产业生产消耗率、产业能源消耗率、产业交通运输消耗产出率、单位产值废水排放量、单位产值废弃排放总量）、反映生态响应的指标（空气污染情况、水体污染情况、环境质量情况）和反映生态状态的指标（环保投资情况、环境管理体系实施情况）来评价产业结构优化的环境效应。

（二）研究方法

本书以产业经济学理论为基础，运用产业生态学、循环经济、可持续发展等相关理论，从资源配置效应和环境效应两个视角对东北老工业基地产业结构优化开展了详细研究和探讨。本书研究过程中采取了多种分析方法，包括理论与实际相结合的分析、统计分析、比较分析和动态与静态研究相结合分析等，以实证分析为主。

1. 理论与实际相结合的分析

本书分析了产业结构优化的相关理论，如产业结构高度化、合理化、高效化和环保化，并结合东北老工业基地的产业结构演进的实际情况，进行了针对性的研究。

2. 统计分析

统计分析法是本书对东北老工业基地产业结构优化的实际进行研究所运用的方法。本书对东北老工业基地的三次产业、第一产业内部、第二产业内部和第三产业内部结构优化的大量历史和现状的统计数据进行了统计分析，数据资料相当翔实，研究结论准确，结合规范分析，使研究更具科学性。

3. 比较分析

所谓比较分析是将两个或多个同类或相近的事物按某一法则进行比较分析，寻找它们的异同点，并以此推测未知事物是否具有相似或相近的性质或特征。本书在尽可能多地占有相关资料的基础上，通过将东北老工业基地与国内外相类似的地区或国家进行对比来评价东北老工业基地产业结构演进水平。

4. 动态与静态研究相结合分析

产业结构不是静止的、一成不变的，而是随着经济系统的条件变化而不断发生变化。因此，对东北老工业基地产业结构优化的分析要在初始条件和比较优势分析的基础上，用动态与发展的角度来对待。本书既对若干有代表性的时间截面进行深入剖析的静态分析，同时又对一段时间内，产业结构演进进行了动态分析。如动态上对2000～2009年的10年期间的东北老工业基地三次产业结构变化进行分析，静态上对2009年东北老工业基地的三次产业结构等进行了深入的分析，明确其产业结构演进优化的特点和相关具有比较优势的产业和产品。

四、研究框架与内容

本书主要对东北老工业基地产业结构优化进行研究，共8大部分内容，具体安排如下：

绪论部分主要介绍研究的背景、意义，对国内外的相关研究文献进行了综述，并且提出了本书的研究视角和研究方法，以及本书具体的研究思路和框架。

第一章是产业结构优化相关理论，这是全书研究的理论基础。本章内容主要包括产业结构高度化、合理化、高效化、环保化和产业结构优化效应五个部分。第一，从衡量标志、动因和其与经济发展的关系三方面对产业结构高度化进行了研究；第二，从判断基准和水平测定两个方面对产业结构合理化进行了分析；第三，对产业结构高效化的含义和效率计算进行了阐述；第四，从含义和绩效两个方面对产业结构环保化进行了分析；第五，从资源配置效应和环境效应两个方面阐述了产业结构优化效应。本章为后续问题的深入研究提供理论依据。

第二章是国内外老工业基地产业结构优化经验。这部分首先对包括发达国家和发展中国家在内的老工业基地产业结构优化的国际经验进行了介绍；其次对我国上海、重庆、武汉和天津等地的老工业基地产业结构优化的经验进行了阐述；最后将这些国内外老工业基地与东北老工业基地进行了比较，分析其产业结构优化经验对实施东北老工业基地产业结构优化的借鉴意义。

第三章是东北老工业基地产业结构演进分析。根据产业结构相关理论，利用计量经济学、统计学等各种产业结构定量分析方法，分析东北老工业基地三大产业结构演进过程及其特征以及三大产业内部结构演进过程和特征，继而从产业间及其内部比例关系的协调性、产业结构的运行效率以及与国内外产业结构变动趋势的一致性对比等视角对东北老工业基地三大产业结构演进绩效进行了判断。然后将东北老工业基地产业结构演进水平和国内外相类似的地区或国家产业结构演进水平进行对比研究，来评价东北老工业基地产业结构演进水平。最后用时间序列分析法对2011～2020年间东北老工业基地三大产业结构演进进行了预测。通过以上分析，以期对2000年以来东北老工业基地的产业结构的动态演进过程做一个综合评价。

第四章是第一产业的优化方向及实现途径。本章的主要内容包括东北老工业基地第一产业优化的初始条件分析、比较优势分析、主导方向、约束条件和障碍因素及主要载体和途径五个部分。从规模与效益、自然资源、人力资源和技术资源四个方面对东北老工业基地第一产业优化的初始条件进行了分析，在此基础上用需求弹性、劳动率上升率、区位商和市场占有率四个方法探讨了东北老工业基地第一产业的具有比较优势的产业或产品，阐述了第一产业结构优化的主导方向是绿色生态农业化、规模化和产业化、标准化和信息化，然后从资源、技术和制度三个方面对第一产业结构优化的约束条件和障碍因素进行分析，最后提出国家粮食安全生产基地、绿色农产品标准化生产基地、精品畜牧业基地、农业科技示范基地和现代农业示范区是第一产业结构优化的主要载体和途径。

第五章是第二产业的优化方向及实现途径。和第四章的结构类似，首先，同样从规模与效益、自然资源、人力资源和技术资源四个方面对东北老工业基地第二产业优化的初始条件进行了分析。用需求弹性、劳动生产率上升率、比较优势系数和关联系数四种方法分析了产业结构优化的基准，在此基础上对产业结构优化方向的选择进行了研究，具体分析了高度化、高效化和环保化三个不同目标下的主导产业及重点产品选择。其次，分别对实现高度化、高效化和环保化目标的约束条件进行了分析。最后，提出了实现高度化、高效化和环保化目标的主要对策。

第六章是第三产业的优化方向及实现途径。和第四章、第五章类似，首先，从规模与效益、人力资源、技术资源等方面对第三产业优化的初始条件进行了分析。其次，在初始条件分析基础上，提出了第三产业主导产业选择的基准，即比较优势基准、经济效益基准和收入弹性基准，并在基准分析的基础上，设计了东北地区第三产业主导产业选择的指标体系，通过实证分析，提出了东北地区第三产业的优化方向及主导产业。对于第三产业的现代化、信息化和标准化方向进行了理论上的阐述，并以第三产业结构优化方向为指导，提出了东北地区第三产业发展的重点领域。最后，通过对东北地区第三产业发展的SWOT分析，提出了相应的解决对策。

第七章是产业结构优化的新理念和战略选择。在总结和借鉴国内外老工业基地产业结构优化的经验基础上，针对东北老工业基地三大产业结构演进的水平和第一、二、三产业结构优化的方向和实现途径，本部分提出了东北产业结构优化的新理念和战略选择，为各级政府实施东北老工业基地振兴战略提供方案。首先，提出产业结构优化的绿色GNP、环境经济、技术替代和循环经济等新理念，其次，分析了从粗放发展向集约发展的转变战略、技术替代战略、节能与能源替代战略、生态环境战略等产业结构优化的战略选择（见图1）。

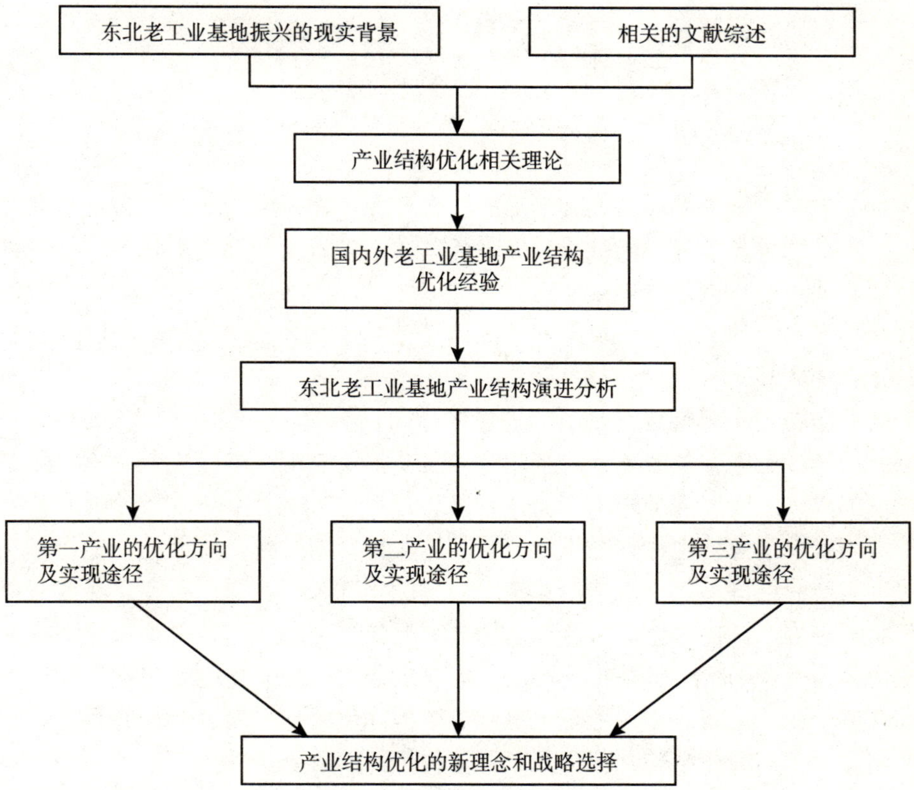

图1　本书的逻辑路线

第一章

产业结构优化相关理论

东北老工业基地产业结构调整战略，需要建立在科学的产业结构优化理论的基础之上。随着经济社会的进步，人类的认识水平也不断提高。本章研究的产业结构优化的理论，已不再局限于传统的理论观点，而是增加了产业结构高效化、产业结构生态化的新理论。在新理论的指导下，东北老工业基地产业结构调整将被赋予新的内涵。

产业结构优化理论是产业结构理论的重要内容之一，是一国实现经济持续、稳定、快速、健康发展的重要经济理论。具体来说，产业结构优化是指一国或一地区范围内，产业经济结构、产业技术结构、产业间再生结构（比例）、生态环境条件约束下产业结构达到经济社会更高层次目标的过程。我们把产业经济结构优化称为产业结构高效化，把产业技术结构优化称为产业结构高度化（或升级），把产业间再生产结构优化称为产业结构合理化，把生态环境条件约束下的产业结构优化称为产业结构的生态化。所以，产业结构优化的完整内容包括上述四个方面，其中产业结构高效化和生态化是产业结构优化的本质内容和最终目标，而产业结构高度化和产业结构合理化是产业结构优化的必要条件。

本章的分析结构如下：第一节、第二节、第三节、第四节分别从含义、动因、衡量标准、标志及作用角度阐述产业结构高度化、合理化、高效化和生态化问题。第五节利用产业经济学、计量经济学、统计学等各种产业结构定量分析方法分析产业结构优化的资源配置效应和生态效应。本章内容是该项研究的理论基础，为后续问题的深入研究提供理论依据。

第一节　产业结构高度化

产业结构高度化主要是指产业结构从低技术水平状态向高技术水平状态的发展，是一个动态过程。产业结构高度化的直接目的和结果是技术进步，尽管高度化的最终结果也能提高经济效益，我们也可以把高度化看做是提高经济效益的途径，但从本质上说高度化是技术问题而非经济问题。本节主要是通过理论综述的方法，研究产业结构高度化问题。

一、产业结构高度化的含义

（一）国外学者对产业结构高度化内涵的认识

高度化的概念源于日本，是1955年以后日本为赶超英美等发达国家提出的"产业政策"之一，日本学者认为产业结构高度化是建立和实现产业结构的高效益的过程，但是没有对高度化进行论述。西方学者主要从经济增长的角度运用统计计量的方法对产业结构进行研究、从产业结构演进的角度研究产业结构高度化，并且认为产业结构的演进与经济增长是紧密相连的。在这方面形成了诸如佩蒂—克拉克定理、库兹涅茨法则、霍夫曼系数等一系列成果，这些研究成果成为产业结构理论的基本组成部分。对于产业结构高度化的测度方法，国外学者主要从国家层面进行研究，主要有标准结构、相对比较判别法和经济发展阶段判别法。在《发展的模式，1950～1970》（1975）一书中，钱纳里和塞尔奎因根据大量的数据设计了一个国民生产总值的市场占有率模型，在模型中，钱纳里和塞尔奎因以人均国民生产总值和人口数量作为外生变量，用回归方程对样本国家的数据进行计算，得到"标准结构"（包括以产值结构为指标的"标准结构"、以劳动力为指标的"标准结构"和以劳动生产率为指标的"标准结构"），这些"标准"常常被用来衡量某些特定国家的产业结构发展水平。

（二）国内学者对产业结构高度化内涵的认识

国内学者对产业结构高度化内涵的解释主要包括两个方面：

1. 对产业结构高度化内涵的认识主要是从资源配置优化和产业整体素质提高两个角度进行研究

资源优化论认为产业结构的高度化就是资源配置不断优化的过程。例如彭春华（1999）、逄锦聚（2002）等人认为"产业结构高度化即产业结构高级化，一国经济发展重点或产业结构重心在第一、二、三产业间依次推移的过程，标志着一国经济发展水平的高低和发展阶段、发展方向"；张洁、孟繁瑜（2004）认为产业结构高度化的内涵是"经济资源不断从传统产业向新兴产业转移，各种生产要素在各产业间的流动使资源配置优化，从而推动经济增长"。产业素质论学者认为产业结构的高度化是产业技术水平、产业规模、产业效益等各个因素全面提升的过程。例如，认为产业结构高级化的基本含义包括以下几个方面：一是指产业的高附加值化和高技术化，即在产业中普遍应用高新技术，增加产品的附加值；二是产业高集约化，即产业组织合理化，有较高的规模经济效益；三是产业高加工度化，即加工深度高。苏东水（2000）、丁逸宁（2007）等学者认为"产业结构高度化，是指在一定经济发展总量条件下，产业结构不断从低级走向高级的演变过程，是产业结构的高素质化过程"。并且认为，在这个过程中由产业结构体现的经济技术水平将不断提高，资源在各产业间的技术分布状况及配量比例亦发生有利于整体经济效益提高的结构性变化。根据产业结构演进的一般规律，产业结构的高度化具有如下几个特征：①产业结构的发展顺着第一、二、三产业优势地位顺向递进的方向演进；②产业结构的发展顺着劳动密集型产业、资本密集型产业、技术（知识）密集型产业分别占优势地位顺向递进的方向演进；③产业结构的发展顺着低附加价值产业向高附加价值产业方向演进；④产业结构的发展顺着低加工度产业占优势地位向高加工度产业占优势地位方向演进。

2. 对产业结构高度化内容的论述

丁逸宁（2007）等人把产业结构高度化概括为产业结构根据经济发展的历史和逻辑序列顺向演进的过程。包括三方面的内容：①在整个产业结构中，由第一产业占优势逐级向第二、三产业占优势演进；②由劳动密集型产业占优势逐级向资本密集型、技术（知识）密集型产业占优势的演进；③由制造初级产品的产业占优势逐渐向制造中间产品、最终产品的产业占优势演进。郭克莎（1990）将产业结构高度化的内容概括为：产值结构高度化、资产结构高度化、技术结构高度化、就业结构高度化。并进一步指出这几者的关系是相互联系、相互制约的。管怀鎏（1997）认为产业结构高度化的本质内容，可从三个方面概略的予以说明。结构规模逐步扩大（包括产业部门的数量及本身的规模日趋扩大）；结构水平逐渐提高，即产业经济技术水平提高的过程；结构联系愈益有序。包括产业之间的前向联系、后向联系和侧向联系。

综上所述，产业结构高度化包括广义和狭义两个方面，从广义角度看，产业结构高度化包含技术、效益两个方面。从狭义角度看，产业结构高度化仅指技术水平的提升过程。鉴于本章第三节专门论证了产业结构高效化，所以本节认为，产业结构高度化主要是指产业结构从低技术水平状态向高技术水平状态的发展，是一个动态过程。

二、产业结构高度化动因

（一）供给因素

劳动力供给。劳动力作为最重要的生产因素，其供给的数量和质量都对产业结构的高度化有所影响。在劳动力供给数量过分充裕的情况下，政府受“充分就业”的经济政策的制约，会优先发展劳动密集型产业；在劳动力供给数量相对紧缺的情况下，政府除了鼓励劳动力流入和资本输出外，就是支持资金集约和技术集约型产业的发展，试图通过技术进步来解决劳动力要素供给的不足。从劳动力供给的质量上看，低质量的劳动力，必然阻碍产业结构向更高阶段发展，反之，拥有现代化技术和文化素养的高质量劳动力，必将加快推动产业结构的高度化演变。

自然资源的供给。从各国产业结构形成过程看，一国拥有的自然资源情况，往往是构成该国产业结构的主要决定因素之一。资源丰富有利于产业结构的高度化发展。但是，针对某一具体国家而言，很难笼统地断言该国资源是丰富还是贫乏，因为各国拥有的资源种类不尽相同，有的国家在一种或几种资源的占有上较为丰富，而在别的资源占有上较为贫乏，因此，分析一国的资源状况，不仅在于分析其占有量的多少，更重要的是分析其资源在市场上进行交换的优劣势。值得指出的是，在日益开放的市场经济中，资源短缺并不构成产业结构高度化过程中的不可逾越的屏障。因为在发展中国家追求产业结构高质化同时，世界经济已成为一个不可分割的整体，一国在某一方面的资源不足可以通过国际贸易得到弥补。

物质资本供给。物资资本指以机器设备、厂房和存货等物质形态存在的资本，是人们促进产业结构变化发展的最基本投入要素。在 18 世纪，以斯密理论为代表的古典经济增长理论就曾指出，物质资本积累同经济增长率成正比，物资资本积累率的高低是决定经济增长大小的关键，资本积累是财富增长的主要源泉。现代经济增长理论哈罗德—多马模型（$G=S/K$）表明：在资本—产出比例 K 不变的情况下，经济增长率 G 取决于储蓄率 S 即物质资本积累率的高低，把资本积累的作用提高到了十分突出的位置。发展经济学家罗斯托在其著名的经济增长阶段论中，把高于 10% 的投资率作为一国向产业结构高度化国家过渡的三个先决条件之一。纳克斯在其“贫困的恶性循环论”中强调物质资本是发展中国家克服“瓶颈”约束、打破恶性循环、摆脱贫困的唯一途径。纳克斯认为：尽管国内资源贫乏、土地贫瘠等是许多发展中国家贫穷落后的原因，但对于所有不发达国家而言，使它们陷于贫困境地的根本原因在于资本形成不足，发展中国家人均收入低，低收入意味着低储蓄能力，导致资本形成不足，使劳动生产率难以提高，难以形成产业结构转换能力，生产率低又导致低收入，形成一个循环。同时，发展中国家人均收入低，低收入意味着低购买力，低购买力会造成投资诱导不足，这又会使生产率难以提高，继而影响产业结构转换能力的提高，低生产率又导致低收入，周而复始形成又一个循环。两个循环互相影响，阻碍了经济发展和产业机构转换的进程，使贫国摆脱不了贫困的境地。可见，长期以来，物质资本的积累一直被视为产业结构转换和经济增长发展的决定因素。反之，在一些经济发达国家由于物质资本供给相对充裕，深加工度的、附加价值高的一些资金集约型产业，高新技术产业也就容易得到发展。

（二）需求因素

在商品经济社会，各产业的产出只有经过市场的交换，其价值和使用价值才能实现。因而可以认为，市场需求决定了一个产业存在的价值，市场需求结构的升级决定了产业结构的升级。首先，市场需求决定着产业结构转化的进程和方向。任何经济发展都是为了满足需求，又都必须适应现实的需求。产业结构的转化必须遵循需求及其变动的客观规律，即市场需求由低层次到高层次的转移，从生活必需品向高档消费品乃至奢侈品的转移，从易耗消费品向耐用消费品的转移。受市场需求的拉动，与需求结构的三个阶段相对立，产业结构在不同的阶段也体现出相应不同的产出结构。第一阶段是产业结构的重化工业化，是指在经济发展和产业结构变动中，重化工业比重在轻重工业结构中不断增高的过程；第二阶段是高加工度化阶段，高加工度化一方面意味着加工组装工业的发展大大快于原材料工业的发展，另一方面意味着工业体系以生产初级产品为主向生产高级复杂产品为主的阶段过渡；第三阶段是知识技术高度密集化阶段，即在各工业部门愈来愈多地采用高级技术，导致以知识技术密集为特征的尖端工业的兴起。这个阶段是产业结构的成长摆脱资本积累局限性的过程。产业结构的成长开始突破工业社会的框架，实现向“后工业社会”的产业结构转变。因此，我们可以认为，市场需求结构的变化规律推动了产业结构不断高度化的进程。

（三）环境因素

影响一个产业结构高度化的环境因素，主要包括政府政策因素和对外贸易因素两个方面。从政府政策因素看产业结构发展模式的选择主要体现在政府对经济的干预，无论是市场经济体制，还是计划经济体制，政府的干预都会影响产业结构的高度化。当政府的干预符合产业发展的规律时，将加快产业结构高度化进程，这方面的例子有日本20世纪50年代通过“机械工业振兴临时措施法”的实施，建立起现代化的机械工业，极大地推动了日本产业结构的高度化进程。反之，将阻碍产业结构高度化进程。市场经济条件下，政府通过产业政策的引导，强调技术进步的重要性，从而达到加快产业结构高度化进程的目的。在开放经济条件下，国际贸易对产业结构高度化的影响过程是，首先，工业先行国家利用本国的技术率先开发出新产品，并占有本国市场。其次，随着产品进入成熟期，本国市场渐趋饱和，产品开始向国外出口，逐步占有国际市场。当工业后发国家也掌握了该产品的生产技术后，先行国家为了增加竞争力，降低成本，开始由产品出口转化为资本和技术出口。最后，后发国家该产品也开始成熟，且成本大大低于先行国家，于是先行国家放弃该产品的生产，反过来依靠进口来满足国内消费，同时开始转向新一轮的产品的研制与开发。这样一轮又一轮的新产品的研制与开发，使工业先行国家和后发国家都实现了产业结构的高度化。因此，一个国家（或地区）的开放程度对其产业结构的升级影响很大。

（四）创新因素

在产业结构发展的过程中，“创新”起着主要的推动作用，按照熊彼特的观点，就是导入一种新的生产函数，从而可大大地提高潜在的产出能力。具体说来，这种创新包括五种：引进新产品；引进新技术，即新的生产方法；开辟新市场；控制原材料的新供应来源；实现企业的新组织形式。而产业结构升级的过程，就是伴随着技术进步和生产社会化程度的提高，不断提高产业结构作为资源转换器的效能和效益的过程。

1. 创新导致了技术的进步

新的生产函数的导入，其中一个表现就是在原有生产要素的状态下，通过系统内部结构的调整，提高系统的产出。显然，导入了新的生产函数，也就导致了系统的技术进步。而技术进步作为生产力，必然影响到产业结构的变革，促进产业分工的细化，创造新的产业结构。从历史上看，18世纪中叶，以蒸汽机技术的发明和应用为核心的第一次产业革命，结束了手工业时代，纺织工业、冶金工业、采煤业、早期制作业和运输业五大部门开始形成，并逐渐成为主导产业，以能源革命为标志的第二次产业革命使照明、动力等产生了实质性的飞跃，引起了电机电器、精细化工、通信等产业群的出现；在石油作为能源得到广泛的应用后，随着石油化工技术的出现，又产生了汽车、飞机制造等新兴产业；以电子技术、原子能技术、遗传工程、海洋开发、光学技术和新兴材料技术等高科技为基础的第三次产业革命的发生，又产生了电子计算机工业、核能及核工业、电视工业、航天工业等新产业群。

2. 创新可以培育新的经济增长点

产业结构是不断发展变化的，而带动这一变化的龙头是新的经济增长点。一个国家有新的经济增长点，这个国家的经济就发展，一个企业有新的经济增长点，这个企业就有竞争力。创新可导致一些产业得以迅速地进行扩张，而这些高速成长的产业对产业结构的发展贡献尤为突出。在过去的几十年里，以技术创新为基础的新产品与服务的生产浪潮，缩短了产品与服务的生命周期。

3. 创新带来了新的市场需求

对于产出需求弹性较大产业，由创新带来的产出往往会通过创造新的市场需求而吸引生产要素的流入。这是由于这部分产出刚刚引入市场，其价格对成本的反应，及需求对价格的反应都比较敏感，从而提高产出的数量将有可能获得较高的收益。因此，当该产业取得了高于全产业市场水平的收益时，社会生产要素就通过利润平均化的原理，从其他产业流入该行业。而生产要素的流入，就直接刺激了该产业的扩张。对于产出需求弹性较小的企业，由于其产出已经成熟，需求对价格的反应已不再敏感。创新在这些产业带来产出大幅增加的结果，往往更多的是降低产出的成本和价格。而对于需求弹性较小的产业来讲，价格下降的结果是收益的减少。而收益减少将导致产业内生产要素的流出和产业的萎缩。以信息产业为例，在美国由于技术创新的发展和广泛应用，人们对信息消费的需求将得到前所未有的满足，同时也激活了一个庞大的产业群——信息产业，使其替代汽车、钢铁等传统制造业成为全美最大支柱产业。同时，信息产业也使传统产业焕发了新的活力。例如，互联网的普及使得企业可以在网上进行营销，可以及时掌握市场信息，使传统经济周期中常出现的产业生产能力与市场实际需求状况脱节现象得到缓解，促进了经济良性循环。

三、产业结构高度化的衡量标志

产业结构的发展是有规律可循的。一些发达国家的产业发展过程也显示出一个不断地从低级结构向高级结构演进的过程。一国产业结构的本身也存在着结构转换和不断高度化的问题。如根据钱纳里等人的研究，一般地，在经济发展的第一阶段，产业结构中以农业和传统服务业为主的初级产品部门在整个产业结构中占了很大的比重。而到了第二个阶段，在整个产业结构中，制造业的比重急剧上升，而初级产品部门所占的比重则迅速下降，从而出现了明显的结构转换现象。而产业结构的高度化则是指产业结构系统从较低的形式向高级的形式的转换过程，也可将其称为产业结构的升级。

衡量一国产业结构高度化程度，国际上似乎还没有比较通行的方法。下面介绍四种衡量方法。

（一）“标准结构”方法

“标准结构”是对大多数国家产业结构高度化演进的综合描述，一般是通过统计分析的方法，对样本国家产业结构高度化表现出的特征进行统计归纳，并在此基础上综合出能刻画某一高度化阶段的若干指标，作为产业结构演进的此阶段的“标准”和“代表”。钱纳里和塞尔奎因设计了一个国民生产总值的市场占有率某型，见下式：

$$X_i = I_g\beta_0 + \beta_1 I_g Y + \beta_2 (I_g Y)^2 + \beta_3 I_g N$$

式中，X_i 是第 i 产业的粗附加值的市场占有率，Y 是人均国民生产总值，N 是样本国家的人口数量。

在市场占有率模型中，钱纳里和塞尔奎因以人均国民生产总值和人口数量作为外生变量，用回归方程对样本国家的数据进行计算，得到相应的结果。

除此之外，我们还可多角度地对产业结构高度化进行衡量：如我们可以从产值结构、劳动力结构、相对劳动生产率等角度来衡量刻画产业结构的高度化。

（二）相似性系数法

这是以某一产业国的产业结构为标准，通过相似性系数的计算，将本国的产业结构与参照国的产业结构进行比较，以确定本国产业结构高度化程度的一种方法。

设 A 是被比较的产业结构，B 是参照系，X_{A_i} 和 X_{B_i} 分别是产业 i 在 A 和 B 中的比重，则产业结构 A 和参照系 B 之间的结构相似系数为 S_{AB}，为：

$$S_{AB} = \frac{\sum_{i=1}^{n} X_{A_i} X_{B_i}}{\sqrt{\sum_{i=1}^{n} X_{A_i} \sum_{i=1}^{n} X_{B_i}}}$$

（三）距离判别法

距离判别法的关键同样是构造一个关系式，这个关系式不但能联系被判别产业结构系统和作为参考系的产业结构系统，并且还能计算出两者之间的差离程度。我国学者龚仰军提出了以下关系式可作为距离判别法的具体判别方法①。

欧式距离法，计算公式为：

$$r_{AB} = \left[\sum_{i}^{n} (u_{A_i} - u_{B_i})^2 \right]^{1/2}$$

海明距离法，计算公式为：

$$r_{AB} = \sum_{i}^{n} |u_{A_i} - u_{B_i}|$$

兰式距离法，计算公式为：

$$r_{AB} = \sum_{i}^{n} |u_{A_i} - u_{B_i}| / (u_{A_i} + u_{B_i})$$

为了使上述公式的值域范围更加直观，可对之进行修正，寻找一种映射关系，将其值域映射到［0，1］的区域，可分别将公式修正为以下形式：

$$r_{AB} = 1 - C \left[\sum_{i}^{n} (u_{A_i} - u_{B_i})^2 \right]^{1/2}$$

海明距离法修正公式为：

$$r_{AB} = 1 - C \sum_{i}^{n} |u_{A_i} - u_{B_i}|$$

兰式距离法修正公式为：

$$r_{AB} = 1 - \sum_{i}^{n} |u_{A_i} - u_{B_i}| / (u_{A_i} + u_{B_i})$$

上述公式中 C，是一个适当的大于零的数，它可使得 r_{AB} 落入［0，1］的区域。而 C 的选择，对 r_{AB} 数值的大小起到很大作用。此外，经过修正，将正指标改为了反指标，以和常用的相似法判别一致。

（四）技术进步贡献率法

这是通过测算各产业技术进步率来确定一国产业结构高度化程度的方法。技术进步贡献率是用来测量技术进步对规模经济等其他影响因素的作用，数学模型就是用这种思路来定量分析技术进步在其效益增长中的作用。从其发展顺序来看，有 Cobb—Douglas 函数法、Timbergen 函数法、Solow 余值法等参数方法，以及后来的数据包络分析（DEA）等非参数方法。下面以 Solow 余值法为例。索洛（Solow）将技术进步纳入生产函数中，剥离资本增长和劳动增长以后，剩余部分

① 龚仰军，《产业结构研究》，上海财经大学出版社，第 81 页。

归结为广义的技术进步，从而定量分离出了技术进步在一个组织的效益增长和经济增长中的作用，这就是著名的“Solow余值”。索洛（Solow）假设技术进步是希克斯中性的，采用生产函数：$Y=A(t)f(K,L)$，其中Y为产出，K、L分别为资本和劳动力，而A为一段时间内技术变化的累计效应，相当于t时期的技术水平。公式两边对t求导数并同除以Y得到：

$$y=a+\alpha k+\beta l$$

式中，y为产出增长速度；k、l分别为资本和劳动的增长速度；a表示技术进步速度；α、β分别为资本和劳动产出弹性，可由企业数据计算得出。由此可得技术进步贡献率为：

$$E_A=\frac{a}{y}\times 100\%$$

索洛（Solow）测算的是广义的技术进步，该方法具有两大优点：首先，其计算十分简单，所需数据资料少，现行的统计系统都可以提供，可行性强。其次，这种方法从总量上评价投入与产出的关系，较合理地计算出资金、劳动对产出增长速度的贡献，分析出经济发展中有多大程度依靠外延式扩大再生产，有多大程度上依靠技术进步，体现了速度与效益相结合的原则。

四、产业结构高度化与经济发展阶段

以经济发展阶段判别产业结构高度化，是根据被判别国的经济特征判别该国经济处于哪一个阶段。

（一）霍夫曼的工业阶段论

德国经济学家霍夫曼对工业结构演变规律做了开拓性研究，提出了所谓的霍夫曼定理，其内容是在工业化进程中霍夫曼比例是不断下降的。霍夫曼把工业化的过程分为四个阶段，他认为在工业化的第一阶段消费资料工业的生产占据着统治地位，而资本资料工业的生产不发达，霍夫曼系数约在5附近；在第二阶段，虽然消费资料工业生产的规模仍远远大于资本资料工业，但资本资料工业的生产开始获得了更快的速度，此时，霍夫曼系数在2.5左右；在工业化的第三阶段，资本资料工业正达到与消费资料工业基本相当的规模，霍夫曼系数已达1的附近；到了第四阶段，资本资料工业的规模开始超过了消费资料工业，因此霍夫曼系数也就下降到1以下。霍夫曼对样本国家的数据进行分析后认为，在当时的20世纪20年代，处于第一阶段的国家有巴西、智利、印度、新西兰等；处于第二阶段的国家有日本、荷兰、丹麦、加拿大、匈牙利、南非和澳大利亚等；处于第三阶段的国家有英国、瑞士、美国、法国、德国、比利时、瑞典等，但还没有一个国家在当时已经进入第四阶段。

（二）罗斯托的经济成长阶段论

美国经济学家罗斯托根据技术标准把经济成长阶段分为传统社会、为起飞创造前提、起飞、成熟、高额群众消费、追求生活质量六个阶段，从而形成了经济成长的六阶段论。罗斯托认为，“起飞”是一个社会由传统类型向现代类型的根本转变过程。一国经济要起飞是有一定条件的，起飞应具备较高的资本积累，只有提高积累率和生产性投资的比重，才能为经济成长提供必需的物质基础。起飞需要建立能够带动整个经济增长的主导部门。主导部门通过回顾、前瞻、旁侧三重影响带动其他部门的发展。回顾影响是指对自己提供生产资料的部门的影响；前瞻影响则是指对新工业、新技术、新原料、新能源的出现的指导作用；旁侧影响是指对地区社会经济发展的影响。与六个经济成长阶段相对应，罗斯托列出了五种主导部门综合体系：①作为起飞前提的主导部门体系，主要指食品、饮料、烟草、水泥、砖瓦等工业部门。②替代进口产品的消费品制造业综合体系，主要是非耐用消费品的生产，如纺织工业。③重型工业和制造业体系，如钢铁、煤炭、电力、通用机械、肥料等工业部门。④汽车工业体系。⑤生活质量部门综合体系，主要指服务业、城市和城郊建筑部门。罗斯托认为主导部门序列不可任意改变，任何国家都要经过由低级到高级的发展过程。罗斯托还认为，起飞需要有一个适合的环境，由于经济系统是一个国家整个社会发展大系统的一个子系统，所以对“起飞”这样一个经济发展中的特殊时期，需要政治、体制等社会环境给予相应配合，以保证起飞的顺利实现。

（三）产业结构高度化转换能力的“大道理论”

所谓产业结构高度化的转换能力，主要表现为主导产业、支柱产业的更替能力，最终还是取决于技术矩阵水平的提高。

早在20世纪50年代末期，美国经济学家霍夫曼、萨缪尔森和索洛在《线性计划和经济分析》一书中就已指出，从长期看，一个经济系统必有一段平衡增长的时期，即在期间 $T_1 \leqslant t \leqslant T_t$ 内，该经济系统必定保持平衡增长。20世纪70年代筑井甚吉等人对此给出了数学模型上的证明，证明结果被称为大道定理。如图1－1所示。

在图1－1中，P 表示体制初期初始状态，要求计划期末达到状态 R，那么，最优的增长轨道并不是 PR 直线，而是先拐上 ON 直线，即优先发展工业实现整个国民经济的工业化；然后沿着 ON 直线增长，即走上最适度经济增长轨道变速发展，达到一个阶段后则限制工业的发展速度，进而进行结构调整，加快农业发展，最后拐到 R 点。因此最优增长轨道如图 1－1 中所示。直线 ON 即冯·诺伊曼射线，无论 P 到 R 的最初、最末状态点如何选择，由 P 到 R 的最优增长路径总是先趋近冯·诺伊曼射线，然后再按比例增长。在整个经济增长过程中，最优路径首先从初始点靠近快速大道Ⅰ，并保持在这条大道上增长。但到达某一时刻，最优路径将离开大道Ⅰ转向大道Ⅱ之间的区域，然后再转向大道Ⅱ，到规划末期，最优路径离开大道Ⅱ指向目标函数规定的方向。这说明，经济平衡增长的最优路径并不是固定在原有的大道上的，而是要转移到新的大道上。大道的转换是实现经济平衡增长的必然途径。这种大道转换实际上反映了不同经济发展阶段产业结构高度化的转换能力，而产业结构高度化转换能力又是技术矩阵水平变化的结果。冯·诺伊曼射线是由产业结构的技术水平，即投入系数矩阵决定的，只要确定了产业结构系统的投入系数矩阵 A，即可得到相应的“大道”。

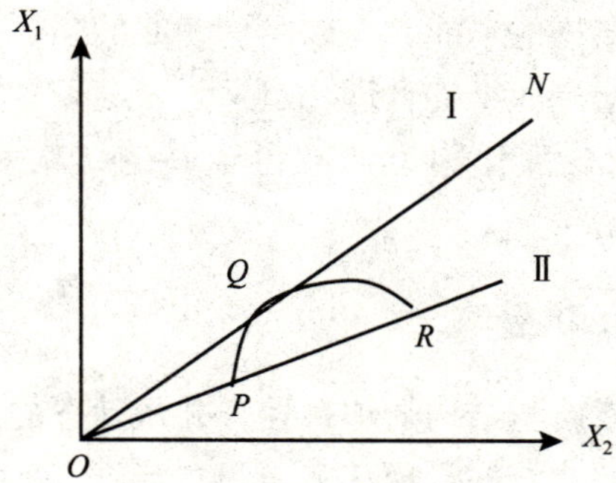

图 1－1　两部门经济发展

第二节　产业结构合理化

产业结构合理化主要是解决再生产过程比例失调问题，在实践中主要是解决“瓶颈”产业问题，我们认为产业结构合理化，就是指产业结构由不合理向合理的发展过程。它是一个不断调整产业间比例关系和提高产业间关联程度的过程，也是一个产业结构成长的过程。本节包括产业结构合理化含义、产业结构合理化的基准、产业结构合理化的比较与测定。

一、产业结构合理化的含义

产业结构合理化是指产业与产业之间协调能力的加强和关联水平的提高，它是一个动态的过程。目前我国学术界存在着产业结构合理化的各种不同定义。各种定义的差别体现了不同学者对产业结构合理化的不同见解。归纳起来，产业结构合理化的定义大致有结构协调论、结构功能论、结构动态均衡论和资源配置论等四类：

（一）结构协调论

该类定义把产业间协调置于产业结构合理化的中心位置，坚持“协调即合理，合理即协调”的理念。例如，李京文、郑友敬把产业结构合理化定义为“通过产业结构调整，使各产业实现协调发展，并满足社会不断增长的需求的过程”。

（二）结构功能论

该类定义重视产业结构的功能，并以结构功能的强弱为出发点考察产业结构合理化。例如，周振华把产业结构合理化定义为“各产业间存在着较高的聚合质量”；王述英把产业结构合理化称为“取得较好的结构效益的产业结构优化过程”。

（三）结构动态均衡论

该类定义重视产业素质与结构的均衡性，并从动态的角度考察产业结构合理化。例如，苏东水等把产业结构合理化定义为“产业与产业之间协商能力的加强和关联水平的提高，它是一个动态的过程。产业结构合理化就是要促进产业结构的动态均衡和产业素质的提高。”

（四）资源配置论

该类定义把产业结构视为某种资源转换器，并从资源在产业间的配置结构及利用的角度考察产业结构合理化。例如，史忠良等把产业结构合理化定义为“在一定的经济发展的阶段上，根据消费需求和资源条件，理顺结构，使资源在产业间合理配置，有效利用”。

二、产业结构合理化的基准

不同学者对产业结构合理化的标准往往有着不同的看法。且考察问题的角度、侧重点也不尽相同。概括起来，大致有产业结构合理化的单一标准说、三标准说、四标准说、六标准说和七标准说等观点。

（一）产业结构合理化的单一标准说

此类标准中典型的是周振华的“结构聚合质量”标准。周振华在提出了“结构聚合质量”标准，同时认为“较高的聚合质量来自于产业间的协调”，从而把“聚合质量”标准的实质归于产业间协调标准。

（二）产业结构合理化的三标准说

此类标准中具有代表性的是黄继忠、苏东水等人的观点。黄继忠提出了产业结构合理化的三个基本要求：①产业结构的完整性、独立性，也就是说，要建立门类齐全、独立完整的产业体系；②产业发展速度的均衡性，表现为高速、减速和潜在增长部门间的速度差距较为合理，及各产业间的关联的比例关系的均衡；③产业结构的协调性，表现为产业间素质（主要指技术水平）协调、地位协调（指产业结构的层次性）和产业间关联方式协调（指产业间相互服务、相互促进）。苏东水等人认为，产业结构合理化要解决三个问题，即供给结构与需求结构相适应问题、三次产业及各产业各部门之间发展的协调性问题和产业结构效应如何充分发挥的问题。其中，协调性问题是产业结构合理化的中心内容。虽然苏东水等未直接提出产业结构合理化的标准，但从其论述看，他们实际上倾向于产业结构合理化的三个标准：适应需求结构标准、产业协调标准及结构效应标准。

（三）产业结构合理化的四标准说

此类标准中具有代表性的是史忠良等人及杨公朴、夏大慰的观点。杨公朴、夏大慰给出了产业结构合理化的四条标准：①“标准结构”标准；②适应需求变化标准；③产业间比例关系协调标准；④资源合理利用标准。史忠良等人认为，合理的产业结构主要体现在以下四个方面：①充分有效地利用本国的人力、物力、财力、自然资源及国际分工的好处；②使国民经济各部门协调发展，社会的生产、分配、交换、消费顺畅进行，社会扩大再生产顺利发展；③国民经济持续稳定地增长，社会需求得以实现；④实现人口、资源、环境的良性循环。在这里，史忠良等实际上提出了产业结构合理化的资源合理利用、充分利用国际分工、产业间协调发展及经济社会可持续发展四个标准。

（四）产业结构合理化的六标准说

此类标准中典型的是李京文、郑友敬的观点。他们在《技术进步与产业结构——概论》一书中提出了产业结构合理化六条标准：①资源合理利用标准；②产业协调发展标准；③需求应变能力标准；④经济效益最佳标准；⑤充分吸收科技成果标准；⑥充分利用国际分工标准。

（五）产业结构合理化的七标准说

李悦等人先是提出了产业结构合理化的“三个相适应”、“三个有利于”六个要点，即：①与我国仍处在社会主义初级阶段和社会主义市场经济相适应；②与新技术革命相适应；③与改革和开放相适应；④有利于发展社会主义社会生产力；⑤有利于提高社会主义国家的综合国力；⑥有利于人民的富裕幸福。接着，他把上述六个要点具体化为七个方面，实际上是具体化为七个标准，即发挥优势标准、比例协调标准、结构完整性标准、先进性标准、创汇能力标准、自我调节和应变能力标准及经济效益标准。

三、产业结构合理化的比较与测定

（一）产业结构合理化的分析方法

对于产业结构合理化的分析方法，目前学术界主要有以下几种：

1. 比例分析法

即通过分析各产业间的比例关系是否平衡，来判断产业结构合理与否及其程度。如考察第一、二、三次产业间，两大部类间，农轻重之间等的关系的平衡性与协调性等。通常采用的具体分析方法有比例法、速度法和协调法等。

2. 比较分析法或类比法

这又分为两种：一是国际比较法，即以钱纳里的标准产业结构为基础，将某一国家的产业结构与相同国民生产总值下的标准产业结构加以比较，偏差较大时认为此时的产业结构是不合理的，反之则认为合理性较好；二是区际类比法，即分析地区产业结构合理性时，把一个地区的产业结构同另一个地区的产业结构相类比，从而说明该地区产业结构的合理性。

3. 影子价格分析法

由西方经济学理论可知，当各种产品的边际产出相等时，经济资源得到了合理的配置，各种产品供需平稳，产业部门达到最佳组合。因此，可以用各产业部门的影子价格与其整体影子价格平均值的偏离程度来衡量产业结构是否合理，偏离越小，结构就越趋于合理。

4. 需求判断法或需求适应性判断法

需求判断法即判断各产业的实际生产能力与相对应的对该产业产品的需求是否相符，若两者接近或大体接近，则目前的产业结构是较为合理的；需求适应性判断法即判断产业结构能否随着需求结构的变化而自我调节，使产业结构与需求结构相适应。其判断方法为：分别计算每一产业产品的需求收入弹性和生产收入弹性，若两者相等，则说明此产业与社会需求有充分的适应性。若每一产业的需求收入弹性和生产收入弹性都相等，则说明整个产业结构与需求结构是相适应的，产业结构是合理的。

5. 结构效果法

即以产业结构变化引起的国民经济总产出的变化来衡量产业结构是否向合理的方向变动。若产业结构变化使国民经济获得相对增长，则说明结构正向着合理的方向变动，反之则意味着结构的合理性趋弱。此外，李京文、郑友敬也提出了他们分析产业结构合理化的四种方法：①比重法，即根据各产业在结构中的百分比，确定合理的程度；②类比法，即把一个地区的产业结构同另一个地区的产业结构相比，从而说明该地区产业结构的合理性；③速度法，即一个部门的发展速度同另一个部门的发展速度比较，或者用一个部门现在的发展速度同过去的发展速度比较，因此说明结构是否合理；④协调法，即从系统论的观点出发，研究产业结构变动的内在规律性，综合考察部门之间在一定时间的合理比例关系。

（二）产业结构合理化水平的测定

在研究产业结构合理化程度时，除了用判别基准对产业结构合理化程度进行定性分析外，还可通过对产业结构合理化水平的测定，对产业结构合理化的程度进行定量分析，并设计一套评价指标。

1. 评价指标体系

（1）比较劳动生产率。该指标的计算公式为：

$$C_i = \frac{\frac{Y_i}{Y}}{\frac{L_i}{L}}$$

式中：C_i——第 i 产业的比较劳动生产率；

$\frac{Y_i}{Y}$——第 i 产业劳动力占社会总劳动力的份额。

（2）基础结构完善函数。指基础结构固定资产净值 I_f 与固定资产净值 K 之比。该指标计算公式为：

$$S_{if}=\frac{I_f}{K}$$

式中：S_{if}——基础结构完善函数；

I_f——基础结构产业固定资产净值；

K——固定资产净值。

（3）感应度系数。该指标计算公式为：

$$e_i=\frac{\sum_{j=1}^{n} c_{ij}}{\frac{1}{n}\sum_{i=1}^{n}\sum_{j=1}^{n} c_{ij}}$$

式中：e_i——第 i 产业的感应系数；

n——产业数目；

c_{ij}——里昂惕夫逆矩阵 $(I-A)^{-1}$ 中的元素（i，$j=1$，2，…，n）。

根据计算结果，如果 $e_i>1$，则表明该产业的感应度在全部产业中处于平均水平之上。如果 $e_i=1$，则表明该产业的感应度在全部产业中处于平均水平；如果 $e_i<1$，则表明该产业的感应度在全部产业中处于平均水平之下。

（4）影响力系数。该指标计算公式为：

$$e_j=\frac{\sum_{j=1}^{n} c_{ij}}{\frac{1}{n}\sum_{i=1}^{n}\sum_{j=1}^{n} c_{ij}} \quad (i,\ j=1,\ 2,\ \cdots,\ n)$$

式中：e_j——第 i 产业的感应系数；

n——产业数目；

c_{ij}——里昂惕夫逆矩阵 $(I-A)^{-1}$ 中的元素。

（5）结构变动标志度。该指标计算公式为：

$$\delta=\left\{\frac{\sum (X-X_0)^2}{n}-\left[\frac{\sum (X-X_0)}{n}\right]^2\right\}^{1/2}$$

$$V_\delta=(\delta/\bar{X}\times 100\%)$$

其中：

$$\bar{X}=X_0+\frac{\sum(X-X_0)}{n}$$

式中：δ——标准差；

X——分析期内各年经济增长速度；

X_0——分析期内预定的经济平均增长速度；

n——项数；

V_δ——标准差函数；

$\bar{X}$——平均数。

2. 评价条件与方法

合理的价格体系和有效的反馈系统，以及真实的市场信号是产业结构合理化评价的基本条件。一个合理的价格体系，应能起到准确、快速地反映市场供求状况、引导社会资源流向的作用。在合理的价格体系中，当某一生产要素的价格有所上涨时，反映该生产要素的稀缺程度加剧。在企业追求利益最大化动机的驱动下，市场应当增加该生产要素的供给，反之，当某一生产要素的价格下跌时，表明该生产要素的相对稀缺程度减缓。市场的正常反应当是减少该生产要素的供给。如果价格体系扭曲，价格的变动不能真正反映市场的供求，作为控制器的价格机制失灵，变换算子函数失真，依据其所作出的企业决策指令便会出现错误，最终导致市场供给也不能适应市场的需求，如此形成的产业结构也必然是一个不合理的结构。

真实的市场供给信号，恰如给控制协调系统的控制器增加了制导装置，使其所决定的变换算子更符合现实，资源的流向更符合产业结构合理化的方向。真实的市场供求信号通过反馈，一方面能使企业根据价格机制的引导作出相应的资源投入决策；另一方面在进行产业合理化的评价时也能得到更多和更准确的信息。而当市场信号失真时，企业依据其作出的资源决策将发生偏差，据此进行的产业结构合理化判断也必然是不真实的。在现实经济中，反馈信号的失真除了体制、技术上的原因之外，人的因素也是一个重要的原因。其一，经济社会中的每一个人都具有一定的“经济人”的特点，都有自己的利益关系。为追求本身的利益，往往在信号反馈过程中有意对反馈信号进行“过滤”。其二，即使不存在有意的“过滤”，在信号的传递中也往往会由于传递人的知识水平、兴趣爱好等主观偏好原因产生选择性自觉，而导致反馈信号的失真。

除了上述评价指标体系外，目前在识别和论证产业结构变化方向时，还通常辅助以影子价格分析法和结构高效化效果判断法。

影子价格分析法。这是依据影子价格来衡量产业结构是否合理的方法。影子价格是与实际市场价格不同的，是“用线性规划方法计算出来的反映资源最优使用效果的价格”。按照西方经济学理论，当各种产品边际产出相等时，表明资源得到了合理的配置，各种产品的供需平衡，产业部门达到最佳组合。所以，能够通过计算各产业部门的影子价格与产业总体的影子价格的平均值的偏离程度来衡量产业结构是否合理，偏离越小，产业结构越趋于合理。

结构高效化效果判断法，是依据产业结构变动引起国民经济总产出和总利润的变化，来衡量产业结构是否在向合理化方向变动的方法。具体来说就是：如果产业结构变化引起国民经济的总产出相对增长，总利润相对增加，表明产业结构在朝着合理的方向变动；假若产业结构变化引起国民经济的总产出相对下降、总利润相对减少，则说明产业结构在朝着不合理的方向变动。

第三节　产业结构高效化

本节界定了产业结构高效化的内涵，论证了高效化存在的客观依据，设计了度量高效化的标准和方法，分析并模拟计算了高效化的效果。

一、产业结构高效化的含义

经济增长有两个最重要的方面：总量与结构。任何一个国家经济增长的实现既要靠总量扩张，又要靠结构优化的支撑。也就是说，任何一个国家或地区的经济增长均是该国或该地区经济总量扩张与结构优化的统一。传统的观点认为，产业结构优化就是产业结构高度化（或者称产业结构升级），其主要标志是发展高新技术产业；也有许多人持另外一种观点，认为产业结构优化包括产业结构高度化和产业结构合理化，其中，产业结构高度化是指产业结构系统从较低级形式向较高级形式的转换过程，而产业结构合理化是指遵循再生产过程对比例性的要求，追求产业规模适度、增长速度均衡和产业联系协调。事实上，产业结构高度化和产业结构高效化是有着本质的区别，产业结构高效化不应包含在产业结构高度化中。产业结构高效化强调的是，即使没有技术进步同样可以提高经济效益。而产业结构优化的最终目标不是技术的进步而是最终资源配置效率的提高，要达到这一目标必须通过产业结构高效化来实现。综合上述观点，我们认为产业结构高效化，是指在假设技术经济条件不变的条件下，低效率产业比例不断降低和高效率产业比重不断增大的过程。这一过程伴随着资源配置优化，并产生明显的结构性效益。

产业结构高效化是一个动态过程，既没有起点也没有终点，因为产业之间效率的差别总是存在的，当原有低效率产业缩小甚至消失之后，还会出现新的低效率产业，又需要通过存量调整，使社会资源由低效率产业向高效率产业转移。这一过程伴随着资源的优化配置，并因结构的调整产生明显的经济效益。这里说产业结构高效化是产业结构优化首要的和本质的内容，是因为产业结构优化的出发点和落脚点都是经济效益水平的提高，这也是产业结构优化绩效的最终落脚点。之所以这样说是因为：产业结构高度化要求打破产业结构低水平的均衡，通过主导产业和支柱产业的不断交替更换，实现少数高技术、高效率产业的超前发展，从而带动相关产业以及整个国民经济的发展。它包含了几个重要的过程：一是产业间优势地位的更迭过程；二是产业或部门内技术水平的提高过程；三是生产要素密集构成的变动过程；四是产品附加值的增加过程。从本质上来说，产业结构高度化是技术问题而非经济问题。而产业结构高效化，既可以在技术水平不变的情况下（亦即产业结构高度化水平不变），通过社会资源转移，使低技术、低效率产业比重不断降低，高技术、高效率产业比重不断上升来实现经济结构的优化升级，也可以在产业结构比例关系相对不变的情况下，通过低效率产业的技术改造，提升其效率来实现经济结构的优化升级。当然，产业结构高度化的直接目的和结果是技术进步，其最终结果也能提高经济效益，所以我们也可以把高度化看做是提高经济效益的途径。而产业结构合理化主要是指产业之间经济技术联系和数量比例关系趋向协调平衡的过程，解决再生产过程中比例失调的问题，其主要有三个方面：一是产业结构的完整性，而从区域角度，则要求产业结构充分体现区域资源禀赋特征；二是产业发展速度的均衡性，各产业间增长速率差距要较合理，关联比例要均衡，不出现某些产业或部门生产能力严重短缺或过剩；三是产业结构的协调性，使各产业或部门具有协调性，形成较强的相互转换能力和互补关系。合理化虽然也能产生宏观经济效益，但是产业结构合理化更多地追求的是产业结构的比例性，而产业结构高效化更强调追求产业结构的经济效益，在一个国家尤其是一个地区范围，追求比例性不一定产生经济效益，在今天开放的市场经济条件下，也许要打破这种比例性，实施不平衡增长战略，才能有更好的经济效益。

从理论上将产业结构高效化独立出来是必要的，因为我们在实践中追求产业结构高效化是必要的和紧迫的。产业结构的高效化包含着两个重要的过程：一是低效产业比重不断下降，高效产业比重不断增大；二是产业总体效率得到提高。产业结构高效化过程必然导致两个结果：一是各产业比重的此消彼长；二是各产业内部经济效益普遍的上升。对产业结构高效化的追求不仅可以使一个国家或区域产业高新技术化、深加工化、高度化和高附加值化，而且能围绕高效产业建立一个结构紧凑、相互协调而又具有经济效益的产业体系，更好地实现经济活动对资源配置效率的追求。就我国的国情和可持续性发展而言，我国目前不仅需要追求高新技术发展、深加工度化、高附加值化（这些主要属于产业结构高度化的内容），而且要通过市场和政府的双重作用，使低效率产业比重不断降低并加速其各种资源向高效率产业的转移，在我国的社会经济发展上，后者比前者的效果将会更为显著。

二、产业结构高效化的标志

基于对高效化含义的理解，本书提出产业结构高效化的标志，主要有以下三个方面。

（一）从总体上看，低效产业比重不断下降，高效产业比重不断增大

产业结构高效化是低效产业比重不断降低和高效产业比重不断增大的过程，因而这个过程也是高效化首要的标志。

（二）低效产业和高效产业的效率普遍得到提高

在产业结构高效化的过程中，除了低效产业和高效产业相对比重的变化，各产业的效率普遍得到提高也是一个重要的表现。

（三）高效产业得到提高对产业总体效率的影响大于低效产业下降对产业总体效率的作用

影响各产业发展的因素很多，因而在高效化的过程中也可能存在这样的情况，即一部分产业的效率提高了，同时另一部分产业的效率却在下降，这种情况下，如果效率得到提高的产业对产业总体效率的影响大于效率下降的产业对产业总体效率的作用，则我们也可以认为产业结构的效率提高了。

三、产业结构高效化的衡量方法①

产业结构高效化是低效率产业比重不断降低和高效率产业比重不断增大的过

① 黄继忠，《对产业结构优化理论中一个新命题的论证》，载于《经济管理》2002 年第 4 期。

程，产业之间效率上的差别总是存在的，当原有的低效率产业不断缩小甚至消失之后，还会出现新的低效率产业。例如机械工业的劳动效率一般高于冶金工业和采掘工业，但与电子工业相比，机械工业的效率明显低下。正因为产业结构高效化是一个动态过程，所以我们必须选取产业结构高效化过程中的某些静止时点和相对应的参照物，才能判断产业结构高效化所达到的水平。这里介绍两种衡量产业结构高效化水平的方法。

（一）横向比较的方法

即在相同的技术经济水平条件下，比如，人均国民收入 800 美元，通过比较不同国家之间的低效率产业比重、高效率产业比重，同时比较不同国家之间的经济效益水平；再比如说资金利税率、劳动生产率等，来判断一个国家产业结构高效化的相对水平。

（二）纵向比较的方法

即对同一国家在不同发展阶段上产业结构效率水平的比较。例如，我们可以分别求出人均国民收入在 100 美元、800 美元、1000 美元时的产业结构效率水平（低效率产业比重、高效率产业比重、宏观经济效益指标），通过比较不同时期产业结构效率水平的变化，来衡量产业结构高效化程度。当然，一个国家自身的纵向比较并不完全能够说明产业结构高效化的程度，最好与横向比较结合起来。

四、产业结构高效化效率计算

（一）基本思路

存量由低效率领域向高效率领域的转移，由此而产生整个经济活动效益水平的提高。

（二）假设条件

一是不考虑增量因素，仅分析存量转移对效益的影响。二是我们假设转移的障碍（如用设备向其他产业转移的不适用性、劳动力向新产业转移技术上的缺乏等）不复存在，来计算存量转移所产生的宏观经济效益。

（三）计算过程

1. 静态模型计算

如果我们假设存量转移之后，高效率产业资产存量为 $\sum A_i$，资产（或产值）利税率为 a_i，低效率产业资产存量 $\sum B_i$，资产（或产值）利税率为 b_i；在存量转移之前，上述字母加“′”，资产转移效率提高的幅度为 Y_1，则有：

$$Y_1 = \left(\frac{\sum a_i A_i + \sum b_i B_i}{\sum A_i + \sum B_i} - \frac{\sum a'_i A'_i + \sum b'_i B'_i}{\sum A'_i + \sum B'_i} \right) \times 100\%$$

式中：

$\sum a_i A_i$：存量转移后高效率产业利税额或总产值；

$\sum b_i B_i$：存量转移后低效率产业利税额或总产值；

$\sum A_i$：存量转移后高效率产业存量；

$\sum B_i$：存量转移后低效率产业存量；

$\frac{\sum a_i A_i + \sum b_i B_i}{\sum A_i + \sum B_i}$：存量转移后资产（或产值）利税率；

$\frac{\sum a'_i A'_i + \sum b'_i B'_i}{\sum A'_i + \sum B'_i}$：存量转移前资产（或产值）利税率。

2. 动态模型计算

所谓动态的计算，即在时间流动的背景下，计算产业结构高效化的效果。这里选择产值指标做模拟计算。根据实践我们不难建立下面的公式：

$$Y_2 = \left[\frac{\sum P_i A_i (1+a)^n + \sum R_i B_i (1+b)^n}{\sum P_i A_i + \sum R_i B_i} - \frac{\sum P_i A_i (1+a')^n + \sum R_i B_i (1+b')^n}{\sum P_i A_i + \sum R_i B_i} \right] \times 100\%$$

式中：

Y_2：产业结构高效化带来的产值利税率增长幅度；

P_i：高效率产业产值利税率；

A_i：高效率产业初始产值；

a：产业结构高效化中的高效率产业产值增长速度；

R_i：低效率产业产值利税率；

B_i：低效率产业初始产值；

b：产业结构高效化中的低效率产业产值增长速度；

a'、b'：产业结构不变条件下高效产业和低效产业产值增长速度；

n：时间（年）；

$\sum P_iA_i(1+a)^n+\sum R_iB_i(1+b)^n$：结构高效化条件下 n 年后利税率；

$\sum P_iA_i(1+a')^n+\sum R_iB_i(1+b')^n$：结构不变条件下 n 年后利税率。

第四节 产业结构生态化

产业结构生态化理论源于产业结构理论与生态经济学的交叉渗透，是在新形势下对产业结构优化提出的新要求。通过对传统产业结构理论的目标、管理、方式方法以及衡量标准等各个方面进行变革改造，形成适应新的社会、生态要求的产业结构理论和评价标准。产业结构生态化理论不仅考虑了经济利益，还兼顾社会、环境生态利益，是新形势下的产业结构优化标准。与产业结构合理化、产业结构高度化和产业结构高效化并不冲突和矛盾，是在它们基础上加入生态环境因素，重新考虑产业结构优化的评价方法和指标体系。产业结构生态化与产业结构合理化和高效化相辅相成，产业结构生态化以产业结构合理化为基础，以产业结构高效化为目标。只有合理的产业结构才能实现产业结构的生态化，而产业结构生态化的最终目标就是实现产业结构不断由低层次向高层次演变。本节界定了产业结构生态化的内涵，论证了产业结构生态化存在的客观依据，设计了度量产业结构生态化的标准，分析了产业结构生态化的效果。

一、产业结构生态化的含义

对产业结构生态化的研究可以从两个方面进行分析。从理论上看，产业结构生态化是以产业生态学、清洁生产、循环经济可持续发展理论为依据，考虑自然生态系统的自净能力和承载能力，以协调社会进步、经济发展和环境保护为主要目标，最终实现与生态效益、社会效益协调发展、共同进步的生态化的产业结构的优化过程。从实践上看，产业结构生态化是产业系统中正在出现越来越多的“生态化”现象和发展趋势：生态因素正在成为产业活动中一种越来越重要的影响因素，绿色消费、清洁生产、环保购物袋、绿色壁垒、绿色 GDP 等生态观念和市场规则日益成为市场经济的一类新元素；“无废工艺”、“清洁生产”、“生态工业园区”等生态范式的技术和经济发展模式越来越广泛地被应用。

综上所述：产业结构生态化是一个产业系统模拟自然生态系统的产业结构优化的动态过程，在产业系统内部各企业间，由下游企业消化利用上游企业的废弃物；在产业间各产业间形成类似于自然界的资源提供者（农业扮演）、生产（工业扮演）、消费者（服务业扮演）和分解者（环保业扮演）的共生的新兴产业结构，最终将一个产业输出的废弃物变为其他产业输入的资源。该结构内涵上包括了生态农业、生态工业、生态服务业以及静脉产业。

二、产业结构生态化的意义与动因

人及人类活动是地球生态系统的一部分。相对于某个主体而言，与主体事物有关的周围事物就是整个生态环境。地球上任何生物的生存都离不开生态环境，生态环境为生命的生存和延续提供着空间和所必需的各种资源，而生命的活动又时时刻刻对生态环境产生着影响。与其他生物一样，人类也依生态环境而生存。人类无时无刻不在与整个生态环境进行着广泛的物质交换与能量交换。保护生态环境就是保护人类生存的基础。

然而，随着工业化进程的不断深入，工业活动极大地推动了世界经济的发展，为社会进步奠定了坚实的物质基础的同时，人类的生产和生活造成了对生态环境的破坏，进而损害了人类的本身。众所周知，地球对污染物的净化和吸收能力是有限的，当人类对资源的需求和排放到环境中的废物达到一定程度时，资源和环境的矛盾就会激化，传统的工业模式正受到越来越多的质疑，资源短缺和环境恶化已经成为全球关注的焦点。为了解决日益突出的资源短缺、环境污染、生态安全，协调产业系统与自然环境之间的矛盾，就必须改进产业结构优化评价体系，将生态化纳入产业结构优化指标体系中去，对产业结构生态化问题的研究逐渐成为人们研究的重点。

三、产业结构生态化绩效分析

我们对产业结构生态化的绩效评价的理论基础包括：可持续发展角度、循环经济理论、利益相关者理论、产业生态学理论。本书主要以可持续发展理论为基础对产业结构生态化的绩效进行分析。

（一）可持续性发展的内涵

可持续发展的概念是在1972年联合国第一次人类环境大会《增长的极限："罗马俱乐部"关于人类困境的报告》中首次提出的，它要求摒弃自工业革命以来把单纯追求经济总量的增长作为衡量发展唯一标志的传统发展观，主张经济、社会、资源、环境、科技与人口之间的协调发展（Meadows D. H.，et al.，The limits to growth. New York：Universe Books，1972）。1983年，联合国秘书长任命布伦特兰夫人（G. H. Brundland）为主席，成立了由22位代表组成的世界环境与发展委员会（WCED），经过4年的时间，该委员会于1987年完成了《我们共同的未来》（Our Common Future）的研究报告。该报告第一次明确给出了可持续发展的定义：满足当代人的需要的同时，不损害人类后代满足其自身需要的能力。1992年6月联合国环境与发展大会通过了《21世纪议程》。这是一个涉及内容广泛的实施可持续发展战略的行动计划，其基本思想是：人类正处在历史的抉择关头，或者继续实施现行的政策，保持国家之间的经济差距，在世界各地增加贫困、饥饿、疾病和文盲，从而继续使人类赖以维持生命的地球生态系统恶化；或者改变现行的政策，改善所有人的生活水平，更好地保护和管理生态系统，争取一个更为安全、更加繁荣的未来。该议程从后者出发，为世界各国提供了一个从现在起至21世纪全球持续发展各个领域的蓝图。这次会议以可持续发展为中心议题开展了广泛的讨论，所通过的文件明确了可持续发展的方向，将可持续发展理论推向了实践。波尔曼（Perman）通过对可持续发展概念和状态的总结和归纳，得出可持续发展概念可归纳为六种类型：（1）可持续性状态是效用或消费不随时间而下降；（2）可持续性状态是管理自然资源以维持未来的生产机会；（3）可持续性状态是自然资本存量不随时间而下降；（4）可持续性状态是满足生态系统在时间上的稳定性和弹性的最低标准；（5）可持续性状态是管理自然资源以维持资源服务的可持续性产出；（6）可持续发展是能力和共识的构建（Perman et al.，1999）。爱德华兹（Edwards）等认为，对社会而言，可以把可持续发展概括为四个核心取向：（1）福利水平不随时间而下降；（2）消费水平不随时间而下降；（3）自然资本的存量保持不变或日益增加；（4）所有资本存量保持不变或日益增加。（3）和（4）是比较技术性和手段取向性的，强调了必须满足什么条件才能实现目标（1）和（2）。环境主义者一般会接受强可持续状态（3），而经济学人士一般接受弱可持续性状态（4）。环境主义者和经济学人士可能都接受状态（1）。

可持续发展是一个过程，不能将实现可持续发展简单地看成是一个技术问题。只有形成人类的共识和提高可持续发展的实施能力，可持续发展才能实现。可持续发展评估就是形成人类的共识和提高可持续发展实施能力的措施（徐中民等，2003）。用货币表示的资源环境损失核算作为实现经济发展外部成本内部化的重要方面，有助于促进经济社会发展的可持续性。

（二）产业结构生态化绩效评价的分析框架——可持续发展视角①

到目前为止，在全世界范围内一直没有形成对可持续发展指标体系框架的系统性认识和理解。然而，由于大量的指标可以应用于可持续发展，所以需要形成一套指标体系框架来开发、组织和使用各种指标。可持续发展指标体系的设计框架包含有不同的类型，并且经由学者和用户的实践已经得到一定的发展，逐渐从单项指标框架向多维分析框架转变，同时更注重对影响区域可持续发展各因素作用机理的反映。

1. 绩效评价分析框架的基础理论

（1）单项指标框架构建单项指标框架。该指标框架主要是为了获得一个高度集成的指标，能够将可持续发展的所有方面的内容用一个值表示出来。该方法背后的动机是对一个强有力的、能触及公众和决策者的传播工具，以及一个可以用来比较各国家行为的综合值的需求。目前，已经有一些较为成熟的单项指数被应用于可持续发展评价领域。例如，绿色 GDP 是在传统的经济产出扣除环境（资源消耗和环境污染）和社会资本（健康、收入的不均衡性）的损耗得到的调整值；“真实储蓄法”则通过减去资源损耗值和一些环境破坏值的方法来调整总储蓄量；“人文发展指数（HDI）”是由联合国提出的用来反映预期寿命、教育水平和平均收入的一种方法；而“生态持续性指数”和“生态足迹”关注更多的则是生态行为，这些方法根据生态赤字对自然资源过度利用程度进行评价，生态赤字是指对自然资产的消耗能力超过了地球生物的再生能力。可以肯定的是，单项指标方法由于其简易直观的特点，使其具有更强的传播功能。

（2）压力—状态—响应框架（PSR）。PSR 模型是 1970 年由加拿大统计学家安史尼·弗雷德提出的，后来被联合国经济合作组织（OECD）的环境部门所采纳。OECD 关于环境指标的工作主要是从 1991 年和 1993 年开始的，当时公布的“OECD 环境行动回顾的核心指标体系”，给出了可持续发展指标体系的压力—状态—响应框架的定义。PSR 模型的压力、状态和响应三大类指标的构建，主要是为了回答“发生了什么”、“为什么发生”、“我们将如何做”这三个问题。那些

① 黄凡，《企业集群生态绩效评价体系及评价模型研究》，广西大学 2008 年。

表征自然界的物理变化（或生物变化）的趋势以及相应的社会经济发展趋势的状态指标能够回答上述所提出的“发生了什么样的变化”的问题。这些状态指标用来衡量环境质量或环境状态，特别是由于人类活动而引起的变化以及因此对人类的影响。引起环境变化的人类活动的压力指标要回答的是“为什么会发生如此的变化”，如由于人类对资源的开采或过度利用、向环境排放污染物或废弃物以及人类对环境的干预活动等而导致的资源耗竭、环境质量恶化等用来衡量对环境造成的压力。而人类对环境问题所采取的对策方面的响应指标，则要回答“做了什么以及应该做什么”的问题，响应指标用来表示社会为解决环境问题而进行的努力，它衡量的是环境政策的实施状况。PSR 概念模型从人类与环境系统的相互作用与影响出发，对环境指标进行组织分类，具有较强的系统性。PSR 框架正是基于人类活动会对环境产生压力，同时会改变自然资源的数量和状态这样一种因果关系建立的。社会通过环境、经济和部门政策对这些变化进行响应，这些反应形成了对人类活动产生压力的一个反馈环。

（3）驱动力—压力—状态—影响—响应框架（DPSIR）。DPSIR 概念模型同样是由 OECD 在 1993 年提出，并为欧洲环境局所采用。在 DPSIR 概念模型中，“驱动力”（Driving Force）是指造成环境变化的潜在原因：“压力”（Pressure）是指人类活动对其紧邻的环境以及自然环境的影响，是环境的直接压力因子，例如废物排放、基础设施建设等；“状态”（State）是指环境在上述压力下所处的状况，如污染水平、土地退化程度等；“影响”（Impact）是指系统所处的状态反过来对人类健康和社会经济结构的影响；“响应”（Response）过程表明人类在促进可持续发展进程中所采取的对策，如提高资源利用效率、减少污染、增加投资等措施。显然，在上述对各指标的描述中可以看出，其中的“压力”、“状态”和“响应”的含义没有任何的变化，只是增加了造成这一“压力”的“驱动力”和系统所处的“状态”对于人类健康和环境的“影响”。显然，DPSIR 模型是对 PSR 框架模型的扩展和修正，是对 PSR 框架中的“压力”和“状态”指数的细化和深入。DPSIR 模型描述了环境问题从最初的起源到产生结果的演变路径。区域经济社会发展的需要作为长期驱动力作用于生态环境，因而对生态环境产生压力，造成生态环境状态的变化，进而对人类健康和社会经济发展造成各种影响。这种影响促使人类对生态环境的变化做出响应，而这种响应又作用于经济、社会、生态的复合系统从而形成对区域发展长期驱动力的新一轮调整，并重新开始新的人类活动与生态环境作用过程，如图 1 – 2 所示。

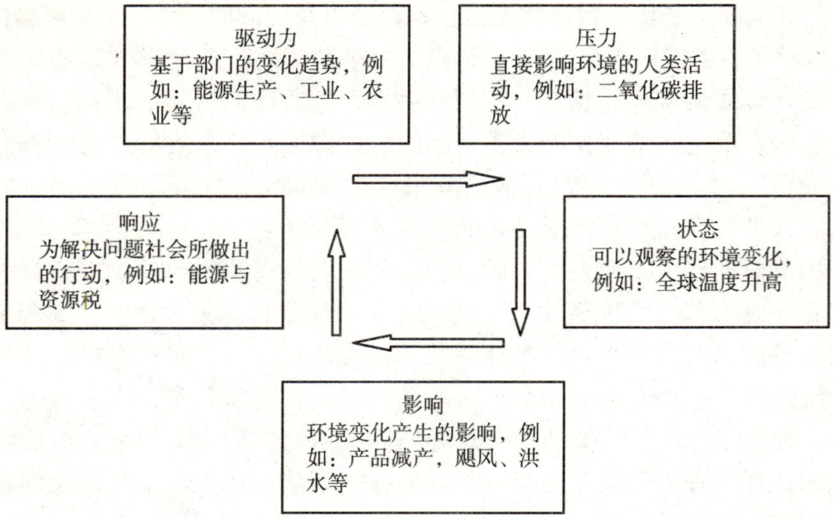

图 1－2 驱动力—压力—状态—影响—响应框架（DPSIR）

资料来源：中国 21 世纪议程管理中心，中国科学院地理科学与资源研究所，《可持续发展指标体系的理论与实践》，社会科学文献出版社 2004 年版。

2. 产业结构生态化绩效评价的分析框架的构建

产业结构优化的生态绩效评价涉及资源利用、环境保护和经济发展等方面问题，需要把资源科学、环境科学、管理科学和产业组织理论等学科有效的综合在一起。这就需要一个能够把复杂问题分解简化，又能把分解的各个部分有效整合的指导方法。借助可持续发展的 DPSIR 概念模型有助于简化这一过程，通过全面分析生态化发展的“驱动力”、“压力”、“状态”、“影响”和“响应”有助于理解影响产业结构优化生态绩效水平的各因素的作用过程以及彼此之间的因果关系，从而为科学合理地建立产业结构优化生态绩效评价指标体系奠定基础。据此，本书在对产业结构优化生态化发展进行 DPSIR 分析的基础上进行适当的综合简化，进而构建了产业结构优化生态绩效的分析框架，如图 1－3 所示。

（1）生态效率。产业结构优化的出发点和落脚点都是宏观经济效益水平的提高，而要进行一切经济活动都需要从外部环境摄入的资源、能量以及排放的废弃物则构成了其对生态系统的压力。通过经济活动产生的驱动力和压力之间的关系是一种技术生态效率功能和使用系统之间的关系，利用更多的驱动力同时产生更小的压力表示生态效率的提高。我们可以看出，当经济活动在创造的产品与服务的过程中效率越高，生态环境影响值越低，生态效率也越高。由于大部分资源与能源是有限且难以再生的，从长期来看二者的使用成本有进一步走高的趋势，同

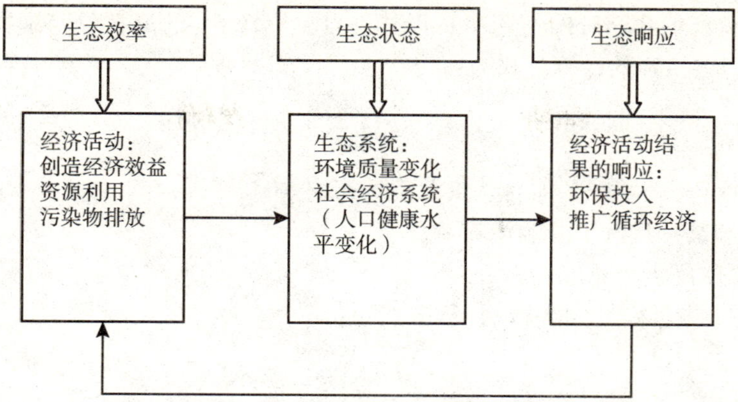

图 1-3　产业结构优化生态绩效的分析框架

时环境立法的逐渐完善和环境管制力度的加大，也使得企业的排污和环境违法成本相应提高。我们设置生态效率维度意在传递给这样一种经营理念，即只有在尽量减少资源能源利用和环境污染的情况下，才有可能获得高的经济效益。

（2）生态状态。根据 DPSIR 模型中对状态和影响的描述可知，状态被定义为特定区域和时间内环境系统的物理、生物和化学现象的数量与质量的变化，而影响则是指这种变化对人类健康和社会经济结构的作用，两者之间具有紧密的因果联系。自然环境的状态变化只有通过人类科学的测量方法才能被感知，人类在无形中也成为自然生态系统“福利”的代言人，通过各种反映生态系统健康水平的数据来揭示其所受的影响。当生态系统受到的干扰超过一定的阈值后，人类社会的各利益相关者的主观感受才会发生，表现为社会对环境满意度的下降和投诉的增加等等，自然生态系统的影响最终也波及人类社会。而生态状态维度正是为了反映经济动对其利益相关者群体的影响，自然环境和人类社会都应作为利益相关者被囊括进来。

（3）生态响应。生态响应被定义为整个社会为实现生态化发展的目标而采取的对策与行动。由于产业结构优化的出发点和落脚点都是为了宏观经济效率水平的提高，为达到这一目标，应采取的行动。生态响应反映的是个产业通过资源、能源、信息、废弃物等在不同成员间的流转利用，而形成的类似生态学中“食物链网”的共生关系；生态响应通过对各成员的行为发生有效的协调、约束与激励作用，力图使个产业处于较高生态绩效水平的运行状态。

3. 产业结构生态化绩效评价的指标

（1）反映生态效率的指标。

①单位产值自然资源使用率。指某种自然资源 M_i 的消耗量与国民生产总值 Y 的比值。该指标的计算公式为：

$$Z = \frac{M_i}{Y}$$

式中：Z——单位产值自然资源消耗；

M_i——某种自然资源的消耗量；

Y——国民生产总值。

②生产消耗率。该指标的计算公式为：

$$X_{C_j} = X_j / C_j$$

式中：X_{C_j}——第 j 产业的消耗产出率；

C_j——第 j 产业的总消耗，等于中间投入加上固定资产折旧；

X_j——第 j 产业的总产值。

该指标的含义为：每消耗一单位的物质资料，能够带来多少总产值的收益。该指标数值越大，就表明该产业的效益越好。通过该指标，可以在各产业之间进行比较，以说明效益的变动趋势和变动的大小。

③产业能源消耗率。该指标表明某一产业每消耗一单位能源，能生产多少总产值。该指标也是正指标，即数值越大越好。该指标的计算公式为：

$$EIO_j = \frac{X_j}{\sum_j d_{ij} X_{ij}} = \frac{1}{\sum d_{ij}}$$

式中：EIO_j——第 j 产业的能源消耗产出率；

X_j——第 j 产业的总产值；

d_{ij}——第 j 产业对石油、煤炭炼焦的完全消耗函数；

$\sum_j d_{ij} X_{ij}$——第 j 产业消耗电力、石油、煤炭炼焦三个产业部门的产品数量。

④产业交通运输消耗产出率。该指标表示每消耗一单位交通运输业的产品能生产出多少第 j 产业的产值。该指标为正指标。该指标的计算公式为：

$$TIO_j = \frac{X_j}{d_{ij} X_{ij}} = \frac{1}{d_{ij}}$$

式中：TIO_j——第 j 产业交通消耗产出率；

X_j——第 j 产业的总产值；

d_{ij}——第 j 产业对交通运输业的产品消耗量；

$d_{ij} X_{ij}$——第 j 产业对交通运输业的产品消耗量。

⑤单位产值废水排放量。是指各产业进行生产时，排放到外部的废水总量。计算公式为：

$$W_T = \frac{W_i}{X}$$

W_T：万元产值废水排放量总量；

W_i：第 i 产业废水排放总量；

X：产业生产总产值。

⑥单位产值废气排放量。计算公式为：

$$Q_T = \frac{Q_i}{X}$$

Q_T：万元产值废气排放量总量；

Q_i：第 i 产业废气排放总量；

X：产业生产总产值。

（2）反映生态状态的指标。

①空气污染情况。空气污染指数（API）是一种反映和评价空气质量的数量尺度方法，就是将常规监测的几种空气污染物（主要包括二氧化硫、氮氧化合物和总悬浮颗粒物）浓度简化成单一的概念性指数形式，并分级表征空气污染程度和空气质量状况。该指标的值越大表示空气污染程度越严重，空气质量越差。介于我国对城市空气质量评价通常采用全年 API 指数小于 100 的天数所占比例这一评价方法，同时考虑到原始数据获取的便利性，我们将定期对某一产业集中所在区域进行抽样 API 检测，通过统计 API 小于 100 的天数占检测总天数中的比例来间接反映某一产业对所在区域空气的污染情况。

②水体污染情况。该指标主要反映各产业污水排放对区域水体质量的影响程度。根据国家地表水环境质量标准的分类方法，可以将地表水的级别划分为 I、Ⅱ、Ⅲ、Ⅳ、V 五大类，本书拟采用此类方法对水体污染情况进行评价，并将五类水体的得分依次设定为 5、4、3、2、1。具体地，首先由环保部门工作人员定期进行水质抽样检测，然后将每次评定的水体级别转换成相应级别的分数并汇总求和，最后进行简单平均即得到该指标的分值。

③环境质量情况。

（3）反映生态响应的指标。

①环保投资情况。该指标主要是为了反映各产业在环保工作实施方面的投资情况。计算公式为：

$$P = \frac{T_i}{X}$$

P：环保投资比例；

T_i：第 i 产业环保投资额；

X：产业生产总产值。

②环境管理体系实施情况。ISO 环境管理体系是一套保证产业内部环保工作有效实施的运行机制和制度保证，有助于各产业科学地建立适合自身需求的环境绩效评估标准，并准确地发现其环保工作的缺陷和不足，以便有的放矢地改进环保工作。本书依 ISO14000 体系运营（包括通过 ISO 认证和尚未通过认证）的各产业内企业的产值所占某产业总产值的比例来反映这一指标的实际情况，具体计算方法如下：

ISO14000 环境管理体系实施率 = 依 ISO14000 体系运营的产业产值/某产业的总产值。

四、产业结构生态化的作用

在产业结构优化过程中充分考虑生态因素，不仅可以提高产业经济效率，减少环境污染物，也意味着资源利用率的提高，使生产边际费用和末端治理费用减少。在产量不变条件下，环保的技术投入对污染的资源化处理使排污量降低，排污成本减少，同时也会获得收益回报，使总收益增加。随着环保收益的提高，环保投入的边际成本逐步降低，竞争力增强。另外，把环境要素纳入产业结构调整的依据之一，不仅保护了自然，还可以推动经济技术层次的提高。

第五节　产业结构优化效应

对产业结构优化的最终目的是实现促进经济增长的经济目标及社会生态化发展的社会目标，而产业结构优化的资源配置效应和生态效应可以用来衡量这两个目标的实现情况。一般情况下，产业结构优化过程通常是在非均衡的条件下发生的，即不同产业部门的要素边际生产率并不相等。产业结构的优化可以使劳动和资本向高生产率水平或高生产率增长的部门流动，会促进生产率的提升，从而加速经济的增长。因此，国内外许多学者对此问题进行了研究。钱纳里和塞尔奎因（Chenery and Syrquin，1989）在其《工业化与经济增长的比较研究》中通过对100 多个国家经验数据的分析表明，产业结构优化带来的资源再配置效应在各个发展阶段大致经历了一个最初加速而后放慢的过程——在工业化加速阶段达到最高水平，随后开始减弱并逐步消失。胡永泰（1998）的研究表明，1979 ~ 1993

年我国劳动要素在部门间的再配置效应对经济增长的贡献率为1.1%，仅次于劳动力投入1.3%的贡献率。麦迪森（Maddison，1998）、吴（Wu，2004）、蔡昉和王德文（1999）。对中国农业和非农业以及三次产业间的资源再配置效应进行了研究，结论都肯定了产业结构优化的作用。产业结构优化对东北老工业基地经济增长的贡献究竟如何正是本节研究的出发点。为此，我们测算了我国改革开放30多年来劳动力资源配置效应，并对此进行了相应的分析，并对我国三次产业资本存量和要素产出弹性的估算。这一研究有助于了解东北老工业基地未来经济增长的可持续性。

人类生产的目的是为了满足人类日益增长的物质文化需要。产业结构优化要建立在资源节约和环保的基础上，充分考虑生态系统、社会系统和经济系统的内在联系和协调发展。经济发展不应以耗竭资源、损害后代经济发展为代价，因此对产业结构优化的生态效应的分析也是我们本节研究的另一个重要问题。

一、产业结构优化的资源配置效应及实证分析

产业结构优化的资源配置效应是指，通过研究劳动力要素和资本要素在产业结构优化中为实现产业结构经济目标和社会目标而起到的作用。本研究尝试从我国总量生产函数入手，用丹尼森对综合要素生产率分解的一般性方法，直接得到关于资源配置的数理表达式。通过该种方法可以分别测度资本和劳动力两种投入要素的资源配置效应。

（一）分析方法及数学模型

假定技术进步是希克斯（Hicks）中性的，那么总量生产函数就可表达为：

$$Y_t = A_t f_t(k_t, L_t) = A_t f_t \tag{1.1}$$

式中，Y_t、A_t、k_t、L_t 分别为 t 时期整个国民经济的产出、技术水平、资本投入量和劳动投入量。从各部门来看，相应有部门生产函数：

$$Y_{it} = A_{it} f_{it}(k_{it}, L_{it}) = A_{it} f_{it} \tag{1.2}$$

显然有：

$$Y_t = \sum_{i=1}^{n} A_{it} f_{it} \tag{1.3}$$

由式（1.3）可推得：

$$\frac{\mathrm{d}Y}{Y_t} = \sum_{i=1}^{n} \frac{Y_{it}}{Y_t}\left(\frac{\mathrm{d}A_{it}}{A_{it}} + \alpha_{it}\frac{\mathrm{d}K_{it}}{K_{it}} + \beta_{it}\frac{\mathrm{d}L_{it}}{L_{it}}\right) \tag{1.4}$$

由式（1.1）可得：

$$\frac{\mathrm{d}Y}{Y_t}=\frac{\mathrm{d}A_t}{A_t}+\alpha_t\frac{\mathrm{d}K_t}{K_t}+\beta_t\frac{\mathrm{d}L_t}{L_t} \tag{1.5}$$

比较式（1.4）和式（1.5），显然有：

$$\frac{\mathrm{d}A_t}{A_t}+\alpha_t\frac{\mathrm{d}K_t}{K_t}+\beta_t\frac{\mathrm{d}L_t}{L_t}=\sum_{i=1}^{n}\frac{Y_{it}}{Y_t}\left(\frac{\mathrm{d}A_{it}}{A_{it}}+\alpha_{it}\frac{\mathrm{d}K_{it}}{K_{it}}+\beta_{it}\frac{\mathrm{d}L_{it}}{L_{it}}\right) \tag{1.6}$$

由于：

$$\frac{\mathrm{d}K_{it}}{K_{it}}=\frac{\mathrm{d}\left(\frac{K_{it}}{K_{it}}\right)}{\frac{K_t}{K_t}}+\frac{\mathrm{d}K_t}{K_t} \tag{1.7}$$

$$\frac{\mathrm{d}L_{it}}{L_{it}}=\frac{\mathrm{d}\left(\frac{L_{it}}{L_{it}}\right)}{\frac{L_t}{L_t}}+\frac{\mathrm{d}L_t}{L_t} \tag{1.8}$$

将式（1.7）和式（1.8）代入式（1.6），有：

$$\sum_{i=1}^{n}\frac{Y_{it}}{Y_t}\left(\frac{\mathrm{d}A_{it}}{A_{it}}+\alpha_{it}\frac{\mathrm{d}K_{it}}{K_{it}}+\beta_{it}\frac{\mathrm{d}K_{it}}{K_{it}}\right)+\left(\sum_{i=1}^{n}\frac{Y_{it}}{Y_t}\alpha_{it}\right)\frac{\mathrm{d}K_t}{K_t}+\left(\sum_{i=1}^{n}\frac{Y_{it}}{Y_t}\beta_{it}\right)\frac{\mathrm{d}L_t}{KL_t}=\frac{\mathrm{d}Y}{Y_t} \tag{1.9}$$

显然，式（1.6）和式（1.9）的左边是相等的，所以恒有：

$$\alpha_t=\sum_{i=1}^{n}\frac{Y_{it}}{Y_t}\alpha_{it} \tag{1.10}$$

$$\beta_t=\sum_{i=1}^{n}\frac{Y_{it}}{Y_t}\beta_{it} \tag{1.11}$$

$$\frac{\mathrm{d}A_t}{A_t}=\sum_{i=1}^{n}\frac{Y_{it}}{Y_t}\frac{\mathrm{d}A_{it}}{A_{it}}+\left\{\sum_{i=1}^{n}\frac{Y_{it}}{Y_t}\left[\alpha_{it}\frac{\mathrm{d}\left(\frac{K_{it}}{K_{it}}\right)}{\frac{K_t}{K_t}}+\beta_{it}\frac{\mathrm{d}\left(\frac{L_{it}}{L_{it}}\right)}{\frac{L_t}{L_t}}\right]\right\} \tag{1.12}$$

式（1.12）右边第二项即为总资源配置效应对经济的贡献。显然其值表现为整个国民经济的综合要素生产率的增长率与各综合要素生产率增长率的加权平均数（以产出比重为权数）的差值。将式（1.10）、式（1.11）、式（1.12）代入式（1.5），就得到包括资源配置效应在内的经济增长分析模型：

$$\frac{\mathrm{d}Y}{Y_t}=\sum_{i=1}^{n}\frac{Y_{it}}{Y_t}\frac{\mathrm{d}A_{it}}{A_{it}} \qquad (1)$$

$$+\sum_{i=1}^{n}\frac{Y_{it}}{Y_t}\alpha_{it}\frac{\mathrm{d}\left(\frac{K_{it}}{K_{it}}\right)}{\frac{K_t}{K_t}} \qquad (2)$$

$$+\sum_{i=1}^{n}\frac{Y_{it}}{Y_t}\beta_{it}\frac{\mathrm{d}\left(\frac{L_{it}}{L_{it}}\right)}{\frac{L_t}{L_t}} \qquad (3)$$

$$+\sum_{i=1}^{n}\frac{Y_{it}}{Y_t}\alpha_{it}\frac{\mathrm{d}K_t}{K_t} \qquad (4)$$

$$+\sum_{i=1}^{n}\frac{Y_{it}}{Y_t}\beta_{it}\frac{\mathrm{d}L_t}{L_t} \qquad (5) \qquad (1.13)$$

式（1.13）将整个国民经济增长率分解为五个部分，其中：（1）是扣除了资源配置效应后余下的技术进步对经济增长的影响；（2）是资本要素在部门间配置变动对经济增长的影响；（3）是劳动要素在部门间配置变动对经济增长的影响；（4）是总的资本投入量变化对经济增长率的影响；（5）是总的劳动投入量变化对经济增长的影响。也即把 TFP 分解为（1）、（2）、（3）三部分。在实际测算时，可以用差分代替微分，一般以年为差分时间间隔。由上述模型中的各项去除以经济增长率便得到各种因素在经济增长中所占的份额。显然，式中的（2）、（3）两部分即为本研究的主要考察内容。

（二）产业结构优化资源配置效应的实证研究——以东北老工业基地为例

1. 数据定义、整理及说明

我们知道，进行经济计量分析需要以一定的经济理论为基础，而这种经济理论也应把握经济现象的本质。在经济计量模型的建立过程中，同样还必须依照经济理论的要求选择模型的变量及表示变量的指标。如果所使用的变量指标不符合经济理论本身的要求，则用它估计出来的经济参数就与经济理论所赋予的参数的经济意义不一致，从而导致经济参数的估计值与其经济含义都失去原有的意义。选取代表变量的指标，最基本的要求是口径一致。而口径一致的最基本要求在于，研究对象确定以后，所有有关的变量都应当是研究对象本身特定意义下的变量，其范围既不能扩大也不能缩小。

由式（1.13）可知，实证分析东北地区产业结构优化的资源配置效应需要的基础数据为：产出总量数据及分部门的产出数据；分部门的资本存量数据及分部门的劳动力数据。以下分别做出说明。

（1）产出指标。

①总量产出数据。进行经济增长因素的计量分析，通常要求的产出指标为以不变价格计算的 GDP 指标或 GNP 指标，二者的差别在于前者是按国土原则核算

的，而后者是按国民原则计量的，即后者等于前者减去本国支付给外国居民的资本和劳务报酬再加上本国居民得自国外的资本和劳务所得。鉴于本研究的主旨在于测算我国经济改革开放后的资源配置效应，因此产出指标选取1978～2009年的GDP数据（见表1－1）。

表1－1　　东北地区不变价GDP　　单位：亿元

年份	现价GDP	1978年=100的GDP指数	不变价GDP
1978	485.98	100.0	485.98
1979	523.32	107.6	522.9145
1980	600.59	116.0	563.7762
1981	628.06	122.0	593.0809
1982	685.17	133.3	647.9363
1983	791.04	148.2	720.0549
1984	930.89	170.8	830.2494
1985	1074.04	193.4	939.9777
1986	1233.25	209.9	1020.257
1987	1471.19	234.1	1137.769
1988	1801.67	260.6	1266.452
1989	2026.05	271.4	1319.103
1990	2203.18	282.5	1372.755
1991	2485.87	308.2	1497.783
1992	2990.76	351.5	1708.449
1993	3927.78	399.6	1941.954
1994	5004.43	452.0	2196.496
1995	5922.03	494.2	2401.513
1996	6874.99	544.5	2646.283
1997	7714.34	596.9	2901.049
1998	8233.15	640.6	3113.184
1999	8720.07	691.5	3360.515
2000	9772.01	750.6	3647.988
2001	10543.55	811.1	3941.843
2002	11443.94	888.5	4318.135
2003	12721.98	983.1	4777.462
2004	14544.61	1085.4	5274.874
2005	17181.27	1216.1	5909.903

续表

年份	现价 GDP	1978 年 = 100 的 GDP 指数	不变价 GDP
2006	19791.46	1371.4	6664.872
2007	23552.95	1568.4	7622.118
2008	28407.06	1718.8	8353.198
2009	30779.25	1878.7	9130.126

注：表中 GDP 及其指数数据均来自《黑龙江省统计年鉴》(2010)、《吉林省统计年鉴》(2010)、《辽宁省统计年鉴》(2010)，中国统计出版社。

②分部门的产出数据。我国东北地区三次产业的产出数据，根据《黑龙江省统计年鉴》(2010)、《吉林省统计年鉴》(2010)、《辽宁省统计年鉴》(2010) 上都公布按三次产业划分的 GDP 数据，具体数据见表 1－2。

表 1－2　东北地区三次产业不变价 GDP　单位：亿元

年份	第一产业	1978 年价格	第二产业	1978 年价格	第三产业	1978 年价格
1978	97.38	97.38	312.46	312.46	76.14	76.14
1979	110.34	104.78	329.52	336.21	83.46	81.93
1980	128.64	112.97	375.64	362.48	96.41	88.33
1981	141.21	118.84	376.43	381.32	110.32	92.92
1982	156.90	129.83	400.86	416.59	127.51	101.51
1983	207.84	144.28	435.78	462.96	147.42	112.81
1984	226.44	166.36	523.66	533.81	180.79	130.08
1985	207.74	188.35	630.41	604.36	235.99	147.27
1986	249.95	204.44	674.70	655.97	308.60	159.85
1987	280.77	227.98	817.96	731.53	372.46	178.26
1988	328.79	253.77	961.77	814.26	511.21	198.42
1989	316.33	264.32	1071.62	848.12	638.20	206.67
1990	453.89	275.07	1085.65	882.61	663.64	215.07
1991	449.57	300.12	1206.42	963.00	829.88	234.66
1992	492.42	342.34	1492.01	1098.44	1006.33	267.67
1993	615.25	389.13	2040.03	1248.58	1272.50	304.25
1994	883.60	440.13	2506.41	1412.23	1614.52	344.13
1995	1067.39	481.21	2913.82	1544.05	1940.82	376.25
1996	1294.31	530.26	3345.25	1701.42	2235.43	414.60
1997	1302.76	581.31	3743.77	1865.22	2667.81	454.52

续表

年份	第一产业	1978 年价格	第二产业	1978 年价格	第三产业	1978 年价格
1998	1390.10	623.82	3923.15	2001.62	2920.00	487.75
1999	1321.48	673.38	4212.72	2160.64	3185.87	526.50
2000	1285.33	730.98	4844.99	2345.47	3641.69	571.54
2001	1389.10	789.86	5066.51	2534.40	4087.99	617.58
2002	1510.57	865.26	5396.99	2776.34	4536.48	676.54
2003	1608.75	957.30	6082.04	3071.66	5031.29	748.50
2004	1960.39	1056.97	6878.28	3391.47	5705.94	826.43
2005	2192.61	1184.22	8421.93	3799.76	6566.73	925.92
2006	2362.30	1335.50	9847.39	4285.17	7581.77	1044.21
2007	2832.58	1527.31	11715.23	4900.63	9005.14	1194.18
2008	3307.60	1673.80	14543.23	5370.67	10556.13	1308.72
2009	3549.77	1829.48	15368.62	5870.20	11860.86	1430.45

（2）劳动力指标。在经济增长因素分析中，如果严格按照理论的要求，劳动力投入指标应当是一定时期内劳动力提供的“服务流量”，它不仅仅取决于劳动力投入量，而且还与劳动力的利用效率、质量等因素有关。具体是指用标准劳动强度的劳动时间来衡量的生产过程中实际投入的劳动量。在市场经济国家，劳动的质量、时间、强度一般是与收入水平相联系的，在市场机制的调节下，劳动报酬能够比较合理地反映劳动投入量的变化。而在我国，由于正处于由计划经济体制向市场经济体制的过渡时期，收入分配体制还不尽合理，市场调节机制尚需完善。

另外，我国自 1978 年实行以市场为取向的改革以来，过去计划经济时代形成的对劳动力流动具有高度限制或约束的体制被逐步打破，这种以逐步减少限制为特征的体制的完善是我国劳动力资源优化配置的主要动力或者说源泉，而且我国从开始改革至今也不过 30 多年的时间，劳动力市场按市场经济的要求，还很不完善。换句话说，我国劳动力资源的配置从宏观上还是比较“粗放”的。另外，在技术层面上，我国现有的统计资料还不能提供必要的信息对劳动力指标进行上述调整。鉴于这样的基本特征，考察我国改革以来的劳动力资源的配置效率，在指标的选取上，本研究采用历年东北地区从业人员数量作为历年劳动力投入量指标，具体数据见表 1 - 3。

表 1-3　　东北地区劳动力总数及其三次产业劳动力数量　　单位：万人

年份	劳动力东北地区总量	第一产业劳动力数量	第二产业劳动力数量	第三产业劳动力数量
1978	2906.4	1443.4	932.9	530.1
1979	3229.4	1429.4	1142.6	657.4
1980	3237.7	1432.0	1144.4	661.3
1981	3641.1	1515.5	1322.8	802.8
1982	3877.7	1588.3	1443.5	845.8
1983	3867.6	1576.5	1434.9	856.1
1984	3880.2	1558.1	1419.4	902.8
1985	3988.9	1587.7	1464.5	936.7
1986	4158.2	1635.8	1505.2	1017.2
1987	4261.8	1662.3	1561.0	1038.5
1988	4381.6	1705.4	1594.7	1081.5
1989	4429.7	1753.0	1601.9	1074.8
1990	4502.9	1779.5	1617.3	1106.1
1991	4614.9	1804.5	1657.7	1152.8
1992	4676.2	1788.3	1690.1	1197.8
1993	4744.0	1785.4	1715.1	1243.5
1994	4774.7	1755.9	1652.5	1366.3
1995	4841.7	1772.3	1656.5	1412.8
1996	4846.7	1766.3	1615.9	1464.5
1997	4852.4	1772.7	1543.7	1536.0
1998	4789.7	2029.5	1301.3	1458.8
1999	4768.6	2010.5	1258.2	1499.9
2000	4816.8	2073.4	1219.2	1524.2
2001	4829.3	2077.1	1180.6	1571.6
2002	4815.0	2092.5	1138.1	1584.3
2003	4835.4	2120.7	1095.2	1619.5
2004	5000.4	2096.6	1170.1	1733.7
2005	5108.1	2092.3	1194.4	1821.4
2006	5162.7	2087.5	1202.7	1872.5
2007	5274.4	2069.0	1239.8	1965.6
2008	5332.0	2068.5	1241.8	2021.7
2009	5451.4	2078.0	1267.5	2105.8

2. 三次产业弹性的估算

根据前面的模型的推导，我们可得到部门要素产出弹性和全社会总量生产函数的要素产出弹性存在如下关系：

$$\alpha_t = \sum_{i=1}^{n} \frac{Y_{it}}{Y_t}\alpha_{it}; \beta_t = \sum_{i=1}^{n} \frac{Y_{it}}{Y_t}\beta_{it}$$

其中，α_t、β_t 为总量生产函数的要素产出弹性；α_{it}、β_{it}为 i 部门的要素产出弹，Y_t、Y_{it}为全社会的总量产出及部门的产出。

为保证估计的有效性和无偏性，在用上式估计三次产业的要素产出弹性时，总量生产函数的要素产出弹性我们取 $\alpha = 1.158080$、$\beta = 0.62441$，即未进行正则化处理前的估计值。所以，我们可以利用式（1.10）和式（1.11）所示函数关系，间接估计三次产业的要素产出弹性。方程回归结果如下：

$$\beta = 0.809194\frac{Y_1}{Y} + 0.937350\frac{Y_2}{Y} + 0.919846\frac{Y_3}{Y}$$

（13.06228）（4.169191）（7.132196）

Adjustted R-squared：0.624441 F-statistic：315.22226 D-W statistic：1.8864

$$\alpha = 1.500795\frac{Y_1}{Y} + 1.738484\frac{Y_2}{Y} + 1.706019\frac{Y_3}{Y}$$

（-3.993675）（3.260433）（5.786613）

Adjustted R-squared：0.658272 F-statistic：405.2184 D-W statistic：1.7799

其中的 Y_1、Y_2、Y_3、Y 分别为第一、二、三产业和全社会的产出水平。两式的回归参数即三部门的要素产出弹性的估计值在5%的显著性水平下，均通过了T检验，拟合优度和方程的整体显著性水平也可以接受。

同样，基于规模报酬不变的假设，对上述两式得到的参数的回归结果进行正则化处理，得到第一、二、三产业的要素产出弹性的估计值：

$$\bar{\beta}_1 = 0.35; \bar{\alpha}_1 = 0.65$$

$$\bar{\beta}_2 = 0.35; \bar{\alpha}_2 = 0.65$$

$$\bar{\beta}_3 = 0.35; \bar{\alpha}_3 = 0.65$$

3. 劳动力要素在三次产业间的配置效应

（1）劳动力要素在三次产业间的配置效应的测算。由于三次产业的资本存量数据不可得，所以只能利用已经得到的三次产业的要素产出弹性的估计值，对劳动力要素在三次产业间的配置效应进行分析。

因为：$R_2=\sum_{i=1}^{n}\frac{Y_{it}}{Y_t}\beta_{it}\frac{d\left(\frac{L_{it}}{L_{it}}\right)}{\frac{L_t}{L_t}}$中的$\beta_{it}$取三次产业的劳动力要素的产出弹性值，即：

$\beta_1=0.35$；$\beta_2=0.35$；$\beta_3=0.35$由表1-1、表1-2、表1-3中的数据计算得到表1-4。

表1-4　　东北地区劳动力要素在三次产业间的配置效应

年份	GDP增长率 R_1（1）	R_2（2）	配置效应（2）/（1）
1979	0.075729	0.018899	0.249566751
1980	0.078414	-0.000080	-0.001026535
1981	0.051979	0.005928	0.114047024
1982	0.092492	0.002962	0.03202806
1983	0.111305	-0.000127	-0.001144105
1984	0.153036	-0.000604	-0.003947341
1985	0.132163	0.000873	0.006604411
1986	0.085405	0.000103	0.001208225
1987	0.115179	0.001361	0.011814444
1988	0.113100	-0.000040	-0.000350126
1989	0.041574	-0.002148	-0.051675718
1990	0.040673	0.000025	0.000609614
1991	0.091078	0.001329	0.014586733
1992	0.140652	0.002797	0.019887639
1993	0.136677	0.001829	0.013381292
1994	0.131075	0.001118	0.00853035
1995	0.093338	-0.000019	-0.000204612
1996	0.101924	-0.000712	-0.00698942
1997	0.096273	-0.002248	-0.0233489
1998	0.073123	-0.023753	-0.324834733
1999	0.079446	-0.001105	-0.013910676
2000	0.085545	-0.005611	-0.06558625
2001	0.080553	-0.002128	-0.026419656
2002	0.095461	-0.003639	-0.038118185
2003	0.106372	-0.004405	-0.041414596
2004	0.104116	0.008066	0.077466909
2005	0.120387	0.002643	0.021952284

续表

年份	GDP 增长率 R_1（1）	R_2（2）	配置效应（2）/（1）
2006	0.127746	0.001120	0.008770752
2007	0.143626	0.003978	0.027693862
2008	0.095915	0.000152	0.001583494
2009	0.093010	0.001540	0.016559398

（2）对测算结果的描述性分析。同样将表中的劳动力配置效应数据在 Excel 软件中生成折线图（见图 1－4）。

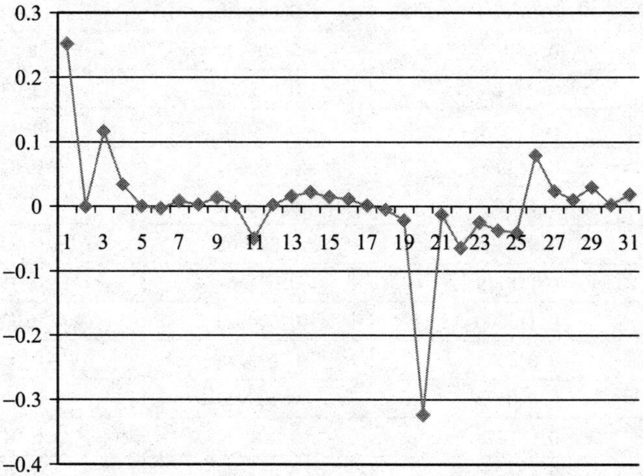

图 1－4　劳动力要素在三次产业间的配置效应

显然，图 1－4 所示之劳动力在东北地区三次产业间的配置效应，结合东北地区经济的现实情况，劳动力要素的配置和再配置主要是农业剩余劳动力向第二、三产业的转移。改革初期的农业经营体制的改革过程同时也是国家加强农业基础设施建设的过程，农业生产关系的理顺及资本存量的增加使得农业的劳动生产率大幅提高，这为农业剩余劳动力的转移创造了基本条件，直到 20 世纪 80 年代末，伴随乡镇企业的整体下滑，农业的剩余劳动力又返回农业。显然，图 1－4 所示之劳动力配置效应在 1989 年之前的变化情况与上述事实是基本一致的。进入 20 世纪 90 年代，城市的经济体制改革主要是国有企业的改革经历了“减员增效”的改革过程。使得城市国有企业的冗余劳动力得以释放。我国经济截至 1994 年保持了连续数年的高速增长，第三产业在此期间得以高速发展。从而吸收了大量城市下岗失业人员和农村剩余劳动力。因此，这段时间的劳动力配置效应显著提高，也即表现为图1－4中，1990～1994年的稳定上升阶段。20世纪90年代后期，随着经济的持续发展，我国经济的结构性矛盾日益突出，具体表现为第三产业的发展滞后于整体经济的发展、城市化进程滞后于经济的发展。同时，1997年亚洲金融危机爆发，对我国经济的直接影响就是出口的急剧下降。在这些国内外因素的共同作用下，我国经济步入衰退，即官方报道的“通货紧缩”，直接表现为：需求萎缩、价格下降、产品滞销、库存增加、产出下降、失业增加。劳动力需求的下降首先受到冲击的就是已经转移到非农产业的农村劳动力即农村外出务工人员和城市国企下岗失业人员。图1－4中，1997～2000年的劳动力配置效应的显著降低与上述过程也是基本吻合的。针对此种情况，我国政府适时施行了以“积极的财政政策和稳健的货币政策”为基本内容的宏观调控以扩大内需，这些政策措施的实施和生效，在图1－4中直接表现为2004年后的劳动力配置效应的大幅上升。

二、产业结构优化的环境效应

环境效应是指，自然过程或人类活动过程所引起的环境系统结构和功能的相应变化。有正效应，也有负效应。按形成原因，分自然环境效应、环境化学效应和环境物理效应。环境效应多为综合效应，如大量工业废水直接排入江河、湖泊和海洋，使水体的物理、化学、生物条件发生变化，导致水生生物种类、种群变化，并对人类产生影响。环境保护和环境建设的基本任务，就是设法增加环境系统的正效应，降低环境系统的负效应，从而改善生态环境的质量。本章所研究的产业结构优化的环境效应是指，通过环境要素相关评价方法，衡量产业结构优化对人类生态环境水平的影响程度的大小，以及判定是否实现产业结构优化的社会性目标。

（一）环境经济计算的理论与方法

1. 环境经济核算的基本理论

（1）可持续发展理论。该理论已经在前面进行了描述。

（2）环境价值计量理论。在理论上，人类需要的满足程度可以用社会福利来度量，这种福利不仅取决于个人所消费的私人物品以及政府提供的物品和服务，而且取决于其从资源—环境系统得到的非市场性物品和服务的数量与质量，如健康、视觉享受、户外娱乐的机会等。这样，对资源环境进行价值评估可转化为如何测度资源环境对社会福利的影响，因此福利经济学的相关理论就成为环境价值计量的理论基础。

福利经济学的基础前提是：经济活动的目的是为了增加社会中个人的福利。如果一个社会想让它的所有资源都发挥最大的效用，它就必须在环境变化和资源使用所带来的效益与将这些资源和要素用于其他用处所带来的成本之间进行权衡。根据权衡的结果，社会必须对环境和资源的配置进行适当的调整，以使个人福利得到增加。同时，理论假设每个人能够绝对正确地判断自己的偏好（福利状况），这些偏好都有其替代物，即偏好具有可替代性。

可替代性理论是经济学家价值概念的核心，因为它在人们是所需的各种物品之间建立了相应的替代率（高敏雪，2004；A. 迈里克·弗里曼，2002）。如一种货物或服务（A）的数量减少 x，将导致社会福利降低。根据偏好的可替代性，如果存在另一种货物或服务（B），其数量增加 y 可使社会福利保持不变，此时就可以认为：x 数量的 A 与 y 数量的 B 具有相同的价值，x 与 y 的比例关系就是两者的替代率。如果将 A 理解为一种有明确价值的基准商品（一般是作为一般等价物的货币），则根据 B 与 A 的替代率，就可以明确地得到 B 的价值，用货币形式表示，就意味着获得 B 的价格。

根据替代率的思想，就可以对资源环境变化进行价值评估。以货币或某种有明确货币价格的物品作为基准商品，当资源环境的数量或质量发生变化时，只需要确定此时基准商品需要多大规模的变化能使社会福利保持不变，就可以根据基准商品的变化规模决定资源环境（无论数量还是质量）变化的价值量，从而给出资源环境变化所带来的货币价值（高敏雪，2004）。

（3）马克思的资源价格理论。马克思的价值理论包括劳动价值论和市场价值论两个理论。马克思的劳动价值理论认为价值是由抽象劳动创造的，抽象劳动是商品经济中社会劳动的存在形式，反映商品生产所特有的社会生产关系，而社会必要劳动时间是决定价值量大小的要素。商品的生产过程是劳动过程与机制形成过程的统一，在劳动过程中，具体劳动创造商品的使用价值，而在价值形成过程中，抽象劳动创造商品的价值，商品价值包含生产资料转移过来的物化劳动和当期投入的活劳动。因此，价值由购买生产资料的不变资本 C、补偿购买活劳动的可变资本 V 和劳动者创造的剩余价值 M 三部分组成。

马克思的市场价值理论是在其劳动价值理论的基础上发展而成的。马克思提出价值是一个社会范畴，它不是由个别价值组成，而是由社会价值或市场价值组成，即一般由中等生产条件决定，这样，条件越优越的生产所生产的产品的个别价值就会低于市场价值，从而取得超出平均剩余价值之上的超额剩余价值。在不同供求条件下，市场价值是不同的。在供求大致平衡条件下，市场价值由中等技术的生产条件决定；当供不应求时，市场价值由劣等技术的生产条件决定；当供过于求时，市场价格下降，迫使劣等生产条件退出生产，中等条件下减少，优等生产条件发展，这时市场价值大体接近于优等条件下生产的商品的个别价值。

（4）现代西方的主要资源价格理论。

①均衡价格理论。均衡价格理论通常可分为一般均衡价格理论与局部均衡价格理论，前者由瓦尔拉斯创立，后者由马歇尔建立。在此主要阐述马歇尔的局部均衡价格理论。局部均衡价格理论是以一种商品为研究对象，讨论在其他条件不变的假定下，商品的价格是怎样由供给与需求的均衡来决定的，认为均衡价格就是一种商品的需求价格和供给价格相一致时的价格，主要包括两种价格理论：需求价格理论和供给价格理论。需求价格指买者对一定量商品所愿支付的价格，它是由一定量商品对买者的边际效用决定的。供给价格是指为提供一定数量的商品，生产者愿意接受的价格，它是由生产一定量商品所付出的边际真实生产费用决定的。商品价格和需求量成反比，与商品的供给量成正比。

②边际效用价值论。边际效用价值论又称为主观价值论，是在18世纪法国和意大利等国的经济学家创立的效用价值论的基础上建立起来的一种现代西方价格理论。边际效用价值理论的倡导者由奥地利的卡尔·门格尔、英国的威廉斯坦·杰文斯和法国的里昂·欧文拉斯。他们同时在19世纪70年代提出这一理论，并经由门格尔的继承人弗里德里希·维塞尔与欧根·庞巴继克的发展，形成一个完整的理论体系。他们认为，商品的价值并非是商品内在的客观属性。价值可以分为主观价值与客观价值，主观价值为产品“对于物主福利所具有的重要性”，也就是人们对物品效用的主观评价。客观价值是指人们获得某些客观成果的能力，它是单纯的技术关系。边际效用价值论的主要观点如下：

首先，效用是价值的源泉和形成价值的必要条件，效用同稀缺性结合起来，形成商品价值。效用表明价值可能达到的高度，或某一个范围；稀缺性则决定在具体实践中，价值实际达到上述范围中某一点。其次，边际效用是衡量价值量的尺度。边际效用是指人们所能消费的某种商品中，最后一单位商品给人们带来的效用。物品的价值是由边际效用决定的。再其次，效用是可以计算的。边际效用由需要和供给之间的关系决定，它与需求强度呈正方向变动，与供给呈反方向变动。最后，边际效用递减与边际效用均等。人们对某种物品的欲望强度随着享用的该种物品数量的不断增加而递减，因而物品的边际效用是随其数量增加而递减的；随着物品不断供给，其边际效用可降到零点；如果此时再进一步提升，边际效用就会变为负值，即“边际效用递减规律”。同时，由于许多物品供给是有限的，人们就需要有意识地或潜意识地把各种具体欲望的强度进行比较，将有限的产品分配在一系列不同种类的欲望中，最终使各种欲望满足的程度彼此相同，即“边际效用均衡定律”。

边际效用价值论的问世，对现代经济价格理论产生了巨大作用。首先，它把消费和需求提高到经济的首位，同时尽量缩小生产和劳动的作用。其次，它强调个人和个体，把它看做是经济主体，而社会则是各个个体的总和。最后，它着重于主观心理因素的作用分析，运用边际分析法去分析效用问题。效用价值论，为历史和实践证明，有许多合理的成分。但是，这种价值理论也有一个缺陷，即认为只有进入市场能够买卖的东西才有价值；不能进入市场进行交易的东西就没有价值，往往导致资源环境的外部性问题。这种理论与没有劳动参与的东西没有价值的理论一样，是自然资源无价、可以无偿占有和无偿使用的理论根源（李金昌，1995）。

（5）边际机会成本定价理论。在借鉴边际效应理论的基础上，中国环境与发展国际合作委员会提出了边际机会成本定价理论。这一理论认为，在完全竞争市场条件下，自然资源的价格（P）等于机会成本（Marginal Opportunity Cost，MOC），而边际机会成本由边际生产成本（MPC）、边际使用者成本（MUC）和边际外部成本（MEC）三部分组成，即 $P=MOC=MPC+MUC+MEC$。即认为资源的成本应该包括三个部分：资源生产成本，指资源生产过程中所耗费的各种生产要素的成本；资源消耗成本，指资源在其存量有限的条件下，由于开采和使用资源而造成资源存量减少所致的损失；环境污染成本，指资源在使用过程中，由于废渣、废气、废水、噪音的产生而导致的环境污染及带来的损失（中国环境与发展国际合作委员会，1997）。这一理论是根据资源与环境经济学观点，从经济学角度对资源开采、使用后果的一种抽象与度量。

2. 环境经济核算的基本方法

（1）直接市场价格法。市场价格法的基本思路是：环境质量的变化会直接导致生产成本和生产率的变化，进而导致投入和产出水平的变化。而投入和产出水平的变化不仅是可以直接观察和度量的，而且是可以用市场价格或影子价格来加以预测的。

①市场价值法或生产效率法。这种方法主要用于环境质量的估价。它把环境质量看做一个生产要素，环境质量的变化导致生产率和生产成本的变化，从而又导致价格和产量的变化，而后者是可以观察和测量的。因此，这种变化的价值是可以用市场价格来计算的，作为环境质量变化的效益和损失值。

②人力资本法或收入损失法。该方法是用环境污染对人体健康和劳动能力的

损害，来估计环境污染或污染控制带来的经济效益的一种方法。环境质量变化对人类健康影响造成的损失主要有三方面：过早的死亡、疾病或病休造成的收入损失；医疗费开支的增加；精神或心理上的代价。人力资本法是把人看做生产要素之一，将环境污染引起的经济损失分为直接经济损失和间接经济损失部分。直接经济损失有医疗费用和死亡丧葬费；间接经济损失有病人耽误工作造成的经济损失、非医务人员护理、陪住影响工作造成的经济损失。评价的步骤是：通过污染区和无污染区的流行病学调查相对比分析，确定环境污染因素在发病原因中占多大比重，调查患病和死亡人数，以及病人和陪住人员耽误的劳动总工日，来计算环境污染对人体健康影响的经济损失。

③收益现值法。收益现值法是针对地下资源等自然资产进行估价所提出的一种方法。该方法认为，地下资产等自然环境的出售价超过各项成本之和的部分，即为其内在价值。如果地下资源是在若干年内开采出来的，则根据开采时距现在的时间长短，对自然资源的价值进行贴现。

（2）替代性市场法。替代性市场法的基本思路是：某商品和劳务的价格中，间接包含着厂商和消费者对相应环境的评价，因而其价格可以间接反映人们对环境的支付意愿。

（3）意愿调查评估法。在缺乏市场价格数据时，为了求得效益或需求信息，可以借助于意愿调查法（Contingent Valuation，CVM），即通过对消费者调查，向消费者询问他们对环境质量变化的支付意愿（或接受补偿意愿）。这是一种调查法，是目前国际上用于评价没有市场价格的环境服务（森林游憩、野生动物资源等）最流行，也是应用比较成功的方法。

（4）费用支出法。

①防护费用法。对环境质量的最低评价，有时可以从为消除或减少环境的有害影响而承担的费用数据中获取。这种方法叫做“防护费用（Defense Expenditures）法”或“防护设施法”。按照支付意愿的概念，如果个人或厂商愿意承担这种防护费用，那么该费用就是该环境质量的最低隐含价值，或者说是该环境物品的最低价值评估。

②恢复费用法。因为恢复或个人提供自然物品（资源环境）是要付出代价的，所以，由于环境质量退化或环境污染而被破坏的生产性资产，其恢复所需要的费用可以作为古迹保护或改善环境规划的最低期望效益，或作为环境质量物品的损失（或退化）。在环境污染损失和生态破坏的估计中，恢复费用法是一种极为有效的方法。

（二）三次产业结构变动的环境效应

本书对三次产业结构变动的环境效应的分析角度是以综合分析法为依据进行分析。

1. 不同产业发展的生态环境影响分析

不同类型产业在其发展过程中，从自然环境中吸取所需要的资源，释放出各种产品和废弃物，对生态环境产生不同的影响或干扰。

（1）种植业。常将不适宜耕作土地开垦为农田，造成水土流失、土地盐渍化等土地退化，导致沼泽、滩涂等具有重要生态服务功能土地类型的减少；农业灌溉工程多改变地表和地下水循环、造成河流断流等，农业耕作中使用的农药、杀虫剂、化肥、污水灌溉等常会污染自然水体；药剂喷洒微粒、农药残留物分解物质则污染空气，农业用地土壤有机碳减少排放 CO_2、稻田排放CH_4、土壤硝化与反硝化过程排放 N_2O、秸秆燃烧排放各种燃烧气体等均不同程度的造成大气污染；不合理耕作导致土壤沙化、酸化、盐渍化等土壤退化过程，残留农用薄膜、农药、杀虫剂、化肥、污水灌溉等则污染土壤；农药、杀虫剂影响昆虫、鸟类及土壤动物、微生物区系的生存，农作物品种改良改变植物种类，降低生物多样性。

（2）林业。林业采伐造成森林覆盖面积缩小，部分人工林经营粗放，投入少，造成地力衰退、地表径流减少，部分树种的吸水能力破坏水循环；森林的大量砍伐易引发大洪水；减少对温室气体的吸收；人工林土壤生态系统物质输入和输出失衡；人工林生态系统生物结构单一、食物链结构缺损，能流、物流、产流功能衰退；单树种栽培破坏原有的生态环境，降低森林系统的稳定性。

（3）畜牧业。超载放牧导致草场退化、土地沙化；动物粪便、饲料等污染水体，使水体含氧量减少、水质变臭、失去饮用价值；牲畜呼吸、饲料分解、粪便污染大气，饲料粉粒、植物花粉等造成飞尘污染；动物践踏使土壤紧实，透气性差，并破坏地表植被，造成土壤裸露；动物粪便还会污染土壤；环境污染物残留动物体内，易潜伏传染病，向野生动植物传播。

（4）渔业。淡水渔业的大量发展往往加重水资源危机，提高地下水位，加重水源污染：饵料过量投放易引发邻近自然水体富营养化；部分地区鱼类资源枯竭、鱼类繁殖过程受破坏。

（5）制造业。厂房建设大量占用耕地、林地等土地资源；“工业三废”排放污染水源与土壤，造成大气粉尘污染与化学污染（有毒有害气体排放），重工业的污染尤其严重；大量的工业用水加大了水资源的稀缺性；工程建设破坏土壤理化结构，常常剥离表土，造成土壤侵蚀；植被覆盖变为水泥地面，表土固定化；摄入工业废物毒素的生物发生基因突变，常造成邻近地区动植物的大量死亡，区域生态系统受破坏，生物多样性降低。

（6）建筑业。建材如碎石、河沙的开采影响地形地貌，建筑选址也改变原有地貌；建筑开掘、爆破、材料存放等造成水体物理化学污染；建材开采、地基开挖影响地下水位和水质；施工粉尘造成大气污染；大面积水泥地面影响土壤理化特性：地基开挖破坏土壤层；建筑垃圾污染土壤；采伐森林，破坏植被，造成水土流失，并破坏动植物栖息地，施工噪声也不利于动物生存。

（7）交通运输业。道路交通设施建设永久占用耕地、林地等土地资源，且土地自然生产力不能恢复；道路路面有害物质通过道路排水系统流入地表、河流等，污染地表水和地下水；道路路面不能蓄水，导致地下水补充减少；交通线路往往造成河流改道；氮氧化物、一氧化碳等车辆尾气排放污染大气，公路扬尘也造成大气污染；汽车排放的无机化合物的细小颗粒，可直接进入土壤，形成土壤污染；道路将生物栖息地割裂开，成为动植物迁移的屏障，交通噪声也不利于动物生存，影响动物习性。

2. 三次产业结构变动的环境效应评价

首先，以不同类型产业发展对生态环境影响幅度与深度的差异为依据，衡量各类型产业发展生态环境影响的相对强度，建立产业结构与区域生态环境质量的关联。在评价时，可将东北地区产业结构进一步划分为：第一产业的农业、林业、畜牧业、渔业；第二产业的轻工业、重工业、建筑业；第三产业分为交通运输业、其他产业等。依据各产业发展对区域土地、水、大气、土壤与生物等主要生态环境要素影响或干扰方式与程度的不同，对不同产业类型的生态环境影响在[1，5] 区间内赋值。定义为不同产业类型的生态环境影响系数（表1－5），反映各产业单位产值比重的生态环境影响之间的比例关系，生态环境影响系数越大，表明该产业对生态环境的负面影响越大。

表1－5　　不同产业类型的生态环境影响系数

行业	种植业	林业	畜牧业	渔业	轻工业	重工业	建筑业	运输业	其他产业
影响系数	3	2	2	2	4	5	3	4	1

其次，对研究区域各产业类型的产值比例，依据其相应的生态环境影响系数进行加权求和，得到区域产业结构的总体生态环境影响指数 *IIISNE*，定量表征一定产业结构对区域生态环境的总体影响或干扰状况（见表1－6）。

表 1－6　　产业结构变动的生态环境影响指数分级

生态环境影响指数	1～1.5	1.5～2.5	2.5～3.5	3.5～4.5	4.5～5
分级	弱	较弱	中等	较重	严重

$$IIISNE = \sum_{i=1}^{9} IS_i \cdot E_i$$

式中，IS_i 为 i 产业的产值比例，E_i 为 i 产业的生态环境影响系数。

最后，比较 *IIISNE* 在不同时期的数值差异，定量综合评价产业结构变动的生态环境效应。

第二章

国内外老工业基地产业结构优化经验

世界上许多国家都有老工业基地，这些国家都曾面临过，或者正面临着老工业基地改造和产业结构优化的共同课题，研究和总结国内外老工业基地产业结构优化的经验和教训，对我国东北老工业基地的振兴有着重要的借鉴意义。本章选择了对东北老工业基地产业结构优化具有借鉴意义的国外和国内的老工业基地，描述了这些老工业基地的特点与存在的问题，总结了老工业基地改造的成功经验，并对这些经验进行比较，以提供学习和借鉴之处。

第一节 国际经验

本节主要选取了三个发达国家的老工业区作为研究对象，深入剖析了导致美国锈带工业区、德国鲁尔工业区和日本太平洋沿岸工业区发展过程中出现困境的原因，并通过实证分析与规范分析相结合以及比较借鉴的方法总结出各工业区成功转型的经验与发展过程中出现的发展陷阱。

一、美国锈带工业区经验

美国锈带工业区从20世纪中期的辉煌，到20世纪70年代的衰落，再到90年代艰苦转型的基本完成，锈带工业区的经济发展也伴随着其兴衰经历了曲折式的发展。更为重要的是，通过对美国锈带工业区的转型历程进行经验总结，能够为东北老工业基地的产业结构优化提供大量的宝贵经验。

（一）锈带工业区简介

锈带工业区位于美国国内的东北部地区，20世纪中前期这里集中建设了众多钢铁、采煤与机械制造等重工业部门，尤其是美国大部分的汽车与化学等工业分布在该区域，该地区被视为世界大型重工业的龙头地区。

美国锈带工业区东起于俄亥俄州，西至爱荷华州，北面到达密歇根州。区域内包含着当时著名的汽车城底特律、钢都匹兹堡以及重工业城市芝加哥与克利夫兰。锈带工业区位于的美国东北部拥有阿巴拉契亚山脉的丰富煤炭资源，苏必利尔湖地区蕴藏的铁矿，以及由五大湖提供的内河运输网①。在20世纪前期美国发展工业化的大背景下，由于这些有利条件的汇集，才使该地区成为工业和城市的主要聚集区域。此时期内锈带工业区经济得到全面发展，尤其是别具一格的重工业的发展更是突飞猛进，使锈带工业区在短时间内得到快速发展。但由于传统工业在工业区后来的发展过程中遭遇了困境，致使工业区内大面积的工厂被废弃，所以才被人们形象地称为锈带工业区。

（二）锈带工业区面临的问题

20世纪70年代以来，随着产业结构发展的日趋扭曲，美国工业体系的发展呈现出一种不平衡发展状态。工业区在主要依靠资源的工业化过程中，出现了聚集区域内产业结构较为单一，高度集中于采掘工业与机械制造业等问题，使区域经济应变能力下降，一旦主导产业部门受到冲击，整个区域经济便会陷入困境。20世纪70年代以来，锈带工业区内具体表现出来的几个突出问题如下所示：

（1）锈带工业区内传统型工业面临着国际上新兴工业化强国的挑战，开始由往日的兴盛逐渐走向衰落，使汽车等基础工业与机械制造工业等部门的发展衰落下来，导致工业区的竞争力下降与经济形势直线下滑。

（2）由于煤炭等资源在能源消费中所占比例逐渐降低，煤炭市场出现销售危机，导致煤炭等工业出现衰退。并且经过长时间的开采，煤铁资源也趋于耗尽状态，致使同时期工业区内的生产型企业以及大量优秀人才转向南部阳光地带，或者转向成本比较低廉以及海外劳动力相对便宜的市场。

（3）原材料与劳动力价格的提高也导致了传统产业的加速衰落，美国制造业工资成本相对于其他国家越发高启。但由于工业区内长期忽视对高新技术的研发与支持，致使工业区无法快速实现通过高新技术对传统产业的改造。

在这些因素的共同作用下，美国锈带工业区的制造业遭受到沉重打击，出现了经济衰退现象。拥有过制造业辉煌历史的美国锈带工业区由于种种原因，随着经济格局发展的不断演化，该地区开始出现大量的工厂倒闭，失业率短期内迅速增加，环境污染越发严重与生活成本高启等问题。

---

① 资料来源于《美国锈带复兴之路》。

（三）锈带工业区产业结构优化经验

虽然经济衰退的阴影挥之不去，但在政府、企业与市民的共同努力下，锈带地区发起了艰苦的产业调整的改革，最终为摆脱衰退阴影走上复兴之路打下坚实的基础。从20世纪80年代中后期开始，锈带地区经历了艰苦的产业转型过程，并于90年代中期基本完成，美国东北老工业区的“锈带”在经历了经济长时期的衰退之后终于走上了复兴的道路。总结美国锈带工业区这一转型过程，我们可以得出如下经验：

第一，大力促进产业内部重组，实现产业集中发展。

制造业等基础工业部门在锈带工业区经济中占有很高比例，通过产业内部改革来探寻经济增长点是锈带复兴的重要方法。面对锈带工业区传统制造业的低迷状态，制造业等基础工业部门开始对内部各企业进行大规模的重组与改造。通过重组与结构调整可以避免大企业盲目追求多元化致使资源浪费的现象，使企业人、财、物得以聚集，从而追求企业规模化生产效益。例如，随着重组与改造进程的深入，美国汽车工业开始向底特律集中。底特律通过技术改造、集中生产、分工细化等措施，不但巩固了自己汽车城的地位，而且成为美国著名的汽车工业中心。这一转变最终促使工业区内各大企业形成了专而精的经营特质，最终实现利润增长，促进经济发展。

第二，人力储备与劳资协调促进企业经营能力。

在锈带老工业区的复兴过程中，芝加哥与底特律等地区的一流大学发挥了集聚人才与提升科技能力的重要作用，这不但使老工业区的技术改造拥有了雄厚的科技基础，而且积累了丰厚的人力资本。另外，美国锈带工业区的企业对企业员工培训格外重视，往往通过在企业内部进行在岗培训或者脱产培训，以此来提高员工的工作技能与就业能力。企业还通过改善劳资双方的关系来激发员工积极性。例如，通过劳资对话的方式，有的企业同意劳方参与分享企业利润，并保证员工工资水平每年的合理增长。工业区内大部分制造业企业实施的是生产线管理小组责任制，这一管理体制给予公司中层管理人员以更多的权限，使员工的主观能动性得以充分发挥，提高企业经营能力。

第三，加速企业技术升级促进传统工业的改造。

转型期间，锈带工业区内的制造类企业纷纷采取高新技术进行技术升级与改造，在增强企业竞争力的同时，还激发了自身对降低成本和提高生产率的渴望，改变了企业原来设备老化与成本过高的状况。一方面，企业投入巨资用于技术研发与建设技术中心；另一方面，政府通过进出口贸易与折旧政策等方面给予企业资助，帮助传统产业实施技术创新来进行产业结构升级，推动传统工业的改造。此外，工业区的传统制造类企业通过对增加产业研发的投入与鼓励创新，使传统产业竞争力得到提升，加快技术扩散和渗透作用，使传统工业得到尽快改造。

此外，产业结构的顺利调整离不开政府的支持。美国政府对老工业基地的改造支持主要是运用经济措施影响经济，根据市场资源最优配置的原则对老工业区进行产业结构与经营结构调整，生产具有市场需求且具备竞争力的产品来占领市场。例如，政府采取财政扶植策略，通过吸引投资与加速折旧等稳定钢铁生产发展。实行减税与放宽政府管制的政策。不但力争减少公司所得税，而且着重减少个人所得税，并且取消了一些限制经济发展的规章制度。美国政府还出面实行限制进口的措施以保护本国制造业。政府通过提高美国进口钢铁的最低限价，扶植其国内钢铁企业进行生产，并鼓励国内企业出口产品到发展中国家市场。此外，美国政府主导的产业集聚带动了区域经济的发展，促进了锈带的复兴。这一政策着重强化了具有竞争力的优势产业，形成产业带动效应。可见，如果离开政府的政策支持与倾向指导，老工业区的改造将会举步维艰。

通过以上相关措施的有效实施，美国锈带工业区在此番产业结构优化的过程中表现出来的总体变化趋势为：第一、二产业比重不断下降，第三产业比重持续上升。这一趋势的发展使美国锈带工业区自身的经济增长得到进一步优化，也使美国的“锈带复兴”成为其他国家经济界深入研究的重要经济现象，这一成功经验对很多国家或地区的老工业区改造有着良好的借鉴作用。

（四）美国锈带老工业区改造效果

锈带工业区在经历了艰苦的改造和转型之后，产业结构得到有效调整最终走上复兴之路。到20世纪80年代末形势开始明显好转，这一复兴过程大致于90年代中期基本完成。从目前情况看，锈带地区的总体经济发展、生活水平和环境保护等诸多方面在全国处于领先地位。

首先，在制造业生产率日益增长和用工人数急剧减少的情况下，锈带工业区大力发展服务业，包括金融、通信、旅游、医疗等属于服务性质的产业，以推动经济增长和吸纳大量人员就业，成效显著。

其次，为适应总体经济发展的需要，建成出口型经济格局则是锈带经济转型的又一重要特征。在美国的中西部地区复兴中，出口增长也功不可没。根据美联储所属芝加哥联邦储备银行几年来发表的有关锈带复兴的报告，1993年以前中西部地区的出口增长指数低于全国水平，此后即开始高于全国水平。美国商务部的一份统计显示，2000年美国出口额位居前10名的州中，属于锈带地区就占了

3 个州，分别是伊利诺伊、俄亥俄和宾夕法尼亚。

最后，在制造业占强大优势的地区和城市，则通过企业改造和结构性调整，使其优势进一步得到提升，同时带动其他地区经济发展。底特律 100 多年来享有汽车城的盛誉，汽车制造无疑是该地区的优势产业。通过集中生产、技术改造、分工细化、提高生产率、产品升级和不断推出新产品等措施，使底特律不但保持了汽车城的地位，而且带动更大范围地区的经济快速发展。比如，原来美国汽车生产行业公司很多，不少州都有。当时的通用、福特和克莱斯勒通过收购兼并集中生产，使全国汽车装配完全集中在底特律地区。零部件开发、生产也逐步与装配分开，基本上也集中在邻近地区。

锈带复兴的结果使工业区内人口得到回升，经济增长率高于其他地区，失业率保持在较低水平，家庭收入有较快增长。可以说，美国锈带工业区早已擦去斑斑锈迹，重放光彩。

二、德国鲁尔工业区经验

在 20 世纪 50 年代以来德国崛起的过程中，其走过了一条依靠重化工业复兴的发展之路。在德国为数不多的老工业区中，鲁尔工业区为德国的经济发展一直起着中流砥柱的作用。但在历史前进的过程中，由于鲁尔工业区的产业结构等众多问题，其也经历了从发展停滞到艰苦转型，再到转型成功的曲折式发展。这一转型过程为我们提供了丰富的产业结构优化的经验。

（一）鲁尔工业区简介

在第二次世界大战结束以后，欧洲普遍存在能源短缺现象，而德国西部、莱茵河区域拥有着丰富的煤炭、能源、钢铁等资源，为德国战后的经济恢复与增长做出了巨大贡献。这便促进了德国鲁尔工业区的形成，可以说，当时鲁尔工业区的兴衰在某种程度上决定了德国经济的发展进程。

鲁尔工业区拥有雄厚的工业基础，其南部的鲁尔河与埃姆舍河之间存在着大量工厂，以此形成了以杜伊斯堡、埃森、多特蒙德等城市为代表的鲁尔工业基地。鲁尔工业区自身的条件使其在发展重工业方面具备相对优势。首先，鲁尔工业区蕴藏着丰富的煤炭资源，煤炭品种齐全且质量过硬。其次，鲁尔工业区的地理位置得天独厚。其地处欧洲的交通要塞，历来都是欧洲东西接触的交通枢纽。最后，莱茵河纵贯整个鲁尔工业区，水陆交通便捷。这些有利因素的集合促进了鲁尔工业区的蓬勃发展。

（二）鲁尔工业区面临的问题

鲁尔工业区在20个世纪50年代的中后期也没能躲过历史进程的兴衰交替，伴随着危机的爆发，鲁尔工业区在经过一段时期内的高速发展后也逐渐走向衰落。20世纪50年代中后期，鲁尔工业区所暴露出的较为严重的问题主要有以下几点：

（1）由于鲁尔工业区生产结构较为单一，其工业生产主要集中于钢铁、电力、煤炭、机械等传统工业部门。在新一轮产业技术革命的影响下，单一产业结构为主的经济模式受到挑战，产业结构过于低下的弊病越发显现出来。例如，受当时美、英、法等发达国家的重化工业普遍严重衰退导致的钢铁危机的影响，全球钢铁市场竞争激烈，钢铁产量过剩，鲁尔工业区经济受到沉重打击。

（2）当时全球范围内石油、煤炭以及天然气等能源被大量发现，世界开始进入能源替换与产业结构调整的科技革命时代①。那么煤炭能源地位的下降自然导致了鲁尔工业区的衰落。鲁尔工业区关闭了超过1/3的矿井，企业大量倒闭，失业成为当时最严重的社会问题。这导致鲁尔地区工业生产投资环境日趋恶化，鲁尔工业区在德国经济发展的地位明显下降。

（3）鲁尔工业区主导产业衰落，缺乏新技术革命的承接。这是因为鲁尔区工业企业传统的生产方式无法适应时代发展的要求，且新技术革命产生的新兴工业部门也无法改变传统产业的生产方式，再加上鲁尔工业区的失业率不断上升与环境污染日益严重等问题，使很多新兴企业不愿到此地区落户。

（4）由于以往对于煤炭等资源的过度开采，在采矿开发过程中，鲁尔工业区的资源型城市的植被与大气环境被严重破坏。自然环境的受损导致生态环境急剧下降，所以资源枯竭型城市的环境修复已成为当时鲁尔工业区经济转型不可回避的问题。

（5）鲁尔工业区内原有交通运输系统就已非常发达。但由于城市规模不断扩大，导致工业区内交通负荷不断增大，核心地区与边缘地区交通相脱节的现象，城市交通拥堵，物流不畅。

随着鲁尔工业区在德国经济中心地位的不断下降，鲁尔工业区对产业结构优化的愿望越发强烈，决心进行艰苦的产业结构调整和结构转型。鲁尔工业区开展区域全面整治和更新，重点是改变原有产业结构，使工业区经济朝着多元化、综合化发展，以适应新形势下经济发展的需要。

① 主要依据《理论前沿》中的产业结构变革与现代科技革命内容。

（三）鲁尔工业区产业结构优化经验

鲁尔工业区在经历危机后也采取了卓有成效的改革措施，并最终扭转颓势取得了良好的改革成效，使鲁尔工业区继续健康发展。这一成功转型经验在世界范围内得到了广泛关注，为其他国家的老工业基地的产业结构优化提供了有益的借鉴经验。

第一，强化产业集群，促进资源配置。

鲁尔工业区早先的产业布局以接近矿产原料地为原则，致使各产业间布局相对分散。在改革过程中，鲁尔工业区除进一步发掘原有产业潜力的同时，还大力提倡产业之间或者企业与研究机构之间的合作联系，以发挥“集群效应”。为此，工业区政府还努力开发重点项目，鼓励各个城市或者地区之间建立紧密的合作关系。随着集群效应影响的逐渐扩散，鲁尔工业区内的企业之间建立起广泛的联系与密切的协作关系，甚至出现了煤钢联营的形式，以及后来逐渐出现的煤电、煤化以及钢铁与机械的联营形式。这一现象的出现不但保证了企业生产，而且稳定了销售，使工业区内部的资源与加工优势得到充分发挥。此外，大型企业集团还为当地众多中小企业提供配套生产与配套技术，这样的企业联盟关系更加促进了鲁尔区内资源的合理分配。

第二，调整产业结构，重视就业问题。

鲁尔工业区的改造重点离不开产业结构的调整。政府部门对老矿区进行重新规划，对现代化水平低、生产成本高的企业进行整顿，而且整顿过程中尽量实行渐进方式改革。尤其对于大型企业的破产相当慎重，以免产生大量下岗工人出现社会动荡。并且将老工业区内的采煤业企业合并到机械化水平较高的大型企业集团之中，努力促进该地区内产品结构的调整与产业技术含量的提高。此外，新型工业企业如机械制造、信息通信与环保工业等纷纷得到重视。第三产业也得到蓬勃发展，例如法律咨询业、广告业等各种新兴服务产业如雨后春笋一般遍地开花。

由于鲁尔工业区产业结构的调整，难免使得一批工人失业。为了保障社会稳定，使失业者能够安定的生活，德国政府下大力气加强了社会保障问题。首先，对那些从传统产业下岗的工人，在经过政府举办的义务培训后，继续从事相关技术工作或者转移到其他领域以解决就业问题，并且对年龄较大的工人采取提前退休政策。其次，扩展原有社会保险范围。例如，德国扩展后的基本险种已相对丰富，被分为医疗保险、养老保险、失业保险、公职人员退休金以及职工病假工资等。最后，政府部门还特别制定政策并设立机构解决就业问题，例如，政府在新开发的产业中创造20万个工作岗位来促进失业问题的解决。

第三，实施人才战略，促进科研新技术发展。

德国的工业科技在全球占有重要地位，其国内科研基础十分雄厚。鲁尔工业区内的城市波鸿与多特蒙德等地拥有众多大学，是欧洲大陆范围内大学密度最大的工业区，众多科技发明诞生于此。除地区高校外，许多研究所也为产业结构的转型输送技术成果。鲁尔工业区内许多大型企业集团都有自身的科研机构，并根据企业特点与全球市场行情制订科研发展计划。此外，鲁尔工业区所有大学与研究所都有技术转化中心，辅助企业将技术知识转化为实际生产力。雄厚的人力资源与科研基础，促进了工业区新兴产业的高速发展。新兴产业不但可以迅速的积累资金，而且还会为老工业区改造提供必要的技术与资金支持。最终，新兴产业可以带动其他相关产业一并发展，创造更多的就业机会。鲁尔工业区通过不断尝试推进改革创新，并加强科研界与企业界的合作，以加快科研成果的转化应用。并建立鲁尔工业区新技术服务公司，为新技术企业提供资金和咨询。为在工业区内落户的企业提供支持，并为新成立的公司提供低息贷款或部分无偿援助等优惠。这一措施结合中小企业自身具有灵活应变特点，优先向中小企业转让高新科研技术，为本地区的中小企业快速发展做出了巨大贡献。

第四，加强环境保护，促进生态建设。

由于以往对于煤炭等资源的过度开采，在采矿开发过程中，鲁尔工业区的资源型城市的植被与大气环境被严重破坏。自然环境的受损导致生态环境急剧下降，所以资源枯竭型城市的环境修复已成为当时鲁尔工业区经济转型的首要任务。

鲁尔工业区为此成立了治理环境的专门机构，并且颁布环保法令，大力提倡绿色发展概念，统筹规划环保改造，对工业烟雾与受污染严重的河流进行综合治理，通过植树造林对废弃矿山进行绿色美化。鲁尔工业区还把矿产区转型同国土整治结合起来，统一列入整个地区发展规划，并成立专有部门负责解决老矿区遗留下来的土地破坏与环境污染问题。鲁尔区在转型过程中始终坚持环保原则，并采取了一系列有力措施改善曾经被严重污染的环境。例如限制企业污染气体的排放与建立空气质量监测系统等。在鲁尔工业区当一个企业被关闭后，政府部门会对关闭后的企业进行环境评估，并提出整改规划，在企业原址建设城市居民住宅小区或者种植树木等。

第五，完善交通网络，促进旅游开发。

鲁尔工业区内原有交通运输系统就已非常发达。但由于城市规模不断扩大，导致工业区内交通负荷不断增大，核心地区与边缘地区交通相脱节的现象。问题的出现加速了工业区内改善交通网络的呼声。鲁尔工业区煤管协会曾经在交通规划中明确表示，要有计划地对现有工业区内的线路进行改造，发展区内快车线。在鲁尔工业区内架设起了高架铁道，部分缓解了交通拥堵的问题。此外，鲁尔工业区政府还提出，要最大限度的发挥区域内的水运优势，加强水陆联运，建设起统一的运输系统。将鲁尔区内分离的工业区和城市区紧密衔接起来，这些措施对全区的综合开发起到了积极作用。

鲁尔工业区政府不但着手加强交通体系的完善，而且始终没有停止对资源枯竭型城市改造的思考。在促进完善交通网络后，也为鲁尔工业区的工业遗产旅游开发创造了便利条件。经过长达10余年的摸索，鲁尔工业区走过了一条独特的老工业区旅游开发的模式，工业旅游逐渐已成为鲁尔区的新时尚。比如将废旧的老钢铁厂改建为露天博物馆，使旅游区的景观更具历史感与真实感，将倒闭企业改造为以工业景观为时代背景的大型主题公园或者在废旧工厂原址重新建设大型购物中心，并保留部分原有工业设施，以此吸引大量旅游与购物的人群。

始于20世纪60年代，鲁尔工业区经过20多年的艰苦改造和产业结构调整，终于使其经济发展走出低谷，取得令世人瞩目的成效。目前，鲁尔区已形成新老工业并举、部门结构复杂、内部联系密切、布局相对合理的区域工业综合体。这些措施经过实践的检验，最终使鲁尔工业区的重生焕发出绚丽夺目的光彩。

（四）德国鲁尔工业区改造效果

自20世纪鲁尔工业区面临着如何实现产业结构优化的问题以来，悄无声息之中，鲁尔工业区的产业结构与经济结构已经率先完成了这一历史性的转变。20世纪90年代以来的经济开始出现好转（见表2-1）。

表2-1　　1991~2005年鲁尔区的经济增长状况

年份	1991	1995	2000	2003	2005
GDP（10亿欧元）	100.249	109.249	115.534	122.195	122
人均GDP（欧元）	44798	51064	51387	55410	55400

资料来源：National office for data processing and statistics，size；RVR data base，www.rvr-online.de.

首先，高新技术、河海联运与旅游文化业已经取代了传统的钢铁、冶金行业成为地区经济新的发动机。软件、计算机、通信技术等也得到了长足发展。每两年在这里召开一次的世界高新技术大会则为高新技术产业的持续发展不断注入活力。

其次，州政府没有简单地将莱茵河两岸的煤矿与冶炼场关闭，而是投入巨资，将沿河煤矿和冶炼场加以改造，并建起了便捷的公路与铁路运输网，使莱茵河上最大的港口城市杜伊斯堡重现生机。由于冶金业的衰败，杜伊斯堡港的运输量曾下降一半。但随着公路和铁路网的建设，德国境内各地货物更加便捷地被运至杜伊斯堡港，从这里中转至欧洲以及世界各地。

最后，大力发展新兴产业，但又不割断与历史的联系，这是鲁尔工业区产业转型的突出特征。鲁尔工业区的文化旅游业就是这样发展起来的。在废弃的矿场浇灌冰场，在庞大的铸铁车间演绎芭蕾舞，在钢架高炉旁演奏交响乐。工业化传统和现代艺术的结合让游人感到时空错置，遐思悠远。

没有往日的黑尘滚滚，没有曾经的浓烟蔽日，到处已是山清水秀，一派宁静又充满生机的景象。今天，当你驱车穿行在由杜塞尔多夫、杜伊斯堡、埃森、多特蒙德组成的鲁尔工业区的特大城市群中的时候，你很难想象，这里曾经是世界上最大的重工业区之一。短短 20 年里，这里的产业结构已经发生了翻天覆地的变化。

三、日本太平洋沿岸工业区经验

太平洋沿岸老工业基地主要集中在太平洋沿岸地区，这主要是因为日本国内资源极度贫乏，是世界上进口资源对外依存程度很高的国家，第二次世界大战后新建的大量消费原料的资源型工业大都分布在太平洋沿岸地区。由于日本太平洋沿岸工业区自身禀赋的原因，致使其发展过程中深受两次严重危机的影响，令太平洋工业区经济发展徘徊不前。总结太平洋工业区两次危机的经验，可以为我国老工业基地的产业结构优化提供警惕与借鉴。

（一）太平洋沿岸工业区简介

早在第一次世界大战期间，日本的工业布局便开始向沿海地区集中，太平洋沿岸工业区在这一时期得到了迅速发展，日本国内工业在此期间也得到了长期快速发展。第二次世界大战以后，太平洋沿岸工业区的主导产业逐步走向成熟，成为日本国内知名的工业区，乃至世界著名的老工业基地之一。

太平洋沿岸老工业基地工业分布主要集中在太平洋沿岸地区，其包括东京湾、伊势湾和大阪湾以及濑户内海沿岸地区。太平洋沿岸工业区东起东京湾东侧的鹿岛，向西经千叶、东京、横滨、骏河湾沿岸、名古屋、大阪、神户、濑户内海沿岸，最后到达北九州，长达 1000 公里，包括京滨、中京、阪神、濑户内海、北九州等五大工业地带，呈东西向的条带状地区，所以被称为太平洋沿岸工业区。这一工业区集中处于太平洋沿岸地区主要，也是因为太平洋沿岸工业区面对的是美、中、东南亚等地区，它们都是日本的主要贸易对象，有利于贸易的发展。近几十年，特别是第二次世界大战以后新建的大量消费原料的资源型工业，使其成为沿海型工业区的典型代表。

（二）太平洋沿岸工业区面临的问题

20 世纪中后期，日本太平洋沿岸工业区在其发展过程中经受了能源危机与资产泡沫两次重大危机的洗礼，两次重大危机使太平洋沿岸工业区的产业结构优化进程受到了严重阻碍，使太平洋沿岸工业区的产业结构弊端与其他发展问题一并爆发出来①。具体问题如下：

（1）飞速发展中的太平洋沿岸工业区的石油进口问题受到较大影响，工业区脆弱的产业结构受到严重打击。第一次危机发生在 20 世纪 70 年代初，由于第四次中东战争的爆发导致全球原油价格因战争原因大幅度上涨。由于日本经济严重依赖中东石油进口，使石油资源依存度较高的大批企业开始倒闭，太平洋沿岸工业区经济发展一度陷入危机。基础化学制品、石油制品以及钢铁制品等行业的生产成本急剧上升，令日本政府深刻感受到日本经济结构存在的极大脆弱性。日本作为资源稀缺的国家而发展重工业经济面临重重障碍，太平洋沿岸工业区的发展也深受进口石油价格变动的制约。

（2）日本太平洋沿岸工业区平均经济增长率仅在零位徘徊，失业人口不断上升导致社会问题严重。在经历了 20 世纪 70 年代的石油危机后，日本太平洋工业区又在 80 年代后期连续遭遇了金融泡沫危机。这一轮危机使日本经济陷入了更加痛苦的长期萧条之中，日本舆论界将这一轮萧条时期称为失落中的 10 年。在这 10 年期间，民众开始逐渐遗忘了往日的经济强盛时期，挣扎在迷失的边缘。

此次金融泡沫危机的爆发对日本太平洋工业区的经济与社会造成无法估量的损失。转眼之间，日本太平洋沿岸工业区经济便开始出现产能过剩、债务过剩与员工过剩，企业经营包袱沉重。另外，又由于民众损失惨重致使消费需求不足导致商品销售价格下降，太平洋沿岸工业区大部分企业陷入经营困境，生存条件越发苛刻，直至倒闭关门。国内居民产值持续低迷，物价不断下跌，通缩严重，至此太平洋沿岸工业区的经济发展陷入低谷。

---

① 石油危机造成的严重通货膨胀使日本陷入了“滞涨”；国际金融巨鳄对日本股市和楼市的炒作，使日本楼市和股市的严重泡沫化以及最后的崩盘，对日本经济产生毁灭性打击。

（三）太平洋工业区产业结构优化经验

20 世纪末伴随着危机的逐渐深入，日本太平洋工业区政府开始果断采取改革措施以减少危机所带来的负面影响。最终，经过长期的不懈努力取得了克服危机的巨大成效，其具体经验如下。

第一，政府促进能源的节约利用与循环经济的发展。

太平洋工业区在经历石油危机过后，开始采取进口石油采购源多元化战略，推行石油的战略性储备，以及国家和企业共同研究开发替代石油的新能源等一系列具体措施。但其中最具有深远影响意义的措施便是工业区内所采取的发展节约能源与循环经济的可持续发展理念。在此次危机深化过程中，日本太平洋沿岸工业区在此期间着重加速产业结构的优化与升级，并积极促进产业结构调整，由原来高耗能的重工业向节约能源的知识密集型的产业结构转化。根据政策实施的效果来看，日本太平洋沿岸工业区的重化工业比重得到了有效降低，产业结构向“资源节约型”方向转变。此外，日本政府节约能源的重点还要求通过企业提高能源使用效率来达到节约能源的目的。为了有效实施节约能源的措施，日本政府专门制定了法制措施，颁布了《能源使用合理化法》。该法案明确指出政府要对工商业从业者进行节能方面的指导与建议，并对建筑行业、机械行业等高耗能产业在节约能源方面做出详细规定，以期有效达到能源的节约。

通过此次石油危机，工业区政府采取有效措施促进产业结构优化与转变，并推动资源循环利用的长期发展。例如，工业区政府大力推进循环经济的发展，加强资源的循环利用。日本政府将节能社会与循环经济作为构建 21 世纪日本社会发展的目标，并提出环境立国的新思路。该策略最终成为和日本先前科技立国策略同等重要的国家战略。循环经济，是一种以资源的高效利用与循环利用为核心，以减量化、再利用、资源化为指导原则，以低消耗、低排放、高效率为其基本特征，符合可持续发展理念的增长模式，也是对大量生产、大量消费与大量废弃的传统模式的根本变革。工业区政府倡导的资源再循环是生产环节的清洁生产与消费终端的废物循环。以上资源循环发展能够得到贯彻实施得益于一系列辅助措施的颁布。例如，为使循环资源计划详尽、目标明确，而设定推进体系与健全责任体系，并促进各环节的利益参与者责权明晰，从而促进资源再循环系统的形成与系统有效率的实施。进一步来说，通过制定法规，与科研创新等一系列措施来扩大生产者与消费者责任，并且严格执行减少废弃物的产生，坚决实施废弃物回收利用与处理，使各种资源进入循环使用体系，从根本上实现节约能源的目标。

尽管日本太平洋沿岸工业区经历了石油危机的猛烈冲击，但是其以冲击为契机，推进了产业结构向高附加值与高技术的方向转变，能源结构不断优化与循环经济的建设实施。此外，在日本政府产业政策的引导下，日本节约型社会的建设与循环经济的运行都产生了显著的效果，最终助力日本太平洋沿岸工业区经济走出经济低谷。

第二，政府颁布多款法规，帮助失业人员就业。

日本太平洋沿岸工业区在经历严重的金融泡沫危机后，工业区经济一直处于低迷状态。此时，日本政府以往的就业制度和传统的终身雇佣制在宏微观层面受到挑战。从该时期所颁行的法规中，明显看出日本政府要进一步激活工业区内企业外部劳动力市场，从而进一步扩大就业渠道的政策指向。例如，以往零短工一直是被视为政策消解对象的“非正式从业者”，而1993年颁布的《零短工劳动法》，使该种就业方式得到承认。与此同时，日本政府为解决太平洋沿岸工业区内的就业问题还颁布了《劳动者派遣法》，为通过职业介绍的失业者提供更多的择业机会。

日本政府还积极采取“就业调整补助金”、“雇佣特定求职者补助金”等就业援助政策帮助太平洋沿岸工业区内失业人群再就业，但是政策效果较为有限，没能达到预期效果。日本政府继而颁布《能力开发促进法》，其主旨是促进和强化劳动者的职业培训和知识更新，以适应就业岗位变化的需要。其主要内容为：首先是政府通过就业促进事业团设置公共培训机构，同时对各都道府县及企业设置的培训机构提供补助。其次是倡导以职业能力开发为主要内容的终身学习体制，即将培训学习纳入到职工的职业生活的全过程。此外，为针对人口老龄化的特点，1994年日本政府对《高龄者就业安定法》进行了修改，将就业者60岁退休定为雇主的法定义务。

总体看来，太平洋沿岸工业区完善的法规体系，将就业政策体系化、制度化，使就业政策不仅综合性强而且覆盖面广，为太平洋沿岸工业区的社会稳定与经济发展打下坚实基础。

纵观两次危机过后的日本产业结构变迁，总体来看呈现：第一产业的比重逐渐下降，第二产业在高速增长时期上升，而此后开始下降，第三产业一直上升。整个经济活动中服务业的比重不断上升，制造业中附加价值高的领域不断上升，技术革新的作用越发重要。两次危机遗留下来的问题仍旧困扰着日本太平洋沿岸工业区的发展，使其深陷发展困境的泥潭之中。反观我国东北老工业基地面临的经济形势与当年日本太平洋沿岸工业区所经历的颇为相似，希望东北老工业基地的产业结构优化升级能够借鉴日本太平洋沿岸工业区的教训，绕开发展陷阱，走好东北老工业基产业结构调整与优化之路，保持地区经济增长稳步前进。

（四）太平洋沿岸工业区改造效果

太平洋沿岸工业区经过一番艰苦的结构调整与转型之后，终于在2002年收到了改革的成果。其经济发展开始有所起色，由连年的衰退开始转向了复苏，实现经济发展正增长。

首先，由于太平洋沿岸工业区内大力发展环保产业，减缓了工业区多年遗留的公害污染严重、环境恶化、基础设施改造欠账多的问题，并以此确立新的竞争性产业。经过摸索和实践，工业区已经培育和拥有一批先进的环保技术领先的中小企业，形成了发达的环境产业。在垃圾处理、资源循环利用等方面领先世界，被誉为“世界公害治理的模范”。现在日本政府ODA项目中的环保项目多由太平洋沿岸工业区企业中标，大连的水质净化等项目也是在工业区内有关企业的协助下进行的。

其次，太平洋沿岸工业区在发展新兴产业上，目标也十分明确。通过结合工业区内治理公害的经验，全力推进了资源循环利用、垃圾处理技术、环保机械技术等众多先进科学技术；此外，又结合丰田、日产等汽车厂家地理位置较为集中的现实，从当地的钢铁优势出发，大力生产混合动力汽车及高科技未来型的燃料电池汽车，并且太阳能、风能等新型替换能源产业、生物制药及信息技术等得到了长足进步。

虽然此次太平洋沿岸工业区的产业结构调整有所起效，但经济发展现状仍不稳定。需要进一步的努力维持现有经济稳定增长的势态。

第二节　国内经验

本节主要选取了我国老工业基地作为研究对象，选择的三个老工业基地分别是天津老工业基地、重庆老工业基地和上海老工业基地。通过对中国典型老工业基地的改造与振兴实践经验的积累，可以指导东北老工业基地的振兴，并使这些宝贵经验在东北老工业基地振兴的过程中起到重要的参考作用。

一、天津经验

天津老工业基地是我国近代工业的发祥地之一，在新中国成立初期的工业迅速发展后，天津老工业基地于20世纪末遭遇了发展“瓶颈”。长期的工业化发展，使天津老工业基地资源配置欠佳从而导致服务业比重偏低。而且，在工业化发展过程中暴露出自主创新能力不强，技术开发和创新水平较低的问题。通过20世纪末到21世纪初的艰苦改革，终使天津老工业基地摆脱发展枷锁，大步走向明天。

（一）天津老工业基地简介

天津工业基础雄厚，历史悠久。早在130余年前就开始建立现代工业，如轻纺、化工、机械等行业都曾名噪全国。新中国成立后，天津也一直担负着我国重要工业基地的角色，拥有雄厚的制造业基础，工业行业齐全、门类众多、配套能力强、综合水平高，某些行业的发展水平处于国内外领先水平，工业总体规模始终处于全国前列。

1949年1月天津解放至1957年“一五”计划期间是天津老工业基地发展的黄金时期。纵观这阶段，天津工业的发展无论在速度、结构、效益等方面都是较好的，取得了较大的成绩。1957年，天津工业的总产值已达到37.94亿元，比1949年增长了4.8倍，平均年递增24.6%，高于全国平均年递增22.37%的速度。其中重工业产值达到10.14亿元，比1949年增长12.2倍，平均年递增38%，轻工业产值达到27.8亿元，比1949年增长3.8倍，平均年递增21.7%。这说明工业内部发生了明显的变化，重工业产值占工业总产值的比重已由解放时的11.7%上升到28.1%，而轻工业产值所占的比重由88.3%下降为71.7%。这一时期工业效益也较好。据统计，1957年全国工业企业百元固定资产原值提供产值为310元，提供利润为49.43元，每个企业职工创造利税为2608元，全员劳动生产率为9584元/人，不但均大大高于全国平均水平，而且居于各省前列。从而使天津在全国的经济地位明显提高。总之，这8年是天津工业发展的黄金时期，为天津以后的工业发展打下了良好的基础。

1958～1978年是天津工业进一步充实及曲折发展的时期。首先，1958～1962年“二五”计划时期由于三年“大跃进”，盲目追求高指标，工业强调“以钢为纲”，造成基本战线过长、规模过大、比例失调，是工业发展呈大起大落之势。1958～1960年工业总产值猛增，1961～1962年又大幅度下滑，倒退到接近1957年的水平。另外，由于“左”倾思想的影响，基于向单一的全民所有制过渡，不适当地把大部分手工业合作社、合作小组转变为全民所有制企业。在工业中其他经济成分基本消失，致使工业经济活力下降，效益下降。1963～1965年，整个国民经济不得不进行了三年调整。天津工业在这三年调整时期，由于贯彻了“调整、充实、巩固、提高”的八字方针，得以重新恢复及发展。1966～1978年，是“文化大革命”的10年，受“左”倾路线干扰，商品经济、按劳分配及各项规章制度统统作为资本主义进行批判，平均主义盛行，无政府主义泛滥。工业生产下降，效益滑坡。

1979年至改革开放后的10多年是天津老工业基地的新发展时期（见表2-2）。天津老工业基地经历了“五五”的后两年以及“六五”计划、“七五”计划，正处于“八五”计划过程中。改革后的天津老工业基地工业生产发展迅速，产品结构显著变化，品种由少到多，性能由低到高，规格由单一向系列化发展，技术水平不断提高。由于工业迅速发展，不少产品都已形成一定的生产规模，部分产品产量在全国占有一定地位；据1988年统计，工业产品在全国各省市占前5位的约有40多种。这期间天津老工业基地工业技术基础不断增强，技术水平不断提高。1949年工业固定资产原值仅为3亿元，而1978年为88.75亿元，1988年为246.7亿元。

表2-2　天津三大产业比重变化　单位：%

年份	第一产业 GDP 比重	第二产业 GDP 比重	第三产业 GDP 比重
1979	7.03	69.63	23.33
1980	6.31	69.97	23.72
1985	7.37	65.01	27.62
1990	8.79	57.73	33.48

资料来源：《天津统计年鉴》（1979～1991）。

1994年至今的天津老工业基地经过近些年的不断发展，其结构特别是产业结构得到明显优化，发展的速度明显加快，总量迅速扩大，可持续发展能力不断增强，整体素质和竞争力显著提高，已经发展成为国内比较发达的综合性工业基地。国际分工的不断发展，既使原材料与能源贸易规模空前扩大，又使制成品特别是中间品贸易持续增加，工业布局的临海性降低了运输成本又鼓励进出口。天津老工业基地作为拥有中国第四大工业基地和第三大外贸港口，自从2006年滨海新区发展上升为国家发展战略后，重新走上了新的高速发展之路。

（二）天津老工业基地面临的问题及原因

20个世纪末期，天津老工业基地由于受国家早期产业布局均衡化的政策影响，其在产业结构方面暴露出一些发展中存在的问题，这些问题如果得不到及时解决将会制约天津老工业基地的发展。这些制约天津老工业基地发展的主要问题及原因如下：

（1）长期工业化发展，使天津老工业基地资源配置欠佳，从而致使服务业比重偏低。以经济发展规律角度来看，天津市的服务业发展目前处于相对滞后状态。这一特征体现在服务业经济总量不大，占国民经济比重不高等方面。

造成天津老工业基地上述问题产生的原因有很多。首先，天津老工业基地的服务业主导产业转换过于滞后，新兴的服务行业仍发展不足。现如今发达国家服务业中的主导行业大多集中于新兴行业之中。金融、保险、房地产和商务等服务行业成为国民经济和服务业增长的主要动力源泉。而反观天津市服务业的支柱产业，目前仍以批发零售、运输、仓储、通讯业为主，远未达到国外工业化后期水平。此外，产业要素质量相对较低，有效流动难度增大。其次，社会发展程度限制了服务业发展。与其他国内一线城市相比，天津市的消费水平相对较低，消费水平低下必然会导致生活型服务业发展缓慢且滞留在比重偏低的状态。在机制改革执行力度方面，一些行业特别是发展潜力巨大的行业存在着严重的限制进入现象与垄断现象。市场机制缺陷制约天津市产业结构调整。目前在市场上发挥较强配置作用的仅有产品和服务市场，土地、劳动力、资本这三大要素的配置仍以政府主导为主，土地的一级市场几乎完全由政府垄断，国有企业的高管大多数由政府直接任命。这抑制了服务业的正常发展和最终需求。最后，非公有制经济和中小企业的发展不够活跃，这不仅直接影响服务业的发展水平，而且直接影响着天津经济的发展。产业结构中公有成分过大，且国有资产利润率低。这些因素对天津产业结构优化升级起着一定制约作用。

（2）自主创新能力不强，技术开发和创新水平较低，新技术产业的带动作用不强。发展高新技术产业，以及利用高新技术改造传统产业是许多发达国家促进工业结构升级的主要途径。天津老工业基地的工业生产是以加工制造业为主，自主知识产权与高新技术产值占全市的比重不高，而企业尚未形成技术创新的主体，科技投入仍然不足。

由于天津老工业基地资金与成本的双重限制，其在经济发展战略中所倚重的初级技术和中间适用技术造成了工业整体技术结构明显落后的现状。虽然在政府政策的指引下，天津老工业基地技术密集型产业和部门结构升级较快，但工业产品的技术开发和创新水平总体来看依然照发达国家存在很大差距。尤其是一些主要出口产品附加值低且缺乏自主知识产权，出口升级严重依赖外资企业。从严格意义上讲，天津市的高新技术产业仍处于全球产业链的低端环节，还没有掌握核心技术，许多高新技术产品生产的关键技术或零部件依赖国外进口。这种情况必然会造成一些高新技术产业同其他产业的关联效应效果不明显，难以带动产业结构的升级。

此外，在消费需求、投资需求与出口需求结构不断变化的情况下，目前天津市产业结构性短缺和产品过剩的矛盾日益凸显出来。一方面是普通加工工业生产能力过剩，产生无效供给；另一方面是资本和技术密集型的产业生产能力和技术水平还相对落后，形成有效供给较为匮乏。由于以上种种原因天津老工业基地的发展没能够大踏步前进，其产业结构优化的举措也随之出台。

（三）天津产业结构优化经验

经过20世纪末至21世纪初的艰苦转型，天津老工业基地的产业结构发生了明显的变化，传统产业不断得到改造和升级，新兴产业迅速增长，第二、三产业之间的关系得到不断完善，为天津老工业基地今后的发展奠定了坚实的基础。在转型的过程中，天津老工业基地积累下了大量的宝贵经验，可以为其他老工业基地的改革贡献出宝贵经验。

第一，完善政府管理职能，促进第三产业发展。

按天津总体经济发展形势来看，其正处于工业化的中后期。伴随着专业化分工的深化与专业服务外置化趋势的演进，制造业更加依赖于商务服务业的支撑。所以，为满足未来发展需要，政府首先深化了管理体制改革。建立起绿色考核政策体系，财政收入等硬性指标的考核力度，并且弱化各级政府对短期经济增长的片面追求；打造“服务型”政府职能，减少政府对资源的直接干预，将各种要素资源放归市场；明确政府对资源的流动责任，完善市场监管法规和监管机制。这样产业结构的转型升级得到了不断增强，促进天津经济发展的内生动力，发展现代服务业。

政府还积极培育了市场主体、增强产业发展的内在动力。坚定国有企业改革方向，加速股份制改造进度。坚持促进产业组织创新，支持企业创新产权结构，引导市场中的中小企业完善企业制度。从而使天津经济发展的内生动力对于优化天津的经济结构、转变经济增长方式产生了深远的意义。从微观层面来看，首先天津老工业基地改革的成功来自于结合政府改革的需要，加快了公共管理服务、公共卫生、基础教育、公益性服务等公共服务业部门的发展速度，构建国际港口大都市的公共服务体系，为服务业发展打下良好基础。其次快速发展金融、现代物流、技术咨询、电子商务等生产型服务业，加强生产型服务业对第一、二产业的渗透力以及辐射能力。如金融业，充分发挥中国人民银行与部分股份制商业银行区域性分行设在天津的有利条件，把握环渤海地区经济加快融合的趋势，积极推动区域金融合作，拓展各类金融市场，加快推进金融创新。将国内外著名的营销中心、产品研发中心、服务中心等总部引至天津，带动第三产业的蓬勃发展。

第二，完善创新机制，增强自主创新能力。

从全球范围内的产业链来看，天津工业乃至我国工业大部分被挤压在全球分工体系的产业链末端。在天津，各类企业普遍存在着自主核心技术不足的现象。绝大部分核心技术需要从国外引进，或者是缺乏企业自有的核心技术。天津老工业基地把增强自主创新能力作为调整产业结构、转变增长方式的核心环节认真对待，其在引进新一轮资金与技术密集型产业的同时，加快引进产业协同技术的消化。为达此目标，天津市政府健全创新支撑服务体系，扩大财政科技投入的力度，调整并优化投入结构，调动全社会科技资源配置的能力，建立高效率的科技投入体系。并建立健全各类科技力量分工合作的宏观协调机制，完善自主创新的管理体制和创新激励机制。

根据天津老工业基地的工业基础，天津市发展自主品牌和提高产业集中度，坚持自主创新与技术引进相结合。着重发展数控液压机垃圾与污水处理设备等成套设备以及各类重点产品。提速空客系列飞机总装线项目建设，使之形成生产能力。另外依托京、津两市的科技优势，加强技术引进力度，发展雷达导航通讯与飞机零部件等新兴产业，形成新优势产业。在支柱产业和优势技术产业中，通过积极推进企业的战略重组、联合或兼并等形式，使大型企业集团建立，以此提高规模经济效益。有计划、有步骤地在天津老工业基地重点发展产业内促成若干家大型企业集团，加速提高行业集中度。与此同时，老工业基地形成了专业化分工明确的企业组织体系，大企业集团通过产品关系将中小企业纳入到专业化分工体系之中，并把先进技术与管理方法通过产业协作链的方式传递到中小企业中去，建立起科学的，专业化分工协作与配套的生产体系。最终实现天津老工业基地在高新技术产业方面的快速增长。

以上成功的实践经验正是天津老工业基地实施产业结构优化、经济可持续发展的关键，这些实践经验是天津老工业基地跨越式发展以及经济和社会事业全面进步的动力源泉。

（四）天津老工业基地改造效果

天津老工业基地经过自身的不懈努力，在产业结构优化与高新技术领域取得了较大突破，促进了天津老工业基地的全面、协调可持续发展。截至 2009 年，天津老工业基地生产总值超过 7500 亿元。据初步核算，并经国家统计局评估审定，全市生产总值（GDP），按可比价格计算，比上年增长 16.5%。分三次产业看，第一产业实现增加值增长 3.4%；第二产业增加值增长 18.2%；第三产业增加值15.1%。三次产业结构为1.7∶54.8∶43.5（见表2-3）。

表2-3　　天津老工业基地三大生产总值　　单位：亿元

指标 年份	地区生产总值	第一产业生产总值	第二产业生产总值	工业生产总值	第三产业生产总值
2000	1639.36	73.54	820.17	747.28	745.65
2005	3697.62	112.38	2051.17	1885.04	1534.07
2009	7521.85	128.85	3987.84	3622.11	3405.16

资料来源：《天津市统计年鉴》（2000～2010）。

在发展第三产业方面，加快培育新的经济增长点。超市、连锁店等新型商业业态发展明显加快；劝业超市、华联新厦、滨江购物中心等一批大型商业设施相继建成，各类大型商贸活动成交活跃，影响不断扩大。工商、工贸联手开拓市场取得新成果。区域性的中国人民银行天津分行按新机制正式运行。人才、劳务、技术等要素市场发展良好。邮电通信、房地产、旅游业等快速发展。天津老工业基地作为北方经济中心城市的辐射功能得到进一步提高。

此外，天津老工业基地的高新技术产业得到迅猛发展，尤其在工业领域产业规模持续扩大（见表2-4）。通过规划引导、政策扶持、优化资源的合理配置，形成了以电子计算机产业为主导，先进制造、生物技术与现代医疗、新能源等共同发展的产业格局。截至2006年，天津老工业基地累计实施重大高新技术产业化项目112项，项目总投资116.9亿元。形成了一批优势企业和重点产品，如中新药业、天士力集团、赛象科技等十余个拥有自主产权的高新技术企业。

表2-4　　历年天津市高新技术产业占全市工业的比重　　单位：%

年份	1998	1999	2000	2001	2002	2003	2004
比重	22.4	25.9	28.6	30.4	33.0	30.5	32.2

资料来源：《天津市统计年鉴》（1998～2005）。

通过此次产业结构优化，天津老工业基地在个别领域实现的进步将会带动其产业结构的全面优化，最终促进天津老工业基地的整体发展，打造中国北方“第三极”的中心城市。

二、重庆经验

重庆是我国西部最大的经济中心和多功能的特大城市，也是我国西部地区唯一的老工业基地。在重庆老工业基地稳步发展的过程中出现了企业消耗资源过度和环境污染以及企业老化、僵化的问题。为解决以上发展中出现的问题，重庆老工业基地积极进行调整，并最终取得了令人骄傲的成绩。

（一）重庆老工业基地简介

重庆老工业基地的发展历史可以追溯到抗日战争时期，作为战时首都，重庆工业体系和结构发生了很大变化，由原来的轻纺工业为主，转变为以兵工为主的重工业。新中国成立后，重庆经济尤其是重庆工业出现了跨越式发展，建立起一个相对完整的工业体系，成为我国西部地区的工业生产中心。

1950～1952 年国民经济恢复阶段。随着我国国民经济的恢复和财经的根本好转，1953 年工业总产值比 1949 年增长了 1.4 倍。重庆工业不仅得到恢复，并超过新中国成立前的最高水平。“一五”和“二五”时期开始大规模经济建设，在农业得到一定发展的条件下，主要进行大规模工业建设，国家投资 6 亿多元用于新建和扩建 111 项重点项目，80% 资金都投向重工业。国家投入 5 亿多元资金用于钢铁工业的新建和扩建。虽然对轻工业的投入也有所增加，但 90% 的投资用于重工业建设，使重工业得到空前的壮大和发展。“三线”建设时期是重庆工业继续发展扩大和实力进一步增强阶段。20 世纪 60 年代国家开始投资 42 亿元用于兵器和相应的冶金、机械、化工原材料的建设，共建成 90 多个企业和科研所。这一过程使重庆老工业基地的工业结构发生了很大变化，形成以国防工业、机械、冶金、化工为骨干的重型结构，和纺织、食品等轻工业组成了门类较齐全、轻重兼备的现代化工业体系。党的十一届三中全会后，尤其是 1983 年重庆被国家确定为经济体制综合改革试点城市后，经济建设蓬勃发展，经济结构得到重大调整，轻工业和第三产业取得较快发展，城市建设得到加强，基础结构有一定改善，产业结构趋于合理，综合生产能力都有所提高，为老工业基地的改造和振兴奠定了坚实基础。

今天重庆老工业基地的工业体系在经历了各个阶段的发展之后，目前已步入相对稳定阶段，基础结构与产业结构趋于合理，综合生产能力得到大幅提高，正成为推动中国经济增长的新引擎。

（二）重庆老工业基地面临的问题及原因

20 世纪 90 年代以前，重庆老工业基地由于诸多历史机遇与良好的倾向性政策，其发展过程一帆风顺，但在向新时期转型过程中，重庆老工业基地也经历了痛苦的转型。在重庆老工业基地调整过程中遇到的主要问题及原因如下：

（1）由于重工业的过度发展，致使重庆老工业基地的能源被过度消耗，环境受到污染，这一因素阻碍重庆老工业基地的进一步发展。在新中国成立以来，重庆老工业基地为西南乃至全国的经济建设作出了巨大贡献。然而，在20世纪70年代末向社会主义市场经济转变过程中，由于其自身受原有工业体系结构影响，重庆市与其他老工业基地一样，能源消耗过度，生态环境遭到严重破坏。

由于重庆老工业基地传统产业的设备和技术落后，无法满足市场需求的变化，导致传统产业在市场竞争中处于下风。最重要的是，传统产业往往受技术水平的限制，常伴有环境污染，生态环境遭受破坏等缺点。这一现象大多由于重庆老工业基地内企业经营粗放，消耗过高，浪费太大，污染严重所致。尽快遏制生态环境持续恶化，改善目前生态环境质量已成为重庆老工业基地协调可持续发展的核心问题。

（2）重庆老工业基地军用技术没有得到充分推广。重庆老工业基地是一个传统老国有工业企业与军工企业密集的工业基地。在全国范围内几个老工业基地中，重庆市老工业基地衰退现象明显。重庆老工业基地可以利用原有军用技术，合理地将其转化为民用技术，充分发挥重庆老工业基地的军工产业的优势。

重庆市老工业基地衰退现象的主要原因是：其传统产业在发展中未能及时实现更新换代以及产业结构的优化升级。更为突出的原因在于，传统老国有工业企业与军工企业未能在社会经济转型过程中彻底实现体制与机制的改革。传统老国有工业企业与军工企业的主导产业与相关产业的关联度小，对于其他产业的带动度弱。重庆老工业基地的产业结构是典型的“重重轻轻”，国防工业所占比重较大，在该地区内基本上未形成行之有效的产业链。在重工业中占重要地位的是原材料与能源工业等资源开发型工业，这类产品主要是提供地区外再加工。在地区内的产业链相对较短，对地区内加工业的带动作用不是十分明显。由此可见重庆市重工业的比重较大，而轻工业相当薄弱。重庆市的轻重工业内的联系松散，关联效应差。重庆老工业基地的工业实力相对较弱的方面便暴露出来，即使在重庆已有规模优势的摩托车与汽车类的机械行业，其产值比重也只占全国排名第一位的广东省的一半。

（三）重庆产业结构优化经验

20世纪末，面对重庆老工业基地企业经营粗放和能源消耗高，以及由此带来的环境污染等问题，重庆市政府大力支持节能降耗。针对传统老国有军工企业改造，不断完善军转民机制，建立起重庆老工业基地的主导产业。这一系列措施的实施，使重庆老工业基地重新焕发了往日的光彩，并且成功的实践经验为其他老工业基地的转型提供了宝贵的借鉴经验。

第一，实施节能降耗减少污染，促进生态环境恢复。

21 世纪以来，重庆老工业基地为适应企业未来发展的需要，着重强调经济与环境的和谐发展。据相关数据估算，重庆老工业基地矿产资源总回收率约为40%，单位产值能耗为世界平均水平的两倍还要多。重庆老工业基地能源利用率若能提高到世界先进水平，每年可减少 300 万吨标准煤的消耗，这一结果将使大气环境质量得到极大地改善。节能经济在重庆老工业基地的发展，促进了资源节约与综合利用，使企业降低成本，提高效益，防治污染。

重庆老工业基地经过节能降耗使生态逐步回归良性循环。在可持续发展成为全球关注的热点背景下，加快转变经济增长方式，将节能经济的发展理念贯穿到老工业基地经济发展、城乡建设和产品生产中，使资源得到了有效利用。最大限度地减少了废弃物排放，逐步使生态步入良性循环。首先，在重庆政府的地方税收体系方面，一方面要明确了对节能和可再生资源的鼓励政策，允许其以不同的税率规定对能源和废弃物综合利用的税收优惠政策；另一方面准备开征环境税，对造成环境污染严重的生产企业征收额外税收用于保护环境和生态环境的建设，开征高硫煤直接使用费、提高水资源使用费等，促使企业通过自我管理来减少或消除污染。与此同时，重庆老工业基地政府部门指导企业制订和实施清洁生产计划，并且无偿为企业提供清洁生产技术方面的信息。其次，在国内方面，着重加强了和国家环保总局与科技部等国家部委的联系，寻求更多的帮助和支持；在国际方面，大力引导外资在渝设立私人基金或与政府共同出资用于建设重点项目，并且按投资比例享有相应的知识产权，建立起合作伙伴关系。比如对近期新建的电厂，按每 1 万千瓦装机容量 30 万元的标准征收环境容量置换专项资金，用于补贴环境容量置换项目的实施，该资金将会计入电厂投资的建设成本。最后，为提高企业的科研实力，增强技术创新开发能力，重庆老工业基地以大学或者科研机构为依托，构建起以企业为主体、适应市场需求的产业化体系，从而使科研机构的科研成果或者专利产品最大限度地产业化。在企业进行技术创新的进程中，把构建生态产业体系作为主攻方向，在技术创新和改造提升传统产业的层面上，使企业的技术创新朝向环境保护与节约资源的方向发展。

第二，完善军转民机制，加速老工业基地经济转型。

老工业基地如果没有当年的军转民，就没有重庆工业今天的转化与优化升级。老工业基地从 20 世纪中国最大的武器制造基地转向了现代化的工业城市。早在“三线”建设时期，重庆便建立起了门类齐全的国防工业生产体系，以此汇聚了当时中国大批军工企事业单位。这一现象与此前重庆市本身所具有的较强军工实力是剥离不开的。而此后经过调整改造，这些企业对重庆经济的振兴再次发挥了极其重要的作用。目前，重庆老工业基地已由镁合金、摩托车以及微型汽车取代了原有的军需用品，成为重庆制造的标志。

在重庆成为直辖市以来，其认定的高新技术产品中有将近1/3出自于军民结合企业。实施军转民后的重庆崛起了汽摩产业的三大支柱，支撑起重庆的摩托车产业以及令跨国采购商称赞的汽车整车及零部件制造产业。比如嘉陵、建设和长安的成功转型具有承前启后的效应。伴随着军转民的深入，重庆如雨后春笋般冒出了众多的配套民营中小企业。军转民以及军工技术的民用化提升了渝产汽摩的技术含量与产品档次。在相对于汽摩更为广阔的工业制造领域，军民两用技术正在不断地实现着从制造到创造的飞跃。此外，重庆市为彻底消除军地之间的体制障碍，还在所出台的相关法规中明确推动军民结合、发展军民两用技术。并先后与中央各大军工集团签订合作协议，建立起军地协调会议等一系列协作机制。与此同时，重庆市还明确了军口企业在高新技术产业与本地汽摩工业中的带头地位，更提出将建设军事装备及军民两用技术国家级研发生产基地的理念，争取将重庆市的军工业建成国家级军民结合科技示范园区。伴随着这一系列有效政策的出台，重庆市军民结合创新体系也在不断走向完善，区域科技成果屡建奇功。军民结合所释放出来的巨大能量正推动着重庆加速走上新型工业化道路，这一结合不但改善了重庆原有的工业经济布局与结构，促进了工业集聚效应，而且提升了重庆的整体经济实力，最终加快重庆老工业基地的工业化进程。

（四）重庆老工业基地改造效果

经过对重庆老工业基地的两方面的升级改造，实现了老工业基地产业结构的不断优化，并且实现了基础结构与产业结构趋于合理，综合生产能力得到大幅提高（见表2-5）。

表2-5　重庆老工业基地三次产业的产值比重　单位：%

年份	第一产业 GDP 比重	第二产业 GDP 比重	第三产业 GDP 比重
1990	33.40	39.70	26.90
1995	25.90	42.30	31.80
2000	17.80	41.40	40.80
2005	15.11	41.05	43.95
2009	9.29	52.81	37.89

资料来源：《重庆市统计年鉴》（1990~2010）。

生态环境方面，重庆老工业基地重点地区的环境质量得到明显改善，生态环境恶化趋势总体得到遏制：主城区空气质量优良天数稳定在300天上下；三峡库区长江干流水质稳定达三类标准；主城区饮用水源地水质达标率达到100%，环境噪声满足功能区要求。单位地区生产总值能耗比2005年降低了20%，全市二氧化硫、化学需氧量排放量分别比2005年减少11.9%和11.2%，森林覆盖率提高到36%。以统筹城乡环保为核心，建立城市和农村环保均衡发展、污染共同防治的体制和机制。

重庆老工业基地的军转民还带动了传统的制造业的发展，解决了大量就业人员，产生了丰厚的税收利润，提升了重庆民用工业的技术水平（见表2-6）。如今，重庆市民用电子和仪表、合金材料、特种车辆、光学仪器等产品的技术含金量已处于比较高的水平。长安、嘉陵、建设、重齿、江增、重锻等知名企业，在20多年的军转民过程中，取得了显著成效，成为重庆“军转民”的主力军和“领头羊”。重庆长安集团堪称军转民的典范。目前长安上下游产业的工业附加值近250亿元。2004年，长安汽车产销规模超过东风集团和北汽集团，跃居中国汽车企业集团第三位，继续保持微车行业第一位（见表2-6）。

表2-6　重庆老工业基地三次产业就业比重　单位：%

年份	第一产业就业比重	第二产业就业比重	第三产业就业比重
1990	70.29	16.81	12.90
1995	59.58	18.19	22.30
2000	56.12	16.33	27.55
2005	45.12	22.23	33.32
2009	35.21	28.52	37.14

资料来源：《重庆市统计年鉴》（1990~2010）。

三、上海经验

上海是我国最重要的老工业基地之一，其在新旧中国的发展过程中均承担了重要的工业中心作用。但在改革开放以后的时期里，上海老工业基地却落入了一段时间的经济发展相对衰退之中。为使上海老工业基地重现往日的辉煌，上海市政府与企业携手共渡难关，通过促进高新技术产业的发展与进步，实现了上海老工业基地的产业结构优化升级。

（一）上海老工业基地简介

上海作为全国工业的中心和最重要的工业基地，初步形成于20世纪30年代，直至50年代初，上海作为中国工业中心的地位一直比较稳固。

上海老工业基地的第一次改造始于1956年7月的国家经济发展战略布局的调整，上海市委明确提出把“充分利用上海工业潜力，合理地发展上海工业生产”作为上海工业的方针。为此，上海进行了新中国成立以后第一次大规模的工业改造和建设，这使得“一五”期间上海作为全国最大的工业基地和工业中心的地位得到巩固。上海老工业基地的第二次大规模建设改造恰逢“大跃进”时期，上海为实现工业生产的高指标，投入了大量的人力、物力和资金，用于上海工业的大规模建设。“大跃进”后，经过5年的调整，不仅仅对“大跃进”中过度发展起来的工业进行了调整，而且还根据长远发展目标规划改建、扩建和新建了一批骨干工业企业，使上海彻底摆脱了旧中国所遗留下的历史烙印，成为门类齐全的综合性工业基地。经过第二次大规模建设和改造，上海工业生产能力和技术装备水平有了较大的提高，并奠定了上海工业作为全国工业发展先导地位的基础。

20世纪80年代以来，上海老工业基地事实上一直处于经济全面相对衰退之中，其主要标志是上海经济发展的主要指标远远低于全国平均水平，与全国特别是其他沿海地区的高速增长形成了强烈反差，从而直接导致上海在全国的经济地位逐年下滑（见表2－7）。

表2－7　1980～1989年上海及全国主要经济年增长率指标比较　单位：%

项目＼地区	上海	全国
国民生产总值	9.3	15.1
国民收入	8.4	15.1
工业总产值	6.4	13.1
重工业产值	6.9	12.0
轻工业产值	7.3	14.3

资料来源：根据《上海统计年鉴（1990）》和《中国统计年鉴（1990）》有关数据计算。

近些年来，随着上海老工业基地对外开放的力度不断加大，其产业结构发生了深刻的变化。经济、金融、贸易和航运等方面得到了全面发展，上海老工业基地正处于历史发展的新坐标。

（二）上海老工业基地面临的问题及原因

由于20世纪80年代以来，上海老工业基地一直处于全面相对衰退之中，从而导致上海在全国经济地位逐年下滑。据统计，1980～1989年间，上海国民生产总值占全国的比重从7.2%下降到4.5%；国民收入比重从7.6%降到4.6%；工业总产值从比重12.2%下降为4.2%。以上数据显示上海老工业基地的经济下滑十分明显。

20世纪80年代这段时间内，上海老工业基地相对衰退的原因有很多，但是其中最主要原因在于由高新技术进步缓慢所导致上海工业生产经济效益持续下降。

这一现象的产生是由于大部分企业技术开发费用普遍不足，政府与企业对高新技术开发和研究的投资规模日益缩减。资金匮乏，投入企业技术改造的资金与实际量有较大差距。同时，由于上海工业种类繁多，投资项目也多，有限的资金造成投资分散、重点投资无法形成，导致投资结构不合理。企业本身对推动技术进步的积极性也不是十分高涨，这又与当时特定的经济体制下企业发展激励和约束机制失调、企业经济行为出现普遍偏差之间有着高度的相关性；科技与生产的组织体系尚不健全，由于生产体制和科技体制在日常运转和管理方面缺乏有效的协调，使得技术进步与整个社会科技发展之间关系薄弱；企业对引进技术的消化吸收工作成效甚微，大多数企业缺乏从技术引进到消化吸收再到技术进步的良性循环机制；作为整个工业技术主题成分的产品技术进步缓慢，整个工业产品结构的调整并未显现出较明显的向技术集约化和高附加值方向演进的迹象，特别是作为新一代工业发展主导产业或支柱产业和高新技术的发展较为缓慢，其中有不少行业或部门的发展还明显落后于国内其他地区。

（三）上海产业结构优化经验

在20世纪90年代，上海老工业基地为实现全面振兴，上海市政府与企业共同努力，实现了上海老工业基地产业结构的优化升级，使上海经济再次腾飞。这一系列改革措施也为我国产业结构升级总结出许多宝贵经验以供借鉴。

首先，上海老工业基地集中力量推进科技进步，加快了重点发展行业的技术引进和技术改造。大力培养具有国际竞争能力和强大技术实力的优势行业，带动一大批相关行业的技术改造和创新，扩大了对传统工业技术改造的范围和力度，从而使上海老工业基地转到新的技术基础上来。强化了国外引进和自我创新与自主研发相结合，使上海的科技进步从主要依靠国外引进到主要依靠自身科技力量上来。加快了高新技术的产业化进程，使上海初具基础的高新技术尽快形成了生产规模。还将高新技术渗透到传统工业中去，以高新技术带动传统工业的改造。组建和扶持了一批规模较大的高新技术企业、科技先导型企业与面向科技开发企业的风险投资公司和创业公司，以使科技成果能够在更大范围内转化为生产力。

其次，上海老工业基地为加快技术进步，专门完善了技术进步政策，并建立了有效的技术创新激励机制。例如，上海地方财政每年增加了技术开发和技术改造费用，并进一步增加了固定资产投资中技术改造投资的规模；采取多种措施，通过各种渠道，大范围募集资金，增加技术改造的资金投入量。增加国家信贷规模与债券发行额度，积极吸引外地企业股票到上海上市，并逐步开放金融业务，扩大债券的交流量，不断扩大资金融通能力，以此增加技术改造资金的投入量。建立了技术开发和技术改造基金、高新技术发展基金等，完善了国家贴息的技术改造贷款基金；对技术引进、技术开发和技术改造贷款实行差别利率、降低贷款利息和放宽贷款期限，并鼓励金融资本和产业资本相结合；引入竞争机制，促进产、学、研联合进行开发，鼓励科研院所和高效之间用自己的高新技术成果创办高新技术产业，进一步健全了企业技术开发机构；抓紧时间制定和完善了关于技术进步等的相关法规。

最后，通过对科研技术促进先进制造业的形成，上海老工业基地利用后发优势提早布局，防止了因制造业衰退而出现的产业空心化问题。据国际经验表明，原创附加值高的产品以及产业化的技术创新是提升制造业竞争力的核心所在。在防止产业空心化的过程中，上海老工业基地依据国际经验借助金融杠杆力量，以市场的原则淘汰掉劣势企业，做强做大优势企业产品的市场占有能力和品牌影响能力，实现制造业自身的技术升级，从而促进先进制造业的形成。并且在加强研发与推动技术创新方面，充分展现上海老工业基地制造业在我国内部市场的比较优势，进一步做强上海老工业基地的先进制造业。

（四）上海老工业基地改造效果

上海老工业基地经过市政府与企业的共同努力，取得了上海老工业基地产业结构的优化升级，使上海的各产业得到全面协调发展，尤其是第二、三产业增长较为明显（见表2－8）。

表 2－8　　上海老工业基地三大生产总值　　单位：亿元

年份＼指标	地区生产总值	第一产业生产总值	第二产业生产总值	工业生产总值	第三产业生产总值
2000	4551.15	83.2	2163.68	1956.66	2304.27
2005	9164.10	80.34	4452.92	4129.52	4620.92
2009	15046.45	113.82	6001.78	5408.75	8930.85

资料来源：《上海市统计年鉴》（2000～2010）。

上海老工业基地通过高新技术的研发已将第二产业的发展逐步引向先进制造业的发展，同时做大了第二产业的两端，一个是产前的研发端，一个是产后的营销端，向附加值更高的生产阶段发展。按照这样的思维，在发展先进制造业方面，上海老工业基地又不遗余力的推动了多个重点领域高新技术产业化的发展，涉及飞机制造、海洋工程、新材料、新能源、医药等领域。伴随着高新技术的不断发展，上海老工业基地必将迎来更辉煌的明天。

第三节　比较借鉴

本节通过对国际、国内老工业基地产业结构优化的经验分别进行比较分析，总结出适合我国东北老工业基地产业结构优化的经验，选择地借鉴国内外老工业基地的改造方法，最终促进东北老工业基地顺利转型。本节主要采取比较分析方法，依据各个国家或地区的经验，结合东北老工业基地的实际情况，进行比较借鉴。

一、国际经验比较

回顾国外各老工业基地的产业结构优化过程，可以比较得出国际老工业基地在同一问题上的不同改造经验。吸收各个国家或地区改造经验的优势之处，保证东北老工业基地的产业结构优化顺利实施。

（一）国外老工业基地关于传统产业改造的经验比较

美国锈带工业区政府对锈带工业区的传统产业改造并没有设立专门的职能部门，而是通过相关政策予以支持。比如，锈带工业区政府在税收方面采取的税收支持政策——抵减应税收入，这是锈带工业区政府采用的优惠政策，与传统工业相关的目标主要包含有鼓励投资、积累研发、旧区改造等方面。在这些目标下，税收政策对传统工业发展起到了积极作用。此外还有折旧政策，这是美国联邦政府鼓励产业投资，促进传统产业改造的重要手段。折旧政策在取消投资抵税办法的同时，增大了折旧的加速幅度，缩短了折旧年限，以此鼓励产业投资。

德国鲁尔工业区推进传统产业改造所采用的办法是：整合传统产业，推动企业转型。20 世纪 60 年代末，北威州政府颁布了第一个产业结构调整的方案“鲁尔发展纲要”，把采煤业集中到利润丰厚、机械化水平高的矿井。政府提供优惠的政策与财政补贴，令煤矿生产技术和设备处于世界领先水平。1957 年，鲁尔区有 140 个煤矿基地，到后来缩减到不足 10 家，矿工人数由 47 万减少到 3. 5 万，欧盟大部分的煤仍在鲁尔工业区生产。此外，鲁尔工业区积极培育新兴产业，通过制定长远发展目标，政策优惠，创造发展环境，扶持中小企业等措施。

日本太平洋沿岸工业区主要通过产业规划促进传统产业的改造。首先，根据世界经济与经济结构的变化，提出传统产业调整目标，积极培育新的主导产业，扶持衰退产业转型，在很大程度上避免了产业衰退在特定区域的累积，支持了地区经济持续保持活力。其次，日本太平洋沿岸工业区还通过金融系统支持传统产业转型。政府扶持金融体系重组和处理不良债权，向各大银行注资，增加对工业区内企业的信贷金额。

（二）国外老工业基地关于发展产业结构转换的经验比较

美国锈带工业区利用人才与资金优势，大力促进高新技术的发展。锈带工业区政府支持创业者开创高科技企业，促进产业结构转换。锈带工业区内包含众多所世界知名大学，该地区每年的科研经费高达数亿美元，其教职工曾先后创办过近千家企业，风险投资总额居全国前列。此外，锈带工业区也采取各种措施吸引各地资金来投资，形成产业结构转换所需的资金支持。当时的宾夕法尼亚协会就给匹兹堡吸引了 300 家高新技术公司，开发了三处工业园区。

德国鲁尔工业区为了改变其单一的产业结构，鲁尔煤管区开发协会总体规划把发展新兴产业放在重要地位。鲁尔工业区本是煤炭和钢铁的重工业基地，但也有劳动力资源充裕、交通便捷和市场扩大等有利新兴产业和第三产业发展的条件。因此，德国政府和北威州政府都制定了各种优惠政策，以改善鲁尔的投资环境，吸引各类企业进入鲁尔区，促进产业结构转变。

日本太平洋沿岸工业区也通过中央政府和地方政府吸引外地企业进入工业区内发展，促进产业结构转换。工业区内完善社会基础设施，填海造地，进行综合性的地区开发工作，建立工业开发区。这一措施最终取得了明显的效果，随着众多大企业的相继进入，太平洋沿岸工业区的产业结构得到合理的转变，使工业区内经济得以有所起色。

（三）国外老工业基地关于成立专门机构的经验比较

美国成立了经济开发小组，通过制定相应政策，专门负责工业区的再开发和落后地区的开发工作。由该机构实行强有力的统一协调。通过制定有利于锈带工业区改造的政策、法规，予以实际支持。在政策上，通过对锈带工业区提供资金、物资、人才等扶持，以增加这些地区的就业机会。完善公共设施，以提高这些地区对私人投资的吸引力。对发展项目予以规划，提供必要的公共设施和资金支持。

德国鲁尔工业区成立鲁尔煤管区开发协会，是北威州政府实行区域整治的最高权力机构。其对鲁尔工业区编制了第一个总体发展规划，其整治目标是以煤钢为基础，发展新兴工业，改善经济结构，拓展交通运输，消除环境污染，既体现了总目标下有重点、分类别和区域互补的特点，又体现了整治动态过程和空间节奏性。因此，实施这一总体规划，对改造和振兴鲁尔工业区，发挥了极为重要的作用。

日本在有关部门合作下，设立区域振兴的公共经济组织，着重在基础设施、培训职工方面，为改造老基地创造有利条件。例如，太平洋沿岸工业区内设立了产煤地区振兴事业团，着手工业区内的经济复兴工作。该组织为工业区建设基础设施，提供贷款，培训职工等方面进行了大量工作，帮助区政府制定有关方针政策，进行了一系列富有成效的工作。

二、国内经验比较

我国老工业基地面临的主要问题，可概括为自主创新能力不强，技术研发能力薄弱；能源浪费严重与环境污染；老工业基地受到传统体制束缚；第三产业发展相对滞后等问题。总结我国国内各老工业基地的产业结构优化过程，对比各老工业基地产业结构改造的经验，可以得出指导东北老工业基地产业结构优化升级的宝贵经验。

（一）国内老工业基地关于发展第三产业促进民营经济的经验比较

天津老工业基地为了避免城市经济畸形发展，第三产业开始受到重视。开始结合第二产业快速发展物流和金融等生产性服务业，提高生产型服务业的渗透力与辐射力。适应人们提高的消费水平，加快发展旅游、医疗保健和非义务类教育等服务业，带动产业结构提升。配合政府改革需要，发展公共管理服务、基础教育和公共卫生等公共服务业，构建完善的公共服务体系。将世界著名的产品研发中心、营销中心与服务中心等总部引进到天津老工业基地，带动第三产业发展。

重庆老工业基地通过最初的调整价格，放开价格政策对第三产业进行扶持，鼓励中小民营企业进行投资。并对长期以来将财政资金大量投资于盈利性的第二产业项目的偏差做法予以纠正，扩大财政资金用于投资公共项目，环节基础设施短缺，改善投资环境。将交通运输、邮电通讯、城市公共事业、金融、旅游咨询等行业列为重点发展对象，促进第三产业的全面发展。

上海老工业基地在第三产业的发展方面主要通过国内市场和国际市场接轨的方式予以实现，主要体现在金融和商贸等方面的加速发展。在金融方面，建立了货币市场、证券市场、外汇市场、黄金市场以及离岸金融市场等一整套发达的金融市场体系。加强了国内金融机构与世界金融市场的联系，重塑上海国际金融中心的地位。在商务方面大力发展了符合国际规范的各类中心批发市场和期货市场，建设了一批现代化的商业中心。经过多方面努力，最终促进了上海老工业基地民营经济的活跃与第三产业的蓬勃发展。

（二）国内老工业基地关于发展教育促进人力资本形成的经验比较

天津老工业基地通过重点抓好高级管理人才与专业技术人才的引进，形成了一批拥有领军人物、拔尖人才的优势产业大军。并利用技术开发中心与博士后工作流动站作为平台，从高等院校、科研院所、留学人员中吸收了大量人才。此外，天津老工业基地通过搞好企业人力资源的开发，着手培养或者短期培训各类急需人才。特别是充分利用了天津的教育资源，加强职业教育和培训，培养出大批高级技术工人。大幅提高了对于企业核心技术开发有突出贡献，或起关键作用人才的激励政策，使各大企业的研究开发岗位能吸引、留住人才。

重庆老工业基地通过改革和创新人才管理体制，明确了用人单位的自主权，增强企业科技创新和吸纳人才的主体地位，并发挥了高校、科研机构在知识创新和人才培养方面的作用。此外，通过建立与完善人才的竞争、激励和选拔机制来激发人才的创新欲望，激活人才的创新潜能。依靠良好的机制和优秀的作风选人，利用国际国内两个人才市场和资源，广泛吸纳了大量高端人才为重庆老工业基地的发展贡献力量。

上海老工业基地的教育事业底蕴雄厚，其通过使人才在总量规模上与产业发展的需要相得益彰的基础上，扩大了人才库总量规模，人才结构的优化调整与人才总量规模的扩大同步进行。扩大了高层次、高素质专业人才的数量规模，形成了与产业结构高度化调整要求相符合的优化的人才结构。构建了高、中、低多层次的人才结构体系。人力资本在社会经济体系市场化程度越来越高的背景下，人才结构的调整也适应了市场的调节，形成政府作用与市场调节双驱动的人才结构调整机制。

通过本节对我国各老工业基地的改造措施进行比较，可以得出在老工业基地产业结构优化的过程中第三产业的发展越来越被老工业基地所重视，且民营经济得到进一步加强。此外，无论是老工业基地的科技创新或高新技术的应用都离不开科教事业的发展与人力资本的积累。

三、经验借鉴

总结国际国内先进经验，我们发现老工业基地产业结构优化经验中存在很多共性，可为东北老工业基地的产业结构优化所借鉴。具体借鉴内容如以下所述：

（一）鼓励科技创新，带动传统产业调整

在知识经济时代，科技创新能力已经成为评价企业竞争能力的关键指标，而创新能力的高低又会直接体现国家的科技产业水平。从世界范围来看，科技创新能够带来高新科技产业的发展，这已经成为各个国家或地区经济技术实力的体现。此外，发展高新技术产业的应用不但适用于技术改造传统产业，而且能够培育出新兴增长点，促进国家或地区经济跨越式发展。然而，目前东北老工业基地对高新科技研发的投入与国外发达国家相比较尚存有相当大的差距。这就要求我们在发展东北老工业基地的高新科技产业时，在加大对高新科技产业投入的前提下，营造出公平有效的市场环境，并加大对知识产权的保护力度。因为，完善的市场运行机制是企业技术创新的动力源泉，市场竞争中的优胜劣汰是企业技术创新的生命线。另外，对于知识产权的保护是维护公平市场环境不可或缺的因素。有效保护技术创新，可以吸引广大科技人员与资金积极主动参与到科技创新活动中。

东北老工业基地对传统产业结构的调整依赖于发展高新技术产业。调整的重点不在减少重工业，而在优化重工业产品结构，从而增强重工业竞争力。此番产业结构优化应积极寻找新的经济增长点，使高新科技产业能够逐步成长为地方乃至国家的支柱产业。使东北老工业基地的产业结构不断随科技发展而得到优化，

形成良性循环。此外，从东北老工业基地的高校以及科研单位基础来看，发展高新技术产业具备有利条件。高新科技产业能够带动传统产业向高新科技产业转型。高新科技产业不但能够提高传统产业的生产效率，而且能够提高传统产业的资源利用效率从而降低环境污染，促进传统产业市场竞争力的形成。综观东北老工业基地的现状，传统产业依旧是东北老工业基地的比较优势所在，通过高新科学技术可以改造传统的老工业基地所具备优势的制造业，形成具有竞争力主导产业。扶植即将步入衰退期传统产业的替代产业，鼓励并支持发展循环产业。因为东北老工业基地部分城市的资源开采业与原材料加工业正处于逐渐衰落之中，要采取措施扶植具有发展潜力的新兴产业，以此代替传统衰退产业。

东北地区的科技产业与人才储备优势较明显，有利于其加速走上信息化发展的道路。信息产业的发展既能带动整个工业化进程，又能利用信息技术改造其他传统工业，加速传统产业的升级步伐。推进企业信息化进程可以改变东北老工业基地的发展方式，是实现促进产业结构优化升级的有效途径，引导老工业基地走向内生增长的区域发展之路。

（二）推广循环经济，强化节能降耗理念

粗放式的经济增长方式是东北老工业基地曾经的发展模式，该种模式不但导致了严重的资源浪费，而且污染了环境，致使经济不可持续性发展。借鉴其他发达国家的经验，我们看到绿色经济正在被广泛施行，可持续发展理念正在全球范围内兴起。东北老工业基地的产业结构以重工业为主，第三产业发展相对滞后。推广循环经济与节能降耗理念的发展可以促进节约、环保型企业的发展，使产业结构得到调整与优化。循环经济是以最小的投入得到最大的产出并产生最少的污染为发展目标的，其特点是自然资源的保护、节约与循环利用，理论基础是生态理论与系统理论，价值观念是社会经济与生态效益的统一，人与自然的和谐发展。并且坚持生态成本总量控制原则，以取得东北老工业基地全面发展与振兴的长远经济效益和环境效益。循环经济发展模式有助于改善东北老工业基地现存的环境问题与生态状况。

要使发展循环经济与节能降耗能够得到快速推广，首先应该从思想意识上改变人们的思维方式，再让人们从根本上认识到经济发展与环境的互生关系。号召人民群众共同参与到循环经济建设中来，形成良好的社会风气，打造出节约、高效的可持续发展型社会。大力推广循环经济，将会推动环境保护产业的迅速发展。循环经济不仅在传统经济基础上增加对废弃物的回收与再利用环节，又能带动整个环保产业的发展。环保产业的目的为改善生态环境、防止环境污染、保护

自然资源。环保产业的不断发展是东北老工业基地产业结构调整与优化的动力源泉。在产业结构的渐进调整中，循环模式可以先从少数企业内部开始，逐步延伸到各个部门，最终形成整个循环系统。在此系统中可以包括多个领域，最终以实现整个系统的循环发展为目标。还要建立与完善对废弃物实现再循环利用的处理系统，使废弃物尽可能地转化为可再次利用的有效资源，减少污染与浪费。发展循环经济的关键因素是先进科技。通过采用无害新型技术，可以降低能源消耗水平，实现投入少、产出高、污染低的良性循环，才能最终实现将污染排放与环境污染消除在循环过程之中。循环经济的发展符合东北老工业基地的实际发展情况，与未来发展目标相吻合，是实现东北老工业基地产业结构调整与优化的绝佳途径。

（三）强化民营经济，加速经济发展步伐

自新中国成立以来，以大企业为龙头带动经济发展便成为东北老工业基地的发展战略。其中，尤以重工业地位突出为东北老工业基地产业结构的显著特点。目前，振兴东北老工业基地的重要任务便在于调整其产业结构与经济所有制结构。根据国内外先进国家的发展经验，要实现此目标应不遗余力地发展民营经济，培育市场力量。民营经济取得发展，将会有助于老工业基地产业结构的优化。

民营经济代表着东北老工业基地经济发展的活力与未来。东北老工业基地的中小企业不但要得到支持，增强其活力，而且要解决其缺乏产业联系与小而全等问题。所以，东北老工业基地应该将产业政策的重心逐渐从大企业向中小企业转移。民营经济的充分发展，还有利于增加人民群众的就业机会。当前社会的就业问题的压力十分沉重，同时，国有企业富余劳动力较多，应采取减员增效措施。民营经济越是快速发展，整体经济就越能快速提升，从而吸纳更多的劳动力就业。民营企业的茁壮成长既对东北老工业基地产业结构的调整有积极意义，也将促进国有企业的改革进程，从而有效转变曾经以垄断市场为主导的格局，推动东北地区经济的发展。此外，东北一些国有企业或者大型企业将会拥有越来越多的就近配套的中小企业，经营成本会得到有效降低。与此同时，中小企业及辅助服务机构的发展能够减轻社会负担。要鼓励拥有专业技能与管理经验的员工创办私人企业，让其专注于辅助性的零部件生产与原材料供应等服务，成为国有企业或大型企业集团发展的支持单元。民营经济与国有经济存在差异，民营经济产权制度相对清晰、市场适应性强，经营方式更加灵活。民营企业自主经营、自负盈亏等因素决定了其更具活力与竞争力的特点。所以，要创造良好的经济发展环境，

鼓励并支持民营经济在东北老工业基地的振兴过程中发挥积极作用。

（四）提高社会保障，积极促进就业

加快社会保障体系建设，要着重考虑被征地的农民与进城务工人员的社会保障问题。完善社会保障机制，要适应我国目前社会主义市场经济体制的要求，建立起保障方式完整、权利与义务相对应的社会保障制度，为实现劳动力能够公平竞争与自主流动创造条件。此外，在建立社会保障体系的同时应推进住房与户籍制度的改革，减少人员流动阻碍。

只有社会保障体系完善，才能为职工生存提供基本保证，消除人民群众生活后顾之忧。东北老工业基地由于历史遗留问题，担负着因国有企业转制所带来的大批职工下岗问题。在这一转制后，大量下岗职工生活水平急剧下降，社会保障体系建设应全面统筹。此外，东北老工业基地应发挥政府在保障制度上的政策引导作用，完善失业保障体系，使少部分陷入生活贫困的下岗或失业人员的基本生活得到保障；并积极扩大社会保障覆盖范围。加强社会保障资金的收缴与社会保障资金的管理，推广多种形式的补充型保险以满足不同层次人群的需要。医疗保健制度的改革不应滞后，使医疗保健服务水平适应人民群众生活需求。通过建立完善的社会保障体系，为东北老工业基地的经营机制转变与产业结构调整打下坚实基础，并为地区经济发展与企业发展减轻负担。着力发展第三产业，有效解决人民群众的就业问题。政府与企业应合力拓宽就业渠道，开展群众再就业工作以实现就业人数的逐年提高。此外，还应加强对失业人员的技能培训，建立起有效的培训制度。加强群众再就业培训，使劳动者能够掌握先进技术，适应新形势、新环境下的发展需求。

四、推动教育改革与发展，强化人才战略

教育事业的发展会推动社会经济的发展。在振兴东北老工业基地的过程中，加快教育改革，充分利用并积极整合东北老工业基地良好的教育资源，以加快经济发展步伐。

初等教育阶段为人力资源素质形成的重要阶段，并影响着高等教育。首先，在逐步推进素质教育的过程中，应扩大免费初等教育覆盖范围。西方国家普遍采取的普及高中教育措施。依靠教育投资是形成人力资本最直接的途径，高等教育的发展离不开教育投资。但是，东北老工业基地目前科技人才的层次与学科结构并不占优势，特别是与老工业基地振兴密切相关的各类行业迫切需要高等教育加

快学科专业调整与构建新人才培养模式，为东北老工业基地振兴培养人才，开展新兴专业课程，以使高校人才培养与市场需求接轨或者发挥大学对多元化人才的培养职能，为老工业基地经济转型培养创新型人才，以此带动产业结构升级。其次，加强职业技术教育，发展职业培训。职业教育主要目标是以培养技术性应用型人才为根本任务的，职业教育的发展要依靠特色式的订单式教育，以为企业量身定做所需人才为宗旨。东北老工业基地要想成为先进的制造业基地，关键在于实现传统制造业向先进制造业的升级，而先进制造业又要求其员工具有较高水平的技能，要求职业教育的发展与深化。此外，要进一步强化职业培训，争取达到职业培训的优质化与实用化，使职业培训在人力资源开发方面发挥更大的作用。最后，完善环境建设，实现人才强省战略。在改善东北老工业基地硬件环境的同时应着力加强软环境建设。一方面政府要转变职能增强服务意识，并提高服务效率；另一方面企业也要独立发展，勇于面对市场风险，为吸引优秀人才创造良好的外部环境。从目前国内的人才流动走向看，高科技优秀人才大都流向南方沿海地区以及一线大城市。这导致东北老工业基地的优秀人才相对缺乏，制约了东北老工业基地的经济发展与结构调整。所以，政府以及企业应加强筹集专项资金用于奖励优秀人才，并提高科技人才待遇，使大量优秀的高科技人才集聚于东北老工业基地，为本地区的经济发展贡献力量。

五、巩固产业集群，建立优势主导产业

产业集群是新形势下东北老工业基地产业结构优化升级的路径选择之一，优化布局是老工业基地产业集群的发展基础。培育与实施产业集群需要有一套相互衔接紧密的发展目标与指导思想。根据东北老工业基地各省市自身特点，产业集群要突破东北地区的区域限制，重新聚合资源发挥地方优势，使老工业基地的区域经济相互协调发展，解决市场分割的问题。此外，还要积极实施走出去、请进来战略，加强集群间联系与合作，实现生产要素与产品的自由流通，促进东北老工业基地经济的协调发展。

在分析东北老工业基地主要产业现有条件的基础上，结合国内外经验，老工业基地的产业集群的目标应该设立为鼓励集群内企业合作，提供优质的公共资源。重点扶持新兴集群，做好规划，避免片面追求产业集群的形式。由于集群规划的目的与集群发展阶段等因素的影响，各个国家根据自身条件都对产业集群的发展采取了不同的政策手段。大部分国家鼓励企业成为产业集群中的主导者，公共部门只为集群起润滑剂或者桥梁作用，并且鼓励集群内企业进行不断创新。此

外，以集群内技术进步不断加快为发动机，不断提高集群竞争力。结合东北老工业基地的历史状况，东北地区可以着重发展以大型企业为核心，众多配套企业为辅助的地理集聚体，用以构建东北装备制造业基地。以此立足东北，面向全国，以具备核心竞争力的产品为先导，骨干企业为支柱，促进优质资源要素向集群区域汇合，推进产业结构优化升级，建设具备国际竞争力的新型产业基地。

东北老工业基地的产业结构优化关系到中国发展的大局，东北老工业基地复兴的过程必须重新审视传统的经济发展模式，走出一条新型工业化与可持续发展的道路。

第三章

东北老工业基地产业结构演进分析

东北老工业基地曾经是新中国工业的摇篮。新中国成立以来，党和国家在东北老工业基地中投资建设了一批具有相当规模的以能源、原材料、装备制造等为主的战略产业和骨干企业，为我国形成独立、完整的工业体系和国民经济体系作出重大贡献。随着改革开放的不断深入，老工业基地的体制落后、科技含量不高、市场化水平低、结构性矛盾、机制不灵活等问题日益显现，这阻碍东北老工业基地的进一步发展。对于东北老工业基地这些问题，国家一直以来都比较重视，尤其在调整东北老工业基地的产业结构方面，如2003年国家提出了振兴东北的国策，2007年国务院批复了《东北地区振兴规划》，为应对金融危机，在新形势下实现东北全面振兴，2009年国务院又正式下发《关于进一步实施东北地区等老工业基地振兴战略的若干意见》，即33号文件。东北老工业基地经过近10年国家的扶持和产业结构的调整，东北老工业基地的产业结构发生了什么变化，产业结构演进有何特征，三大产业内部出现了什么变化，以及未来有可能出现新的趋势，这些都是我们比较关心的问题。

本章的分析结构如下：第一节分析东北老工业基地三大产业结构演进过程、特征及其绩效；第二节、第三节、第四节利用产业经济学、计量经济学、统计学等各种产业结构定量分析方法分析东北老工业基地第一、二、三产业的结构演进过程、特征及其绩效以及三大产业内部结构的演进趋势；第四节通过与国内外类似地区和国家对比，综合评价东北老工业基地的产业结构演进水平；第五节利用时间序列指标法，对东北工业基地的产业结构演进进行预测。通过以上分析，以期对2000年以来东北老工业基地的产业结构的动态演进过程做一个综合评价。这有利于促进东北地区经济的协调发展、经济布局和结构调整，增强国民经济的活力和发展后劲，提高东北地区产业和企业的国际竞争力。

第一节　东北老工业基地三大产业结构演进

产业结构演进主要指一个国家或地区各产业之间以及产业内部各行业之间的比例和发展速度由不协调走向协调的合理化过程；是高附加值、高技术和知识密集度的产业的产值在总产值中的比重不断提高、产业发展的类型和层次由低级向高级逐步演进的高度化的过程。其实质是实现资源在产业之间的优化配置和高效利用，促进社会经济协调、稳定、高效发展。因此，研究一国或一地区的产业结构演进具有重要的理论和现实意义。本节主要是通过数理统计的方法，研究东北老工业基地产业结构演进过程、特征和绩效。

一、三大产业结构演进过程

自2003年国家提出“振兴东北”国策以来，东北老工业基地三次产业结构发生了显著的变化。2000~2009年东北老工业基地产业结构的演进过程如下（见表3-1）。

表3-1　　2000~2009年东北老工业基地三次产业总值及其比重

指标 年份	三次产业总值（亿元）				三次产业比重		
	GDP	第一产业	第二产业	第三产业	第一产业	第二产业	第三产业
2000	9772.01	1285.33	4844.99	3641.69	0.13	0.50	0.37
2001	10543.55	1389.10	5066.51	4087.99	0.13	0.48	0.39
2002	11443.94	1510.57	5396.99	4536.48	0.13	0.47	0.40
2003	12721.98	1608.75	6082.04	5031.29	0.13	0.48	0.40
2004	14544.61	1960.39	6878.28	5705.94	0.13	0.47	0.39
2005	17181.27	2192.61	8421.93	6566.73	0.13	0.49	0.38
2006	19791.46	2362.30	9847.39	7581.77	0.12	0.50	0.38
2007	23552.95	2832.58	11715.23	9005.14	0.12	0.50	0.38
2008	28407.06	3307.60	14543.23	10556.13	0.12	0.51	0.37
2009	30779.25	3549.77	15368.62	11860.86	0.12	0.50	0.39
平均	17873.81	2199.90	8816.52	6857.40	0.13	0.49	0.38

资料来源：2001~2010年《辽宁统计年鉴》、《吉林统计年鉴》、《黑龙江统计年鉴》，相关数据经过统计整理所得。东北老工业基地第一、二、三产业数据是东北三省第一、二、三产业数据加总而得，三次产业产值比重是各省相对应三次产业产值与GDP相比所得。

（一）产值结构变动

东北老工业基地三次产业产值比重呈现“二、三、一”结构。从图3-1可以看出10年来，在东北老工业基地中，始终是第二产业占主导地位，10年间平均约占49%，这主要是由于东北三省一直是国家的工业基地，工业一直占主导地位。第一产业在GDP中的比重呈现持续下降的态势；第二产业的比重经历了不断波动的过程，但长期稳定保持在47%~51%之间；第三产业在国民经济中的比重处于不断上升的过程，由2000年的37%，上升到2009年38%。总体来说，10年间东北老工业基地的产业结构变化较小，三次产业产值之比基本维持在13∶49∶38。

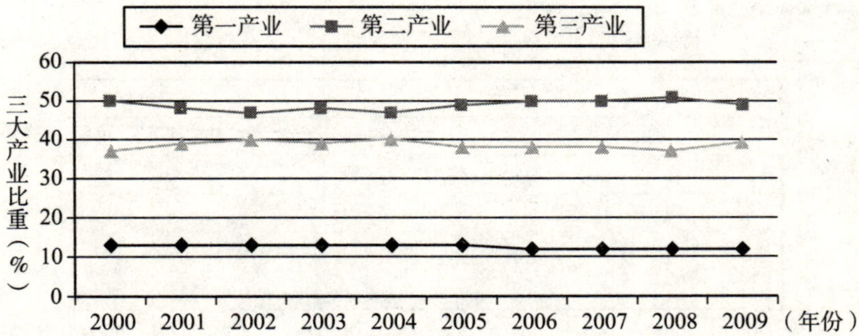

图3-1 2000~2009年东北老工业基地三次产业结构变动

资料来源：2001~2010年《辽宁统计年鉴》、《吉林统计年鉴》、《黑龙江统计年鉴》。

（二）分省看三次产业产值比重趋势

从东北三省的第一产业比重看，辽宁、吉林第一产业的产值所占比重呈现逐渐下降的趋势，而黑龙江在此方面呈现平稳趋势，这与黑龙江农业发达有关；从东北三省的第二产业的比重看，辽宁、吉林第二产业的产值比重呈现上升趋势，黑龙江的第二产业比重处于下降趋势，相似的是东北三省的第二产业几乎都占了本省一半的产值；从东北三省的第三产业比重看，在黑龙江和吉林呈上升趋势，而辽宁在2000~2009年呈现下降趋势（见图3-2、图3-3、图3-4）。

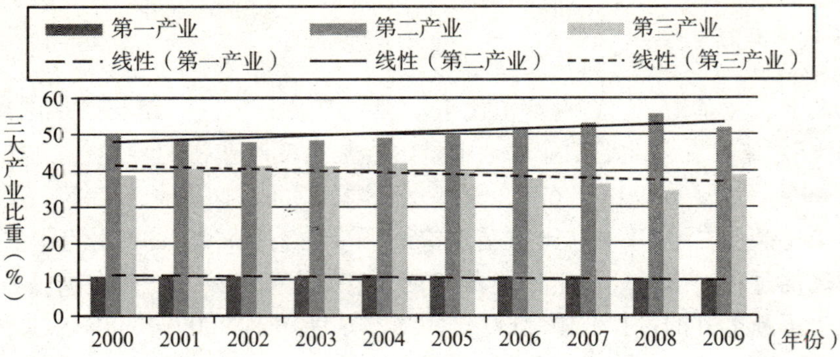

图 3－2　辽宁省 2000～2009 年三次产业的产值比重及其发展趋势

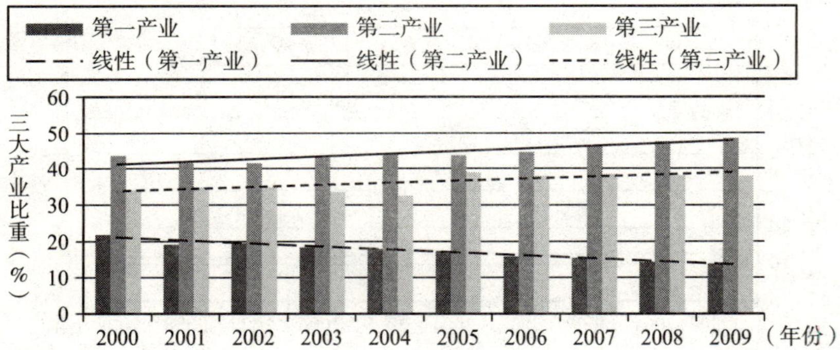

图 3－3　吉林省 2000～2009 年三次产业的产值比重及其发展趋势

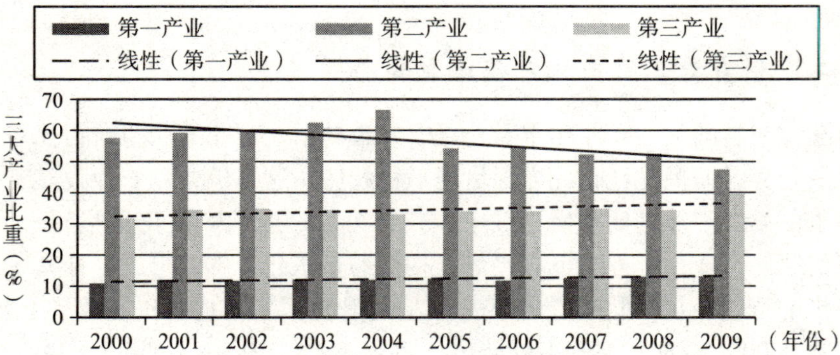

图 3－4　黑龙江省 2000～2009 年三次产业的产值比重及其发展趋势

以上三图资料来源：2001～2010 年《辽宁统计年鉴》、《吉林统计年鉴》、《黑龙江统计年鉴》。

表 3－2　　2000～2009 年东北老工业基地三次产业就业人数及组成结构

年份	三次产业就业人数（万人）				三次产业就业比重		
	总就业人员	第一产业	第二产业	第三产业	第一产业	第二产业	第三产业
2000	4816.8	2073.4	1219.2	1524.2	0.43	0.25	0.32
2001	4829.3	2077.1	1180.6	1571.6	0.43	0.24	0.33
2002	4814.9	2092.5	1138.1	1584.3	0.43	0.24	0.33
2003	4835.4	2120.7	1095.2	1619.5	0.44	0.23	0.33
2004	5000.4	2096.6	1170.1	1733.7	0.42	0.23	0.35
2005	5108.1	2092.3	1194.4	1821.4	0.41	0.23	0.36
2006	5162.7	2087.5	1202.7	1872.5	0.40	0.23	0.36
2007	5274.4	2069	1239.8	1965.6	0.39	0.24	0.37
2008	5332	2068.5	1241.8	2021.7	0.39	0.23	0.38
2009	5451.3	2078	1267.5	2105.8	0.38	0.23	0.39
平均	5062.53	2085.56	1194.94	1782.03	0.41	0.24	0.35

资料来源：2001～2010 年《辽宁统计年鉴》、《吉林统计年鉴》、《黑龙江统计年鉴》，相关数据经过统计整理所得。东北老工业基地第一、二、三产业就业人员是东北三省第一、二、三产业就业人员加总而得，相对应三次产业就业人员比重是相对应三次产业就业人员与总就业人员相比所得。

（三）三次产业的就业结构变动

从表 3－2 可以看出，东北老工业基地就业比重为“一、三、二”结构，这与产值结构“二、三、一”有所偏离，这说明了，东北老工业基地的第二产业吸引就业人员有限，而第一产业有大量的剩余劳动力。东北老工业基地的第一产业的就业比重呈一种下降趋势，由 2000 年的 43% 下降到 2009 年的 38%，10 年平均为 41%；第二产业的就业比重呈一种平稳趋势，10 年间基本没有怎么变化，在 23%～25%，平均为 25%；第三产业的就业比重呈一种上升趋势，由 2000 年的 32% 上升到 2009 年的 39%，10 年平均为 35%。

（四）分省看三次产业就业比重趋势

10 年间，辽宁、吉林和黑龙江省的三次产业就业比重呈现“三、一、二”的结构。三次产业产值的比重与三次产业的就业比重不对称，第二产业所占比重接近 50%，而就业比重辽宁占 30%，而黑龙江和吉林的就业比重约占 20%。这与东北老工业基地的工业大部分是重工业有关，与加工制造业相比，所需劳动力有限。三次产业就业比重的发展趋势来看，东北老工业基地第一产业的就业比重处于逐渐下降的趋势，这符合未来经济发展趋势，在经济发展过程中，农业的剩余劳动力必然会向第二、三产业转移。第二产业的就业比重处于下降的趋势。第三产业的就业比重处于上升的趋势。这说明东北老工业基地的第一、二产业的剩余劳动力逐渐正向第三产业转移（见图3－5、图3－6、图3－7和表3－3）。

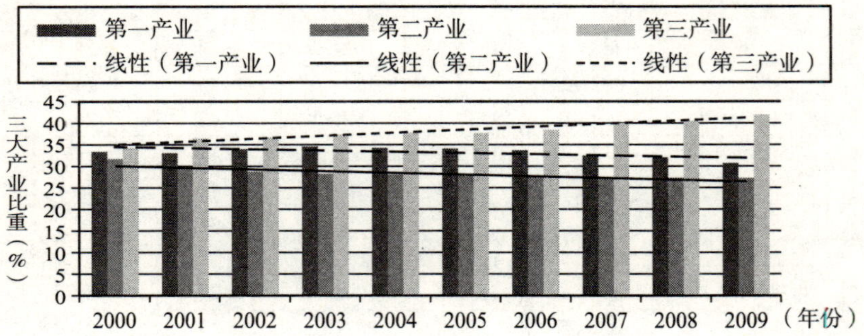

图3－5　辽宁省2000～2009年三次产业的就业比重及其发展趋势

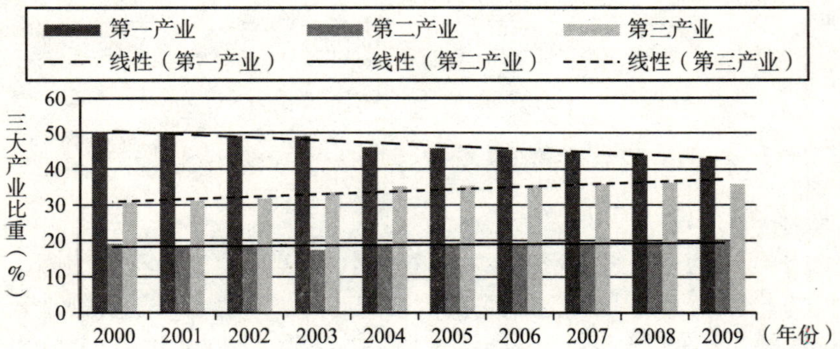

图3－6　吉林省2000～2009年三次产业的就业比重及其发展趋势

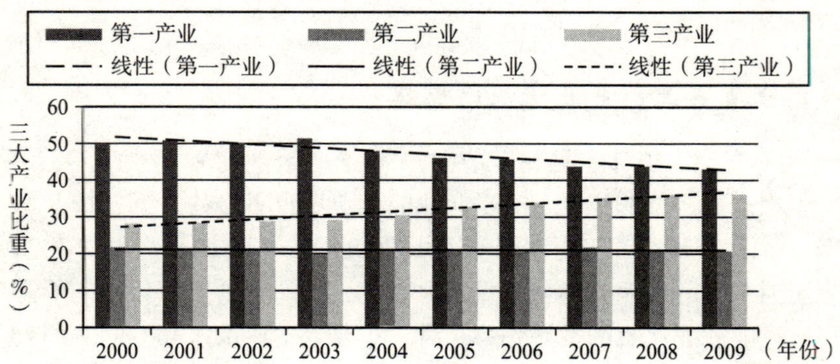

图3－7　黑龙江省2000～2009年三次产业的就业比重及其发展趋势

表 3-3　　东北老工业基地 2000～2009 年三次产业结构演进情况　　单位：%

省份	年份	三次产业的产值结构			三次产业的就业结构		
		第一产业	第二产业	第三产业	第一产业	第二产业	第三产业
辽宁	2000	10.8	50.2	39	33.4	31.7	34.9
	2001	10.8	48.5	40.7	33.2	30.2	36.6
	2002	10.8	47.8	41.4	34.4	28.7	36.9
	2003	10.3	48.3	41.4	34.7	28.2	37.1
	2004	11.5	49.1	42.3	34.4	28	37.6
	2005	11.2	50.3	40.4	34.1	28.1	37.8
	2006	10.6	51.1	38.3	33.7	27.7	38.6
	2007	10.3	53.1	36.6	32.4	27.6	40.1
	2008	9.7	55.8	34.5	31.9	27.5	40.6
	2009	9.3	52	38.7	30.6	27.2	42.2
吉林	2000	21.9	43.9	34.2	50.2	19.1	30.7
	2001	19.3	41.5	35	50.2	18.5	31.3
	2002	19	41.7	35	49.5	18.5	32
	2003	18.3	43	33.5	49.2	17.4	33.3
	2004	18	44.2	32.6	46.1	18.6	35.3
	2005	17.3	43.7	39.1	45.7	18.7	35.6
	2006	15.7	44.8	39.5	45.2	19	35.8
	2007	14.8	46.8	38.3	44.6	19.2	36.2
	2008	14.3	47.7	38	44	19.6	36.3
	2009	13.5	48.7	37.9	43.8	20.2	36
黑龙江	2000	11	57.4	31.6	50.2	21.7	28.1
	2001	12.1	59	34	50.5	21.3	28.2
	2002	12.3	59.6	34.8	50.4	21.1	28.5
	2003	12.3	62.4	34.4	51.3	19.6	29.1
	2004	12.4	66.4	32.8	48.3	21.2	30.5
	2005	12.4	53.9	33.7	46	21	33
	2006	11.9	54.4	33.7	45.2	21	33.8
	2007	13	52.3	34.7	43.7	21.6	34.7
	2008	13.1	52.5	34.4	43.4	20.8	35.8
	2009	13.4	47.3	39.3	43.2	20.6	36.2

资料来源：2001～2010 年《辽宁统计年鉴》、《黑龙江统计年鉴》、《吉林统计年鉴》。

二、三大产业结构演进特征

（一）东北三省的产值结构与就业结构严重背离

从表3－3可以看出，东北老工业基地的产值结构是“二、三、一”结构，而就业结构呈现“一、三、二”结构，由此可以看出，就业结构与产业结构发生偏离。第二产业占了总产值约50%的比重，却只吸收了不到30%的就业，难以吸收从第一产业剩余的劳动力。同时，第三产业吸收的就业人数较少，约占35%。这说明东北老工业基地第二产业内部构成不合理，同时，第三产业不发达。

（二）第二产业始终在东北老工业基地中占主导地位

东北老工业基地是我国六大工业区之一，东北老工业基地产业发展的初衷是为国民经济工业化提供技术装备进而优先发展重工业，但在工业化进程中忽视对农业的升级改造和第三产业的相应发展。其结果是工业尤其是重工业走了一条自我发展道路，第二产业在产额结构上缺乏产业间有效协同，不能有效带动和提高农业和第三产业的生产能力，三次产业间呈现出很强的非均衡发展模式。

（三）产业结构越来越稳定

熵是物理学中的重要概念，后来在信息经济学中被借以衡量不确定性、时间无序程度或指标离散程度等。产业结构分析中借用产业结构熵来描述产业结构系统演进的状态，即 $H = -\sum P_i \times \ln P_i$。式中，$P_i$为第 i 种产业的权重，n 表示有 n 种产业。根据上式计算东北老工业基地2000～2009年三省的产业结构熵，从图3－8中可以看出，2000～2005年东北三省的产业结构熵迅速增大，这与当时

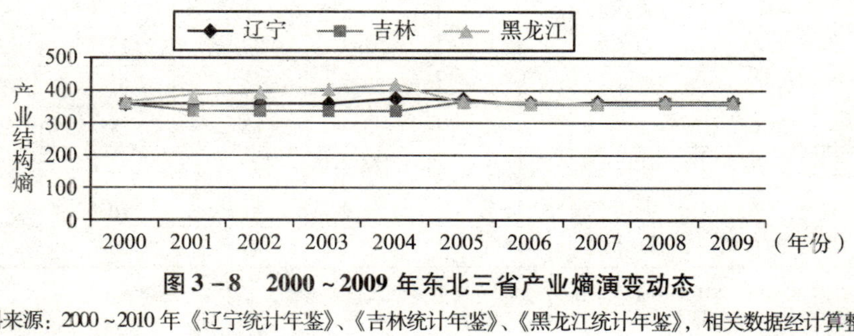

图3－8 2000～2009年东北三省产业熵演变动态

资料来源：2000～2010年《辽宁统计年鉴》、《吉林统计年鉴》、《黑龙江统计年鉴》，相关数据经计算整理得。

产业结构调整相关，2006年以后产业结构熵一直很稳定，说明产业结构越来越稳定。

三、三大产业结构演进绩效

（一）从经济发展指标衡量产业结构演进绩效

产业结构是经济结构的基础，直接关系到国民经济增长的速度和质量，同时也关系到生态环境建设和人民生活水平的优劣。因此，产业结构演进绩效可以从本地区的各种经济指标来分析。2000年以来，东北老工业基地产业结构演进有力地促进了经济的迅速发展，极大地增强了东北老工业基地的综合经济实力。东北老工业基地主要经济发展指标，如表3-4所示。

表3-4 东北老工业基地2000~2009年主要经济发展指标

省份	年份	生产总值（亿元）		居民家庭人均收入（元）		进出口（亿美元）		
		总额	年增长	城镇居民	农民	进口	出口	进出口总值
辽宁	2000	4669.06	8.9	5357.79	2355.58	60.52	62.45	122.97
	2001	5033.08	9	5797.01	2557.93	59.06	63.00	122.06
	2002	5458.22	10.2	6524.52	2751.34	62.70	72.00	134.70
	2003	6002.54	11.5	7240.58	2934.44	78.23	87.46	165.69
	2004	6672.00	12.8	8007.56	3307.14	97.68	108.98	206.65
	2005	7860.85	12.7	9107.55	3690.21	109.45	133.28	242.73
	2006	9251.15	14.2	10369.61	4090.40	122.33	149.97	272.29
	2007	11023.49	15	12300.39	4773.43	136.51	176.60	313.10
	2008	13461.57	13.4	14392.69	5576.48	168.28	202.65	370.93
	2009	15212.49	13.1	15761.38	5958.00	143.67	164.02	307.69
吉林	2000	1821.19	9.16	4810.00	2022.50	7.31	3.92	11.23
	2001	2120.35	9.3	5340.46	2182.22	10.65	4.28	14.93
	2002	2348.54	9.5	6260.16	2300.99	13.20	4.04	17.24
	2003	2662.08	10.2	7005.17	2530.41	22.94	4.11	27.04
	2004	3122.01	12.2	7840.61	2999.62	30.15	5.05	35.21
	2005	3620.27	12.1	8690.62	3263.99	21.54	6.80	28.34
	2006	4275.12	15	9775.07	3641.13	29.26	8.58	37.84
	2007	5284.69	16.1	11285.52	4191.34	39.03	10.33	49.37
	2008	6424.06	16	12829.45	4932.74	43.74	13.43	57.17

续表

省份	年份	生产总值（亿元）		居民家庭人均收入（元）		进出口（亿美元）		
		总额	年增长	城镇居民	农民	进口	出口	进出口总值
吉林	2009	7278.75	13.6	14006.27	5265.91	45.38	10.19	55.57
黑龙江	2000	3253.00	8.2	4912.88	2148.22	2.07	2.67	4.74
	2001	3390.13	9.3	5425.87	2280.28	1.93	2.59	4.52
	2002	3637.20	10.2	6100.56	2405.24	3.66	2.82	6.47
	2003	4057.40	10.2	6678.90	2508.94	3.39	2.93	6.32
	2004	4750.60	11.7	7470.71	3005.18	3.82	3.81	7.63
	2005	5511.50	11.6	8272.51	3221.27	3.99	4.75	8.74
	2006	6188.90	12.1	9182.31	3552.43	4.00	6.42	10.42
	2007	7065.00	12	10245.28	4132.29	4.51	6.96	11.47
	2008	8310.00	11.8	11581.28	4855.59	5.83	8.07	13.90
	2009	8587.00	11.4	12565.98	5206.76	2.90	4.93	7.83

注：1. 本表根据 2001～2010 年《辽宁统计年鉴》、《黑龙江统计年鉴》、《吉林统计年鉴》整理而成。
2. 生产总值按当年价格计算，年增长率按可比价格计算。

从表 3－4 可以看出，东北三省的国内生产总值增长速度较快，从 2003 年以后，即实行振兴东北以来，增长速度普遍超过了 10%，如 2000～2009 年，辽宁省按当年价格计算，辽宁国内生产总值增长 3.6 倍，以 1952 年为基期，按可比价格计算，国内生产总值增长 2.86 倍。

从人民收入来看，不管是城镇居民收入还是农民人均纯收入增长都较迅速。以辽宁省为例，按当年价格计算，2009 年的城镇居民收入比 2000 年增长了接近 3 倍，农民人均纯收入增长了 2.52 倍。

对外贸易方面，2000～2009 年 10 年间，从总体上看，东北老工业基地的进出口总值呈逐年增长的趋势，如辽宁省 2009 年的进出口总值是 2000 年的 2.5 倍，其进出口总值和出口总值也呈逐年增长的趋势，除个别年份外对贸易逆差外，大部分年份都是顺差。说明东北老工业基地产业结构的调整对产品的国际市场竞争力的增强效应是比较明显的。

（二）从产业结构偏离度衡量产业结构演进绩效

产业结构偏离度是产值结构与就业结构之间的不对称状态。它根据以下公式来计算：$P=\sum|L-C|$。式中，P 为产业结构偏离度，L 为某次产业就业比重，C 为同次产业产值比重。就业结构与产值结构越不对称，两者的偏离度越

大，产业结构效益越低。

从表 3 -5 可以看出，总体看，东北老工业基地的产业结构偏离度处于上升的趋势，说明，这一时期东北老工业基地的产值结构与就业结构之间的不对称状态并没有得到明显改善，产业结构演进绩效不显著。

表 3 -5　　东北老工业基地 2000 ~2009 年产业结构偏离度单位　　单位：%

年份	辽宁				吉林				黑龙江			
	第一产业	第二产业	第三产业	绝对值合计	第一产业	第二产业	第三产业	绝对值合计	第一产业	第二产业	第三产业	绝对值合计
2000	22.6	18.5	4.1	45.2	28.3	24.8	3.5	56.6	39.2	35.7	3.5	78.5
2001	22.4	18.3	4.1	44.8	30.9	23.0	3.7	57.6	38.4	37.7	5.8	81.9
2002	23.6	19.1	4.5	47.2	30.5	23.2	2.9	56.6	38.1	38.5	6.3	83.0
2003	24.4	20.1	4.3	48.9	31.0	25.5	0.2	56.7	39.0	42.8	5.3	87.1
2004	22.9	21.1	4.7	48.7	28.1	25.6	2.7	56.4	35.9	45.2	2.3	83.5
2005	22.9	22.2	2.6	47.6	28.4	25.0	3.4	56.8	33.6	32.9	0.7	67.2
2006	23.1	23.4	4.9	51.5	29.5	25.8	3.7	58.9	33.3	33.4	0.1	66.8
2007	22.1	25.5	7.7	55.3	29.8	27.6	2.1	59.5	30.7	30.7	0.0	61.5
2008	22.2	28.3	8.7	59.2	29.7	28.1	1.7	59.5	30.3	31.8	1.5	63.5
2009	21.3	24.8	11.6	57.7	30.4	28.5	1.9	60.7	29.8	26.7	3.1	59.5

注：本表根据 2001 ~2010 年《辽宁统计年鉴》、《黑龙江统计年鉴》、《吉林统计年鉴》整理而成。

（三）从产业相对劳动生产率衡量产业结构演进绩效

某产业的相对劳动生产率等于该产业总产值比重与就业比重的比值。各产业之间的相对劳动生产率越接近，表示产业结构越协调，产业结构效益越高。世界经济发展的历史表明，产业之间相对劳动生产率的差距逐渐缩小，是不发达国家或地区经济发展中结构变动的必然趋势，也是结构效益提高的结果（见图 3 -9）。

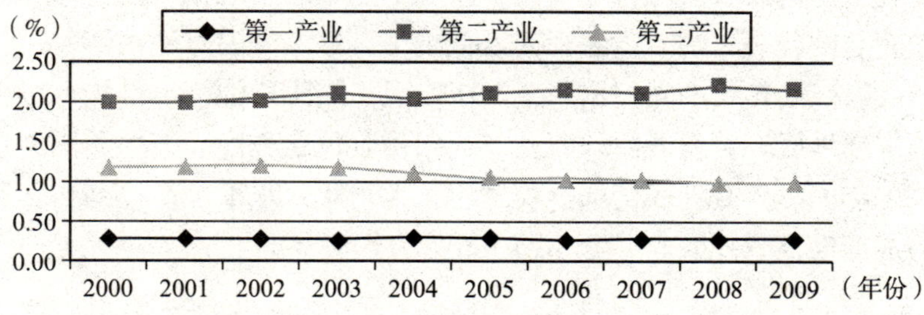

图 3 -9　东北老工业基地 2000 ~2009 年相对劳动生产率

资料来源：根据 2001 ~2010 年《辽宁统计年鉴》、《吉林统计年鉴》、《黑龙江统计年鉴》整理所得。

从东北老工业基地三次产业的相对劳动生产率看，第二产业的高于第一、三产业，约是第一产业的7倍，约是第三产业的2倍。可见差距是较大的；第三产业的相对劳动生产率约是第一产业的3倍。这说明东北老工业基地的产业结构并不协调，产业结构演进效益较差。分省看，如表3－6所示，东北老工业基地三次产业之间的相对劳动生产率，辽宁差别相对较小，而吉林和黑龙江差别较大。

表3－6　东北老工业基地2000～2009年相对劳动生产率　单位：%

年份	辽宁			吉林			黑龙江		
	第一产业	第二产业	第三产业	第一产业	第二产业	第三产业	第一产业	第二产业	第三产业
2000	0.32	1.58	1.12	0.44	2.30	1.11	0.22	2.65	1.12
2001	0.33	1.61	1.11	0.38	2.25	1.12	0.24	2.77	1.21
2002	0.31	1.67	1.12	0.38	2.26	1.09	0.24	2.83	1.22
2003	0.30	1.71	1.12	0.37	2.47	1.01	0.24	3.18	1.18
2004	0.34	1.76	1.13	0.39	2.38	0.92	0.26	3.13	1.08
2005	0.33	1.79	1.07	0.38	2.33	1.10	0.27	2.57	1.02
2006	0.31	1.85	0.99	0.35	2.36	1.10	0.26	2.59	1.00
2007	0.32	1.92	0.91	0.33	2.44	1.06	0.30	2.42	1.00
2008	0.30	2.03	0.85	0.32	2.43	1.05	0.30	2.53	0.96
2009	0.30	1.91	0.92	0.31	2.41	1.05	0.31	2.30	1.08

注：本表根据2001～2010年《辽宁统计年鉴》、《黑龙江统计年鉴》、《吉林统计年鉴》相关数据计算所得。

（四）从产业结构国际比较衡量产业结构演进绩效

衡量一个国家或地区产业结构合理化程度，还可以选择一个合理的标准结构来进行比较。国内外许多经济学者对产业结构的标准参照体系进行深入的研究，国外比较著名的代表人物有库兹涅茨、钱纳里、塞尔奎因等经济学家。其中库兹涅茨于20世纪70年代率先提出一个经济发展不同阶段的标准结构，以此作为评价一个国家或地区经济发展阶段以及产业结构合理化程度。按照美国经济学家钱纳里和塞尔奎因、库兹涅茨的标准模式看，人均收入水平、产业结构变动与发展阶段的演进标准模式如表3－7、表3－8所示。

表 3－7　　塞尔奎因—钱纳里人均收入水平、产业结构变动与发展阶段的演进标准模式（1989）

人均 GDP 美元（1980）	产业结构（%）			工业化发展阶段	
	第一产业	第二产业	第三产业		
228	45.8	21.0	33.2	第一阶段	初期
488	36.1	28.4	35.5	第二阶段	
975	26.5	36.9	36.6	第一阶段	中期
1625	19.4	42.5	38.1	第二阶段	
3250	10.9	48.5	40.7		后期

表 3－8　　库兹涅茨人均收入 GDP、产业结构变动与发展阶段的演进标准模式

人均 GDP 美元（1980）	产业结构（%）			工业化发展阶段	
	第一产业	第二产业	第三产业		
300	39.4	28.2	32.4	第一阶段	初期
500	31.7	33.4	34.6	第二阶段	
1000	22.8	39.2	37.8	第一阶段	中期
2000	15.4	43.4	41.2	第二阶段	
4000	9.7	45.6	44.7		后期

为借助于表 3－7、表 3－8 分析判断东北老工业基地产业结构与发展阶段的演进历程，首先利用东北老工业基地 2000 年以来的历年名义人均 GDP 及指数数据，除特别注明外，文中所有统计数据均来源于辽宁省、吉林省和黑龙江省统计年鉴，将东北老工业基地的 2000～2009 年的人均 GDP 换算为 1980 年可比价格的人均 GDP，进而以 1980 年人民币的汇率中间价（1980 年人民币美元中间汇价 150 元/100 美元），即将人均 GDP 换算成按 1980 年美元计算的人均 GDP，表 3－9 的数据显示，东北老工业基地的地区人均收入水平增长速度是越来越快，如辽宁省由 2000 年的 2504 美元到 2009 年突破 6000 美元，达到 6962 美元，年均增长速度 10.76%。

表 3－9　　东北老工业基地人均地区生产总值　　单位：%、美元

年份	辽宁				吉林				黑龙江			
	第一产业	第二产业	第三产业	人均 GDP	第一产业	第二产业	第三产业	人均 GDP	第一产业	第二产业	第三产业	人均 GDP
2000	10.8	50.2	39	2504	21.9	43.9	34.2	1603	11	57.4	31.6	1603
2001	10.8	48.5	40.7	2722	19.3	41.5	35	1731	12.1	59	34	1731

续表

年份	辽宁				吉林				黑龙江			
	第一产业	第二产业	第三产业	人均GDP	第一产业	第二产业	第三产业	人均GDP	第一产业	第二产业	第三产业	人均GDP
2002	10.8	47.8	41.4	2994	19	41.7	35	1890	12.3	59.6	34.8	1890
2003	10.3	48.3	41.4	3333	18.3	43	33.5	2077	12.3	62.4	34.4	2077
2004	11.5	49.1	42.3	3752	18	44.2	32.6	2327	12.4	66.4	32.8	2327
2005	11.2	50.3	40.4	4225	17.3	43.7	39.1	2604	12.4	53.9	33.7	2604
2006	10.6	51.1	38.3	4796	15.7	44.8	39.5	2987	11.9	54.4	33.7	2987
2007	10.3	53.1	36.6	5467	14.8	46.8	38.3	3459	13	52.3	34.7	3459
2008	9.7	55.8	34.5	6167	14.3	47.7	38	4002	13.1	52.5	34.4	4002
2009	9.3	52	38.7	6962	13.5	48.7	37.9	4538	13.4	47.3	39.3	4538

资料来源：根据2001~2010年《辽宁统计年鉴》、《吉林统计年鉴》、《黑龙江统计年鉴》整理所得。
注：1980年人民币美元中间汇价150元/100美元。

从表3-7可以看出，人均国内生产总值在3000美元左右的国家或地区，其产值比重结构应是第一产业为10.9%，第二产业48.5%，第三产业40.7%，东北三省中，辽宁人均地区生产总值最大，在2003年时，年人均地区生产总值已在3000美元左右，相对应的三产业的比重为10.3%、48.3%、41.4%，可见与标准模式有差别较小，这说明产业结构与经济发展水平基本相适应。吉林省在2007年，人均地区生产总值达到3000美元左右，而这个时期的三次产业的比重约为14.8%、46%、38.3%，与标准结构有较大差距。黑龙江省在2008年达到3000美元左右，这个时期的三次产业的结构为13%、52.3%、34.7%，与标准结构相对比有较大差别，尤其第二产业占比重较大。

如果把塞尔奎因—钱纳里的标准模式及库兹涅茨模式作为系统特征序列，把需要判定的地区产业结构状态和人均GDP水平作为系统样本序列，这样判定一个地区产业发展阶段演化就只要判定样本序列与特征序列的相似程度的变化，这样就可判定研究（样本）地区所处的发展阶段。从东北三省与标准表对比看，2008年后，东北老工业基地已经进入工业化发展的后期阶段，但是，从三次产业结构比看，与标准模式差距较大，尤其是第一、三产业方面。

（五）基于份额偏离法衡量东北老工业基地产业结构演进绩效

偏离—份额分析法（Shift-Share Method，SSM）是一种在国外被广泛用于分析产业结构变化和区域经济差距的数学方法。SSM在区域经济研究中得到广泛的应用，它是由美国经济学家丹尼尔·B·克雷默于1942年提出来的，后来由E.S.邓恩和埃德加·胡佛等人作了进一步发展。与其他分析方法相比，SSM 具有较强的综合性和动态性，现已成为在国际学术界用于分析区域发展差距变动决定因素的基本方法。本节在产业结构总体特征分析中运用偏离—份额分析法，定量分析东北老工业基地三次产业的结构和竞争力对经济总量增长的贡献。偏离—份额分析法是把区域经济的变化看做为一个动态的过程，以其所处上级区域的经济发展为参照系，将区域自身经济总量在某一时期的变动分解为3个分量，以此说明区域经济发展和衰退的原因，评价区域经济结构优劣和自身竞争力的强弱，找出区域中具有相对竞争优势的产业部门，进而可以确定区域未来经济发展的合理方向和产业结构调整的原则。

根据偏离—份额分析法，一个地区或部门的经济增长可以分为三个部分：区域份额分量（N_{ij}）、产业结构偏离分量（P_{ij}）和区域竞争力偏离分量（D_{ij}）。区域份额分量表示假定该地区以整个区域总增长率增长而得到的增长份额；结构偏离分量反映了该地区的经济与区域经济间的产业结构差距所造成影响；竞争力偏离分量反应区域内各产业以不同于区域相应产业的增长而引起的经济活动的变化。其计算过程如下：

东北三省和全国 GDP 分别用 e、E 表示，各时期基期均设为 0，末期为 t，其中 e_0、e_t、E_0、E_t，表示省和全国基期和末期的 GDP，将区域经济划分为 n 个部门用 j 表示，即以 $e_{j,0}$ $e_{j,t}$，$E_{j,0}$ $E_{j,t}$（$j=1, 2, 3, \cdots,$）分别代表东北三省和全国三次产业部门在基期和末期的产值。以下以辽宁省为例，说明该方法的运用过程。辽宁省第 j 产业部门在某时期基期至末期间变化率为 $r_j=(e_{j,t}-e_{j,0})/e_{j,0}$（$j=1, 2, 3, \cdots,$），同理计算 R_j。以全国各产业部门所占份额将辽宁省各产业部门的规模标准化为 $e_j'=(e_0 \cdot E_{j,0})/E_0(j=1, 2, 3, \cdots,)$，将辽宁省某时期基期至末期第 j 产业部门的增长量设为 G_j，三个分量设为 N_j、P_j、D_j，则 $G_j=N_j+P_j+D_j$，其中 $N_j=e_j' \cdot R_j$，$P_j=(e_{j,0}-e_j') \cdot R_j$，$D_j=e_{j,0} \cdot (r_j-R_j)$。其中份额分量 N_j 代表全国平均增长效应，指辽宁省标准化的产业部门按全国平均增长率发展所发生的变化量。结构偏离分量 P_j 代表产业结构效应，指辽宁产业部门比重与全国部门比重差异所引起的该部门增长相对全国标准产生的偏差，其值越大，说明部门结构对经济总量增长的贡献越大。区域竞争力偏离分量 D_j 代表区域份额效应，指辽宁与全国同一部门增长速度不同引起的偏差，反映辽宁省该部门对于全国的竞争能力，其值越大，说明 j 部门竞争力对经济增长的作用越大。综上所述，辽宁省总的经济增长量 G 可以表示为 $G=N+P+D$，即：

$$\sum_{j=1}^{n} e_j' \cdot R_j + \sum_{j=1}^{n} (e_{j,0}-e_j') \cdot R_j + \sum_{j=1}^{n} e_{j,0}(r_j-R_j)$$

辽宁省三次产业占全国相应部门比重在基期和末期分别为 $K_{j0}=e_{j,0}/E_{j,0}$和 $K_{jt}=$

$e_{j,t}/E_{j,t}$，则辽宁省与全国相对增长率可以表示为：

$$L=\frac{\dfrac{\sum_{j=1}^{3}e_{j,t}}{\sum_{j=1}^{3}e_{j,0}}}{\dfrac{\sum_{j=1}^{3}K_{j,t}\cdot e_{j,t}}{\sum_{j=1}^{3}K_{j,0}\cdot E_{j,0}}}=\frac{\dfrac{\sum_{j=1}^{3}K_{j,t}\cdot E_{j,t}}{\sum_{j=1}^{3}K_{j,0}\cdot E_{j,0}}}{\dfrac{\sum_{j=1}^{3}E_{j,t}}{\sum_{j=1}^{3}E_{j,0}}}$$

$$=\left[\frac{\dfrac{\sum_{j=1}^{3}K_{j,0}\cdot E_{j,t}}{\sum_{j=1}^{3}K_{j,0}\cdot E_{j,0}}}{\dfrac{\sum_{j=1}^{3}E_{j,t}}{\sum_{j=1}^{3}E_{j,0}}}\right]\cdot\left[\frac{\sum_{j=1}^{3}K_{j,t}\cdot E_{j,t}}{\sum_{j=1}^{3}K_{j,0}\cdot E_{j,t}}\right]=W\cdot u$$

其中辽宁与全国的相对增长率可以表示为 $L=W\cdot u$，式中：W 和 u 分别代表结构效果指数和区域竞争效果指数。

从全国份额分量来看，东北老工业基地的三次产业均为全国性增长部门。东北老工业基地中的三省的第一产业增长均高于全国平均水平，辽宁、吉林和黑龙江三省分别超过全国份额的 954.44 亿元、372.28 亿元、664.976 亿元，辽宁和黑龙江在农业方面较具有较大优势。东北老工业基地的第二产业增长则大大高于全国的平均水平，辽宁、吉林和黑龙江三省分别超过全国份额的 5274.65 亿元、2057.4 亿元、3674.92 亿元。可见，东北老工业基地在第二产业方面是具有较大优势，尤其是辽宁省。东北老工业基地的第三产业增长高于全国平均水平，辽宁、吉林和黑龙江三省分别超过全国份额的 5126.18 亿元、1999.49 亿元、3571.49 亿元，总体增长良好，尤其辽宁省。

从结构偏离分量，辽宁省第一、三产业的结构偏离分量均为负值，第二产业结构偏离分量为正值。说明辽宁省的产业结构一直是靠着工业和建筑业在发展演进。吉林省第二、三产业的结构偏离分量为负值，第一产业结构偏离分量为正值，说明吉林省的产业结构是以农业为主进行产业结构演进。黑龙江省第一、三产业的结构偏离分量均为负值，与辽宁相似，说明黑龙江省一直靠第二产业进行产业结构演进。

从竞争力偏离分量角度来看，辽宁省的第二、三产业的竞争力偏离分量均为负值，尤其是第三产业的竞争力偏离分量达到 -1054.27 亿元，说明辽宁省的第三产业竞争力较低。吉林省三次产业的竞争力偏离分量均为正值，说明吉林省的三次产业具有较高的竞争力。黑龙江省第二、三产业的竞争力偏离分量为负，而第一产业的竞争力分量为正，表明黑龙江省的第一产业有较高的竞争力，而第二、三产业竞争力较弱。

从总偏离度来看，辽宁省的第一、三产业总偏离分量均为负值，第二产业为正值，说明辽宁省第二产业高于全国平均水平；吉林省三次产业的总偏离分量均为正值，说明吉林省的三次产业均高于全国平均水平；黑龙江省第二、三产业的总偏离分量为负值，第二产业为正值，说明黑龙江省第二产业是高于全国平均水平的。

从表 3-10 和表 3-11 可以看出，近 10 年来，东北老工业基地经济增长中的结构效应是比较好，除了吉林外，辽宁和黑龙江都大于 1，但是结构偏离分量 P 值在三省不同的产业呈现了负值，并不能说明该省经济结构良好，只有当 P 愈大，u 大于 1 时，说明区域总体结构比较好。从表 3-10 和表 3-11 还可以看出辽宁和黑龙江主要靠第二产业，并且第二产业在两省所占比重较大，对于经济增长的贡献大；而吉林主要靠第一产业。从区域竞争系数来看，辽宁和黑龙江都小于 1，说明区域各产业部门增长势头较弱，竞争力不强，而吉林区域竞争系数竟达到了 12.92，说明吉林省在某些产业具有很强的竞争力。

表 3-10　　2000~2009 年东北老工业基地偏离份额分析　　单位：亿元、%

省份（产业）	总增长 G		全国份额分量 N	结构偏离分量 P	竞争力偏离分量 D	总偏离分量 $P+D$
辽宁	增长量	增长率	增长量	增长量	增长量	增长量
第一产业	911.46	1.81	954.44	-271.23	228.25	-42.98
第二产业	5561.94	2.37	5274.65	493.37	-206.08	287.29
第三产业	4070.03	2.23	5126.18	-1.88	-1054.27	-1056.15
总产值	10543.43	2.26	1710.45	9644.82	-811.84	8832.98
省份（产业）	总增长 G		全国份额分量 N	结构偏离分量 P	竞争力偏离分量 D	总偏离分量 $P+D$
吉林	增长量	增长率	增长量	增长量	增长量	增长量
第一产业	581.84	0.32	372.28	168.83	40.73	209.56
第二产业	2741.64	1.51	2057.40	-88.44	772.68	684.24
第三产业	2134.08	1.17	1999.49	-248.89	383.47	134.59
总产值	5457.56	3.00	667.17	3762.01	1028.38	4790.39

续表

省份（产业）	总增长 G		全国份额分量 N	结构偏离分量 P	竞争力偏离分量 D	总偏离分量 P+D
黑龙江	增长量	增长率	增长量	增长量	增长量	增长量
第一产业	797.33	0.25	664.97	-180.49	312.85	132.36
第二产业	2192.17	0.67	3674.92	922.34	-2405.10	-1482.75
第三产业	2344.50	0.72	3571.49	-680.58	-546.40	-1226.98
总产值	5334.00	1.64	1191.69	6719.69	-2577.38	4142.31

表 3-11　　2000～2009 年东北三省 L、W、u 值

省份	相对增长率 L	结构效果指数 W	区域竞争系数 u
辽宁	0.95	1.01	0.94
吉林	13.86	0.94	12.92
黑龙江	1.77	1.01	0.76

四、本节相关结论

（一）东北老工业基地演进过程的相关结论

自从 2003 年国家提出“振兴东北”国策以来，东北老工业基地三次产业结构发生了显著变化。2000～2009 年东北老工业基地产业结构演进过程如下：东北老工业基地三次产业产值比重呈现“二、三、一”结构。在东北老工业基地中，始终是第二产业占主导地位，其中第一产业在 GDP 中比重呈现持续下降态势，第二产业比重经历了不断波动的过程，但长期稳定保持在 47%～51%之间，第三产业所占 GDP 的比重处于不断上升过程。东北老工业基地三次产业的就业比重为“一、三、二”结构，与产值结构“二、三、一”有所偏离。

分省看产业结构演进过程，辽宁、吉林第一产业的产值所占比重呈现逐渐下降的趋势，黑龙江呈现平稳趋势；辽宁、吉林第二产业的产值比重呈现上升趋势，黑龙江处于下降趋势；黑龙江和吉林第三产业的产值比重呈上升趋势，而辽宁在 2000～2009 年呈现下降趋势。

（二）东北老工业基地演进特征的相关结论

东北三省的产值结构与就业结构严重偏离，产值结构“二、三、一”与就业结构“一、三、二”偏离；第二产业始终在东北老工业基地中占主导地位；产业结构越来越稳定。

（三）东北老工业基地演进绩效的相关结论

从经济发展指标衡量产业结构演进绩效看，2000～2009年东北老工业基地的国民生产总值平均增长速度超过10%，人民收入增长迅速，进出口总额增长迅速，总体来说，东北老工业基地产业结构演进绩效良好；从产业结构偏离度上看，产业结构演进绩效显著；从产业相对劳动生产率上看，三大产业之间相对劳动生产率逐渐缩小，产业结构效益较高；从国际比较看，东北老工业基地产业结构与国际标准结构有较大差距；基于份额偏离法测算产业结构演进绩效，东北老工业基地产业结构相对增长率较高，竞争力不高，结构效果指数有较大提高。

第二节　东北老工业基地第一产业的结构演进

东北老工业基地农业耕地资源丰富，土地肥沃，农业资源禀赋较好，是我国重要的商品粮和农牧业生产基地。近年来，随着东北老工业基地振兴战略等政策的实施，东北地区农业发展迈上了新台阶。但是，东北老工业基地的农业生产效率和效益依然不高，农业内部结构不合理依然存在。本节利用数理统计方法、多样化指数等方法定量分析东北产业结构演进过程、演进特征和演进绩效，以考察东北老工业基地近10年来第一产业的演进的总体状况。

一、第一产业演进过程

图3－10显示了2000～2009年东北老工业基地农业产值结构变动的总体趋势是农业和牧业产值呈上升趋势，牧业、林业和渔业产值相对稳定。表3－12显示了2000～2009年，农业、林业、牧业和渔业在第一产业内部的结构变化，可以看出，东北老工业基地的第一产业中的农业比重呈下降趋势，牧业比重呈上升趋势，林业和渔业比重较稳定。

图3－11和表3－13显示了东北三省的第一产业产值的变化的时间趋势，2000～2009年，东北老工业基地第一产业的产值的年均增长率为12.1%，吉林省为12.32%，黑龙江省为15.29%，可见，东北老工业基地的第一产业增长是比较迅速的。

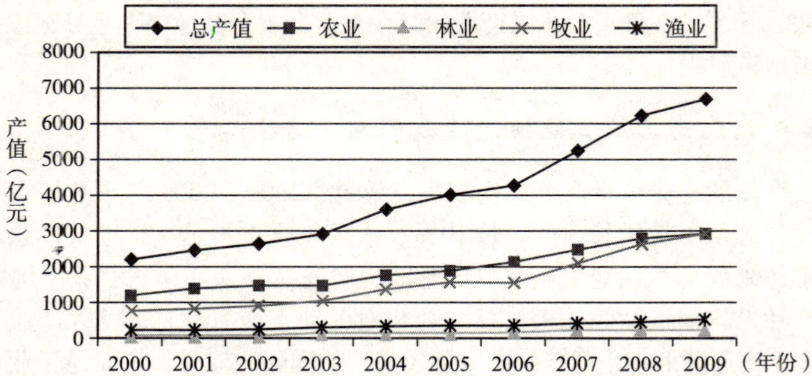

图 3－10　2000～2009 年东北老工业基地第一产业及其内部产值增长趋势

表 3－12　2000～2009 年东北老工业基地农林牧渔业产值结构　单位：亿元、%

年份	总产值	农业	林业	牧业	渔业
2000	2201.87	0.54	0.02	0.34	0.09
2001	2448.53	0.56	0.02	0.33	0.09
2002	2643.41	0.54	0.03	0.33	0.09
2003	2910.44	0.49	0.05	0.35	0.09
2004	3587.77	0.48	0.04	0.38	0.09
2005	4016.49	0.47	0.04	0.39	0.09
2006	4284.74	0.50	0.04	0.36	0.08
2007	5247.5	0.47	0.04	0.40	0.07
2008	6215.1	0.45	0.03	0.42	0.07
2009	6689.96	0.43	0.03	0.43	0.08
平均		0.49	0.03	0.37	0.08

资料来源：根据 2001～2010 年《辽宁统计年鉴》、《吉林统计年鉴》、《黑龙江统计年鉴》。

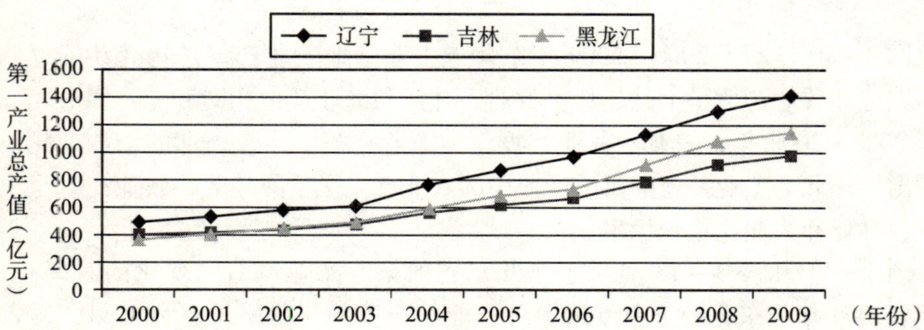

图 3－11　东北老工业基地第一产业总产值增长趋势

表 3-13　　**东北三省第一产业内部结构**

省份	年份	总产值（亿元）	农业（%）	林业（%）	牧业（%）	渔业（%）
辽宁	2000	967.4	47.91	2.04	31.45	18.61
	2001	1045.7	48.11	2.08	31.78	18.03
	2002	1132.5	47.69	2.46	31.90	17.94
	2003	1215	40.93	3.16	34.73	18.44
	2004	1510.5	40.47	2.69	36.30	18.02
	2005	1671.6	38.29	2.66	38.08	18.35
	2006	1738.1	41.02	3.01	35.40	16.83
	2007	2128	39.36	2.83	39.04	15.32
	2008	2476.9	36.21	2.80	42.49	15.12
	2009	2704.6	33.78	2.59	43.31	16.34
吉林	2000	609.37	52.56	1.87	44.10	1.48
	2001	691.83	58.60	2.00	38.05	1.35
	2002	734.21	55.87	4.62	36.93	1.48
	2003	792.14	55.34	4.26	37.68	1.71
	2004	940.67	51.69	3.49	42.42	1.43
	2005	1050.49	49.32	3.80	44.51	1.42
	2006	1155.50	51.67	3.84	41.84	1.47
	2007	1418.90	46.02	3.44	48.19	1.29
	2008	1614.80	46.40	3.40	47.70	1.39
	2009	1734.26	44.83	3.40	47.60	1.35
黑龙江	2000	625.1	66.29	2.93	28.11	2.69
	2001	711	63.38	2.21	31.59	2.83
	2002	776.7	62.77	2.09	32.46	2.68
	2003	903.3	55.67	6.54	32.57	2.56
	2004	1136.6	54.57	5.79	35.25	2.20
	2005	1294.4	55.52	5.20	35.63	2.12
	2006	1391.14	58.76	4.89	32.25	1.52
	2007	1700.6	57.15	4.65	34.40	1.48
	2008	2123.4	53.84	4.22	38.29	1.65
	2009	2251.1	53.61	3.78	38.66	2.01

注：根据 2001 ~2010 年《辽宁统计年鉴》、《黑龙江统计年鉴》、《吉林统计年鉴》数据整理所得。

二、第一产业演进特征

随着经济社会的不断发展，东北老工业基地人民生活水平逐步提高，人们食物消费结构也发生了巨大变化。根据东北三省 2001 ~ 2010 年统计年鉴中的农、林、牧、渔总产值数据，整理出 2000 ~ 2009 年东北老工业基地农业结构变化图以及农业产值结构的变化特征（见图 3 - 12、图 3 - 13、图 3 - 14）。

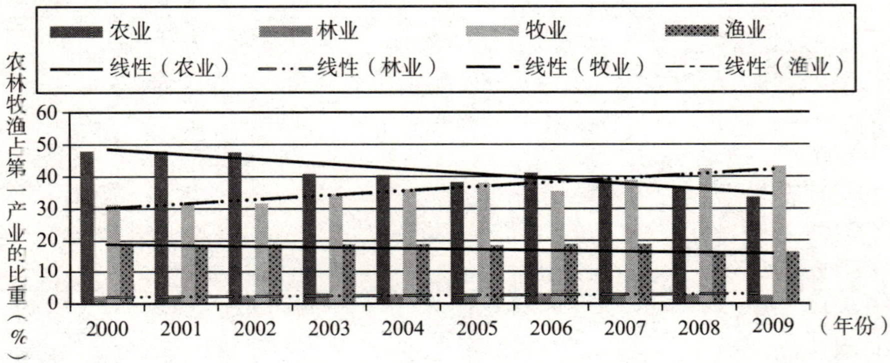

图 3 - 12　辽宁省 2000 ~ 2009 年农业内部结构及其发展趋势

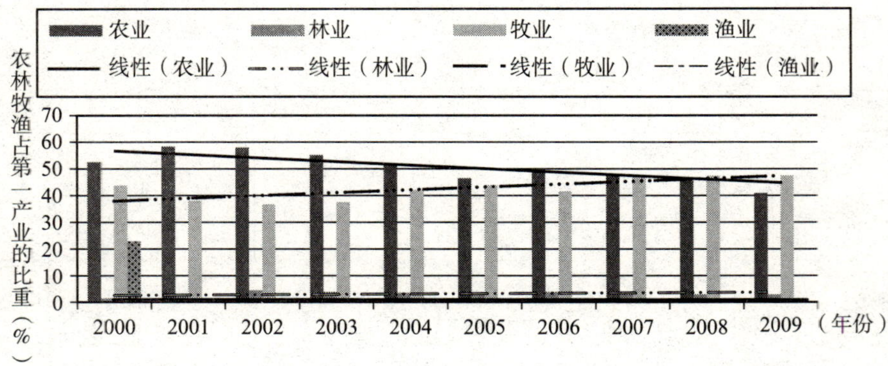

图 3 - 13　吉林省 2000 ~ 2009 年农业内部结构及其发展趋势

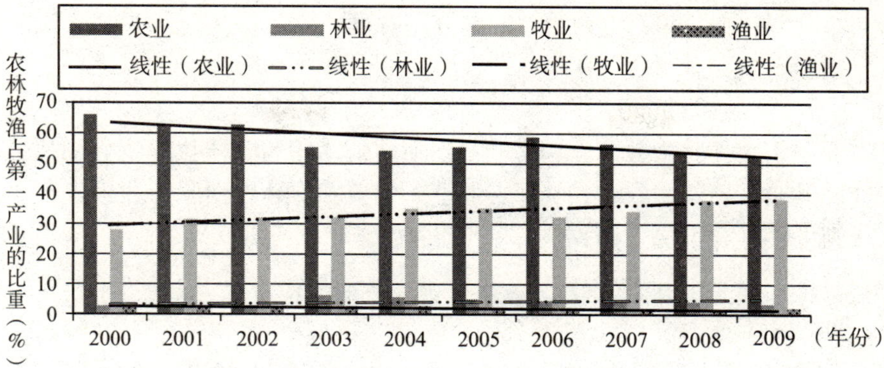

图 3－14　黑龙江省 2000～2009 年农业内部结构及其发展趋势

以上三图资料来源：2001～2010 年《辽宁统计年鉴》、《吉林统计年鉴》、《黑龙江统计年鉴》。

（一）农业所占比重较大，并呈下降趋势

在第一产业中，东北老工业基地农业的比重，始终占得比重较大，10 年平均为 49%，不过比重呈一种下降趋势，由 2000 年的 54% 下降到 2009 年的 43%。分省看，辽宁省农、林、牧、渔的比重平均为 41. 38 : 2. 63 : 36. 45 : 17. 3，吉林省农、林、牧、渔的比重平均为 51. 23 : 3. 41 : 42. 9 : 1. 44，黑龙江省农、林、牧、渔的比重平均为 58. 16 : 4. 23 : 33. 92 : 2. 17。

（二）林业变化较小，牧业呈上升趋势，渔业呈平稳状态

东北老工业基地林业所占比重较小，10 年约为 3%；而牧业所占比重约为 37%，并呈上升趋势，由 2000 年的 34%，上升至 2009 年的 43%；渔业 10 年来所占比重变化较小，平均为 8%。分省看，三省的农业比重呈下降趋势，不过所占比重还较大，约为 50%，尤其是黑龙江；林业所占比重较小，约为 3%，黑龙江所占比重稍微大点；牧业在三省所占比重较大，已经超过了 30%。渔业所占比重并不大，不过由于辽宁省处于沿海的城市较多，渔业产值在辽宁省所占比重较大，为 17. 3%。

（三）农业产值与林、渔、牧业产值的比值逐渐减小

东北老工业基地农业产值与林、牧业产业产值的比值逐渐减小，由 2000 年的 1. 19 下降至 2009 年的 0. 81，表明东北老工业基地第一产业内部结构趋于稳定，并逐渐合理化。分省看，辽宁、吉林的逐渐降低，分别由 2000 年的 1. 19 降到 2009 年 0. 54、0. 85，表明辽宁、吉林农业结构调整趋于稳定阶段。黑龙江由

2000 年 1.96 降到 1.20，农业内部结构并不合理。

（四）农业内部多样化指数较稳定

产业结构多样化指数可以用来衡量产业内部结构的多样化程度。例如，对第一产业，就是指历年来农业、林业、牧业、渔业和农林牧渔服务业等各自比重变化所反映的多样化情况，即：

$Y=\frac{1}{\sum_{i=1}^{n}X_i^2}$，其中 X_i^2 为各产业产值占总产值的比重。

根据上式计算 2000～2009 年辽宁、吉林和黑龙江农业、林、业、牧业、渔业多样化指数如图 3－15 所示。从图中可以看出，2000 年以后，农、林、牧、渔业总产值一直处于快速增长状态，尤其在 2006 年以后总量急剧上升，而农业多样化指数在 2.5 左右徘徊，并逐渐平稳，辽宁省在 3 左右徘徊，吉林省在 2.2 左右徘徊，黑龙江省在 2.2 左右徘徊，并且这 10 年以来一直朝稳定的趋势发展，这说明东北老工业基地的农业内部的农、林、牧、渔业的结构变化较小，并趋向合理化。

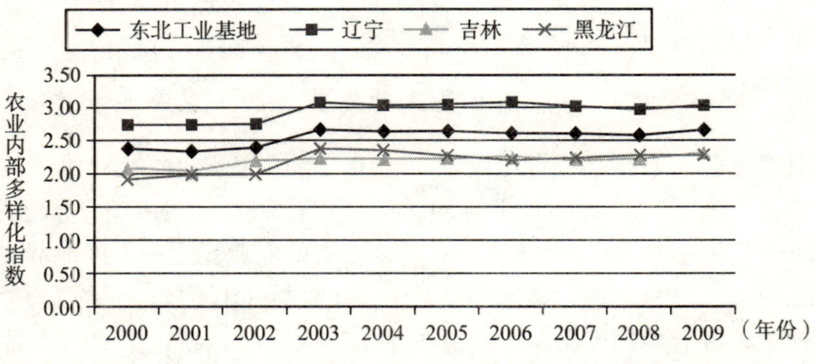

图 3－15　2000～2009 年东北老工业基地农业内部多样化指数

资料来源：2001～2010 年《辽宁统计年鉴》、《吉林统计年鉴》、《黑龙江统计年鉴》。

三、第一产业演进绩效

（一）从农民人均纯收入衡量第一产业结构演进绩效

农业人均纯收入是反映农民和农业收益水平的一个重要指标，同时也能够间接反映第一产业结构演进的绩效。从图3－16可以看出，东北三省农民人均纯收入一直处于上升趋势，如辽宁省从2000年的2355.58元增长到2009年的5958元，年均增长率为10%。从三省的人均纯收入来看，最高的是黑龙江省，吉林省次之，辽宁省较差，可见，辽宁的第一产业在这10年的演进中，对于农民人均纯收入的增长影响较小，也从侧面反映出辽宁的第一产业与其他两省相比有一定的差距。

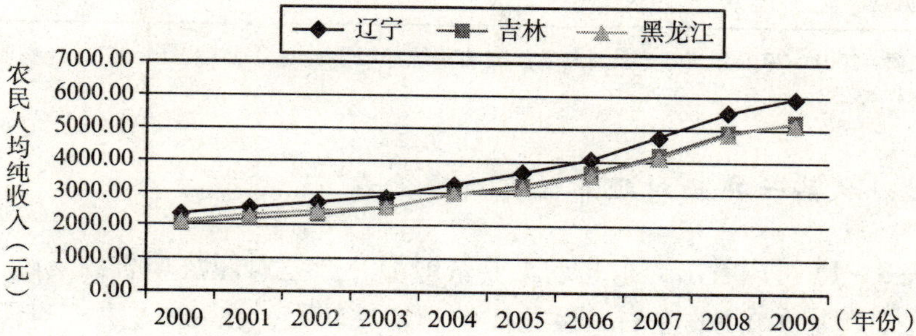

图3－16　东北老工业基地农民人均纯收入增长趋势

资料来源：2001～2010年《辽宁统计年鉴》、《吉林统计年鉴》、《黑龙江统计年鉴》。

（二）从农业劳动生产率看第一产业的演进绩效

从表3－14可以看出，东北老工业基地第一产业劳动生产率呈逐年增加的趋势，总体来看，辽宁省第一产业的劳动生产率大于吉林省，而吉林省大于黑龙江省，并且三省劳动生产率差距逐渐扩大，如2000年辽宁、吉林和黑龙江的劳动生产率为7344.62元/人、6824.06元/人、4767.94元/人，而到2009年三省的劳动生产率分别为20285.30元/人、17239.28元/人、14220.77元/人。

表3－14　　2000～2009年东北老工业基地第一产业劳动生产率　　单位：元/人

年份	辽宁	吉林	黑龙江
2000	7344.62	6824.06	4767.94
2001	7927.77	6983.61	5413.87
2002	8460.44	7596.97	5871.71
2003	8787.10	8242.99	6098.82
2004	11070.44	10095.69	7305.75

续表

年份	辽宁	吉林	黑龙江
2005	12219.91	11057.09	8510.69
2006	13116.45	11903.04	9305.79
2007	16060.65	13882.39	11460.87
2008	18581.42	16253.55	13546.90
2009	20285.30	17239.28	1422.77

资料来源：2001~2010年《辽宁统计年鉴》、《吉林统计年鉴》、《黑龙江统计年鉴》，经整理所得。

（三）从第一产业对经济的贡献率上看

从表3-15可以看出，东北老工业基地第一产业对经济增长的贡献率较小，尤其在辽宁省基本在5%左右，黑龙江省和吉林较大，在8%左右。对经济增长的拉动率，三省差不多，平均在1%左右。但是，不管是从贡献率和拉动率上看，并呈下降趋势，说明东北老工业基地的第一产业近10年来，产业结构演进绩效变化较小。

表3-15　东北老工业基地第一产业对经济增长的贡献率和拉动率　单位：%

年份	辽宁		吉林		黑龙江	
	贡献率	拉动率	贡献率	拉动率	贡献率	拉动率
2000	-2.0	-0.2	21.7	2.0	-5.1	-0.4
2001	8.0	0.7	10.1	0.9	11.7	1.1
2002	8.6	0.9	12.9	1.2	10.9	1.1
2003	6.5	0.7	11.0	1.1	3.6	0.4
2004	6.4	0.8	12.0	1.5	14.4	1.7
2005	6.5	0.8	14.5	1.8	8.3	1.0
2006	2.1	0.3	4.9	0.7	8.7	1.1
2007	2.7	0.4	1.2	0.2	4.1	0.5
2008	4.3	0.5	8.1	1.3	7.8	0.9

资料来源：2001~2010年《辽宁统计年鉴》、《黑龙江统计年鉴》、《吉林统计年鉴》。

四、本节相关结论

（一）东北老工业基地第一产业结构演进过程的相关结论

东北老工业基地2000～2009年第一产业产值结构总体变动趋势是农业产值、牧业产值呈上升趋势，林业和渔业产值相对稳定，而第一产业中内部结构农业比重呈下降趋势，牧业呈上升趋势，而林业和渔业比重较稳定。

（二）东北老工业基地第一产业演进特征的相关结论

在东北老工业基地第一产业中，农业所占比重较大，约为50%，尤其是黑龙江占了接近60%；林业所占比重变化较小，约为3%；牧业所占比重呈上升趋势；渔业呈平稳状态。农业产业与林牧业产业的比值逐渐缩小，农业内部多样化指数逐年稳定。

（三）东北老工业基地第一产业演进绩效的相关结论

首先从农民收入上看，农民人均纯收入一直呈上升趋势，第一产业的劳动生产率基本保持小幅稳定提高，第一产业对东北老工业基地的经济增长贡献率较小，基本在5%左右，拉动率在1%左右。

第三节　东北老工业基地第二产业的结构演进

本节主要是定量分析东北老工业基地第二产业的动态演进过程、工业结构及其特征和演进绩效，以综合评价近10年来东北老工业基地第二产业演进的总体状况。

一、第二产业结构演进过程及其特征分析

（一）第二产业产业结构演进过程

在工业化过程中，第二产业的增长对整个经济增长起着主要的支持作用，而第二产业的迅速增长又与其内部结构的不断变动相联系。2000～2009年，东北老

工业基地第二产业总产值由 2000 年 4844.99 亿元上升至 15368.62 亿元，年平均增长速度达到 13.68%，在 GDP 中的比重长期稳定在 45% ~50% 之间，从整体上看，第二产业始终在 GDP 结构中占据最重要的地位，振兴东北以来，第二产业在 GDP 中的比重没有发生大的变化，工业对国民经济的贡献率和拉动率在三次产业中一直居首位，国民经济工业化水平显著提高。分省看，辽宁和吉林第二产业总值始终处于上升趋势，黑龙江波动上升。在总值方面，辽宁第二产业总值大于黑龙江和吉林，黑龙江大于吉林（见图 3－17、图 3－18）。

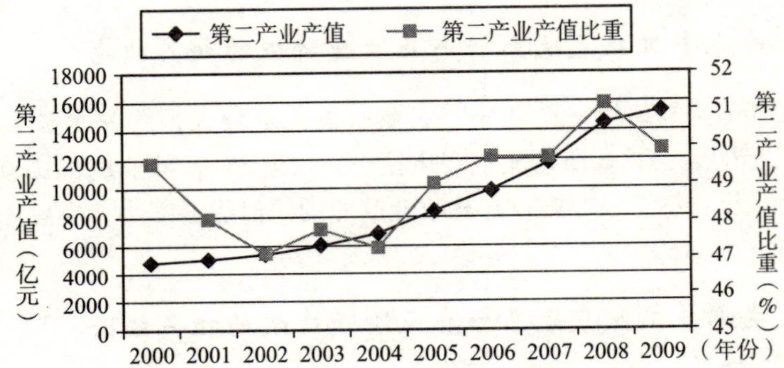

图 3－17　东北老工业基地第二产业产值和产值比重趋势

资料来源：根据 2001 ~2010 年《辽宁统计年鉴》、《吉林统计年鉴》、《黑龙江统计年鉴》整理所得。

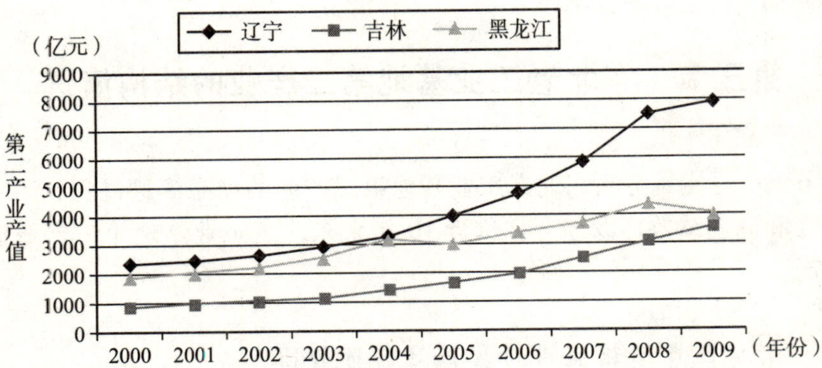

图 3－18　东北三省 2000 ~2009 年第二产业总产值

根据《国民经济行业分类》（GB/T4754—2002），第二产业包括工业（采掘工业、制造业、自来水、电力、蒸汽、热水、煤气）和建筑业。表 3－16 显示东北三省的 2000 ~2009 年工业和建筑业总产值和产值比较的变化。

表 3－16　　东北老工业基地第二产业总值　　单位：亿元

年份	辽宁		吉林		黑龙江	
	工业总产值	建筑业总产值	工业总产值	建筑业总产值	工业总产值	建筑业总产值
2000	2828	5980	1377	239	2071	334
2001	2929	761	1505	274	1957	372
2002	3052	839	1692	293	1980	408
2003	3552	1017	2018	347	2312	440
2004	4032	1245	2341	411	3245	516
2005	5771	1482	2533	486	3607	573
2006	6450	1775	2932	608	4205	700
2007	8059	2100	3657	738	4461	876
2008	9700	2505	4064	995	5145	104
2009	9290	3385	4564	1143	4362	1342

资料来源：2001～2010 年《辽宁统计年鉴》、《黑龙江统计年鉴》、《吉林统计年鉴》。

（二）东北老工业基地工业结构特征

1. 东北老工业基地重工业占主导地位

与工业快速增长相伴的，是工业内部结构的迅速变化。轻工业指主要提供生活消费品和制作手工工具的工业。按其所使用的原料不同，可分为两大类：（1）以农产品为原料的轻工业，是指直接或间接以农产品为基本原料的轻工业。主要包括食品制造、饮料制造、烟草加工、纺织、缝纫、皮革和毛皮制作、造纸以及印刷等工业；（2）以非农产品为原料的轻工业，是指以工业品为原料的轻工业。主要包括文教体育用品、化学药品制造、合成纤维制造、日用化学制品、日用玻璃制品、日用金属制品、手工工具制造、医疗器械制造、文化和办公用机械制造等工业。

重工业是指为国民经济各部门提供物质技术基础的主要生产资料的工业。按其生产性质和产品用途，可以分为下列三类：（1）采掘（伐）工业，是指对自然资源的开采，包括石油开采、煤炭开采、金属矿开采、非金属矿开采和木材采伐等工业；（2）原材料工业，指向国民经济各部门提供基本材料、动力和燃料的工业。包括金属冶炼及加工、炼焦及焦炭、化学、化工原料、水泥、人造板以及电力、石油和煤炭加工等工业；（3）加工工业，是指对工业原材料进行再加工制造的工业。包括装备国民经济各部门的机械设备制造、金属结构、水泥制品等工业，以及为农业提供的生产资料如化肥、农药等工业。

从图 3－19 可以看出，东北老工业基地始终是以重工业为主，在 2008 年以前，重工业在辽宁和黑龙江省占工业总产值的80%以上，2008年以后开始回落，轻工业始终在三省维持在20%左右的水平，2008年以后轻工业占工业总产值的比重开始上升。在东北老工业基地，轻重工业的比例差距较大，基本维持在2∶8的比例，重工业化比较显著（见表3－17）。

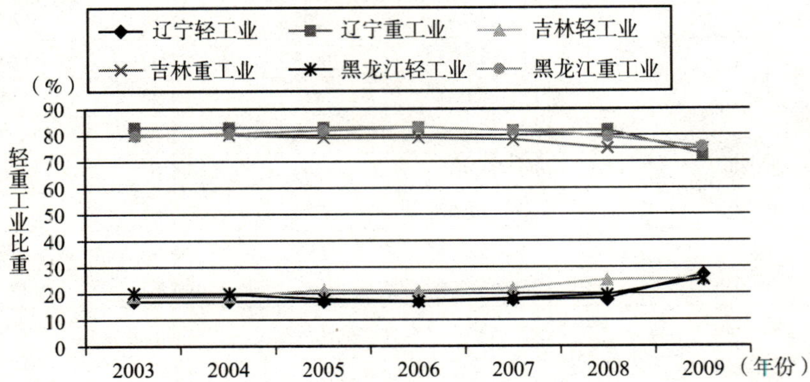

图3－19　东北老工业基地三省轻重工业比例变化

表3－17　东北老工业基地三省轻重工业比例变化

年份	辽宁		吉林		黑龙江	
	轻工业	重工业	轻工业	重工业	轻工业	重工业
2003	0.17	0.83	0.19	0.81	0.2	0.8
2004	0.17	0.83	0.19	0.81	0.19	0.81
2005	0.17	0.83	0.21	0.79	0.18	0.82
2006	0.17	0.83	0.21	0.79	0.17	0.83
2007	0.18	0.82	0.22	0.78	0.18	0.82
2008	0.18	0.82	0.25	0.75	0.2	0.8
2009	0.27	0.73	0.26	0.74	0.25	0.75
平均	0.19	0.81	0.22	0.78	0.20	0.80

资料来源：2001～2010年《辽宁统计年鉴》、《黑龙江统计年鉴》、《吉林统计年鉴》。

2. 东北老工业基地的原料工业和装备制造业占主导地位

从东北老工业基地工业结构的行业构成变化来看，2000年以来，东北老工业基地的原料工业和装备制造业占主导地位。如2009年原料工业占工业总产值的47.36%，其中石油化工工业占了28.5%。农产品加工业占的比重接近14.98%，这6年变化不大。

2003～2008年，东北老工业基地工业产业结构得到了进一步改善。2003年，东北老工业基地工业总产值比重前5位的行业分别为交通运输设备制造业、黑色金属冶炼及压延加工业、石油天然气开采业、化学纤维制造业、电力、热力生产和供应业，而到2008年位于工业总产值比重前5位的行业则变为交通运输设备制造业、通用设备制造业、石油天然气开采业、化学纤维制造业、农副食品加工业，2003年占前5位的几乎都是重工业，到2008年轻工业中的农副食品加工业进入前5位，占总产值的8.48%。

从表3-18可以看出，东北老工业基地是以电力、煤炭、石油为主的能源工业明显加强，钢铁、纺织、建材等传统的原材料和加工工业有所压缩，以电子及通信设备制造业为主的信息产业迅速成长。

表3-18　　2003~2008年东北老工业基地工业行业构成变化　　单位：%

行　业	2003年	2004年	2005年	2006年	2007年	2008年
13　农副食品加工业	5.19	5.51	6.23	6.63	7.09	8.48
14　食品制造业	1.48	1.32	1.39	1.53	1.63	1.75
15　饮料制造业	1.51	1.15	1.21	1.27	1.36	1.45
16　烟草制品业	0.59	0.55	0.52	0.47	0.44	0.40
17　纺织业	1.51	1.27	1.14	1.03	0.98	0.88
18　纺织服装、鞋、帽制造业	0.74	0.62	0.68	0.85	0.95	1.32
22　造纸及纸制品业	0.82	0.69	0.66	0.64	0.66	0.70
农产品加工业合计	11.84	11.10	11.83	12.42	13.10	14.98
原料工业合计	50.64	50.55	51.73	50.96	47.73	47.36
06　煤炭开采和洗选业	2.02	2.04	2.40	2.22	2.07	2.43
07　石油和天然气开采业	10.92	9.77	10.65	10.08	8.25	7.86
25　石油加工、炼焦加工业	4.30	4.04	4.03	4.18	4.20	3.89
26　化学原料及化学制品制造业	3.47	3.65	3.62	3.32	3.15	2.77
28　化学纤维制造业	9.34	9.22	9.39	9.49	8.07	7.43
27　医药制造业	5.58	4.96	5.22	4.93	4.60	4.12
石油化工业合计	35.62	33.67	35.30	34.22	30.35	28.50
08　黑色金属矿采选业	0.45	0.54	0.71	0.82	1.12	1.78
09　有色金属矿采选业	0.29	0.34	0.38	0.41	0.46	0.49
32　黑色金属冶炼及压延加工业	9.53	11.67	10.90	10.07	9.84	9.90
33　有色金属冶炼及压延加工业	1.74	1.90	1.81	2.24	2.37	2.30
冶金工业合计	11.72	13.97	13.31	13.05	13.16	13.82
31　非金属矿物制品业	3.12	2.75	2.92	3.40	3.87	4.61
10　非金属矿采选业	0.18	0.16	0.21	0.28	0.36	0.43

续表

行　业	2003 年	2004 年	2005 年	2006 年	2007 年	2008 年
建材工业合计	3.30	2.90	3.13	3.68	4.22	5.04
34　金属制品业	1.43	1.41	1.47	1.77	2.06	2.61
35　通用设备制造业	4.13	4.51	4.99	5.71	6.22	7.25
36　专用设备制造业	2.19	2.33	2.43	2.82	3.25	3.66
37　交通运输设备制造业	17.41	14.85	12.28	12.75	13.86	11.73
39　电气机械及器材制造业	2.28	2.51	2.71	2.96	3.28	3.38
40　通信设备、计算机及其他电子设备制造业	3.46	2.90	2.06	2.03	2.13	1.78
41　仪器仪表及文化、办公用机械制造业	0.40	0.40	1.58	0.35	0.44	0.44
装备制造业合计	31.29	28.91	27.53	28.38	31.24	30.85
44　电力、热力的生产和供应业	5.93	8.96	8.42	7.76	7.30	6.16

注：农产品加工业合计是 13、14、15、16、17、18、22 加总所得，原料工业合计是石油化工合计、冶金工业合计、建材工业合计加总所得；石油化工业合计是6、7、25、26、27、28 加总所得，冶金工业合计是 8、9、32、33 加总所得，建材工业合计是 31、10 加总所得。

（三）工业内部多样化指数较稳定

产业结构多样化指数可以用来衡量产业内部结构的多样化程度。例如，对第一产业，就是指历年来农业、林业、牧业、渔业和农林牧渔服务业等各自比重变化所反映的多样化情况，即：

$$Y = \frac{1}{\sum_{i=1}^{n} X_i^2}$$，其中 X_i^2 为各产业产值占总产值的比重。

根据上式计算 2003 ~ 2008 年东北老工业基地辽宁、吉林和黑龙江省工业内部多样化指数，如图 3 – 20 所示。从图中可以看出，2003 年以后，东北老工业基地工业内部多样化指数在 13 左右徘徊，并呈上升趋势，辽宁省在 12 左右徘徊，并呈上升趋势，吉林省在 6 左右徘徊，并越来越平稳，黑龙江省在 7 左右徘徊，并且这 10 年以来一直朝稳定的趋势发展，这说明东北老工业基地的工业内部结构变化较大，内部结构有其不合理之处。

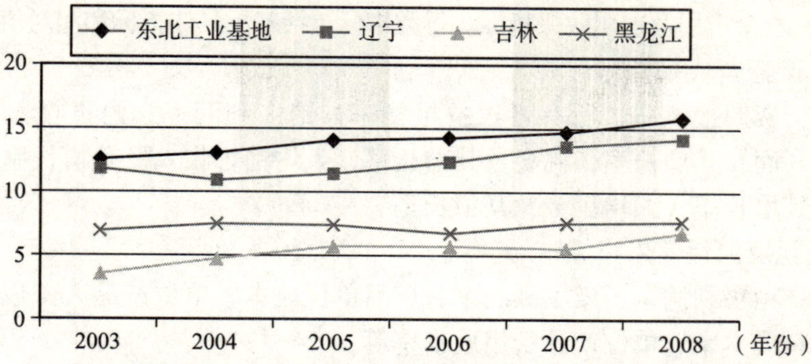

图 3-20　2003~2008 年东北老工业基地工业内部多样化指数

资料来源：根据 2001~2010 年《辽宁统计年鉴》、《黑龙江统计年鉴》、《吉林统计年鉴》整理所得。

二、第二产业演进绩效

（一）劳动生产率

2000 年以来，东北老工业基地的整体经济效率不断提高。图 3-21 显示了东北老工业基地第二产业劳动生产率的变动趋势。从图 3-21 可以看出，2000 年以来东北老工业基地的第二产业的劳动生产率持续上升，由 2000 年的 39739.09 元/人，增加为 2009 年的 121251.44 元/人。这也表明，东北老工业基地的第二产业在这一时期的产业结构绩效得到明显改善。

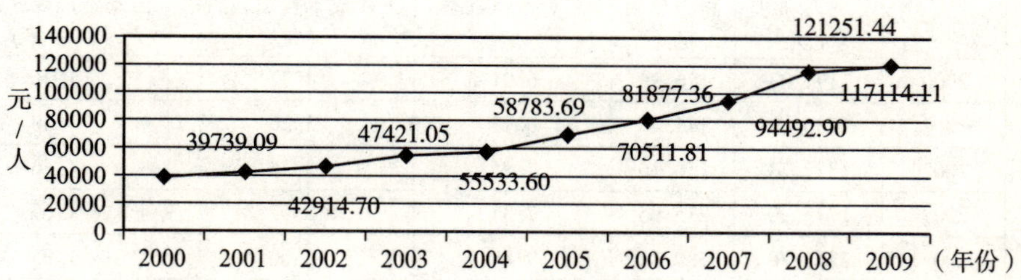

图 3-21　东北老工业基地第二产业劳动生产率的变动趋势

资料来源：根据 2001~2010 年《辽宁统计年鉴》、《黑龙江统计年鉴》、《吉林统计年鉴》整理所得。

（二）第二产业的经济效益指标

由于第二产业总的经济效益指标很难查找，本书以规模以上工业企业的有关经济效益指标来衡量东北老工业基地第二产业产业结构演进绩效。

分析和评价企业经济效益的指标有三类，即：生产经营成果的指标，消耗及消耗效果指标，资金占用及占用效果指标。每类指标包括若干具体指标和相对值指标。

1. 生产经营成果指标

包括：资产报酬率，所有者权益报酬率，销售利润率，销售收入及其增长率，税前利润及其增长率，税金及其增长率，人均销售收入及其增长率，人均税前利润及其增长率，人均税金及其增长率。

2. 消耗及消耗效果指标

包括：销售利润率、成本利润率、产品单位成本、单位产品人工成本率、单位产品材料成本率、单位产品费用成本率等。

3. 资金占用及占用效果指标

包括：总资产周转率、固定资产周转率、资产报酬率、存货周转率、应收账款周转率等。

在前面的分析中，通过以上指标可以了解企业在偿债能力、资金周转状况及获利能力方面的财务状况，同时也在一定程度反映了东北老工业基地第二产业结构演进绩效。

本节主要是根据2000～2009年东北老工业基地规模以上工业企业的经济效益生产经营成果指标、消耗及消耗效益指标和资金占用及占用效果指标衡量东北老工业基地第二产业的演进绩效，如表3－19所示。

表3－19　2000～2009年东北老工业基地规模以上工业经济效益指标

省份	年份	总指标		生产经营成果指标	消耗及消耗效益指标	资金占用及占用效果指标
		工业增加值（亿元）	利润总额（亿元）	总资产贡献率（%）	工业成本费用利润率（%）	流动资产周转次数（次/年）
辽宁	2000	1194.03	176.25	6.91	4.27	1.46
	2001	1255.69	144.46	6.13	3.26	1.40
	2002	1377.73	156.16	6.25	3.24	1.46
	2003	1715.90	235.95	7.31	3.92	1.69
	2004	2255.70	389.31	9.08	5.00	1.93
	2005	3108.44	355.98	7.84	3.46	2.13
	2006	4141.22	449.75	8.22	3.38	2.32
	2007	5393.76	852.67	10.67	5.13	2.44
	2008	6603.1	781.58	8.81	3.39	2.53
	2009	6841	1381.95	11.66	5.37	2.45

续表

省份	年份	总指标		生产经营成果指标	消耗及消耗效益指标	资金占用及占用效果指标
		工业增加值（亿元）	利润总额（亿元）	总资产贡献率（%）	工业成本费用利润率（%）	流动资产周转次数（次/年）
吉林	2000	496.19	85.58	7.91	5.70	1.27
	2001	589.06	85.62	7.83	4.98	1.38
	2002	669.28	96.91	8.17	4.71	1.60
	2003	814.80	159.75	10.19	6.53	1.80
	2004	994.30	178.73	10.78	6.04	2.00
	2005	1169.39	141.00	8.75	4.07	2.13
	2006	1514.36	206.42	9.54	4.96	2.37
	2007	2079.79	452.10	14.05	8.26	2.71
	2008	2491.28	396.23	11.58	5.30	3.01
	2009	2926.65	540.03	14.82	5.99	3.39
黑龙江	2000	1213.05	564.95	21.60	31.39	1.60
	2001	1207.89	493.87	18.34	26.69	1.49
	2002	1262.04	459.23	17.06	22.78	1.50
	2003	1363.10	575.56	19.81	25.13	1.79
	2004	1619.60	760.24	25.02	27.58	1.96
	2005	2154.57	1067.09	29.45	29.63	2.31
	2006	2564.28	1267.58	31.04	28.79	2.47
	2007	2854.68	1277.34	27.79	24.92	2.40
	2008	3444.8	1581.69	29.18	24.81	2.58
	2009	2905.5	872.62	17.32	13.14	2.18

资料来源：2001～2010年《辽宁统计年鉴》、《黑龙江统计年鉴》、《吉林统计年鉴》。

（三）第二产业对经济的贡献率

从表3－20可以看出，东北老工业基地第二产业对经济增长的贡献率较大，尤其在辽宁省基本在60%左右，黑龙江省在30%左右，吉林省在50%左右。对经济增长的拉动率，三省差不多，平均为7%左右。但是，不管是从贡献率和拉动率上看，没有呈上升趋势，基本上是一种波动状态，并且变化不大，说明东北老工业基地的第二产业近10年来，产业结构演进绩效变化较小。

表 3-20　东北老工业基地第二产业对经济增长的贡献率和拉动率　单位：%

年份	辽宁		吉林		黑龙江	
	贡献率	拉动率	贡献率	拉动率	贡献率	拉动率
2000	-2.0	-0.2	21.7	2.0	-5.1	-0.4
2001	8.0	0.7	10.1	0.9	11.7	1.1
2002	8.6	0.9	12.9	1.2	10.9	1.1
2003	6.5	0.7	11.0	1.1	3.6	0.4
2004	6.4	0.8	12.0	1.5	14.4	1.7
2005	6.5	0.8	14.5	1.8	8.3	1.0
2006	2.1	0.3	4.9	0.7	8.7	1.1
2007	2.7	0.4	1.2	0.2	4.1	0.5
2008	4.3	0.5	8.1	1.3	7.8	0.9
2009	2.0	0.3	2.7	0.4	5.1	0.6

资料来源：根据 2001~2010 年《辽宁统计年鉴》、《黑龙江统计年鉴》、《吉林统计年鉴》整理所得。

注：本表按可比价格计算。产业贡献率是各产业增加值增量与国内生产总值增量之比；产业拉动率指国内生产总值增长速度与各产业贡献率之乘积。

三、本节相关结论

（一）东北老工业基地第二产业结构演进过程的相关结论

东北老工业基地 2000~2009 年工业总产值增长迅速，年均增长速度达到了 14%，并且第二产业的内部结构构成也发生了很大变化。

（二）东北老工业基地第二产业演进特征的相关结论

在东北老工业基地中，从轻重工业的比重看，重工业在第二产业中始终占主导地位；从行业构成看，原料工业和装备制造业占第二产业的主导地位；工业内部多样化指数较稳定。

（三）东北老工业基地第二产业演进绩效的相关结论

首先从第二产业的劳动生产率上看，2000 年以来，第二产业的劳动生产率持续上升，从经济效益上看，东北老工业基地规模以上的工业经济效益较稳定；其次从第二产业对经济的贡献率上看，东北老工业基地第二产业对经济增长的贡献率较大，但是，不管是从第二产业对经济贡献率和拉动率上看，并没有呈上升趋势，基本是一种波动趋势，并且变化不大，说明东北老工业基地第二产业的产业结构演进绩效变化较小；最后与国际标准的产业结构模式对比，东北老工业基地处于工业化发展的后期阶段。

第四节　东北老工业基地第三产业的结构演进

本节主要是定量分析东北老工业基地第三产业的动态演进过程、内部结构及其特征和演进绩效，以综合评价近10年来东北老工业基地第三产业演进的总体状况。

一、第三产业结构演进过程及其特征

改革开放以来，由于国家对第三产业的发展日益重视，我国第三产业进入了一个新的发展时期。2000～2009年，东北老工业基地第三产业也得到迅速发展。图3-22是东北老工业基地第三产业的产值趋势图，这10年东北老工业基地的第三产业由2000年的3470.85亿元增长到2009年的12019.6亿元，年均增长速度为14.7%。东北老工业基地第三产业产值所占GDP的比重从2000年的37%，上升到2003年的40%，达到最高，又出现了下降，2008年又达到37%，然后2009年回升到39%。第三产业的从业人员从2000年的1524.2万人增长到2009年的2105.8万人，占总就业人数的比重从32%增加到了39%（见图3-22、图3-23）。

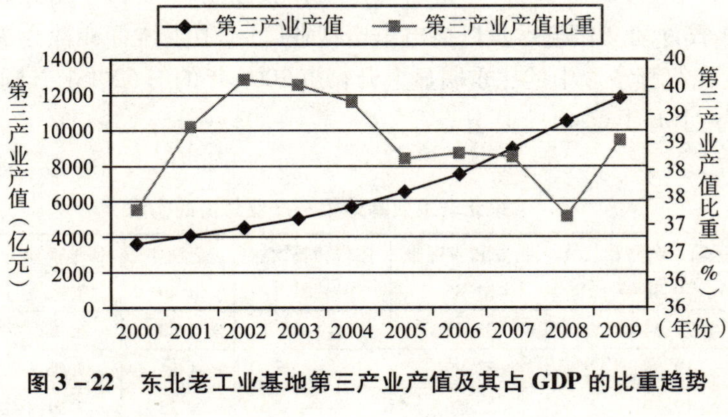

图3-22　东北老工业基地第三产业产值及其占GDP的比重趋势

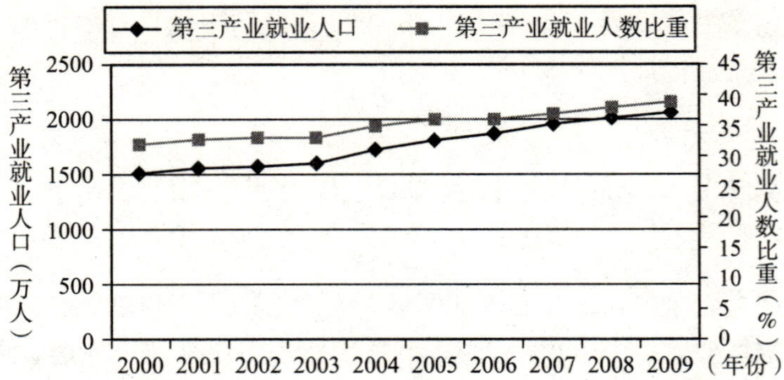

图 3－23　东北老工业基地第三产业就业人数及其占就业的比重趋势

资料来源：2001～2010 年《辽宁统计年鉴》、《黑龙江统计年鉴》、《吉林统计年鉴》。

在第三产业占国民经济比重日趋增大的同时，第三产业内部结构也在发生着变化。2000 年，东北老工业基地的第三产业主要集中在商业、饮食、居民服务、交通运输、邮电等传统产业领域。经过 10 多年的发展，在传统服务业持续发展的同时，旅游、信息、咨询、科技服务、社区服务、金融保险、房地产、教育、文化等新兴行业也得到了较快发展。

表 3－21 显示了 2000 年以来东北老工业基地第三产业总值构成的变化情况。从几个较大的服务行业来看，批发和零售贸易业比重有所下降，从 2000 年的 31.85%，下降到 23.64%，但是仍是第三产业的中占比重最大的产业。传统的交通运输仓储业比重大幅下降，由 2000 年的 19.38% 下降到 13.03%；金融业和房地产业在第三产业中的比重呈上升态势；住宿和餐饮业在第三产业的比重近 10 年来变化较小；归入“其他服务业”的“社会服务业”、“科学研究和综合技术服务业”、“教育和文化艺术及广播电影电视业”、“卫生体育和社会福利”等新兴服务行业在第三产业中的比重明显上升，由 2000 年的 1.52% 上升到了 2009 年的 40.35%，上升了近 40 个百分点。

表 3－21　　东北老工业基地第三产业总值的构成　　单位：%

年份	交通运输、仓储和邮政	批发和零售业	住宿和餐饮业	金融业	房地产业	其他服务业
2000	19.38	31.85	—	6.40	7.32	1.52
2001	19.34	33.32	—	4.80	6.92	1.53
2002	19.08	32.99	—	4.51	7.06	1.66
2003	19.39	32.56	—	4.25	7.91	1.25
2004	20.35	32.29	—	4.08	7.55	35.73

续表

年份	交通运输、仓储和邮政	批发和零售业	住宿和餐饮业	金融业	房地产业	其他服务业
2005	16.08	24.97	5.67	5.12	8.07	40.09
2006	15.41	24.81	5.69	5.72	8.48	39.88
2007	15.07	24.40	5.55	6.58	8.69	39.71
2008	14.29	24.77	5.62	6.52	8.52	40.28
2009	13.03	23.64	5.72	8.06	9.21	40.35

注：本表按当年价格计算。"—"代表该行业当年数据不详。

资料来源：根据国研网统计数据库相关数据整理。

从表3－21中还可以看出，在第三产业中，目前占比重最大的仍然是批发和零售业，比例长期保持在20%以上；其次是交通运输、仓储及邮电通信业，金融保险业和房地产业近10年来持续上升，而其他服务业发展迅速。

产业结构多样化指数可以用来衡量产业内部结构的多样化程度。例如，对第一产业，就是指历年来农业、林业、牧业、渔业和农林牧渔服务业等各自比重变化所反映的多样化情况，即：

$Y=1/\sum_{i=1}^{n}X_i^2$，其中 X_i^2 为各产业产值占总产值的比重。

根据上式计算2004～2009年东北老工业基地辽宁、吉林和黑龙江第三产业多样化指数如图3－24所示。从图3－24中可以看出，2003年以后，东北老工业基地的第三产业指数很不稳定，呈现波动浮动，这说明东北老工业基地第三产业内部结构出现较多变化，很不稳定。

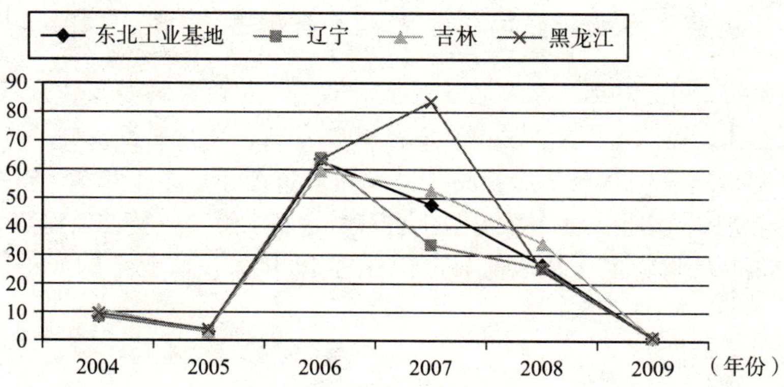

图3－24　2004～2009年东北老工业基地第三产业内部多样化指数

资料来源：2001～2010年《辽宁统计年鉴》、《黑龙江统计年鉴》、《吉林统计年鉴》。

二、第三产业演进绩效

（一）从劳动生产率的角度看第三产业的演进绩效

2000年以来，东北老工业基地的整体经济效率不断提高。图3－25显示了东北老工业基地第三产业劳动生产率的变动趋势。从图3－25可以看出，2000年以来东北老工业基地的第三产业的劳动生产率持续上升，由2000年的23892元/人，增加为2009年的56325元/人。这也表明，东北老工业基地的第三产业在这一时期的产业结构绩效得到明显改善。

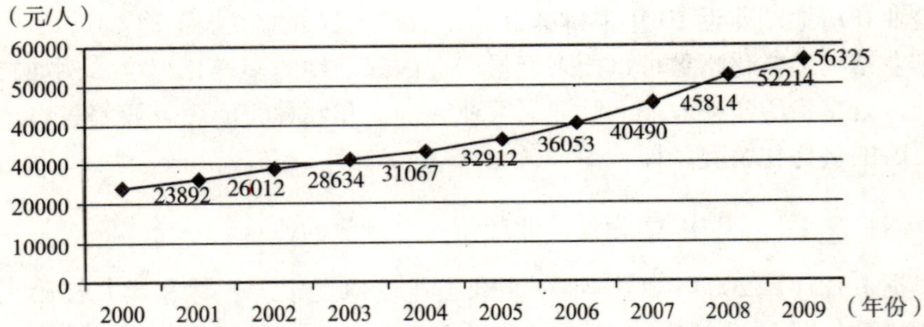

图3－25　东北老工业基地第三产业劳动生产率变动趋势

资料来源：根据2001～2010年《辽宁统计年鉴》、《黑龙江统计年鉴》、《吉林统计年鉴》整理所得。

（二）从第三产业对经济的贡献率上看

从表3－22可以看出，东北老工业基地第三产业对经济增长的贡献率较大，并呈一种上升趋势，尤其在吉林省基本在40%左右，黑龙江省较小，约为35%，辽宁省为40%左右。对经济增长的拉动率，三省差不多，平均为5%左右。但是，从对经济拉动率上看，并没有呈上升趋势，基本上是一种波动趋势，并且变化不大，说明东北老工业基地的第三产业近10年来，产业结构演进绩效变化较小。

表 3-22　东北老工业基地第三产业对经济增长的贡献率和拉动率　单位：%

年份	辽宁		吉林		黑龙江	
	贡献率	拉动率	贡献率	拉动率	贡献率	拉动率
2000	36.6	3.3	33.5	3.1	30.5	2.5
2001	49.8	4.5	42.9	4.0	29.0	2.7
2002	43.9	4.5	42.8	4.1	30.5	3.1
2003	42.5	4.9	33.1	3.4	30.9	3.2
2004	36.6	4.7	35.8	4.4	24.1	2.8
2005	40.5	5.2	44.1	5.3	29.6	3.4
2006	44.3	6.3	45.5	6.8	34.3	4.1
2007	39.9	6.0	40.5	6.5	41.6	5.0
2008	35.6	4.8	41.8	6.7	37.1	4.4
2009	37.3	4.9	37.9	5.1	32.1	3.7

资料来源：根据 2001～2010 年《辽宁统计年鉴》、《黑龙江统计年鉴》、《吉林统计年鉴》整理所得。

三、本节相关结论

（一）东北老工业基地第三产业结构演进过程的相关结论

东北老工业基地 2000～2009 年第三产业总产值增长迅速，年均增长速度达到了 13%，经过 10 多年的发展，在传统服务业持续发展的同时，旅游、信息、咨询、科技服务、社区服务、金融保险、房地产、教育、文化等新兴行业也得到了较快发展。

（二）东北老工业基地第三产业演进特征的相关结论

在东北老工业基地在第三产业中，首先占比重最大的仍然是批发和零售业，比例长期保持在 20% 以上；其次是交通运输、仓储及邮电通信业，金融保险业和房地产业近 10 年来持续上升，而其他服务业发展迅速；最后东北老工业基地的第三产业指数很不稳定，呈现波动浮动，这说明东北老工业基地第三产业内部结构出现较多变化，很不稳定。

（三）东北老工业基地第三产业演进绩效的相关结论

首先从第三产业的劳动生产率上看，2000 年以来，第二产业的劳动生产率持续上升；其次从第三产业对经济的贡献率上和拉动率上看，东北老工业基地第三产业对经济增长的贡献率较大，并呈一种上升趋势，尤其在吉林省基本在40%左右，黑龙江省较小，约为35%，辽宁省为40%左右。对经济增长的拉动率，三省差不多，平均为5%左右。

第五节　东北老工业基地产业结构演进水平比较

产业结构演进水平，一方面可以通过评价自身的一些指标来衡量；另一方面也可以通过与国内外具有相似结构的地区进行对比来观测本地区产业结构演进水平，本节就是通过与国内外相类似的地区或国家进行对比评价东北老工业基地产业结构演进水平。

一、国内比较

自新中国成立以来，形成了六大工业区：（1）东北区。东北区是中国强大的工业基地，已形成以钢铁、机械、石油、化工等为核心的完整工业体系，主要包括辽宁、吉林、黑龙江和内蒙古部分地区；（2）华北区。华北区以燃料动力、钢铁为主体的工业体系，主要包括河北、天津、北京和内蒙古部分地区；（3）华东区。华东区是中国基础雄厚的重要工业基地之一，机电、轻纺、化工在全国更有重要地位。以上海为中心的长江三角洲工业区，是中国原有基础最好、规模最大的综合性加工工业区，机械、化工、轻纺工业居全国之冠。主要包括上海、山东、福建、浙江、安徽；（4）中南区。中南区以京广铁路线为主干。是新中国成立后重点建设的地区之一。钢铁、有色金属、电力、纺织、制糖工业在全国具有重要的地位。主要包括湖北、湖南、广西和河南；（5）西南区。西南区是中国新兴工业区之一，战略后方的重要工业基地，冶金、机械、化工、燃料动力已具相当规模。主要包括重庆市和四川省；（6）西北工业区。以兰州、西安为基点，重点发展了石油化工、机械制造、棉毛纺织等部门，两地成为西北最大的两个工业区。主要包括陕西、宁夏和新疆。为了方便进行对比，本书选取全国及其其他五大工业区代表省份与东北老工业基地所包括的三个省份进行对比，其中，全国代表我国的平均指标，天津是华北区的代表，上海市是华东区的代表，重庆是西南区的代表，湖北是中南区的代表，陕西是西北工业区的代表。

表3－23显示，2000～2009年全国、天津、上海、湖北、陕西和重庆的三次产业产值结构与就业结构，东北三省见表3－24。

表 3－23　全国、陕西、上海、天津、湖北、重庆三次产业结构演进情况　单位：%

全国	产值结构			就业结构			陕西	产值结构			就业结构		
年份	一产	二产	三产	一产	二产	三产	年份	一产	二产	三产	一产	二产	三产
2000	15	46	39	50	23	28	2000	17	44	39	56	17	28
2001	14	45	41	50	22	28	2001	14	41	37	56	17	28
2002	14	45	42	50	21	29	2002	13	41	36	54	17	30
2003	13	46	41	49	22	29	2003	12	44	37	52	17	31
2004	13	46	40	47	23	31	2004	12	45	34	51	17	32
2005	12	47	41	45	24	31	2005	12	49	37	51	19	31
2006	11	48	41	43	25	32	2006	11	54	35	50	19	32
2007	11	47	42	41	27	32	2007	11	54	35	49	20	32
2008	11	47	42	40	27	33	2008	11	56	33	47	21	32
2009	10	46	43	38	28	34	2009	10	52	38	46	23	32
天津	产值结构			就业结构			上海	产值结构			就业结构		
2000	5	50	46	5	50	46	2000	2	48	51	2	48	51
2001	4	47	45	4	47	45	2001	2	45	48	2	45	48
2002	4	47	45	20	39	41	2002	2	45	48	11	41	48
2003	4	48	43	20	40	40	2003	1	47	45	10	41	49
2004	3	50	41	19	40	41	2004	1	47	44	8	40	52
2005	3	56	42	19	41	41	2005	1	49	50	7	39	54
2006	3	57	40	19	42	39	2006	1	49	51	7	40	53
2007	2	57	41	18	42	40	2007	1	47	53	6	40	54
2008	2	60	38	16	41	44	2008	1	46	54	6	39	55
2009	2	53	45	15	41	43	2009	1	40	59	5	37	58
重庆	产值结构			就业结构			湖北	产值结构			就业结构		
2000	18	41	41	18	41	41	2000	15	50	35	48	18	34
2001	17	41	41	17	41	41	2001	18	60	43	48	18	34
2002	16	42	42	52	17	31	2002	17	59	44	47	18	35
2003	15	43	41	49	19	32	2003	17	54	43	45	19	36
2004	16	44	39	48	20	32	2004	18	53	41	44	19	37
2005	15	41	44	45	22	33	2005	17	43	40	42	19	38
2006	12	43	45	43	24	33	2006	15	44	41	41	21	38
2007	12	46	42	39	26	35	2007	15	43	42	39	22	39
2008	11	48	41	37	27	36	2008	16	44	40	35	25	40
2009	9	53	38	35	28	37	2009	14	47	40	33	27	40

资料来源：国研统计数据库。

表 3-24　2000~2009 年东北老工业基地人均 GDP 及其三次产业总值和比重

指标	三次产业总值（亿元）				三次产业比重		
年份	人均 GDP（美元）	第一产业	第二产业	第三产业	第一产业	第二产业	第三产业
2000	2453.126	0.43	0.25	0.32	0.13	0.50	0.37
2001	2639.959	0.43	0.24	0.33	0.13	0.48	0.39
2002	2873.974	0.43	0.24	0.33	0.13	0.47	0.40
2003	3181.389	0.44	0.23	0.33	0.13	0.48	0.40
2004	3635.862	0.42	0.23	0.35	0.13	0.47	0.39
2005	4396.777	0.41	0.23	0.36	0.13	0.49	0.38
2006	5476.498	0.40	0.23	0.36	0.12	0.50	0.38
2007	6379.317	0.39	0.24	0.37	0.12	0.50	0.38
2008	6659.57	0.39	0.23	0.38	0.12	0.51	0.37
2009	8303.268	0.38	0.23	0.39	0.12	0.50	0.39
平均		0.41	0.24	0.35	0.13	0.49	0.38

注：按当年汇率价换算人均 GDP，2000~2004 年汇率为 100 元/824；2005 年为 100 元/820；2006 年为 100 元/800；2007 年为 100 元/765；2008 年为 100 元/800；2009 年为 100 元/680。

（一）与全国对比看

从表 3-23 中可以看出，辽宁和黑龙江与全国比较接近，可以说代表了全国产业结构演进的一般规律，但吉林省与全国相比较有较大差别，主要是第一产业的产值占国内生产总值的比重较大，第三产业的产值占国内生产总值的比重较小，而在就业方面，第一产业和第三产业占总就业人员比重较小。

（二）与上海和天津对比看

与上海、天津差距较大，首先从第一产业的产值比重看，差距较大，上海市、天津市的第一产业占国内生产总值的比重在 5% 以下，尤其是上海还不到 1%，而东北三省基本在 10% 以上，第二产业与这两个市较接近，而在第三产业上，差距较大，东北三省基本在 40% 以下，而这两个市在 40% 以上。

（三）与重庆、湖北和陕西对比看

东北三省的产值结构与重庆、湖北和陕西的产值结构较相似，不过再就业结构上，重庆第二产业吸纳就业人数较多。

二、国际比较

按照世界银行的计算方法，我国2004年修订前的人均GNI（国民总收入）为1290美元，GDP修订后该数据约为1495美元。如使用世界银行关于高中低收入国家分组标准，我国属于下中等收入国家①。而美国、日本、英国、德国属于高收入国家，巴西和阿根廷属于上中等收入国家，印度与我国属于下中等收入国家。

将东北老工业基地的产业结构与日本、德国、英国、阿根廷、巴西、美国和印度的GDP、人均GDP以及农业、工业、制造业、服务业的增加值占GDP的比重看，东北老工业基地的产业结构与发达国家的差距较大，比印度好（见表3-25）。

表3-25　部分发达国家和发展中国家三次产业结构及人均GDP

指标	国家 年份	中国	日本	德国	英国	阿根廷	巴西	美国	印度
GDP（以2000年美元为基）（单位：亿美元）	1970	1001	18099	9216	7263	1586	1911	37217	1172
	1980	1829	28006	12259	8800	2121	4304	51280	1576
	1990	4446	41223	15432	11505	1822	5018	70550	2705
	2000	11985	46674	19002	14776	2842	6447	97648	4602
	2007	23877	52027	20654	17658	3696	8126	114680	7711
人均GDP（以2000年美元为基）	1970	122	17345	11859	13055	6606	1991	18150	214
	1980	186	23982	15656	15626	7535	3539	22568	229
	1990	392	33369	19428	20097	5607	3355	28263	318
	2000	949	36789	23114	25089	7694	3701	34606	453
	2007	1812	40719	25106	28945	9360	4274	38063	686
农业增加值占国内生产总值的比例（%）	1970	35.22	6.35	3.67	2.86	9.64	12.35	3.54	42.33
	1980	30.17	3.82	2.4	2.12	6.35	11.01	2.9	35.7
	1990	27.12	2.59	1.49	1.82	8.12	8.1	2.06	29.28
	2000	15.06	1.77	1.26	0.99	4.97	5.6	1.23	23.35
	2007	11.13	1.44	0.92	0.65	9.39	5.98	1.33	18.11

① 下中等收入国家：2004年人均GNI在825~3255美元之间的国家。高收入国家人均GNI超过9206美元。

续表

指标	年份 国家	中国	日本	德国	英国	阿根廷	巴西	美国	印度
工业增加值占 GDP 的比例（%）	1970	40.49	46.01	48.09	42.1	42.28	38.3	35.23	20.79
	1980	48.22	41.31	41.06	40.71	41.22	43.83	33.51	24.69
	1990	41.34	39.66	37.34	34.07	36.02	38.69	27.85	26.88
	2000	45.92	32.4	30.25	27.3	27.61	27.73	24.15	26.19
	2007	48.5	29.25	30.36	23.03	33.74	28.05	21.8	29.51
服务业增加值占 GDP 的比例（%）	1970	24.29	47.64	48.24	55.04	48.08	49.35	61.23	36.89
	1980	21.6	54.87	56.54	57.17	52.43	45.16	63.59	39.61
	1990	31.54	57.75	61.17	64.12	55.85	53.21	70.09	43.84
	2000	39.02	65.82	68.48	71.71	67.42	66.67	74.61	50.46
	2007	40.37	69.3	68.71	76.32	56.87	65.97	76.86	52.38
制造业增加值占 GDP 的比例（%）	1970	33.75	—	—	32.25	31.54	29.32	—	14.16
	1980	40.23	—	—	26.19	29.48	33.49	—	16.72
	1990	32.66	—	—	22.63	26.79	—	19.41	16.7
	2000	32.12	22.19	22.95	17.45	17.52	17.22	16.96	15.6
	2007	33.99	21.15	23.93		21.28	17.42	13.74	16.32

注：根据世界银行数据整理所得，“—”表示数据不详。

首先，从农业看，1970 年，日本、德国、英国和美国的农业增加值占 GDP 的比重基本在 5% 以下，到 2007 年已经降到 2% 以下。而东北老工业基地的农业所占 GDP 的比重普遍在 10% 以上，这种状况有多方面的原因，但是，可以预测，随着东北老工业基地的经济发展，第一产业在 GDP 的比重将呈下降趋势。

其次，从工业和制造业上看，发达国家的工业占 GDP 的比重呈下降趋势，只有印度呈上升趋势，在 1970 年发达国家的工业占 GDP 的比重在 40% 左右，与目前东北老工业基地的第二产业所占比重较相似。在制造业方面，我国所占 GDP 的比重较大，而东北老工业基地在装备制造业方面所占比重较大。

最后，从服务业上看，发达国家的服务业增加值占 GDP 的比重，在 1990 年以后，普遍在 60% 以上，而东北老工业基地第三产业占 GDP 的比重在 30% 左右，有较大差距。

三、本节相关结论

从东北三省与国内其他五大工业区代表省份或市的对比中可以看出：东北三

省与发展水平较高的天津、上海差距较大，尤其是第三产业的产值比重，与重庆、湖北和陕西的产业结构较相似，但是与重庆的第二产业吸收就业人员方面有较大差距。

东北老工业基地的产业结构与日本、德国、英国、阿根廷、巴西、美国和印度的对比中可以看出，东北老工业基地的产业结构与发达国家有较大差距，首先从农业增加值占 GDP 的比重上看，发达国家基本在 5% 以下，而东北老工业基地在 10% 左右；其次，从工业和制造业上看，发达国家是呈下降趋势，东北老工业基地在装备制造业所占比重较大；最后，在服务业上看，发达国家的服务业所占比重接近 60%，而东北老工业基地在 30% 左右，有较大差距。东北老工业基地与印度的产业结构水平较相似。

第六节　东北老工业基地三大产业结构演进预测

当前，东北老工业基地正在进行新一轮的经济结构调整，东北三省“十二五”发展规划中，明确指出了产业结构调整是其未来经济结构调整战略的首要任务。本节首先根据前面的分析，对东北老工业基地产业结构总体发展趋势进行判断，然后依据东北老工业基地 1978 ~ 2009 年产业总产值以及三次产业产值，应用时间序列法，先行预测东北老工业基地 2010 ~ 2021 年三次产业产值，从而达到预测东北老工业基地产业结构演进的目的。研究东北三省产业结构发展趋势，预测东北三省产业结构演进目标，对明确东北三省产业结构调整方向，优化产业资源配置、实现经济持续增长、制定合适的战略支持政策，具有十分重要的意义。

一、对产业结构总体发展趋势判断

（一）从产业结构发展视角判断

从产业结构发展视角来分析，1978 ~ 2009 年，东北老工业基地的国内生产总值由 1978 年的 485.98 亿元上升为 2009 年的 30779.25 亿元，年均增长 23.07%，其中，第一产业在 32 年间，比重由 1978 年的 20%，下降为 2009 年的 11%，下降了 9 个百分点；第二产业比重由 1978 年的 64%，下降为 2009 年的 49%，下降了 15 个百分点；第三产业比重由 1978 年的 15% 上升为 2009 年的 38%，上升了 23

个百分点。从中可以看出，东北老工业基地的第一、二产业呈下降趋势，而第三产业呈上升趋势，这是符合产业结构与经济发展阶段相适应的规律。

（二）从就业结构视角判断

1978～2009年，东北老工业基地就业人员总量由1978年的3411万人增加到了2009年的6070.5万人。其中，第一产业就业人数由1978年的1443.4万人下降为2009年的1267.5万人，累计下降了175.9万人，比重由42%下降34%，累计下降了8个百分点；第二产业就业人数总体呈现一种增长趋势，由1978年的932.9万人增加为2009年的2105.8万人，累计增加了172.7万人，占总就业人数比重由1978年的27%下降到2009年的21%，累计下降了6个百分点；第三产业就业人数呈现快速增长趋势，由1978年的601.3万人增加为2009年的2105.8万人，累计增加了1504.5万人，占总就业人数的比重由1978年的18%上升到2009的35%累计上升了17个百分点。从中可以看出，东北工业老工业基地的第一产业的就业人员呈下降趋势，而第二、三产业的就业人员呈上升趋势。

（三）从产业结构和就业结构总体趋势分析

总体来看，改革开放以来东北老工业基地三次产业结构演变逐渐趋向合理，并向优化与高级化的方向发展，从三次产业比例来看，东北老工业基地三次产业结构由1978年的20∶65∶15演变为2009年的12∶50∶38，产业结构类型已经由“二、一、三”演变为“二、三、一”；再从就业结构来看，辽宁省三次产业就业人员比例由1978年的43∶28∶19演变为2009年的34∶21∶35，就业结构类型由“一、二、三”演变为“三、一、二”这完全符合著名经济学家配第·克拉克观点。配第·克拉克认为，随着经济的发展，劳动力首先由第一产业向第二产业转移，当人均国民收入水平进一步提高时，劳动力便向第三产业转移；从产业结构比例与就业结构比例两方面综合可以看出，东北老工业基地产业发展正处于“二、三、一”中期工业化向“三、二、一”后期工业化过渡阶段。

二、对产业结构演进的预测

（一）预测方法及简要思路

传统产业结构预测分析主要关注于通过对某一个产业的时间指标序列分析，建立适当的计量经济模型，预测该产业未来变化趋势。时间序列分析法是研究事物发展变化规律的一种量化分析方法，是分析社会和经济现象中经常用到的一种曲线估计法。

对东北老工业基地产业结构演进进行预测时，依据东北老工业基地 1978 ~ 2009 年产业总产值以及三次产业产值，应用时间序列法，先行预测东北老工业基地 2010 ~ 2021 年三次产业产值，从而达到预测东北老工业基地产业结构演进的目的。

（二）三次产业产值的时间序列建模及检验

1. 时间序列建模

将东北老工业基地 1978 ~ 2009 年产业总产值以及三次产业产值的 32 个原始数据输入到 Eviews，利用线性回归的三次曲线拟合方法，得到东北老工业基地产业总产值与三次产业产值的增长趋势图，分别见图 3 - 26、图 3 - 27、图 3 - 28、图 3 - 29。

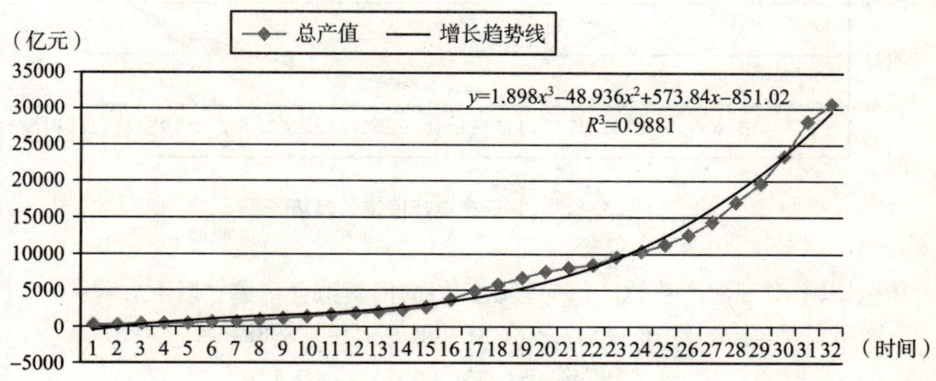

图 3 - 26　总产值增长趋势

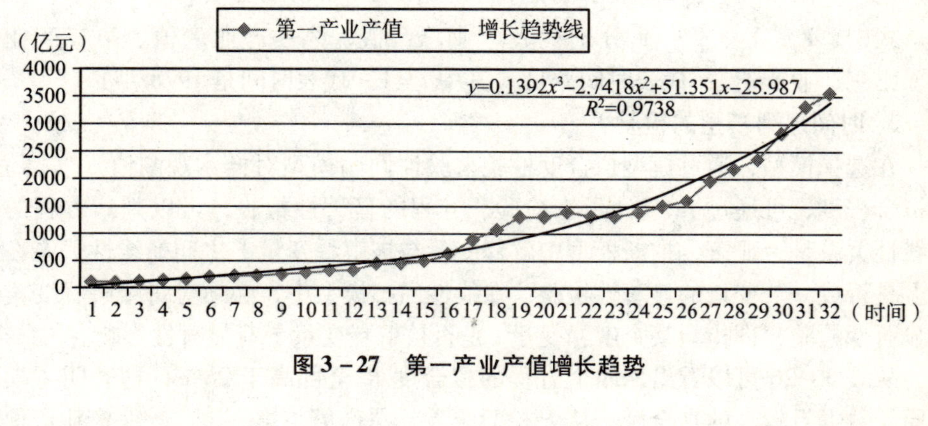

图 3 - 27　第一产业产值增长趋势

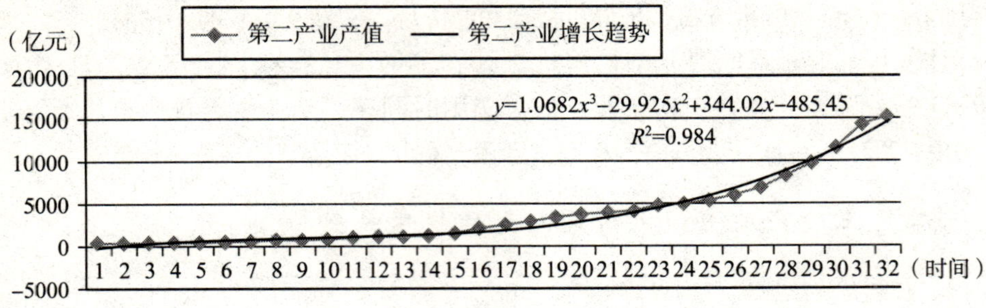

图 3-28　第二产业产值增长趋势

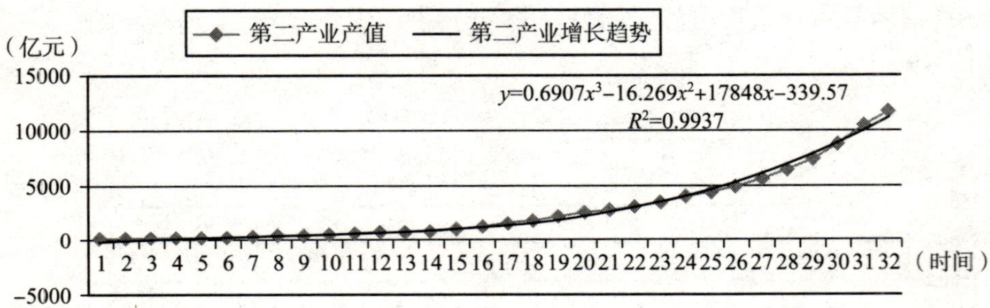

图 3-29　第三产业产值增长趋势

根据以上对三次产业总产值与三次产值的回归拟合，建立以下方程：

$$Y_0 = -851 + 573.8t - 48.93t^2 + 1.898t^3$$

$$Y_1 = -25.98 + 51.35t - 2.741t^2 + 0.139t^3$$

$$Y_2 = -485.4 + 344t - 29.92t^2 + 1.068t^3$$

$$Y_3 = -339.5 + 178.4t - 16.26t^2 + 0.690t^3$$

式中，Y_0、Y_1、Y_2、Y_3分别代表产业总产值、第一产业产值、第二产业产值、第三产业产值，t 代表时间变量（其中 $t=1$，代表时间是 1978 年）。

2. 时间序列模型的检验

在选择模型，通过模型拟合度检验来验证回归模型对样本观测值（实际值）的拟合程度，可通过 R^2 统计量来检验。方程的显著性检验，可以判断方程的总体线性关系是否显著，推断模型中解释变量与被解释变量 Y 之间的线性关系在总体上是否成立。变量的显著性检验，在线性回归模型中，必须对每个解释变量进行显著性检验，即检验某个解释变量 t 是否被解释变量 Y 有显著性影响。

从表 3-26 可以看出，四个方程的拟合度 R^2 全部高于 96%，这表明了模型对原始数据有较高的吻合度；从 F 检验来看，总产值与第一、二、三产业产值预

测模型的 F 检验结果都很好，这表明时间因素确实能够解释产值。因此，三次线性模型对原始数据具有较好的解释意义与显著性，能够充分反映产业总产值与三大产业的发展趋势。

表 3-26　　方程检验

	R^2	F	c	a_1	a_2	a_3
总产值方程	0.99	773.7	-851	573.8	-48.93	1.89
	t		1.1	2.87	-3.51	-6.83
	P	0	0.27	0	0	0
第一产业	0.973	346.98	-25.99	51.35	-2.74	0.14
	t		-0.20	1.50	-1.15	2.93
	P	0	0.85	0.14	0.26	0.01
第二产业	0.98	574.8	-485.4464	344.01	-29.9254	1.068
	t		-1.094256	3	-3.73771	6.691
	P	0	0.28	0	0	0
第三产业	0.99	1465.81	339.56	178.47	-16.26	0.69
	t		-1.55	3.15	-4.11	8.76
	P	0	0.13	0	0	0

三、应用模型预测

经检验，该时间序列模型总体上能够对原始数据具有充分的解释意义。因此，下面根据时间序列的曲线估计方程进行具体预测。

将 $t=33$ 代入上述方程，可推导出 2010 年东北老工业基地产业总产值与三大产业的预测值分别为 33008.1 亿元、3678.9 亿元、16664.4 亿元、12637.1 亿元，三次产业之比为 10∶50∶38（由于三次产业产值之和与总产值之间有偏差，所以三者比例之和未必为 1）。由预测值可看出，总产值预测值与上述分产业预测值加总所得 32980.4 亿元相差不大，偏差为 27.7 亿元，预测的效度较高。因此，可以预计 2011～2020 年东北老工业基地三次产业总产值。

将 $t=34$～43 代入上述方程，可推导出，2011～2020 年东北老工业基地的总产值与三大产业的预测值。由预测值可看出，总产值预测值与上述分产业预测值综合所得相差不大，预测效度较高，如表 3-27 所示。

表 3－27　　东北老工业基地三次产业未来发展趋势预测

年份	总产值	第一产业	第二产业	第三产业	三次产业之比			偏差
2010	33008.1	3678.9	16664.4	12637.1	10	50	38	27.7
2011	36694.1	4014.6	18599.8	14049.3	10	51	38	30.5
2012	40669.5	4373.2	20693.1	15569.8	10	51	38	33.5
2013	44945.6	4755.5	22950.9	17202.6	10	51	38	36.7
2014	49533.8	5162.3	25379.5	18951.9	11	51	38	40.1
2015	54445.5	5594.5	27985.4	20821.9	11	51	38	43.7
2016	59692.1	6053.0	30775.0	22816.8	11	52	38	47.5
2017	65285.0	6538.4	33754.6	24940.5	11	52	38	51.5
2018	71235.5	7051.8	36930.7	27197.3	11	52	38	55.7
2019	77555.1	7593.8	40309.7	29591.4	11	52	38	60.2
2020	84255.1	8165.4	43898.0	32126.8	11	52	38	64.9

四、东北老工业基地未来产业结构变动趋势预测

（一）农业比重持续下降，但基础地位不变

农业在国民经济中的比重将持续下降，但其重要性和基础地位不会改变。在第一产业中，农业比重将下降，渔业、畜牧业的贡献将会增加。在农业内部，粮食作物的比例会缓慢下降，经济作物、瓜菜作物和其他作物的比重将会上升。产品国内需求增长仍将较缓，但受需求弹性较小的影响，农产品国内需求增长缓慢，但参与国际分工的比重将会增加，参与国际分工程度提高，劳动密集型的蔬菜、花卉等作物占据比较优势，出口将有较快增长。

（二）服务经济的地位将不断提高

随着工业化的推进，东北老工业基地将进入城市化快速发展时期。城市的发展会带动第三产业部门投资的增长，尤其是会带来房地产、城市基础设施建设投资的增长；社会对服务业的需求将日益增大；生产社会化对生产性服务业的需求也将不断扩大；同时，随着生活水平提高，住房、医疗、教育等方面的改革继续影响国民的预期和消费支出，服务消费支出比重将不断增加。这些因素都将推动服务业快速发展。其中，满足人们生活层次提高的文化、教育、旅游、电信，为生产提供高效能服务的金融、保险、专业化的咨询和服务将继续得到较快发展，

电子商务、新型物流将得到飞速发展，东北老工业基地的经济格局将逐步从以工业经济为主向以服务经济为主转变。

（三）工业仍处于扩张期，但内部结构面临大调整

目前东北老工业基地仍然处于工业化中期阶段，工业仍将继续扩张。同时，受多种力量驱动，工业结构将面临较大的调整。

1. 从劳动密集型工业、资本密集型工业向技术密集型工业转换

一般加工制造业的比重相对稳定或有所下降，以电子及通信制造业为中心的技术密集型产业和高新技术产业迅速增长，带动了工业结构的升级。目前，东北老工业基地的工业结构正跨入以加工组装工业为中心的高加工度化阶段，正在从劳动密集型工业、资本密集型工业向技术密集型工业转换，工业的发展从数量扩张为主转向了以素质提高为主，工业结构调整的重点也由解决比例失调转向推进产业结构升级。

2. 重工业化阶段不可逾越

霍夫曼法则表明，工业化中后期产业结构出现重工业化趋势，是许多国家工业化过程中的一个普遍规律。根据国际经验，人均国内生产总值从 1000 美元向 3000 美元攀升的时期，居民消费结构随之持续升级，即从吃饱穿暖、有耐用消费品可用、有屋可住，向吃好穿好、改善居住条件、提高耐用消费品质量、扩大服务消费转变。与之对应的是，汽车、住宅、建材、通信等行业将会有长足的发展，从而带动钢铁、机械、建材、化工等重化工业和电子及通信设备制造业快速发展，重化工业发展是必然的趋势。

第四章

第一产业的优化方向及实现途径

东北三省是我国重要的商品粮和农牧业生产基地，也是农业资源禀赋最好、粮食增产潜力最大的地区。近年来，随着东北地区老工业基地振兴战略等政策的实施，东北三省农业发展也迈上了新台阶。但是，东北三省农业基础设施和科技支撑能力仍然薄弱，农业生产效率效益依然不高，农业资源可持续利用也面临一系列挑战。为此，2010 年 11 月国务院下达《关于加快转变东北地区农业发展方式建设现代农业的指导意见》，强调把建设现代农业作为全面振兴东北老工业基地的基础支撑，加快转变农业发展方式，夯实农业发展基础，优化农业产业结构，强化农业科技支撑，创新农业经营机制，发挥国有农场引领示范作用，把东北地区建设成为维护国家粮食安全的战略基地、全国重要的畜禽水产品生产加工基地和农业现代化示范区。

本章的分析结构如下：第一节分析东北三省第一产业发展的初始条件；第二节通过需求收入弹性、生产率、区位商和市场占有率四个指标阐述东北三省第一产业的比较优势；第三节则阐述东北三省第一产业优化的主导方向；第四节对东北三省第一产业产业结构优化的约束条件和障碍因素进行了分析；第五节分析东北三省第一产业优化的主要载体与途径。

第一节　初始条件分析

东北三省农业生产条件优越，是我国自然资源最为丰富、农业生态环境和水土资源配置最好的地区之一，该地区第一产业发展具有一定的优势。本部分从规模与效益、自然资源、人力资源和技术资源等四个方面分析东北三省第一产业发展的初始条件，作为后面研究东北三省第一产业进一步优化的基础。

一、规模与效益

（一）主要农产品产量

1. 粮食

改革开放以来，我国农业生产格局逐步从“南粮北调”彻底转向“北粮南运”。根据财政部通过种粮补贴渠道划定的13个粮食主产省区[①]中，北方省份占了7个名额，这七省之中，东北三省全部入选。东北三省为我国主要产粮区，常年粮食产量占全国粮食总产量的13%左右，其中主要作物玉米和大豆的产量分别约占全国总产量的30%和40%，仅黑龙江省2009年粮食总产量就已达到870.6亿斤，粮食总产量居河南省之后列全国第2位。东北三省人均粮食占有量也远远高于全国平均水平。2009年，全国人均粮食占有量为399千克，而黑龙江省为1138千克、吉林省为899千克、辽宁省369千克，在全国的位次分别是第1位、第2位、第16位。东北地区粮食的区际商品率和商品量均居全国首位，粮食商品率高达55%以上，每年可向国家提供商品粮300亿千克以上，占全国商品粮的1/3以上[②]。其中黑龙江省商品粮量最多，吉林省粮食商品率最高，除个别年份外，两省粮食商品率均在60%以上，部分商品粮基地县和国营农场的粮食商品率超过了70%。粮食生产大户、专业户逐渐增多，且集中布局在松嫩平原和三江平原。

从1949年新中国成立后，东北三省的粮食生产总量整体上呈上升趋势（除1960年和1961年粮食生产分别为1288.70万吨和1277.55万吨外），粮食生产总量由1949年的1441.75万吨增加到2009年的8404.00万吨，增加了4.83倍，其中2008年东北三省的粮食产量最高达8925万吨。1949年后，东北三省粮食产量占全国粮食总产量的比重呈波浪式发展，2000年以后呈现明显的上升趋势，由2000年的11.52%上升到2009年的15.83%，其中比重最高为2008年的16.88%（见图4－1）。

2. 主要经济作物

东北三省生产的油料产品主要为花生。2009年，东北三省生产的油料产品为133.91万吨，其中花生为89.95万吨。1980～2009年，东北三省生产的油料产品产量呈先上升后下降再上升的发展趋势，油料产品的产量由1980年的78.75

---

① 13个粮食主产省包括：河北、内蒙古、辽宁、吉林、黑龙江、江苏、安徽、江西、山东、河南、湖北、湖南、四川。

② 金风君、张平宇等著，《东北地区振兴与可持续发展战略研究》，商务印书馆2006年版，第175页。

万吨，上升到1985年的130.77万吨，到1997年下降到最低值50.20万吨，然后从1998年开始上升，到2008年为163.84万吨，为其产量的最大值，2009年回落到133.91万吨（见图4-2）。

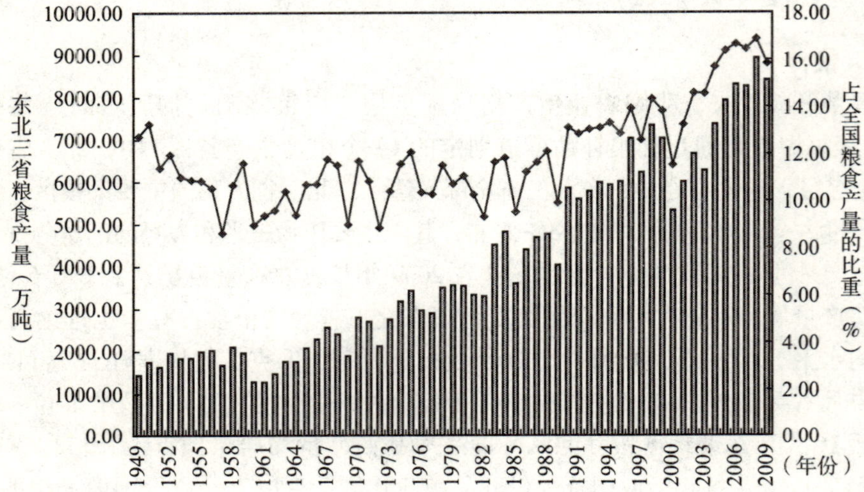

图4-1　1949~2009年间东北三省粮食产量及其比重

资料来源：根据《新中国六十年统计资料汇编》和《中国统计年鉴（2010）》整理所得。

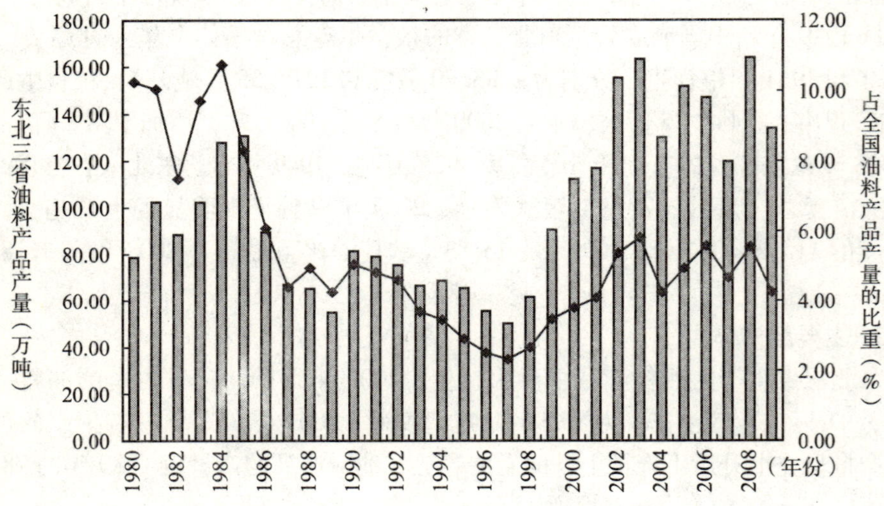

图4-2　1980~2009年间东北三省油料产品产量及其比重

资料来源：根据《新中国六十年统计资料汇编》和《中国统计年鉴（2010）》整理所得。

2009 年，东北三省生产的水果总产量为 1176.76 万吨，占全国水果总产量的 5.77%，其中苹果为 223.45 万吨，占全国苹果总产量的 7.05%。1980 ~ 2009 年，东北三省水果产量整体上呈现上升趋势，由 1980 年的水果产量 132.28 万吨上升到 2009 年的 1177.80 万吨，增加了 7.90 倍。而 1980 ~ 2003 年，东北三省水果产量占全国的比重却呈下降态势，由 1980 年的 19.47% 下降到 2003 年的 4.43%，下降了近 15 个百分点；从 2003 年后，东北三省水果产品占全国水果产量的比重约为 4%，2009 年上升到 5.77%（见图 4 - 3）。

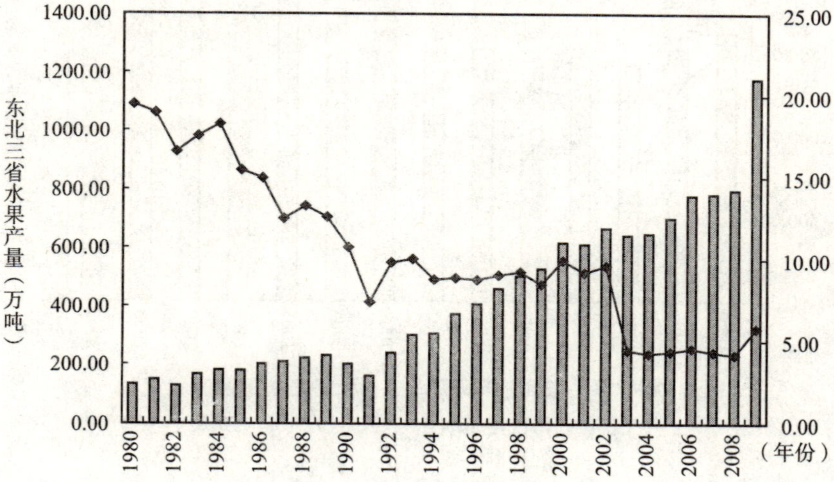

图 4 - 3　1980 ~ 2009 年间东北三省水果产量及其比重

注：2003 年起水果产量包括瓜果类产量。

资料来源：根据《新中国六十年统计资料汇编》和《中国统计年鉴（2010）》整理所得。

3. 畜产品

1996 ~ 2009 年，东北三省拥有的大牲畜头数整体上呈先下降后上升的变动趋势，由 1996 年的 1618.20 万头，下降到 1998 年的 1426.40 万头，然后开始上升到 2008 年达到 2101.50 万头，2009 年回落到 1644.20 万头（见图 4 - 4）。

1996 ~ 2009 年，东北三省肉类产量整体上呈现上升趋势，由 1996 年的 555.60 万吨，上升到 2008 年的最高值 1063.80 万吨，2009 年回落到 803.00 万吨（见图 4 - 5）。

1996 ~ 2009 年，东北三省生产的奶类产品产量同样呈现上升趋势，由 1996 年的 163.43 万吨，上升到 2008 年的 779.20 万吨，2009 年回落到 694.84 万吨。2009 年东北三省生产的奶类产品占全国奶类产品总产量的 18.62%（见图 4 - 6）。

4. 水产品

1990～2009年，东北三省水产品的产量整体上呈现上升的趋势，由1990年的129.19万吨，上升到2008年的546.00万吨，2009年回落到455.20万吨。1990～2008年，东北三省水产品产量的年增速度为19.98%（见图4－7）。

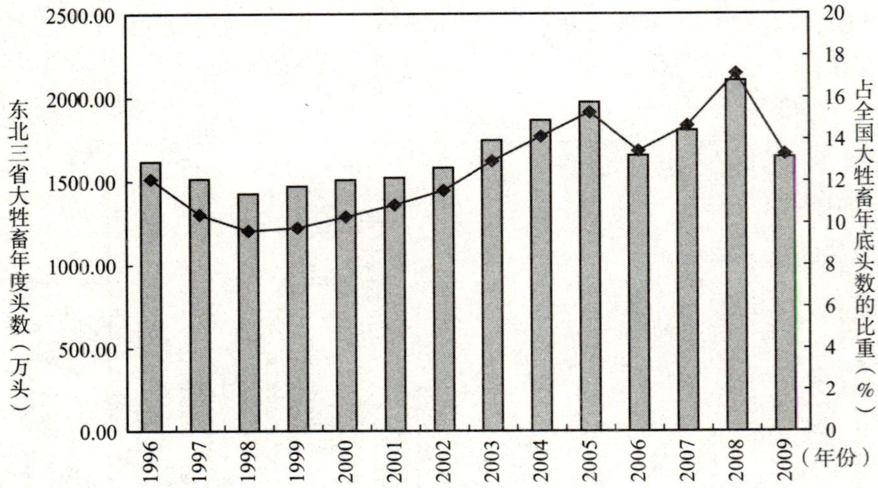

图4－4　1996～2009年间东北三省大牲畜头数及其比重

资料来源：根据《新中国六十年统计资料汇编》和《中国统计年鉴（2010）》整理所得。

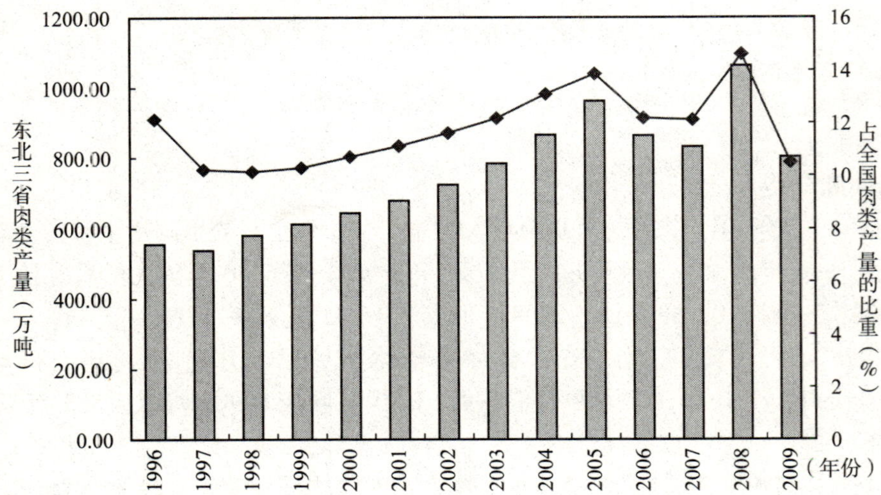

图4－5　1996～2009年间东北三省肉类产量及其比重

资料来源：根据《新中国六十年统计资料汇编》和《中国统计年鉴（2010）》整理所得。

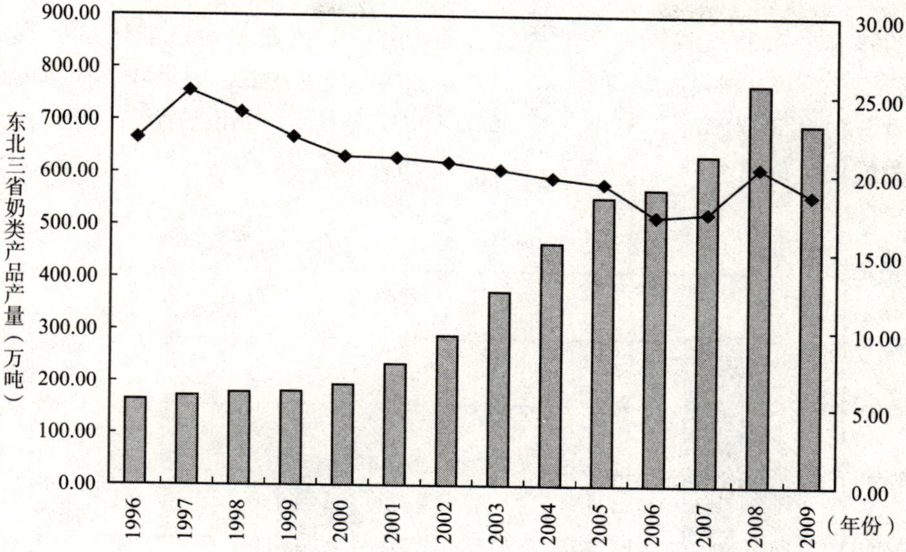

图 4－6　1996～2009 年间东北三省奶类产量及其比重

资料来源：根据《新中国六十年统计资料汇编》和《中国统计年鉴（2010）》整理所得。

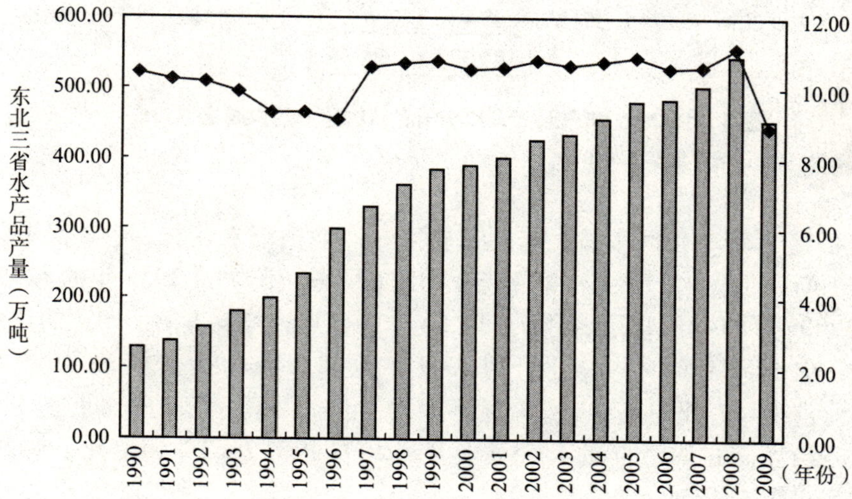

图 4－7　1990～2009 年间东北三省水产品产量及其比重

资料来源：根据《新中国六十年统计资料汇编》和《中国统计年鉴（2010）》整理所得。

（二）第一产业结构进一步优化

2009 年，东北三省第一产业中，农业、林业、牧业和渔业的比重分别为 44.65%、3.30%、44.18%和 7.87%，与全国第一产业中农、林、牧、渔业的构成比重分别为 50.71%、3.91%、32.25%、9.32%来看，东北三省第一产业的结构更为优化（见图 4－8）。

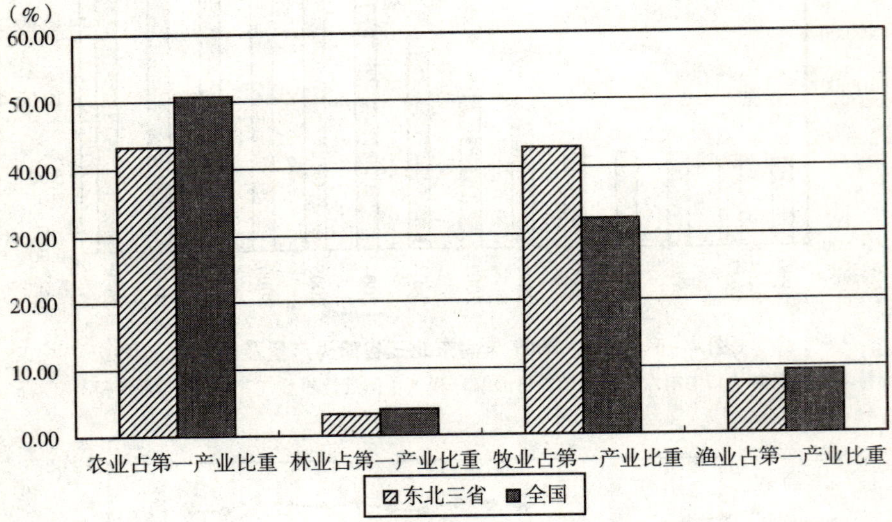

图 4－8　2009 年东北三省和全国农林牧渔业的构成比重对比

资料来源：《中国统计年鉴（2010）》。

从 1955～2009 年间来看，东北三省第一产业内部农、林、牧、渔业的构成比重不断趋于优化。农业占第一产业的比重不断下降，由 1955 年的 82.85%下降到 2009 年的 43.31%，下降了 39.54 个百分点；牧业占第一产业的比重不断上升，由 1955 年的 9.40%上升到 2009 年的 42.86%，上升了 33.46 个百分点；林业占第一产业的比重变化幅度不太大；渔业占第一产业的比重整体上也呈现上升趋势，由 1955 年的 1.53%上升到 2009 年的 7.63%，上升了 6.10 个百分点（见图 4－9）。

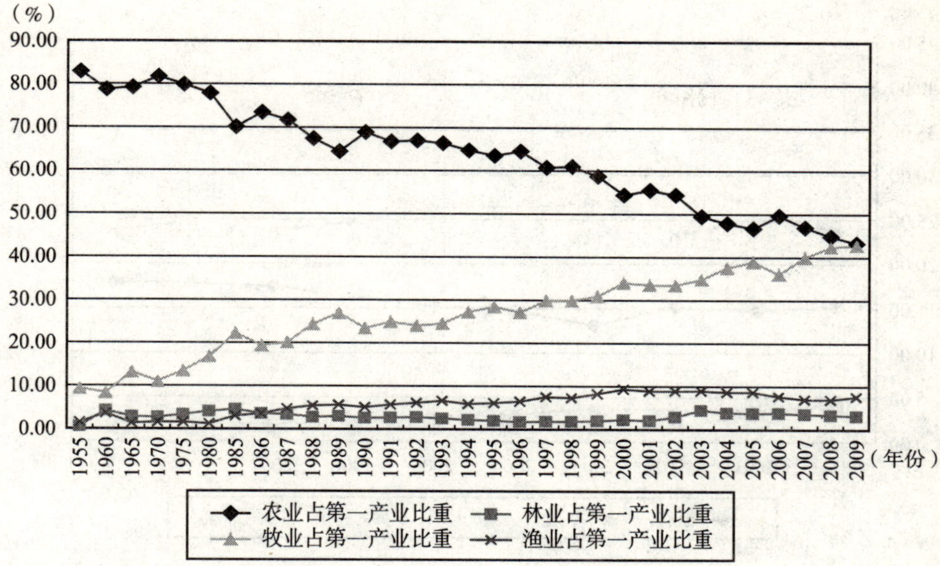

图4-9　1955~2009年间东北三省第一产业的构成变化

资料来源：根据《新中国六十年统计资料汇编》和《中国统计年鉴（2010）》整理所得。

（三）农业内部构成的变化

近年来，东北三省农业内部的种植结构进一步优化。2000年后，在全部农作物总播种面积中，粮食作物中传统优势产品玉米和稻谷的种植面积比重进一步提高，玉米和稻谷种植面积比重分别由2000年的30.99%和15.32%上升到2009年的42.28%和17.88%；豆类种植面积比重的变化幅度不大，比重基本维持在23%~24%；而非优势产品小麦和薯类的种植面积比重进一步下降，小麦和薯类的种植面积比重由2000年的4.49%和3.92%下降到2009年的1.45%和2.21%。2000年后，经济作物中，甜菜的种植面积比重呈下降趋势，由2000年的1.06%下降到2009年的0.32%；而花生、药材和青饲料的种植面积比重整体上呈上升趋势，花生由2000年的1.23%上升到2009年的1.96%，药材和青饲料分别由2000年的0.24%和0.29%上升到2008年的0.51%和1.36%。因此，2000年后，东北三省地区种植业结构进一步得到优化，"粮食—经济作物—饲料"三元结构基本形成（见图4-10、图4-11）。

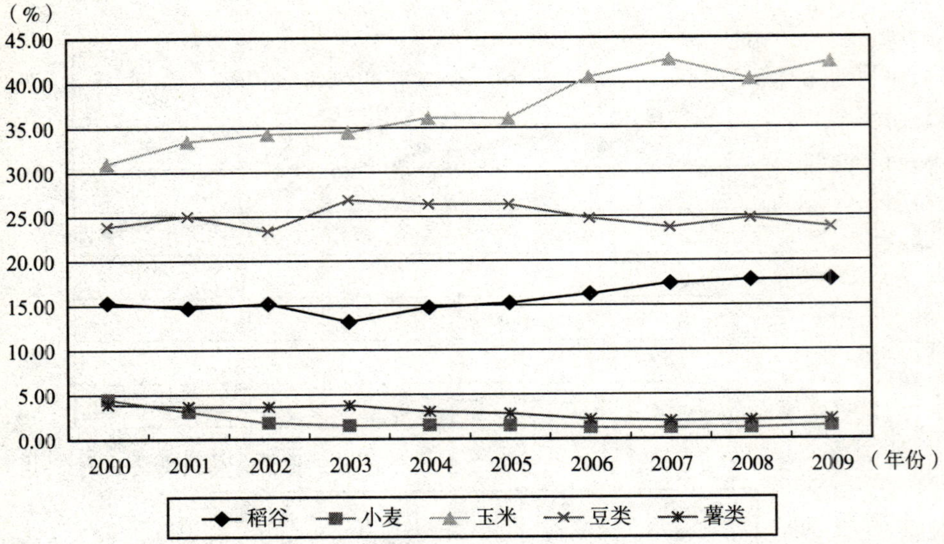

图 4－10　2000～2009 年东北三省主要粮食作物种植面积占全部农作物总播种面积的比重

资料来源：根据各年《中国农村统计年鉴》数据整理所得。

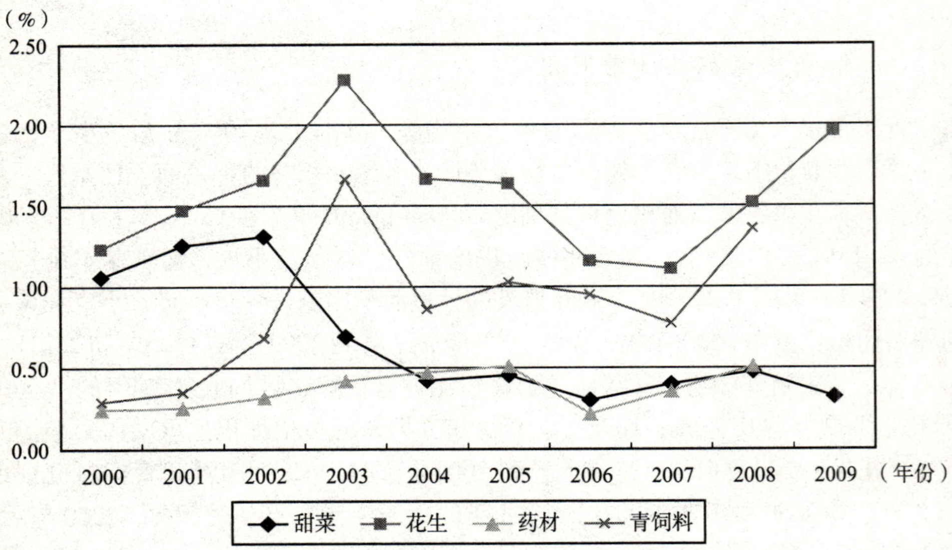

图 4－11　2000～2009 年东北三省主要经济作物种植面积占全部农作物总播种面积的比重

资料来源：根据各年《中国农村统计年鉴》数据整理所得。

二、自然资源

（一）土地资源

东北三省地域辽阔，土地资源丰富，耕地面积大，土壤有机质及养分含量较高，生态环境较好。东北三省土地总面积为7918.33万公顷，约占全国的8.33%，耕地面积2145万公顷，占全国耕地总面积的17.62%，其中黑龙江省的耕地面积为全国的9.72%，居首位，人均耕地面积0.20公顷，是全国人均耕地面积0.09公顷的2.16倍。据国土资源部2008年度全国土地利用变更调查结果显示，东北三省农用地为6554.48万公顷，占全区土地面积的82.78%。其中耕地面积2145万公顷，园地面积77.18万公顷，林地面积3699.17万公顷，牧草地面积359.96万公顷，分别占区土地总面积的27.09%、0.97%、46.72%、4.55%（见图4-12）。

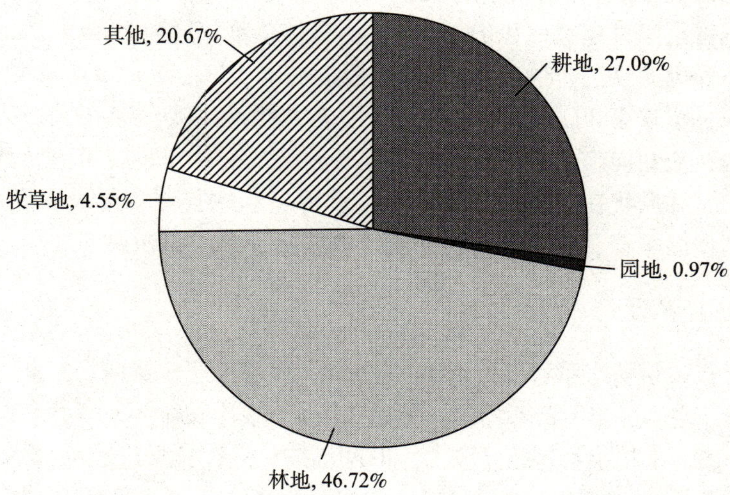

图4-12　2008年东北三省土地利用结构

资料来源：《中国统计年鉴（2010）》。

东北三省耕地总体质量优，耕地有机质含量较高，一般在3%以上，高于全国平均水平；东北三省平原耕地约占70.2%，主要分布在松嫩平原、三江平原和辽河平原，高于全国54.4%的平均水平，单块耕地面积大（如大兴安岭与长白山之间的松嫩平原上有一块面积达20多万公顷的黑土带，这是目前亚洲唯一的大面积黑土带），特别适合大型机械耕作。耕地流失少且后备资源丰富，东北地区可垦荒地约有667万公顷，以黑龙江省最多，达479.27万公顷（见表4－1）。

表4－1　　东北地区耕地质量统计　　单位：%

省（自治区）	一等地	二等地	三等地	不宜农耕地
辽宁	44.07	43.64	11.21	1.08
吉林	39.19	54.09	5.40	1.32
黑龙江	78.45	19.85	1.57	0.13
内蒙古东盟市	28.2	34.0	37.8	
总计	59.0	33.7	6.7	0.6

资料来源：石玉林主编，《东北地区农业发展战略研究（农业卷）》，科学出版社2007年版。

土地后备资源丰富，农业开发潜力大，吉林中部地区有46.7%的低洼易涝地和宜农荒地，天然草场2333万公顷，黑龙江有6333万公顷荒地。据有关专家预测，到2025年黑龙江耕地面积将增加到134.43万公顷①。

东北地区是全国重点林区，全国森林面积最大的区域。2009年，东北地区的林地面积占全国林地总面积的12.09%，森林总蓄积量为274610.72万立方米，辽宁、吉林和黑龙江三省的森林覆盖率分别为35.13%、38.93%和42.39%，远高于全国森林覆盖率20.36%的平均水平。东北林地主要分布在大小兴安岭、长白山等山区，从北向南为温带针叶林、温带针阔混交林和暖温带落叶阔叶林，木材品种齐全，林质优良，树的种类有100多种。草地资源主要分布在西部地区，天然草地类型以羊草、针茅为主，草质普遍较好，单位面积载畜量高。

（二）水资源

东北三省多年平均降水量为400~800mm，受季风气候影响，东北三省内大气降水在时间和空间分布上极不均匀，年际变化大，季节分配不均。水资源量的变化与降水相一致，丰枯年水量相差较大。2009年东北三省资源总量为1448.61亿立方米，占全国总量的6.03%，人均占有量为1340.01立方米，低于全国人均占有量1816.18立方米，单位面积的水资源量也低于全国平均水平。东北水资源分布特点是东部、北部多，西部、南部少。辽宁的水资源在东北三省中最为匮乏，列全国倒数的位置。辽河区水资源总量仅498.1亿立方米，人均占有量为897.5立方米，属严重贫水地区；松花江区水资源总量达1057.78亿立方米，人均占有量为2371.0立方米，因目前开发程度不高，属工程型缺水区②（见表4－2）。

① 郭淑敏、马帅，《我国中东部粮食主产区粮食综合生产能力研究》，中国农业出版社2008年版。

② 石玉林主编，《东北地区农业发展战略研究（农业卷）》，科学出版社2007年版。

表4－2　　2009年东北三省水资源情况

地区	水资源总量（亿立方米）	地表水资源量（亿立方米）	地下水资源量（亿立方米）	地表水与地下水资源重复量（亿立方米）	人均水资源量（立方米/人）
辽宁	170.96	137.98	87.61	54.60	396.02
吉林	298.04	252.81	97.25	52.02	1088.93
黑龙江	989.61	845.59	313.45	169.43	2586.87
东北三省	1458.61	1236.38	498.31	276.05	1340.01
全国	24180.20	23125.21	7267.03	6212.07	1816.18

资料来源：《中国统计年鉴（2010）》。

据东北三省各地区统计年鉴数据显示，在1985年之后东北三省农业用水增加，1990～2000年，农业用水呈上升趋势，由1985年的227.9亿立方米上升到2000年的366.8亿立方米，但是，2000～2005年农业用水量呈稍微下降的趋势，2005～2009年后又呈上升趋势。近几年，水资源短缺问题严重。有限的水资源在城市化、工业化过程中不断遭到污染，工业、农业和生活用水过程中存在严重的浪费现象，水资源利用率低，东北地区平均利用率仅为40%左右，低于全国平均水平，远低于发达国家70%～90%的水平①，加剧了东北三省地区的水资源短缺问题，严重影响农业发展（见表4－3、表4－4）②。

表4－3　　1985～2009年东北三省农业用水量变化

地区	农业用水量（亿立方米）								
	1985年	1990年	1995年	2000年	2005年	2006年	2007年	2008年	2009年
辽宁	74.2	87.8	90.1	88.2	87.2	91.5	91.7	90.9	91.1
吉林	56.2	77.7	76.3	81.1	66.4	70.4	67.5	69.3	71.2
黑龙江	97.5	137.3	145.2	196.8	192.1	208.3	214.8	218.2	237.4
东北三省	227.9	302.8	311.6	366.8	345.7	370.2	374	378.4	399.7

表4－4　　农业用水占全部用水量的比重　　单位：%

地区	1985年	1990年	1995年	2000年	2005年	2006年	2007年	2008年	2009年
辽宁	72	72	69	72	65	65	64	64	64
吉林	72	75	75	69	67	68	67	67	64
黑龙江	68	68	63	64	71	73	74	73	75
东北三省	72	73	70	72	69	70	70	70	70

① 《东北地区农业水土资源优化调控机制与技术体系研究》，东北地理与农业生态研究所网站，http://www.neigae.ac.cn/zdrw2.htm。

② 表4－3、表4－4资料来源：1985年、1990年、1995年和2000年这四年的数据来自石玉林主编，《东北地区农业发展战略研究（农业卷）》，科学出版社2007年版。2005～2009年的数据来自于各年《中国统计年鉴》。

三、人力资源

（一）人口现状及分布

2009年，东北三省地区总人口10884.55万人，总人口和乡村人口占全国的比重分别为8.15%和6.71%，其中第一产业就业人口数为1992万人。1952～2009年期间，东北三省第一产业就业人数整体上呈现上升趋势，由1952年的1022万人增长到2009年的1922万人，增长了94.91%。东北三省第一产业就业人数占全国第一产业就业人数的比重变化则呈现阶段性，在1952～1972年呈下降趋势，由1952年的5.90%下降到1972年的4.73%；在1980～1989年呈上升趋势，由1980年比重为4.92%上升到1989年的5.23%；在1990～2009年整体上呈上升趋势，由1990年的4.57%上升到2009年的6.71%（见图4－13）。

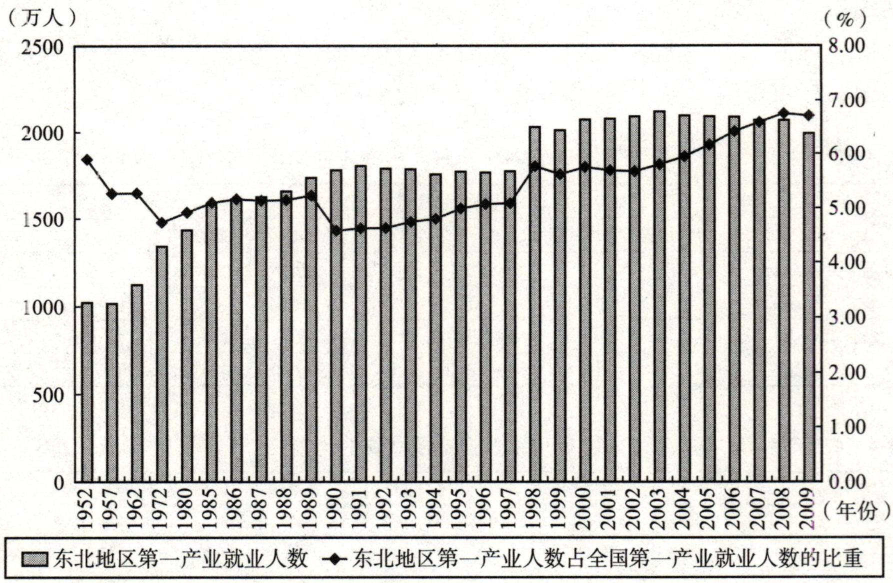

图4－13　1952～2009年东北地区第一产业就业人数及其比重

资料来源：根据《新中国六十年统计资料汇编》和《中国统计年鉴（2010）》整理所得。

从该区的人口年龄结构看，正处于最有利于经济发展的时期。从人口增长来看，东北三省人口增长率连续多年处于全国平均水平以下，2009年辽宁、吉林和黑龙江三省人口自然增长率分别为0.97‰、1.95‰、2.06‰，远低于全国

5.5‰平均水平。由于出生人数逐年减少，东北三省0~14岁人口比重不断下降，吉林、黑龙江两省无论总抚养比还是少儿及老年人口抚养比均低于全国平均水平。从整体上看，东北三省的人口抚养比低于全国平均水平，这说明东北三省劳动力负担相对全国其他地区来说更轻，劳动力资源优势明显（见表4-5）。

表4-5　　1995~2009年东北三省人口年龄构成和负担系数对比

年份	地区	总人口（人）	15~64岁人口（人）	劳动年龄人口/总人口（%）	老龄化指标	总抚养比（%）	少儿抚养比（%）	老年人扶养比（%）
1995	辽宁	421365	300652	71.35	7.27	40.15	29.96	10.19
	吉林	266885	190609	71.42	5.62	40.02	32.15	7.87
	黑龙江	380940	274148	71.97	4.58	38.95	32.59	6.36
	全国	12366954	8232607	66.57	6.70	50.22	40.16	10.06
2005	辽宁	558727	424584	75.99	9.77	31.59	18.74	12.86
	吉林	359512	279851	77.84	7.67	28.47	18.61	9.85
	黑龙江	505647	392334	77.59	7.60	28.88	19.08	9.8
	全国	16985766	12123681	71.38	9.07	40.1	27.39	12.71
2009	辽宁	38429	29767	77.46	11.50	29.10	14.25	14.85
	吉林	24349	19222	78.94	8.89	26.67	15.42	11.26
	黑龙江	34065	26913	79.00	8.66	26.58	15.61	10.96
	全国	1164986	855269	73.41	9.72	36.21	22.98	13.24

注：1995年为1%人口抽样调查数据，抽样比为1.04%；2005年为1%人口抽样调查样本数据，抽样比为1.325%；2009年全国人口变动情况抽样调查样本数据，抽样比为0.873‰。

资料来源：1996年、2006年和2010年的《中国统计年鉴》。

东北地区人口分布与地形格局高度耦合，在中部平原地区集聚绝大部分的人口，在“哈尔滨—大连”一线以及东北沿海经济带的人口集聚程度远高于其他区域①。依据综合交通区位、人口集聚程度、经济产出强度等指标，同时兼顾县级行政单元集中连片的原则确定出哈大发展轴线，该轴线所经过的区域面积仅占东北地区的7%，人口总量却占到34%；人口密度高达394人/km^2，是全区平均水平（137人/km^2）的2.87倍。不过，就是在哈大发展轴线所经过的东北地区人口密集程度最高的区域，与京津冀、珠三角、长三角等地区（京津冀为380人/km^2，珠三角462人/km^2，长三角811人/km^2）相比较，人口集聚程度也是相当低的。

另外，哈大、吉中、辽中以及大连形成了四个主要人口集聚区，黑龙江省东部的佳木斯、牡丹江等城市有形成新人口集聚区的趋势；而大小兴安岭、长白

① 马延吉，《哈大产业带农业商品基地布局与农业产业化发展》，载于《农业系统科学与综合研究》2007年第1期。

山、三江平原等地区人口稀疏，这些地区为东北振兴提供着生态、环境支撑，是我国实施可持续发展战略中重要的生态保障地区①。

由此可见，东北地区劳动年龄人口不仅数量丰富、负担较轻，与全国其他地区相比，劳动力资源优势相对非常明显。

（二）劳动力的文化状况

东北三省劳动力不仅数量丰富，负担较轻，其劳动力的文化素质相比全国平均水平而言也比较高。2008 年，东北三省农村居民不识字或识字很少的比例均低于全国平均水平，初中程度均高于全国平均水平，辽宁省的中专程度和大专及大专以上的比例高于全国平均水平（见表 4 -6）。

表 4 -6　平均每百个劳动力中年各地区农村居民家庭劳动力文化状况统计（2008 年）

单位：%

地区	不识字或识字很少	小学程度	初中程度	高中程度	中专程度	大专及大专以上
辽宁	0.8	20.1	65.1	7.3	3.3	3.4
吉林	2.4	28.5	57.1	9.4	1.6	1.0
黑龙江	1.9	24.1	63.8	7.4	1.6	1.2
全国	6.1	25.3	52.8	11.4	2.7	1.7

资料来源：《中国农业年鉴（2009）》。

四、技术资源

（一）农业机械化生产水平

东北黑土地不仅肥沃，而且平坦，较适宜机械化耕种，因此，东北农业的机械化水平整体而言处于一个较高水平。

1978 ~2009 年期间，东北三省农业机械总动力有了快速的发展，由 1978 年的 1340.52 万千瓦，增加到 2009 年的 7545.33 万千瓦，增加了 4.63 倍，年均增速达 14.46%。2009 年底，东北三省地区农业机械总动力达到 7545.33 万千瓦，比 2008 年增长 7.62%；其中农用大中型拖拉机 969900 台，大中型拖拉机配套农具达到 1324000 部，小型拖拉机及配套农具达到 1545600 万部，农用排灌柴油机 708100 台，联合收割机增长速度最快达到 34407 台，比 2008 年增长 19.84%。

① 刘兴土、何岩、邓伟，《东北区域农业综合发展研究》，科学出版社 2003 年版。

2009 年，辽宁、吉林、黑龙江三省农村居民家庭每百户拥有的农用水泵分别为 40.61 台、29.56 台、26.88 台，均高于全国平均水平 25.12 台（见图 4－14）。

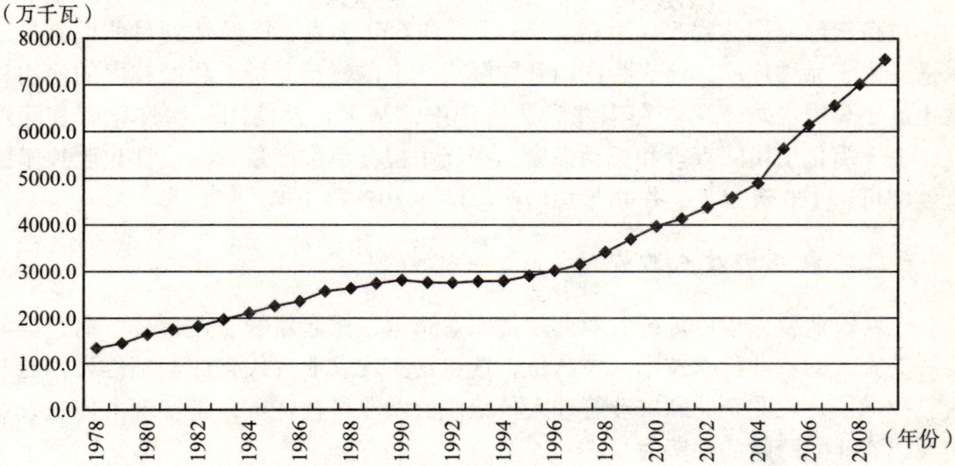

图 4－14　1978～2009 年间东北三省农业机械总动力的变化情况

资料来源：根据《新中国六十年统计资料汇编》和《中国统计年鉴（2010）》整理所得。

从以上统计数据可以发现，从 1978 年改革开放以来，东北三省的农业机械化水平得到了较快发展，农业机械装备进一步优化，尤其是黑龙江省，农业机械化的覆盖面积已达 80% 以上，2009 年拥有农用大中型拖拉机 583000 台，居全国之首；大中型拖拉机配套农具 673800 部，居全国第 3 位；小型拖拉机 711000 台，居全国第 7 位。这是东北农业朝着现代农业发展的重要保障因素。但从单位耕地面积农机总动力来看，东北地区不到全国平均水平的 1/2，农业机械化的道路还比较漫长。

（二）农业科技水平

现代农业的发展主要依靠科学技术研究与创新，而不可能是资源的消耗与浪费。东北地区雄厚的农业科研力量为东北地区农业的可持续发展提供了不竭的动力。分布于东北三省的东北农业大学、东北林业大学、沈阳农业大学、吉林农业大学、中国科学院东北地理与农业生态研究所、中国科学院沈阳应用生态研究所等一大批农业科研基地，构成了多层次、多学科的农业科技网络和体系，为东北地区现代农业的综合、系统开发提供了强有力的科技支撑和智力支持。此外，东北三省内广泛分布的绿色食品基地和无公害食品基地，为科研人员和科研机构提供了良好的试验基地。基地内生产的农产品科技含量高、质量好，在国内外市场竞争中具有很大潜力。

东北三省主栽作物玉米、大豆和粳稻的优质种子的培育、生产、推广和使用在全国均名列前茅，其中优质种子的使用率居全国之冠。玉米、大豆、粳稻的平均单位亩产已分别达到550千克、153千克和650千克，已经达到目前世界最好水平。由于品种优质，已成为国内和国际市场上的畅销品种。化肥技术的使用程度也高于全国平均水平。在东北农业耕作中，基本普及使用一次性化肥和除草剂，大大简化了田间管理和劳动强度，提高了粮食单位产量。一次性化肥技术的有效期可达120天以上，作物平均增产幅度在10%以上①。

（三）农业科技人力资源

东北农业要完成由传统农业向现代农业跨越，掀起新的农业科技革命，就需要一支宏大的农业科学技术人才队伍，这也是实现农业现代化的基础建设。这些由农业推广、农业企业和农业管理人员组成的农业科技队伍，是实现由传统农业向现代农业的跨越的中坚力量。

2006年东北地区共有农业科技人员17.3万人，占全区科技人员总量的8.7%。其中，吉林省有农业科技人员3.36万人，占全区专业技术人员总量的7.89%，辽宁省有农业科技人员3.6万人，占全区专业技术人员总量的7.55%，黑龙江省有农业科技人员10.3万人，占总全区专业技术人员总量的9.59%。从对东北专业技术人才行业结构的调查来看，该地区专业技术人员主要集中于工业、教育、卫生等行业，而农业技术人员仅为8.7%，远远不能满足东北农业发展的需要，特别是农业高新技术创新人才和管理人才非常短缺。另外，由于缺乏农业技术人员，直接影响了科技成果的推广与应用。总之，东北农业生产的地位在全国举足轻重，而农业科技人员所占比重与东北大农业的地位是不相匹配的。

（四）农业节水技术

节水灌溉技术模式得到广泛使用。东北地区虽然农业生产的自然条件较好，但是水利基础建设较差，基本上是靠天吃饭。在春季播种期，如果不下雨或晚下雨，则农业生产将受到严重影响，因此推广节水灌溉技术的使用尤为重要。这项技术的普及，解决大部分地区春播的水源问题，为农业生产的提高做出了突出贡献。1981～2009年间，除个别年份外，东北三省有效灌溉面积呈现明显的上升趋势，有效灌溉面积占全部农作物播种面积的比重整体上也呈现上升趋势（见图4－15）。

① http：//www.neigae.ac.cn，《东北地区农业水土资源优化调控机制与技术体系研究》，东北地理与农业生态研究所网站。

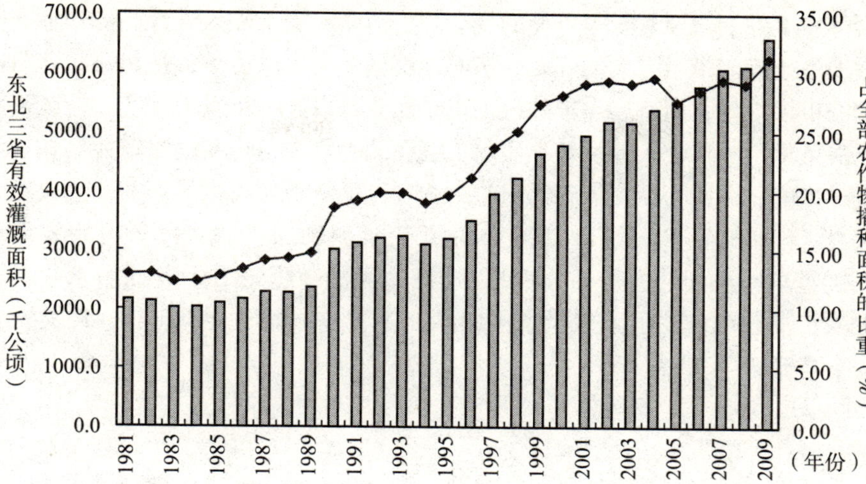

图 4－15　1981～2009 年东北三省有效灌溉面积及比重

资料来源：根据《新中国六十年统计资料汇编》和《中国统计年鉴（2010）》整理所得。

第二节　比较优势分析

在对东北三省第一产业发展的初始条件进行分析后，本部分将进一步对东北三省第一产业的比较优势进行分析，以找出哪些是具有比较优势的产业或产品，在未来第一产业结构优化升级过程中需重点关注和扶持，以加速第一产业结构优化过程。参考产业经济学中主导产业选择的有关理论，下面将从需求收入弹性、生产率、区位商和市场占有率四个方面对东北三省第一产业的比较优势进行分析。

一、需求收入弹性

所谓需求收入弹性基准通常用于表示某一产业产品消费需求（或人均消费需求）额对国民收入（或人均国民收入）额在某一水平上的变化所产生的反应。其一般计算公式为：$E_{di}=\dfrac{\Delta Q/Q_i}{\Delta Y/Y}$。

式中，E_{di}为第 i 产业部门产品的需求收入弹性系数，$\Delta Q/Q_i$ 为该产业产品要求量（或人均需求量）变动的百分数，$\Delta Y/Y$ 为国民收入（或人均国民收入）变动的百分数。

产品需求收入弹性系数的大小，可以从需求方面说明各产业部门在产业结构中所占份额发生的变化及其未来可能的变动趋势。产品需求收入弹性高的产业，其产品的增加由于能够带来更大的收入，从而能够创造更大的需求，往往意味着具有相对广阔的市场前景，而市场需求的拉动正是产业得以进一步发展并实现持续高增长率的先决条件。需求收入弹性基准实际上强调的是需求结构变动对产业结构有序演进的直接影响。因此，就应该将需求收入弹性高的产业作为主导产业，优先发展。

表4－7和表4－8分别对2009年东北三省城镇居民和农民居民主要消费的农产品的需求收入弹性进行了分析①，从横截面的数据来看，近期需求收入弹性较大的农产品是农业中的水果及水果制品、畜牧业中的奶及奶制品、肉禽及其制品和渔业中鱼虾等产品。

二、生产率

考虑一个地区某一特定产业的优势，该行业或者产品的生产率是十分重要的一个考量指标。下面将从农业投入产出效率和农业综合劳动生产率这两个指标对东北地区农业的比较优势进行分析。

表4－7　　2009年东北三省城镇居民主要农产品的需求收入弹性和排序

类型		辽宁		吉林		黑龙江	
		数值	排序	数值	排序	数值	排序
农业	粮食			0.9000	7	0.2792	11
	大米	－0.4574	12				
	面粉	－0.3882					
	油脂类			0.6422	8		
	食用植物油					0.4038	10
	鲜菜	0.2996	10	－1.2383	12	0.5577	6
	干鲜瓜果类					0.5341	8
	鲜果	0.8431	6	－0.7842	10		
	鲜瓜	1.2187	5	－1.8768	13		

① 理论上来说，在分析产品的需求收入弹性时应排除产品价格的变动对需求变动的影响，根据现有的统计资料来看，用同一年份内不同收入阶层对同一产品的不同需求的反映程度来求解需求收入弹性是合理的，但由于不同收入阶层对同一产品的需求数量缺乏，本书采用的是相邻年份需求的相对变动与收入的相对变动的比值来研究的。因此，表中辽宁和黑龙江的数据是采用2009年不同收入阶层（收入占中等偏下的20%和中等偏上的20%的人口）来进行分析的，其他的数据则是利用2008年和2009年的消费数据进行计算的。但是由于2009年度国内农产品价格的变动比较大，所以数据上存在着一定的偏差，需求的变动可能更多是反映价格的变化，而非收入的变动。

续表

类型		辽宁		吉林		黑龙江	
		数值	排序	数值	排序	数值	排序
畜牧业	猪肉	0.3506	9	2.5933	1	0.5459	7
	牛羊肉					0.8075	2
	牛肉	1.3706	3	1.9595	4		
	羊肉	1.3375		-0.8030	11		
	家禽（禽类）	0.6752	7	2.0422	3	0.5850	4
	鸡						
	蛋类			2.1379	2		
	鲜蛋	0.2688	11			0.4290	9
	鲜乳品	1.2404	4	0.5809	9	0.6485	3
	奶粉	2.0965	1	1.8780	5	0.9191	1
渔业	鱼虾			1.6870	6	0.5755	5
	鱼	0.5161	8				
	虾	1.7655	2				

资料来源：根据《辽宁统计年鉴（2010）》、《吉林统计年鉴（2010）》、《黑龙江统计年鉴（2010）》的相关数据计算整理所得。

表4-8　　2009年东北三省农村居民主要农产品的需求收入弹性

类型		辽宁	吉林	黑龙江
农业	粮食		-0.8987	-2.2762
	小麦	0.7230		
	稻谷	-0.9522		
	玉米	-4.5649		
	薯类	-5.0035		
	豆类及豆制品	-2.4950	-1.5509	-3.1727
	大豆	-3.4103	-2.4344	
	蔬菜及菜制品	0.4684	-1.9165	-2.0140
	水果及水果制品	0.7528	1.1914	0.1729
	油脂类	-0.5867	-1.1114	-0.1729
	植物油	-0.4745	-1.1074	-0.2199
	食糖	-0.7644	2.0291	0.4569

续表

类型		辽宁	吉林	黑龙江
畜牧业	肉禽及其制品	0.9575	2.0606	1.5276
	猪肉	1.7402	3.8435	2.8908
	牛肉	-3.8176		
	羊肉	1.8871		
	家禽	-1.9171	-1.3931	
	蛋类及蛋制品	-1.0402	-1.4401	-1.1197
	奶及奶制品	0.6774	0.2096	1.7548
渔业	水产品	-0.8466	0.2817	-0.4480
	鱼类	-0.9937	0.4480	-0.6377
	藻类	0.9740		

资料来源：根据《辽宁统计年鉴（2010）》、《吉林统计年鉴（2010）》、《黑龙江统计年鉴（2010）》的相关数据计算整理所得。

农业投入产出效率就是以中间消耗占总产值的比重这一指标综合地说明农业生产要素的投入效率。某一行业中间消耗占该行业总产值的比重越小，说明该行业在生产过程中投入要素的效率越高，反之则越低。通过有关数据的整理计算可知，2008 年东北三省农、林、牧、渔业整体中间消耗水平为 46.77%，整体上要高于全国 41.89% 的水平，农业、林业、牧业和渔业的中间消耗水平分别为 36.22%、46.27%、59.95% 和 36.72%，均高于全国农业、林业、牧业和渔业的中间消耗水平 35.28%、32.24%、51.49% 和 39.03%，这说明东北三省地区农、林、牧、渔业的投入要素效率比全国低。而分省来看，辽宁省渔业和吉林省农业的投入产出效率较全国平均水平低（见表 4-9）。

表 4-9　　2008 年东北三省农、林、牧、渔业投入产出效率　　单位:%

行业	全国	辽宁	吉林	黑龙江	东北三省合计
农、林、牧、渔业	41.89	47.44	43.23	48.69	46.77
农业	35.28	40.25	32.70	35.37	36.22
林业	32.24	41.81	40.02	53.55	46.27
牧业	51.49	59.29	54.14	66.29	59.95
渔业	39.03	33.91	39.96	63.89	36.72

资料来源：根据《中国农村统计年鉴（2009）》计算整理所得。

从农业综合劳动生产率比较来看，20 世纪 90 年代以来，东北三省的农业劳动生产率一直高于全国水平。但1994年以后东北三省农业劳动生产率优势与全国水平相比却是一路走低，1994年东北农业劳动生产率是全国的1.68倍，到2000年下降到了1.38倍，下降了17.85%之多，2002年又降到了1.36倍。从三省内部来看，辽宁省的农业劳动生产率相对全国平均水平一直保持较大的优势，而吉林省的农业劳动生产率相对全国平均水平一直保持较小的优势，黑龙江省在1991～1995年的农业劳动生产率相对全国平均水平保持较大的优势，1997～2003年其优势则出现下降，2004～2006年之间有所回升（见图4－16）。

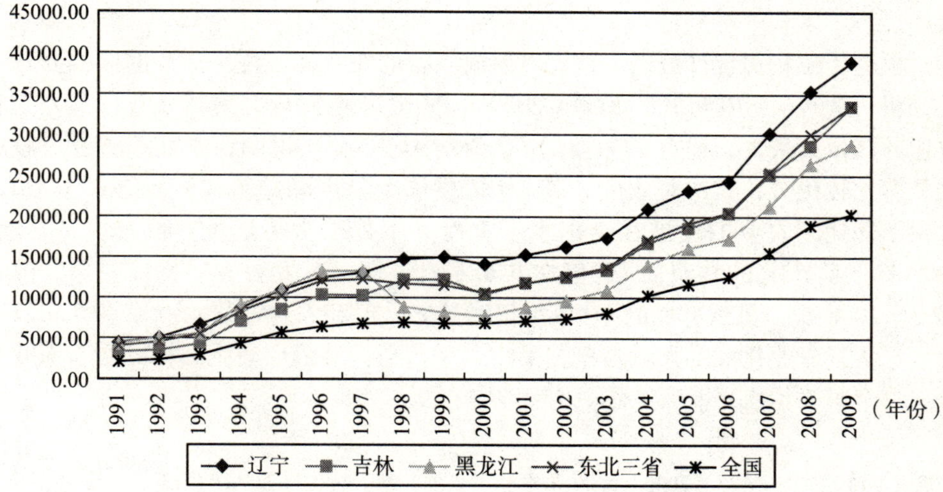

图4－16　1991～2009年东北三省农、林、牧、渔业的劳动生产率变化趋势

资料来源：根据各年《中国农村统计年鉴》计算整理所得。

三、区位商

区位商（Location Quotient，LQ）又称专业化率。它由哈盖特（P. Haggett）首先提出并运用于区位分析中。区位商是产业的效率与效益分析的定量工具，是一种较为普通的集群识别方法，用来衡量某一产业在特定区域的相对集中程度。产业集群的效应可以由区位商的大小得到体现，其计算公式为：

$$LQ=\frac{e_{ij}/e_i}{e_j/e}LQ=\frac{e_{ij}/e_i}{e_j/e}$$

式中，LQ指i地区j产业的区位商；e_{ij}指i地区j产业的产值（产量）；e_i指i地区的总产值（总产量）；e_j指全国j产业的产值（产量）；e指全国的总产值（产量）。

当 $LQ>1$ 时，表明 j 产业在 i 地区的专业化程度较高，超过全国水平，j 产业在 i 地区具有集群效应，j 产业的产品可以向外输出。LQ 越大，集群效应越显著。一般来说，只有区位商大于 1 的产业或部门才能构成该地区的主导产业，在当地经济发展中发挥主导作用。当 $LQ=1$ 时，表明 i 地区 j 产业专业化水平与全国平均水平相当；当 $LQ<1$ 时，表明 i 地区的 j 产业专业化水平低于全国，不具有集群效应，该产业的产品以进口为主要导向。在市场机制充分发挥作用的条件下，土地作为种植业的主导资源将向具有区域比较优势的作物集中。

根据历年相关统计数据，首先对东北三省的农、林、牧、渔业的区位商进行了分析，从表 4－10 可知，2000～2009 年的 10 年期间内，整体来看，东北三省牧业的区位商最大，10 年间牧业的 LQ 值均大于 1，这说明在东北三省发展牧业是具有比较优势；其次是农业，其 LQ 值整体上呈下降趋势，但一直在 1 左右，这说东北地区农业的发展在全国水平上看并不处于劣势地位；再其次是林业，2003 年以前东北的林业的 LQ 值在 0.6 左右徘徊，其发展劣势比较明显，但在 2003～2008 年，虽然林业的 LQ 值呈下降趋势，但和农业一样，一直在 0.9 以上的水平，其专业化程度大致与全国平均水平相当；最后是渔业，相对而言渔业的发展对全国平均水平而言并不具有优势。

表 4－10　　2000～2009 年东北三省农、林、牧、渔业的区位商

行业	2000 年	2001 年	2002 年	2003 年	2004 年	2005 年	2006 年	2007 年	2008 年	2009 年
农业	0.98	1.02	1.03	0.99	0.96	0.94	0.94	0.94	0.93	0.85
林业	0.60	0.56	0.60	1.08	1.06	1.05	0.99	0.95	0.93	0.82
牧业	1.15	1.08	1.07	1.09	1.12	1.15	1.15	1.20	1.20	1.33
渔业	0.86	0.83	0.82	0.85	0.87	0.85	0.90	0.78	0.78	0.82

资料来源：根据各年《中国统计年鉴》计算整理所得。

进一步，对农业中主要农产品的区位商①进行分析，计算出东北三省主要农作物品种的比较优势。从表 4－11 可知，粮食类的三种主要农产品中，玉米的区位商均大于 1，而稻谷和小麦的区位商均小于 1，这说明东北三省在玉米种植上具有比较优势，而稻谷和小麦则相对全国平均水平而言不具有比较优势，但是稻谷和小麦的区位商变化趋势并不一样，在 2000～2009 年，稻谷的区位商是越来

① 对东北三省主要农产品区位商的研究是以各农产品的种植面积为指标进行计算而来的。

越接近1，而小麦的区位商则是越来越小。这说明在东北三省稻谷的集群效应逐渐增大，而小麦的专业率在不断下降。豆类和其主要作物大豆的区位商均大于1，尤其是大豆的区位商均大于3，这说明其区位优势比较明显。糖料作物中的甜菜的区位商均大于1，东北三省的甜菜的区位优势也很明显，但2000~2009年，甜菜的区位商整体上呈下降趋势，其区位优势将越来越小。薯类、花生、烤烟、药材、蔬菜和水果的区位商均小于1，东北三省这些农产品均不具有比较优势。

表4-11　2000~2009年东北三省种植业中主要农产品的区位商

类型		2000年	2001年	2002年	2003年	2004年	2005年	2006年	2007年	2008年	2009年
粮食作物	稻谷	0.80	0.79	0.83	0.76	0.80	0.82	0.86	0.93	0.95	0.96
	小麦	0.26	0.19	0.12	0.11	0.11	0.10	0.08	0.08	0.08	0.09
	玉米	2.10	2.15	2.15	2.18	2.18	2.13	2.17	2.21	2.11	2.15
	薯类	0.58	0.56	0.57	0.59	0.50	0.47	0.42	0.38	0.38	0.41
	豆类	2.94	2.94	2.88	3.17	3.16	3.17	3.10	3.09	3.19	3.15
	大豆	3.56	3.57	3.51	3.80	3.79	3.71	3.75	3.74	3.85	—
经济作物	甜菜	5.02	4.80	4.77	4.24	3.40	3.36	2.42	2.84	3.03	2.74
	花生	0.40	0.46	0.52	0.69	0.54	0.55	0.45	0.43	0.56	0.71
	烤烟	0.54	0.44	0.45	0.41	0.37	0.47	0.21	0.29	0.34	0.34
	药材	0.56	0.48	0.51	0.51	0.56	0.65	0.39	0.57	0.67	—
其他作物	蔬菜	0.66	0.55	0.58	0.54	0.45	0.45	0.40	0.38	0.37	0.34
	水果	0.96	0.85	0.91	0.91	0.72	0.77	0.70	0.69	0.69	—

注："—"为数据缺乏。

资料来源：根据各年《中国农村统计年鉴》计算整理所得。

从全国范围来看，农产品可比成本（不包括土地成本和成本外支出）存在较大的地区差异，相比一般产区，主产区的成本优势比较明显，其竞争力强。东北地区被誉为中国的"黄金玉米带"，同时也是世界三大玉米带之一。东北的吉林和辽宁均是玉米的主产区（河北、河南两省也是玉米的主产区），相对其他地区而言市场竞争力较强，生产成本比我国平均值低20%左右。因此，从纯粹生产的角度来讲，东北玉米产区仍具有发展玉米生产的优势。东北地区也是全国重要的大豆产区，东北地区大豆的种植具有区域规模比较优势，有生产非转基因绿色有机大豆的优势，大豆及大豆产品无污染、含油量高、蛋白质丰富，发展潜力巨大。从资源和市场综合考虑，大豆种植在东北三省未来还存在一定扩展空间。近年来，东北地区稻米生产形成规模，生产的大米富含植物蛋白、脂肪纤维，米质洁白透明，口感甘美，相对其他地区的稻米具有较大的品质优势，在国内稻米市场上占有重要的地位。

四、市场占有率

市场占有率，又称市场份额，一般指一个企业的销售量（或销售额）在市场同类产品中所占的比重。市场占有率是直接反映企业所提供的商品或劳务对消费者和用户的满足程度的一个指标，它表明企业的商品在市场上所处的地位。我们借用市场占有率这一指标对东北三省农业的比较优势进行分析，用某一特定农产品的市场占有率来反映东北三省出售的农产品在全国同类农产品市场中所占的比重。市场占有率的一般计算公式为：

$$Q_i = \frac{p_i}{P_i}$$

式中，Q_i 为农产品 i 的市场占有率；p_i 为东北三省出售的农产品 i；P_i 为全国出售的农产品 i。

农产品市场占有率是东北三省农产品在市场上所占份额，也就是东北三省农产品对全国农产品市场的控制能力。市场份额越高，表明东北三省农产品竞争能力越强，在一定程度上农产品的盈利能力越强，其农产品的比较优势相对其他地区而言更明显。

运用上述市场占有率的计算公式，采用农村居民家庭平均每人出售主要农产品（畜产品及水产品）与乡村人口数的乘积作为出售的农产品（畜产品及水产品）数量指标对东北三省2005～2009年间主要农产品的市场占有率进行了研究。从表4－12可知，2005～2009年间，东北三省粮食作物平均的市场占有率为29.01%，而其他如油料、烟叶、蔬菜、水果和蚕茧等经济作物的平均市场占有率均小于10%，这说明东北三省农业中的粮食作物的市场占有率在全国来看是处于一个比较高的水平，粮食作物的竞争优势比较明显。牧业中除羊肉的平均市场占有率为4.10%，其他如猪肉、牛肉、家禽、蛋类、牛羊奶等产品的平均市场占有率均大于10%，这说明东北三省畜产品的市场占有率还是处于比较高水平，在全国来看具有一定的竞争优势地位。2005～2009年间，水产品的5年平均市场占有率仅为4.33%，这表明东北三省出售的水产品在全国总量中所占的市场份额比较小，其竞争相对处于劣势地位。

表 4-12　　2005~2009 年东北三省主要农产品、畜产品和水产品的市场占有率

单位：%

类　型		2009 年	2008 年	2007 年	2006 年	2005 年	5 年平均值
农业	粮食	29.87	30.40	27.95	26.81	30.05	29.01
	油料	8.24	7.62	6.66	5.08	5.68	6.66
	烟叶	5.69	4.99	5.70	5.83	6.72	5.79
	蔬菜	10.47	9.87	9.15	10.42	9.76	9.94
	水果	4.58	4.03	4.05	3.83	3.95	4.09
	蚕茧	3.48	3.63	2.67	3.70	4.28	3.55
牧业	猪肉	10.16	10.65	10.87	10.82	10.98	10.70
	羊肉	5.22	3.79	3.03	3.64	4.83	4.10
	牛肉	21.50	23.68	19.89	17.71	15.53	19.66
	家禽	23.31	17.30	13.86	12.25	11.89	15.72
	蛋类	16.79	20.44	13.17	11.91	13.06	15.08
	牛羊奶	11.67	14.92	15.93	12.68	13.13	13.66
渔业	水产品	4.40	5.74	5.28	2.65	3.58	4.33

资料来源：根据各年《中国统计年鉴》计算整理所得。

第三节　第一产业优化的主导方向

加速东北三省第一产业结构优化必须明确其发展的主导方向，根据上面东北三省第一产业中具有比较优势的产业或产品的分析可知，未来进一步优化第一产业产业结构，必须大力发展绿色生态农业，积极促进第一产业朝着规模化、产业化、标准化和信息化的方向发展，进一步提升具有比较优势农产品的国内外竞争力。

一、绿色生态农业

（一）绿色生态农业的内涵

绿色生态农业，又有“有机农业”、“三色农业”、“环保农业”、“无公害农业”等称呼。它是对传统“石油农业”的一种扬弃和超越。

绿色生态农业是以符合生态经济系统原理的方式组织农业生产，利用传统农

业精华和现代科技成果，对农药、化肥等使用和微生物危害进行控制，达到保护和提高农产品的安全、健康、营养品质目的。绿色生态农业包括绿色农业和生态农业两个方面。绿色农业是指充分运用先进科学技术、先进工业装备和先进管理经验，以促进农产品安全、生态安全、资源安全和提高农业综合经济效益的协调统一为目标，以倡导农产品标准化为手段，推动人类社会和经济全面、协调、可持续发展的农业发展模式。绿色农业是广义大农业，包括绿色动植物农业、白色农业、蓝色农业、黑色农业、菌类农业、设施农业、园艺农业、观光农业、环保农业、信息农业等。生态农业是以生态原理和经济原理为指导，根据社会需要，应用现代技术方法（包括系统工程方法、化肥、农药、农业机械的应用）组织生产，调控系统的结构与功能，从当地资源结构出发，建立充分利用当地各种资源实现经济效益、生态效益和社会效益相统一的农业体系。生态农业不仅可以避免石油农业带来的弊病，而且可充分合理利用自然资源，提高农业生产力，维护自然界的生态平衡。生态农业的主要内容则包括：根据生态经济学原理规划与布局农业；通过先进的科学技术提高太阳能的利用率，提高农业生态系统的输出；适量使用化肥和农药，以提高产品的输出，但要在环境承受的范围之内，即在不破坏环境的前提下，切忌滥用化肥农药，保护生态环境；按照食物链及其营养级的量比关系安排与调整产业结构，在永续利用资源的原则下开发农业资源。

绿色生态农业在发展过程中环境条件和生产过程必须要符合国家颁布的有关绿色食品的生产、检测、监督标准和程序。绿色生态农业其产品具有更强的抵御市场风险的能力，并提高农业生产的经济效益；绿色生态农业的耕作方式较传统“石油农业”更加精细，在一定程度上可以缓解部分地区人多地少的矛盾；绿色生态农业以现代科学技术为支持，在一定程度上实现对传统农业的改造，是现实农业现代化的一个有效途径；绿色生态农业以自然生态环境为基础，可实现农业生产的生态效益、经济效益和社会效益的统一，达到经济和环境的和谐共赢发展。

（二）绿色生态农业的发展途径

东北三省由于自然资源比较丰富加上优良的生态环境，因此在东北三省发展绿色生态农业有着一定的优势和基础。以黑龙江省为例，黑龙江省就是我国较早发展绿色生态农业的省份之一。目前，黑龙江省的绿色食品种植规模、加工量、认证数量都居全国第一位，绿色食品产业已经成为黑龙江省的支柱产业之一①。

① 李增梅、李桃，《发展绿色农业的路径选择——黑龙江省的实证分析》，载于《农业经济》2007年第2期，第39～41页。

虽然绿色生态农业在东北三省发展势头良好，但也存在着如人们尤其是农民对绿色生态农业认识不足、生产规模偏低、受农业生态环境制约、绿色食品市场体制不够完善，营销手段落后、绿色食品品牌杂乱，品牌优势整体不突出等一系列问题。因此，要在东北三省进一步发展绿色生态农业仍需从以下几个方面加强努力。

1. 加强宣传培训与观念引导，普及绿色生态农业知识，提高对绿色生态农业的认识

许多农民在一定程度上缺乏绿色生态农业知识，市场信息贫乏，习惯于以传统的农业耕种方式种植传统作物，对发展绿色生态农业的重要性，尤其是发展绿色生态农业的益处认识不足，加上环保意识不强，在农业生产过程中往往为追求短期利益而不自觉地破坏原有的农业生态环境，造成难以挽回的损失。因此，应加强宣传培训，对农业生产者和农产品消费者两个主体加强观念引导，提高对绿色生态农业的认识。对农业生产者而言，利用多种宣传媒体、开展多层次的农民科普教育及绿色生态农业知识培训、技术培训和科技示范，注重实用性、针对性和可操作性，让农业生产者从自身利益和社会效益等方面均意识到发展绿色生态农业的潜力和尝到甜头，鼓励广大农业生产者的积极性，提高农业生产者的绿色意识，提高其对农药的鉴别和合理使用能力，真正运用科技支农和科技致富，加速绿色生态农业的推广和运用。对农产品消费者主体，引导消费者树立健康消费的理念，并通过多种媒介宣传促使消费者具备“火眼金睛”的本领，能够辨别无公害农产品、绿色食品与普通农产品及受污染农产品之间区别：如西红柿顶部长着桃子似的突起物，那是点过激素的标志；青菜太绿，甚至绿得发黑，是化肥过量的反应等等。

2. 制定保护、扶持绿色生态农业发展的各项政策措施

农业本身是弱质产业需要政府各项政策扶植，绿色生态农业的发展更是如此。政府相关部门应对绿色生态农业的发展给予一定的政策保护，应对发展有机食品、绿色食品和无公害农产品的企业和农业生产者给予一定的优惠政策，鼓励农民和企业从事绿色有机农产品生产，以促进经济效益、社会效益和生态环境的和谐，实现长期可持续发展。

(1) 资金投入倾斜政策。绿色生态农业发展是一项系统工程，需要资金的大量投入，特别是前期阶段，如区域性的生态整治工程、农产品转化增值的加工工程、资源的循环再生配套工程、农业生态环境的动态监测等均需要一定的启动资金投入作为“催化剂”。而东北三省广大农民普遍生产规模不够大，自我的积累能力较低，扩大再生产能力不强，根本无力承担一些大型农业基础设施建设，那么政府作为农业投入主体在此时就应发挥其他主体不可替代的作用。因此，在绿色生态农业的发展过程中，政府必然要在资金投入上对其有一定的倾斜性政策，才能促进绿色生态农业朝着良好的势头进一步发展。

（2）金融优惠政策。资金投入上除了政府的倾向性政策外，金融部门也应给予一定的信贷扶植力度。耕种绿色生态农产品的农民如在资金上存在着一定缺口，农村信贷部门应对这种中小额贷款给予更大的支持。经营绿色生态农产品的生产企业，金融部门应予以有力的信贷扶持，有计划地扶持一批市场前景好、发展潜力大的企业，简化审贷程序，缩短办理贷款手续时限，并在利率政策的执行上给予适当优惠。

（3）税收优惠政策。相比传统农产品，绿色农产品的生产成本明显更高，要提高绿色农产品的竞争优势，就不得不降低绿色农产品的生产成本和交易成本，这除了需要经营绿色生态农业的微观企业或者生产者提高管理水平降低成本外，还需要国家制定优惠的税收政策，减免部分税收和费用，如适当补贴或降低生产企业绿标申办费用、环境检测费用，降低或减免绿色食品进入超市和市场的入场费等等。

（4）生态环境保护政策。制定农业生态环境保护政策应注意整体配合性和措施综合性两个方面。整体配合性关键是在政府统一领导下，涉及农业生态环境污染的各行业和各部门进行整体配合，遏制住农业生态环境污染的多源头，减少农业生态环境的污染，并有效减少治理污染的投入成本。措施综合性关键是采取多类技术措施的综合实施来治理和保护农业生态环境。

3. 强化“从土地到餐桌”全过程的质量监控

农民、农产品加工、生产企业要树立“从土地到餐桌”全过程质量控制的观念。从农产品的产地开始就得加强监控力度，净化产地环境；加大绿色农产品生产技术标准和规范的实施力度，指导农产品生产者、经营者严格按照标准组织生产和加工，科学合理地使用肥料、农药、兽药、饲料和饲料添加剂等农业投入品以及灌溉、养殖用水，加强动植物病虫害的检疫、防疫和防治工作，提高农产品分级、包装、保鲜、贮藏和加工业标准化水平。实施标识管理，根据不同农产品的特点，积极推行产品分级包装上市和产地标识制度。对包装上市的农产品，要求标明产地、生产者和经营者。加强对绿色农产品质量的抽检和市场监管力度。定期或不定期开展农产品产地环境、农业投入品和农产品质量安全状况的监测，确保上市农产品质量符合国家有关标准和规范要求。对各种蔬菜的农药残留物要每天进行检测，并推广速测技术，检测结果及时公布，确保消费者的知情权和监督权，让市民放心购买。此外，发挥消费者在食品安全问题中的积极作用，加大对违规企业的查处力度。

二、产业化和规模化

（一）农业产业化

1. 农业产业化的内涵

1996 年 2 月 4 日，江泽民同志在致信供销社全国代表会议时第一次提出“引导农民进市场、推动农业产业化”。由此，农业改革的产业化方向基本确定。农业产业化是指在农业生产经营活动中，以市场需求为导向，以提高经济效益为中心，以主导产业、产品为重点，以当地资源优势和加工流通企业为依托，以农副产品生产基地为基础，优化组合各种生产要素，实行区域化布局、专业化生产、规模化建设、系列化加工、社会化服务、企业化管理，形成种养加、产供销、农工贸、农工商、农科教一体化经营体系，使农业走上自我发展、自我积累、自我约束、自我调节的良性发展轨道的现代化经营方式和产业组织形式。这种经营模式从整体上推进传统农业向现代农业转变，是加速农业现代化的有效途径。目前，农业产业化发展一般是先确定主导产业，后依靠龙头企业带动，发展规模经营，实行市场牵龙头，龙头带动基地，基地连农户的产业组织形式。

农业产业化经营与传统封闭的农业生产经营相比，具有市场化、区域化、专业化、规模化、一体化、集约化、社会化和企业化①等八个方面的基本特征，市场化是农业产业化的起点和归宿；区域化能有效防止生产布局过于分散而造成的管理不便和生产不稳；专业化能有效提高生产效率；规模化是农业产业化的必要条件；一体化使农业的产前、产中、产后环节形成利益共同体，是农业产业化的实质。

2. 促进农业产业化的途径

（1）政府应该建立全国统一的、开放的、规范的农产品市场体系。政府在农业产业化的过程中应该一切按市场规则行事，不能干涉微观经济活动。首先，发展和完善农产品期货市场，引导农民进行中、远期的鲜活农产品交易，减少农民生产的盲目性。其次，加快农产品现货市场的信息化建设，建立全国性的农产品交易平台和农产品交易中心。农民生产的农产品卖不出去，很多鲜活农产品烂在农民手里是农业生产中最迫切需要解决的问题。建立全国性的农产品交易平台和农产品交易中心成为农业领域最迫切需要的基础建设，应当由政府作为公益事业

---

① 苏永，《农业产业化的基本特征及其局限性》，载于《现代农业科技》2010 年第 17 期，第 363～365 页。

投资建设，大幅度降低农产品的交易和运输费用。

（2）选准主导产业，舞活农产品的加工“龙头”。选准主导产业这一问题对农业产业化至关重要。因为主导产业选得准，某一产业的生产、加工、销售就能有机地连为一体。这一产业也就得到发展壮大。而对于某一具体的农产品产业而言，“龙头”企业起着关键作用。农产品加工的“龙头”企业，上连市场，下连基地（农户）。龙头企业实力强，对农业结构调整带动力就大；实力弱带动力就小，农业产业化发展速度就慢。

（3）政府应建立农产品国家质量标准和质量监督体系，确保农产品是在标准化状态下生产并符合国家标准。这是实现农产品产业化的重要保证。只有保证了市场中销售的农产品都是符合一定的国家规范，农产品的远期交易和电子商务交易才能有效进行。

（4）政府应加大农业基础设施建设，培育优质农产品生产基地。这是实现农业产业化的关键。加大农业基础设施建设，提高农村公路等级，完善农村路网建设，为农产品运输提供公共服务，方便农产品的运输和降低运输费用。鲜活农产品的保质期较短，因此，时间因素对鲜活农产品的销售有重大影响。同时，农产品生产基地是农业产业化经营的起点，没有一定规模的优质农产品生产基地，农业产业化经营就只能是无源之水，就没有长久的生命力。

（5）促进农产品交易制度的创新。首先，要推进电子商务在农产品交易中的应用。其次，要促进农产品交易结算制度的改进。发展电子商务必须有相适应的支付系统，这要求提高农业的信息化水平，使农民能够接受和习惯于网上支付。

（二）规模化

1. 农业规模化的内涵

农业规模化经营指传统农业向现代农业的转变过程中，以市场需求为导向，以追求最佳投入产出效率为核心，在改变传统分散的经营模式的前提下，使土地、资本、劳动力等生产要素在不同农业经济实体之间充分流动，实现资源合理集中和优化配置，提高资源利用效率，逐步建立起适应现代农业发展需求的农业规模经营组织形式，最终取得经济效益、社会效益和生态效益相统一的规模效益。

农业规模化是现代农业发展的必然趋势和主导方向，也是生产力发展的内在要求。规模化是农业产业化的必要条件，农业规模化经营可以有效提高农业产业化水平，有效提高资源利用率，降低农产品生产成本，从而提高农产品的市场竞争力，促进农业朝向现代农业发展，优化农业的产业结构。

2. 加快推进农业规模化的途径

（1）大力发展农民专业合作组织，扶持多种农业规模化经营主体。党的农业规模化需要较大的资金投入，土地规模适当集中，并以农业科技为支撑，传统以家庭为单位的农户由于势单力薄很难做到规模化经营，那么推进农业规模化，需扶持农业规模化经营主体。目前，我国农业规模经营包括种植大户、家庭农场、集体农场、农民股份合作农场、工商企业办的农业车间或农场、社会服务组织办的农业公司等多种多样的形式，也催生了多种农业规模化经营的主体。党的十七届三中全会《决定》要求，“有条件的地方可以发展专业大户、家庭农场、农民专业合作社等规模经营主体”。农民专业合作社是农业规模化经营主体的重要形式之一，发展农民专业合作社是推进农业规模化的重要途径，农民通过专业合作社这一新的独立法人，有效聚集和优化配置土地、资金、劳动力、技术等各种生产要素，突破单一农户面临的资源“瓶颈”制约，促进农业规模化的快速发展。各级政府及其相关部门应提供政策、资金、技术等各方面的优惠服务，大力扶持并引导农业规模化经营主体的发展。

（2）培育土地承包经营权流转市场，引导土地流转加速规模化经营。当前，家庭联产承包责任制下的土地经营，由于大部分地区地块分散，实现规模化经营存在着较大的困难，加快土地承包经营权流转，一方面既可以提高土地资源的利用率，同时也使得规模化经营成为可能。培养土地承包经营权流转市场，正确引导土地流转是实现农业规模化经营的需要。一方面，需要尽快建立健全土地流转服务平台和逐步完善社会中介服务机构，为流转双方提供相关的政策咨询和土地流转的供求信息，为供需双方搭桥牵线，并制定规范统一的土地流转合同文本，办理流转合同的鉴证，协调处理相关的矛盾纠纷等各项服务，降低土地流转交易成本，逐步建立健全土地流转的社会服务网络。另一方面，建立农用地流转价格标准体系，保障流转双方的合法权益，提高流转的效率和规范化程度。政府部门也可以考虑将土地流转管理纳入行政职能，建立管理委员会和纠纷仲裁机构，依法加强管理，逐步建立土地流转经营的长效机制。

（3）完善促进农业规模化的相关政策。各级政府在认真落实各项支农惠农政策的同时，应制定出台扶持农业规模化经营主体、推进土地流转、鼓励农业规模化的各项优惠政策。例如，土地流转收益保障政策；对长期流出全部土地经营权的农户在就业、社会保障、购置城镇住房等方面给予优惠政策；对流入土地经营权规模较大的各类农业经营主体，在金融服务、技术推广、用地用电用水和农业综合开发、农业基地建设、农业产业化经营、农业基础设施建设等项目上给予优先支持政策；为规模经营主体提供县、乡政府投资担保和信贷优惠政策；农产品价格支持政策；农业产业化生产销售的税收优惠政策等。在新型农民的培养上，各级政府部门应提供专项资金或建立补贴奖励政策来培养更多懂技术、知市场、善经营的新型农民，推进农业规模化快速发展。

三、标准化和信息化

（一）农业标准化

农业标准化是以农业为对象的标准化活动，即运用“统一、简化、协调、选优”原则，通过制定和实施标准，把农业产前、产中、产后各个环节纳入标准生产和标准管理的轨道。它通过把先进的科学技术和成熟的经验组装成农业标准，推广应用到农业生产和经营活动中，把科技成果转化为现实的生产力，从而取得经济、社会和生态的最佳效益，达到高产、优质、高效的目的。它融先进的技术、经济、管理于一体，使农业发展科学化、系统化。目前，我国农业已进入新的发展阶段，农业标准化已是农产品消费安全的重要保障，农业现代化的重要抓手，扩大农业国际化的有效途径以及统筹城乡经济发展的重要纽带（杨明升等，2010）。我国《农业标准化管理办法》规定，农业标准化的主要任务是贯彻国家有关方针、政策，规划、计划、制定和组织实施农业标准化，对农业标准的实施进行监督。

农业标准化内涵就是指农业生产经营活动要以市场需求为导向，建立健全规范化的工艺流程和衡量标准。农业标准化的主要对象包括农产品、种子的品种、规格、质量、等级、安全、卫生要求；试验、检验、包装、储存、运输、使用方法；生产技术、管理技术、术语、符号、代号等方面。

农业标准化的内容十分广泛，主要包括农业基础标准、种子、种苗标准、产品标准、方法标准、环境保护标准、卫生标准、农业工程和工程构件标准、管理标准等几大方面。农业标准化是一项系统工程，这项工程的基础是农业标准体系、农业质量监测体系和农产品评价认证体系建设。农业标准化工程的核心工作是标准的实施与推广，是标准化基地的建设与蔓延，由点及面，逐步推进，最终实现生产的基地化和基地的标准化。同时，这项工程的实施还必须有完善的农业质量监督管理体系、健全的社会化服务体系、较高的产业化组织程度和高效的市场运作机制作保障。

推进农业产业标准化要着力构建如下几大体系：

1. 完善农产品质量安全标准体系

完善农兽药等质量安全标准。《食品安全法》已明确农兽药残留标准的制定发布职责。当前，要全面复审现有农业标准，以保障农产品质量安全为目标，在现有国家标准、行业标准的基础上，在保证人和动植物健康的前提下，兼顾国内生产与国际贸易需求，接轨国际食品法典（CAC）。完善转基因生物安全管理标准体系。围绕《农业转基因生物安全管理条例》的实施，重点借鉴国际标准化组织、欧盟等的管理规范和检测标准，加快制定，以更好地服务转基因行政审批安全评价，服务转基因产品检测，服务转基因标识管理，规范转基因产品市场秩序。

2. 健全农产品产业技术标准体系

以保障农产品质量安全，提升农产品市场竞争力为目标，围绕《优势农产品区域布局规划》和《特色农产品区域布局规划》确定的农产品品种，针对优势特色农产品的生产和贸易，重点制定和修订农产品生产规范、农兽药合理使用、动植物疫病防治规范、产品质量规格及分析测试方法、包装标识、储藏运输等标准，实现农产品从产地环境监控、投入品使用、生产过程控制到产后保鲜、加工、包装、储运、产品检测等各个重要环节都有标准相配套，为整体提升我国农产品的市场竞争力提供技术保障。

3. 建立农业标准宣传培训体系

要明确农业标准化宣传培训技术指导机构，制定《农业标准化宣传培训规划》，建立以标准化技术委员会、农业院校、成人技术学院为骨干，各类技术推广组织为补充的农业标准化教育培训体系，形成中央与地方各有侧重又互为补充的教育、宣传和培训体系。

4. 建立农业标准咨询服务体系

明确农业标准化技术咨询和服务机构，利用信息技术，加强政务平台建设，完善网络环境，建立起集项目管理、技术协作、意见征求、标准发布、标准宣传、意见反馈于一体，公开、透明、快捷、高效的开放式互动平台。特别是要利用好网络、手机等新媒介，开展主动式“上门”服务，使立项、评审中的国内外标准信息都能实时传送至各利益相关方，切实提高全社会的认知度和参与度。

5. 建立农业标准实施应用体系

在国家级农业标准化示范县（场）建设项目的基础上，增加资金规模，围绕优势农产品全面深入实施农业标准化。同时，理顺职能部门内部工作机制，转变工作职能和方式，做到将农业标准化与农业行政监管相结合、将农业标准化与农业基建财政项目相结合、将农业标准化与农产品生产加工企业相结，并构建标准制定部门与农业技术推广部门的结合机制，把标准化技术推广作为农牧渔技术推广系统的当然职责，纳入工作计划，实施有效考核。

6. 建立农业标准绩效评价体系

要制定《农业标准化评价规范》和标准评价表，建立评价指标体系，引导和规范标准化的推进。结合标准的适用范围，设置以标准适用对象为基础的数据采集点，利用各标准化技术委员会、专业调查机构、网络等，对各项标准特别是重大标准进行适用性调查和效益评价，为标准的后期修订和推进提供依据。

7. 建立农业标准国际化体系，推动我国农业标准的国际化进程

制定《农业标准国际化发展规划》，依托基础扎实的技术单位，充分利用专业咨询机构等社会资源，加大资金支持力度，以国际食品法典委员会（CAC）、国际植物保护公约（IPPC）、国际动物卫生组织（OIE）和我国主要贸易国为目标，动态跟踪、研究、评议和预警国际国外技术法规、技术标准，积极参与国际组织的活动，将我国标准适时上升为国际标准，扩大我国在国际标准制定中的话语权。同时围绕我国主要优势农产品和各地区的特色农产品，积极采用适用国际标准，逐步建立标准制修订的国际—国内联动机制。

（二）农业信息化

农业信息化是指信息及知识逐步成为农业生产活动的基本资源和发展动力，信息和技术咨询服务业逐步成为整个农业结构的基础产业之一，以及信息和智力活动对农业的增长的贡献越来越加大的过程。农业信息化不仅包括计算机技术，还应包括微电子技术、通信技术、光电技术、遥感技术等多项信息技术在农业上普遍而系统应用的过程。

自2000年以来，我国对农业信息化研究及其应用的关注和经费投入日益增加，信息资源已经提升到与能源、材料同等重要的地位。互联网的迅速普及，使得网络成为了信息资源的重要载体和传递渠道。2007年1月中央一号文件再次强调农业信息化建设，尤其提出要加强农业信息收集整理的规范标准化及农业信息网络的互联，以整合农业信息资源，提高资源利用率。2007年2月农业部发布了《“十一五”时期全国农业信息体系建设规划》作出工作部署，也明确强调强化农业信息网络建设，并提出建设完善的农业信息标准体系框架，使得农业科技、农产品市场、政策法规等信息在采集、处理和信息服务等方面尽快地实现标准化和规范化。因此，研究网络环境下农业信息的标准化，是促进农业信息资源的合理高效利用，促进农业信息化，加快农业生产发展，优化农业结构，提高农业生产力的重要途径。

农业网络信息资源的类型主要包括农业政策法规、通告、新闻动态；农业技术信息；农业科普信息；农业市场信息；农业评述与市场分析预测；农业专家系统和网络地理信息系统综合信息。

第四节　第一产业结构优化的约束条件和障碍因素分析

根据前面第一节东北三省农业发展的初始条件分析和第二节的比较优势分析可知，近几年来东北三省第一产业发展的势头是良好的，第一产业结构有了一定程度的优化，但未来第一产业的进一步发展和产业结构优化还是面临着资源、技术和制度等方面的约束和障碍。

一、资源约束

（一）土地资源约束

东北地区是我国土地资源最为丰富的地区之一，农林牧用地数量比较大，耕地主要分布在松嫩平原、三江平原和辽河平原，土壤以黑土、黑钙土、暗草甸土和白浆土为主，土地的质量高。但目前，东北地区农业的进一步发展和农业产业结构的进一步优化仍面临着土地资源的约束。

1. 人多地少仍是最重要的制约条件之一

人多地少是我国的基本国情，东北三省虽然耕地面积的总量较为丰富，农村户均土地面积高于全国平均水平，但是和其他地区一样面临着人多地少的制约。据国土资源部的统计数据显示，2008 年年底东北三省耕地面积 2145 万公顷，占全国耕地总面积的 17.62%，东北三省共有乡村户数 1607.8 万户，占全国乡村总户数的 6.26%①，户均耕地占有量约 1.334 公顷（20.01 亩），远高于全国平均水平。但是，对于全国粮食主产区之一的东北，对于主栽大宗粮食作物的东北农民来说，依靠户均仅仅 20 亩的农田采用小户型耕种来维持温饱生活是可以的，但要想实现农业的规模化经营，依靠农业来大幅度增加农民收入还是远远不够。人多地少的状况仍将制约着东北三省农业的现代化发展，阻碍着农业产业结构的进一步优化。

2. 土地资源利用状况和利用效率的制约

土地资源利用状况是人们在自然背景下长期对土地资源施加影响而形成的，

① 资料来源：《新中国六十年农业统计资料》。

是人为活动与自然因素共同作用的结果，其从总体上反映了人们对土地资源开发、利用、保护和整治的水平。从2004~2008年东北三省土地资源利用状况来看，园地和牧草地的比重在减少，5年间园地和牧草地的比重分布减少了0.004%和0.057%，农业用地、建设用地、居民点及矿用地、交通运输地和水利设施用地的比重在增加，5年间其比重各自增加了0.142%、0.098%、0.075%、0.018%和0.006%（见表4-13）。

表4-13　　2004~2008年东北三省土地利用状况　　单位：%

年份	农用地	园地	牧草地	建设用地	居民点及矿用地	交通运输地	水利设施用地
2004	82.634	0.979	4.603	4.899	3.919	0.334	0.645
2005	82.606	0.978	4.574	4.917	3.932	0.339	0.646
2006	82.780	0.977	4.544	4.941	3.952	0.343	0.646
2007	82.783	0.976	4.538	4.969	3.975	0.347	0.647
2008	82.776	0.975	4.546	4.997	3.994	0.352	0.651
2008年较2004年变化量	0.142	-0.004	-0.057	0.098	0.075	0.018	0.006

资料来源：根据各年《中国统计年鉴》数据整理所得。

耕地作为农业用地中比重最大的土地资源，近年来东北三省的耕地面积持续减少，由1996年农业普查中的2152.62万公顷，减少到2008年的2145.005万公顷，下降了7.15万公顷。但据有关学者的统计，在1995~2003年间，东北地区的水田面积增加了39.2万公顷，水浇地增加2.98万公顷，旱田面积减少显著，减少了171.51万公顷。这表明东北地区种植业结构有了较大变化。但未来耕地总面积的减少将制约农业尤其是种植业结构的优化。2005~2009年东北三省林业用地的面积增加，由2005年的3466.46万公顷，增加到2009年的3699.17万公顷，增加了232.71万公顷。这说明近年来东北三省的天然林保护取得了一定的进展。

东北三省土地的利用状况可知，农业用地的比重超过了80%以上，其中耕地面积比重不到30%，林业用地的大约在45%。这样的用地结构和较高的土地利用率对农业生产来说应该是极为有利的，但农业生产并未形成与土地资源相适应的良好的产业结构，土地资源优势没有变成经济优势，主要表现是农业总产值低①。2009年，东北三省农林牧渔业中，林业和渔业的比重太低，仅占到农林牧渔业全部产值的3.20%和7.63%。这样的土地利用状况和土地利用效率将制约

① 石玉林主编，《东北地区农业发展战略研究》，科学出版社2007年版，第102页。

未来对于改进土地资源的利用效率，阻碍农业的产业结构的进一步优化。

3. 土地退化严重

以往，东北三省在开发利用土地资源的过程中，对生态环境保护的重视程度不够，相关治理措施缺乏或者实施力度不够，近年来，虽然已引起了相当程度的重视，但仍然使农业生态环境遭到一定程度的破坏。

以肥沃的黑土地著称的东北土地资源，目前黑土地风蚀、水蚀和水土流失都比较严重。总面积20多万平方公里的东北黑土地，每年因水土流失造成黑土流失达1亿~2亿立方米，黑土层由初开发时的近1米，减少为现在的20~30厘米。由于过度开垦，黑土区耕地比重大，森林覆盖率低，春季多旱多风，夏季又雨量集中，比较容易发生风蚀和水蚀。此外，水土流失使容纳了大量泥沙的水库、河道变成了“地上悬河”，人口的快速增长和耕地面积的不断扩大，土地连续耕作难以休耕补养，使农田耕层变浅，保肥蓄水能力降低，黑土地越种越瘦。其后果是风灾、旱灾、水灾不断，将给农业生产乃至今后的可持续发展带来严重的危害①。

东北山地林区，由于乱砍滥伐，盲目毁林开荒，陡坡种植，水土流失日趋加重。草原地区，由于多年来过度放牧、以草做燃料及草原退化、沙化、盐碱化的“三化”现象也是相当明显。根据学者的调查研究，松嫩平原草原“三化”面积已发展到200万公顷，每亩产草量由200千克减少到50千克，下降了3/4②。

（二）水资源

东北三省水资源量低于全国平均水平，是全国水资源短缺严重的地区之一。2009年东北三省水资源总量仅占全国总量的6.03%，人均占有量为1340.01立方米，低于全国人均占有量1816.18立方米，单位面积的水资源量也低于全国平均水平。且东北水资源的地区分布不平衡，辽宁的水资源在东北三省中最为匮乏。

东北地区水资源与人口分布、耕地资源的分布、经济发展布局匹配程度较低③。其中，以辽宁省较为突出④，辽宁中部地区的人口、耕地、国内生产总值占全省的50%以上，而水资源仅占38%，人均占有量为645立方米，用水量占

---

① 宋维佳、刘凤芹，《东北地区农业资源优化配置研究》，载于《财经问题研究》2007年第5期，第70~76页。

② 石玉林主编，《东北地区农业发展战略研究》，科学出版社2007年版，第103页。

③ 车黎明，《加强沟通与合作促进区域水资源优化配置与保护》，2005年8月14日，http://www.nen.com.cn/72340220065873920/20050814/1739629.shtml。

④ 何俊仕、程世迎、郭兵托等，《辽宁省水资源可持续开发利用对策探讨》，载于《辽宁农业科学》2005年第4期，第28~30页。

全省总用水量的70%，水资源总量与用水需求极不协调，是辽宁省内缺水最严重的地区；东部地区人口、耕地不足全省的5%，水资源量却占全省的25%，人均占有量达到4057m^3，水量丰富但用水需求不大；西部地区水资源量占全省的13%，人均占有量为530m^3，仅占全省人均水量的61%，是省内干旱缺水地区；南部地区人均水量1081m^3，为辽宁省内干旱和半干旱地区①。

东北西部地区水资源紧缺，农田灌溉与生态用水矛盾突出。西部半干旱草原地带生态与环境脆弱，长期以来，由于过牧和滥垦，很多地方的草地资源退化、沙化和盐碱化。一些地方大力发展农田灌溉，甚至发展水稻，挤占了自然生态的用水，造成河流干涸，地下水位大幅下降，以致湿地萎缩，沙漠化和盐碱化加重。中部地区水污染加剧，已危及农业用水安全。中部集中了资源性城市，城市化、工业化水平高，经济发达，但水污染严重，在河流水源不能满足需求的情况下，大力超采地下水，同时又严重污染河流水源，并影响地下水源。东部地区农田水利工程薄弱，防洪排涝标准偏低。

总之，近年来由于温室效应使得气温升高，降水减少加上其他如地下水超采、水体污染严重等因素的综合作用加剧了东北三省的水资源短缺，造成了巨大的经济损失，也制约了东北农业的持续发展，阻碍了农业产业结构进一步优化。

二、技术约束

农业的持续快速发展离不开科技支撑体系。大力推进农业科技创新，积极推广先进适用技术，推进农业信息化和培养新型农民，是科技兴农战略的重点。近年来，随着科技兴农战略开展，我国对农业的投入有了很大程度的提高，但是农业的科技投入在全部的科技投入中所占比重仍有待提高。以研究开发机构和R&D项目（课题）两个科技统计指标为例，2009年农林牧渔业的研究开发机构的数量和经费支出仅仅占全部产业总计数量的6.13%和2.64%；农林牧渔业的分限额以上R&D项目（课题）的数量和经费支出仅占全部产业总计的6.20%和1.61%，农林牧渔业R&D项目（课题）的经费来源中74.14%是来源于政府资金。这均表明我国农业的科技投入相对其他产业而言是不够的，科技投入的主体更多是政府，没有充分发挥农业企业对农业科技投入的主体作用（见表4－14、表4－15）。

① 何秀丽、刘文新，《东北地区水资源供需现状及优化对策》，载于《安徽农业科学》2010年第30期。

表 4－14　　2009 年农林牧渔业的研究开发机构占全国的比重情况

	机构数（个）	R&D 人员（人）	硕士和博士	机构 R&D 经费支出（万元）	科研用仪器设备原价（万元）	进口设备（万元）
总计	44891	1426315	327498	31810356	39725444	10545718
农林牧渔业	2752	53900	17935	838388	918764	307967
农林牧渔业所占比重	6.13%	3.78%	5.48%	2.64%	2.31%	2.92%

资料来源：第二次 R&D 资源清查数据。

表 4－15　　2009 年农林牧渔业的分限额以上 R&D 项目（课题）占全国的比重情况

	数量（项）	人员全时当量（人年）	研究人员（人）	经费支出（万元）
总计	701841	1775968	497958	43936976
农林牧渔业	43536	56642	32098	705593
农林牧渔业所占比重	6.20%	3.19%	6.45%	1.61%

资料来源：第二次 R&D 资源清查数据。

东北三省虽然拥有相对全国平均水平而言较高的农业科技水平。但东北三省对农业的科技投入还是不足的。如表 4－16 和表 4－17 所示，东北三省全部研究开发数和机构 R&D 经费支出仅占到全国的 6.46% 和 5.97%，而分限额以上 R&D 项目（课题）数量和经费支出仅占到全国 8.24% 和 6.73%，这样的比重结构说明东北三省总体的科研投入和成果数量的水平并不高，作为第一产业也是如此。未来如不进一步加大第一产业的科技投入，那么技术因素将成为第一产业持续快速发展，结构进一步优化的主要制约因素。

表 4－16　　2009 年东北三省研究开发机构占全国的比重情况

	机构数（个）	R&D 人员（人）	硕士和博士	机构 R&D 经费支出（万元）	科研用仪器设备原价（万元）	进口设备（万元）
全国	44891	1426315	327498	31810356	39725444	10545718
辽宁	1534	46128	11366	879626	1273950	327067
吉林	637	21363	7472	538837	747384	219576
黑龙江	731	25674	6110	481722	567280	102369
东北三省总计	2902	93165	24948	1900185	2588614	649012
东北三省占全国的比重	6.46%	6.53%	7.62%	5.97%	6.52%	6.15%

资料来源：第二次 R&D 资源清查数据。

表 4-17　2009 年东北三省分限额以上 R&D 项目（课题）占全国的比重情况

	数量（项）	人员全时当量（人年）	经费支出（万元）
全国	775316	2000174	45492738
辽宁	29032	68417	1653117
吉林	15728	32564	654901
黑龙江	19148	45117	754915
东北三省总计	63908	146098	3062933
东北三省占全国的比重	8.24%	7.30%	6.73%

资料来源：第二次 R&D 资源清查数据。

三、制度因素

制度对于经济发展的作用越来越重要，对第一产业的发展观作用同样如此。第一产业产业结构优化同样受到制度因素，尤其是农村土地制度的制约。党的十一届三中全会以后，我国农村普遍推行土地家庭联产承包责任制，实行了集体经济组织的土地所有权与分户经营为主的土地使用权的分离，极大地解放了我国农村生产力。土地承包期限也经历了以下几个阶段：1984 年中央提出土地承包期限一般在 15 年以上，1993 年《关于当前农业和农村经济发展的若干政策措施》中规定土地承包期 15 年到期后继续延长 30 年保持不变，2003 年《农村土地承包法》规定耕地的承包期为 30 年（草地的承包期为 30～50 年，林地的承包期为 30～70 年），2008 年《中共中央关于推进农村改革发展若干重大问题的决定》中明确现有土地承包关系要保持稳定并长久不变。土地承包和土地承包经营权流转在党的有关文件中一致是相伴随的。土地流转指的是土地使用权流转，是指拥有土地承包经营权的农户将土地经营权（使用权）转让给其他农户或经济组织，即保留承包权，转让使用权。《中共中央关于一九八四年农村工作的通知》（中发〔1984〕1 号），首次提出农村土地流转问题。2001 年 12 月 30 日，《中共中央关于做好农户承包地使用权流转工作的通知》（中发〔2001〕18 号），全面阐述了党的农村土地流转政策。2002 年通过，2003 年 3 月 1 日实施的《农村土地承包法》，将 2001 年的 18 号文件的精神上升为国家法律。2008 年的《中共中央关于推进农村改革发展若干重大问题决定》，是对土地流转政策和法律的进一步完善和深化。

但是目前东北三省土地流转规模较小，流转率比较低。截至 2008 年年底，辽宁省土地流转面积为 104.68 万亩，占耕地总面积的 2.1%；吉林省土地流转面积为495万亩，占耕地总面积的7%；黑龙江省土地流转面积约占承包总面积的15%。与全国11%的平均流转率相比，辽宁省和吉林省的流转率均低于全国平均水平；三省与广东、江苏、浙江等沿海经济发达地区50%~60%的流转率相比，相差更远①。此外，土地流转的对象主要是本村农户和少数企业，且通常以流转期限为1~3年短期流转为主。

为了东北农业的可持续发展，实现农业规模化、现代化经营方式，促进农业产业结构的优化，那么进一步完善农村土地制度，深入推进引导农民加快土地承包经营权流转，就是十分关键的措施之一。不断完善农村土地承包基本经营制度，积极推进农村土地承包确权、登记和经营权证发放，健全农村土地承包纠纷仲裁体系。土地承包经营权确权是土地流转的前提和基础。土地承包经营权越稳定、产权关系越明晰，越有利于流转。因此应继续做好农村土地延包后续收尾工作，妥善解决一些地区存在的延包遗留问题，做好土地确权登记、颁证等工作，切实做到承包地块确权、承包合同、承包经营权证书“三到户”，完善土地承包经营权权能，依法保障农民对家庭承包土地占有、使用、收益和流转的权利。

第五节 第一产业结构优化的主要载体与途径

第一产业结构优化需要有各种资源、技术、装备、制度等要素合理配置，并进行规范的市场运作，同时还必须依托一定的载体来实现第一产业结构优化。根据东北三省第一产业比较优势分析和结构优化所面临的资源、技术和制度等方面的约束条件和障碍，结合其优化的主导方向，本书认为东北三省第一产业应依托国家粮食安全生产基地、绿色农产品标准化生产基地、精品畜牧业基地、农业科技示范基地和现代农业园区等五个主要载体来实现第一产业的结构优化。

一、国家粮食安全生产基地

粮食的生产和供给是我国农业政策和粮食政策的核心问题。东北地区作为我国重要的商品粮生产基地，素有“中国最大的商品粮战略后备基地”赞誉，未来应朝着建成“现代化国家级商品粮基地”目标发展，确保其具备稳定的粮食生产能力和商品粮供给能力，进一步加强和发挥其保障我国粮食安全方面的作用。按

① 兰晓红，《加快东北三省农村土地承包经营权流转》，载于《经济与管理》2009年第10期，第77~78页。

照《全国新增1000亿斤粮食生产能力规划（2009～2020年）》的要求，通过调整种植业与农业产业结构，合理开发利用后备土地资源和水资源，治理中低产田，加大物质和科技投入力度，以进一步提高农民种粮的积极性，东北地区的粮食增产潜力将进一步挖掘。加强东北地区国家粮食安全生产基地建设，提升粮食生产专业化、区域化和产业化水平，促使商品利率不断提高，进一步增强其保障国家粮食安全作用。

东北地区国家粮食安全生产基地建设以保障未来国家粮食安全为主体目标，以追求粮食增产和商品粮供给增长为核心内容，提高粮食综合生产能力，促进当地农民收入稳步提高和农村经济可持续发展。从粮食生产能力，国家级粮食安全生产基地县（市）年均粮食生产能力应达到1亿千克以上的水平。玉米年均产量在5亿千克以上，大豆年均产量在1亿千克以上，水稻年均产量在1亿千克以上。

按照区域比较优势，结合东北三省原有的商品粮基地县（市）的空间分布与发展状况，以及国家对商品粮基地建设布局所制定的宏观政策等进行综合分析与比较优选，金风君等初步确定东北三省国家粮食安全生产基地的空间布局方案。以三江平原、松嫩平原和辽河平原为重点区域，共选出18个国家粮食安全生产基地的重点市（地级），具体见表4－18。

表4－18　　　　东北地区商品粮基地空间布局

区域	省份	基地市	重点基地县
三江平原	黑龙江	佳木斯	富锦、桦南、桦川、同江
松嫩平原	黑龙江	哈尔滨	巴彦、五常、呼兰、双城、依兰、延寿、阿城
		齐齐哈尔	讷河、拜泉、依安、克山
		绥化	海伦、绥化、肇东、兰西、龙江、青冈、望奎
		黑河	爱辉、逊克、嫩江、北安、五大连池
	吉林	长春	榆树、农安、德惠、九台、长春郊区
		吉林	永吉、舒兰、蛟河、磐石、桦甸
		四平	梨树、公主岭、双辽、伊通
		通化	通化、梅河口、辉南、柳河、集安
		辽源	东丰、东辽
		松原	扶余、前郭、长岭
		白城	镇赉、洮南、大安
		延边	敦化、汪清、安图、龙井

续表

区域	省份	基地市	重点基地县
辽河平原	辽宁	沈阳	新民、法库、辽中、苏家屯、于洪、新城子、康平、东陵
		大连	庄河、普兰店、瓦房店、金州
		铁岭	铁岭、开原、西丰
		锦州	黑山、凌海、北宁、义县
		朝阳	建平、北票、朝阳、喀左

资料来源：金凤君、张平宇等著，《东北地区振兴与可持续发展战略研究》，商务印书馆2006年版，第215页。

在确定国家粮食安全生产基地建设的空间布局后，进一步加强粮食生产的区域化和专业化建设。在水稻、玉米、大豆等优势明显的粮食品种主产区大面积示范推广高产、优质品种和节本、增效的实用技术，以进一步提高粮食生产的效益。重点支持三江平原、松嫩平原和辽河平原发展优质粳稻，并在其他水土资源条件较好的地区适当发展水稻种植。大力推进优质专用玉米产业带建设，着力提高单产，加快玉米经济开发步伐。如吉林省专用玉米产业带建设主要布局在吉林中部松辽平原粮、畜、加经济区，在长春市榆树、农安、德惠、九台，四平市梨树、公主岭、双辽、伊通，松原市前郭、扶余、长岭、乾安，辽源市东丰、东辽，吉林市永吉、舒兰等16个县（市）进行重点建设①。加强优质大豆生产基地建设，以松嫩平原北部的讷河、嫩江、五大连池、海伦、克山、绥化、拜泉，中部地区的巴彦、榆树、扶余、农安、五常、呼兰，以及三江平原的富锦、同江、宝清等商品粮基地县（市）为重点区域，以松嫩平原南部地区的四平、公主岭、昌图、铁岭等为次一级布局区域，在上述区域内加快新品种、新技术推广，采用集中连片、轮作制度，实现大豆生产过程的规模化、专业化、机械化和优质化，提高单产，提升蛋白或油脂含量，实行分种分收分储，提升生产组织化程度。进一步深化粮食流通体制改革，完善东北三省粮食主产区内直接收购和储备等方面的政策，完善和执行支农及相关配套政策，保障当地粮食增产、农民增收、农业高效和农村可持续发展。

二、绿色农产品标准化生产基地

绿色农产品标准化生产基地，是指产地环境质量符合绿色食品有关技术条件

① http：//www. yxag. gov. cn/Yx/article. aspx？ id = 96154&departmentid = 305，《吉林省大力推进专用玉米产业带建设》。

要求，按绿色食品技术标准、生产操作规程和全程质量控制体系实施生产和管理，并具有一定规模的种植区域或养殖场所。绿色农产品标准化生产基地建设，是发展高效优质农业、建设现代农业的重要内容，是推进农业标准化生产的重要措施，有利于加强农产品质量安全管理，优化农业生产布局和产业结构，提高农业综合生产能力和效率，提升农产品国内和国际的市场竞争力，有利于农民增收、农业增效，并协调农业、农村和环境和谐可持续发展。东北三省的农业生态环境较好，发展绿色农产品标准化生产基地有其天然优势，加快优质高效绿色生态农业发展，确保无污染的安全、优质农产品生产，大力发展绿色和有机食品，把东北建设成我国最大的绿色农产品标准化生产基地。

近年来，黑龙江省绿色农产品标准化生产基地发展势头迅猛。首批创建国家绿色食品标准化生产基地22个，有3个产品获得无公害农产品认证，350个生产基地获得无公害农产品产地认定。到2009年，黑龙江A级水稻、小麦、玉米和大豆的产量分别达933.0万吨、17.4万吨、418.7万吨和180.7万吨；有机食品级水稻、小麦、玉米和大豆的产量分别达26.2万吨、8.5万吨、15.3万吨和15.2万吨；绿色食品养殖业牵动农户131383户，猪肉、牛肉和牛奶产量分别达1338吨、12795吨和1671520吨；绿色食品加工企业500个，产值241.4亿元，利税达32.6亿元。相比黑龙江省，辽宁和吉林的绿色农产品生产方面存在着一定的差距，未来需加快发展的步伐（见表4－19）。

表4－19　2009年黑龙江省绿色食品发展情况

种植业（单位：万公顷、万吨）					养殖业		加工企业	
品种	A级		有机食品					
	面积	产量	面积	产量	牵动农户（户）	131383	企业个数（个）	500
水稻	139.6	933.0	4.6	26.2	生猪存栏（头）	15200	职工人数（万人）	14.9
小麦	4.7	17.4	2.3	8.5	生猪出栏（头）	20030	资产总额（亿元）	304.8
玉米	86.5	418.7	3.2	15.3	猪肉产量（吨）	1338	流动资产（亿元）	152.1
谷子	2.1	6.6	0.3	1.0	肉牛存栏（头）	43200	固定资产（亿元）	139.2
大豆	109.5	180.7	9.4	15.2	肉牛出栏（头）	85300	投资额度（亿元）	78.3
绿豆	2.2	2.8	0.3	0.3	牛肉产量（吨）	12795	产品产量（万吨）	1000.0
马铃薯	4.7	90.6	0.4	7.6	奶牛存栏（头）	539200	产值（亿元）	241.4
甜菜	1.8	53.8	0.1	1.0	牛奶产量（吨）	1671520	利税（亿元）	32.6
蔬菜	2.1	60.4	0.8	13.7	鹅存栏（只）	452100	订单数量（万吨）	306.9
其他	4.3	10.5	4.9	10.0	鹅出栏（只）	870230		

注：2007年AA级与有机食品合并。

资料来源：《黑龙江统计年鉴（2010）》。

不断调整经济增长方式，发展高产、优质、高效、生态、安全农业，加强东北地区绿色农产品标准化生产基地建设，加快推进绿色农业的发展，扩大优质安全农产品的生产规模，提高农产品质量安全和市场竞争力，促进农业增效增收和农业可持续发展是进一步促进东北农业结构优化的重点。绿色农产品标准化生产基地建设要做到与农业标准化、农业产业化、农产品优势区域布局、农产品质量安全管理和生态环境建设等工作及项目的有机结合，坚持经济效益、生态效益和社会效益相统一的原则。加强东北三省生态农业的环境保护，严格控制农业生产基地的外源污染和农业自身污染，解决农药残留超标和有毒有害物质问题，建立行之有效的农业投入品管理制度，从源头上把好绿色农产品质量关。建立健全完善的生产管理体系，加强农产品生产技术规程的标准化建设。培养一批具有较高知名度的东北绿色和有机食品品牌，扶持创建若干个上规模、标准化的原料产地，鼓励开展农产品地理标志登记保护，进一步加强绿色和有机食品质量安全技术标准、检验检测、质量认证、推广和服务体系建设。鼓励有实力的企业在全国大中城市建立东北绿色和有机食品连锁超市。

三、精品畜牧业基地

精品畜牧业基地是拥有广阔牧场或丰富饲草、饲料资源，畜牧业生产基础好，生产集约化、专业化程度高，综合生产能力和效率高，能够长期稳定地向区外提供大量商品性畜禽及其产品的集中产区。精品畜牧业基地建设有利于稳定畜牧业生产形势，实现畜禽及其产品的供需平衡，优化第一产业结构，促进基地牧民增收，保护牧区生态环境，加速牧区经济稳定发展。东北三省农业产业结构优化需进一步加大畜牧业的发展，推进精品畜牧业基地建设。《东北地区振兴规划》提出“建设以中部平原为重点的肉蛋奶生产与加工精品畜牧带，以西部农牧交错带为依托的牛羊育肥基地，以滨洲沿线松嫩菜园和蒙东草甸草原、优质人工草地和优质饲料基地为依托的大型现代化奶牛饲养和牛羊繁育区”。

东北三省发展畜牧业的基础条件优越，发展潜力巨大。如吉林省“十一五”期间，重点规划了“6118”发展目标，即实施“粮变肉”、畜产品精深加工、乳品跃升、特种经济动物振兴、饲料兽药保障、动物卫生安全等6大工程，建设100个大项目，到2010年实现畜产品加工业产值1000亿元、畜禽养殖业产值800亿元。到“十一五”期末，重点建设好5000万头优质生猪和400万只肉羊基地，200万头优质肉牛、45万头奶牛基地和百万张皮革加工项目，新增1亿只肉鸡加工项目，1000万只貂狐貉养殖基地及加工项目①。但在中国畜牧业协会举办了“第一届全国养猪行业百强优秀企业”评选活动中评选出来的养猪行业百强优秀企业东北三省仅有7家（其中辽宁、吉林和黑龙江分别为1家、3家和3家）。畜产品精深加工量占加工总量的20%不到，精深加工产值占畜产品加工总产值的40%不到。未来东北三省地区畜牧业仍存在着很大的发展空间和发展潜力。

加强精品畜牧业生产基地建设，需重点抓好以下几项工作。第一，着力推进畜牧业生产规模化、标准化和产业化，完善监测预警调控机制，建立良种猪生产隆起带、肉羊基地建设、肉牛基地建设、奶牛基地建设等等，稳定生猪等主要畜禽产品的生产和确保其质量。第二，大力推进畜禽养殖标准化示范创建。按照高标准、严要求的原则，新创建畜禽养殖标准化示范场，完善并严格执行畜禽养殖标准化示范场管理办法，完善示范场验收评估标准，建立畜禽标准化示范场基础数据库，举办示范创建管理与技术培训班，推广成功的畜禽标准示范场的经验。第三，坚定不移地推进饲料企业、生鲜乳收购站等生产经营主体行为规范化，完善监督执法工作机制，力争实现饲料和生鲜乳质量安全水平稳步提升。第四，加强草原保护建设。坚定不移地推进草原重大工程项目建设和生态保护补助奖励政策的落实，完善草原保护建设机制，力争实现草原生态加快恢复。

四、农业科技示范基地

农业科技示范基地是农业科技创新活动的重要平台与载体，是农业科技成果转化基地与辐射源。农业科技示范基地建设对于农业的快速良好发展发挥着重要作用。建设一批农业科技示范基地，加快构建现代农业技术创新支持体系，促进农业的可持续发展和优化农业产业结构，切实发挥科技创新在新农村建设中的支撑和引领作用。通过农业科技示范基地的创新、引导和辐射，将有力地推进农业领域产学研的有机结合，实现农业科技创新要素的优化配置，提升农产品的标准化、规模化、组织化生产水平，满足现代农业“优质、高效、安全、环保”的发展要求。

近年来，东北地区农业科技示范基地建设的发展趋势良好。2010年，辽宁沈阳市沈北新区辉山农高区被科技部等国家六部委正式命名为辽宁辉山国家农业科技园区，其首创了“农产品加工带动型工业反哺农业”新模式，形成了全国最

① http：//www. gov. cn/gzdt/2007 - 11/04/content_ 795123. htm，《吉林省：大力发展现代牧业经济构建精品畜牧带》。

大最好的农产品深加工产业基地、通过三大平台实现了科技资源最密集、探索了创新的管理体制机制，园区内农业高新技术和先进适用技术的引进、研发和集成创新，得到了专家的充分肯定，具有广泛的示范意义和推动作用。吉林和黑龙江省也加快了各自农业科技示范基地建设。

进一步优化东北地区农业产业结构，加速农业又快又好发展，农业科技与创新关键。建设农业科技示范基地，需加强龙头企业创新能力培育，推动企业成为农业技术创新和示范推广的主体；建立完善以企业为主体建设示范基地的机制，积极推进“龙头企业+基地+农户”的基地建设模式，逐步建立以企业为主体，以示范基地为平台，以板块和特色产业发展需求为导向的农业新技术创新、示范推广体系，推动形成“企业带基地促产业”的发展格局，促进区域特色、板块经济快速发展。积极推动产学研结合，着力打造一批高水平的农业科技创新团队。大力发展农业科技中介和服务机构，建立完善农业技术推广服务体系。

五、现代农业园区

现代农业园区是以技术密集为主要特点，以科技开发、示范、辐射和推广为主要内容，以促进区域农业结构调整和产业升级为目标，通过采用现代科学技术、物质装备、经营管理方式装备和改造农业，建成的具有超前性、示范性和综合性的农业现代化的标志性工程。现代农业园区具有高起点、高标准、高质量、高效益的特点。现代农业园区是传统农业向现代农业转变的有效途径，是实现农业现代化的重要步骤，同时也是现代农业的展示窗口，有利于转变农业经济增长方法。现代农业园区是农业科技成果转化的孵化器，通过现代化科技及管理手段的运用，可以大幅度地提高要素生产率、科技贡献率、农产品加工转化率，进而提高农业综合生产能力，加大农产品供给，促进农村经济增效，提高农民收入。

现代农业园区的具体形式多种多样。按照运行机制和技术支撑体系不同，我国现代农业园区大致可以分为技术示范推广型、技术引进创新型、自主创新主导型、综合创新型等；按示范内容可分为设施园艺型、节水农业型、生态农业型、农业综合开发型、“三高”农业型和外向创汇型的科技园；按照参与主体不同可分为官办型、管学联合型、科研院所独办型和民办型等；按行政体制可分为国家级、省级、市级、县级等；按区位可分为都市型、城郊型、农区型、科教基地型及综合功能型等。不同层次、不同类型的农业园区其功能也不尽相同。就其共同性而言，多数现代农业园区具有示范带动功能、生产加工贸易功能、培训教育功能、休闲观光功能及技术创新功能等。

2012年以来，东北三省现代农业园区建设取得了不俗的成绩。如辽宁朝阳市的龙城现代农业园区已然形成了“建好一个园区，带动一个片，辐射一个面”的发展态势，2009年累计入驻项目25个，总投资19.5亿元，已有8个项目建成投产，农业园区获农业部授予的“全国农产品加工创业基地”称号①。到2010年底已累计入驻药业、酒业、乳业、粮食及农产品精深加工、模拟海洋食品生产、保健食品生产等各类项目30个，引进30家农业产业化龙头企业，总投资19.82亿元②。由黑龙江省农业科学院与齐齐哈尔市于2009年12月合作共建，投资1.2亿元的甘南兴十四现代农业园区集农业高新技术开发、新品种引进繁育推广示范、科技成果展示、生态旅游于一体。目前已建成实验控制中心、智能温室以及种植业示范区、马铃薯标准化生产示范区、大豆原种繁育示范区、牧草产业示范区及果蔬采摘园等，其示范效果已经初步显现，未来不论其经济效益还是社会效益都极具极大的发展潜力。

进一步加强东北三省现代农业园区建设，需要注意以下几个方面。首先，各级政府高度重视并进一步加大资金投入，以形成良好的开发建设现代农业园区环境。其次，现代农业园区的开发建设，应坚持高起点、高标准、高质量、高效益的“四高”标准，从规划设计到具体项目的实施，每一个环节都要充分考虑整个园区的长久示范带动效应。再其次，根据各地区的区域特点，采用政府引导、企业运行、农民受益的运行模式，建立形式灵活多样的现代农业园区。最后，现代农业园区的运行机制应以市场机制为主，重视自主开发创新能力，培育“名特优稀”地方名牌产品，带动区域内主导产业快速发展，提高农户收入。

---

① http://www.51tgb.com/show.asp?id=42659，《龙城围绕高新技术园区和农业园区开展招商引资取得成效》。

② http://www.lnjn.gov.cn/gaojian/2011/5/258610.shtml，《龙城区现代农业园区牵手10万农户》。

第五章

第二产业[①]的优化方向及实现途径

实施东北地区老工业基地振兴战略以来，辽宁、吉林、黑龙江三省都积极的把握国家振兴东北的契机，分别制定了各自的发展规划，但三省之间在汽车制造业、石油化工业等主导产业的发展上有许多相似之处。另外，现阶段，伴随着第二产业的高速度而产生的是高能耗、高污染等问题，如何在兼顾效益的同时降低能耗、减少污染也是亟待解决的问题。从“中国国民经济和社会发展第十二个五年规划纲要”及东北三省的主要目标和指导思想可以看出，高度化、高效化、环保化正是新时期对第二产业提出的新要求。在制度环境、历史背景等方面均非常相似的东北三省完全可以作为一个整体进行分析，通过加强协作，坚持走新型工业化道路，发挥产业比较优势，建立完善的现代产业体系，以期达到总体效益最优。

本章以高度化、高效化、环保化为优化目标，采用产业结构优化分析方法，分析了东北地区第二产业内部产业结构优化的初始条件及比较优势，并依据国家及东北三省“十二五”规划的相关内容研究了第二产业的优化方向及实现途径：第一节，对东北地区第二产业的初始条件进行分析；第二节，通过初选、基准分析、综合分析三个步骤确定东北地区的主导产业；第三节，选择东北地区及三省各自的产业结构优化方向；第四节，对产业结构优化的约束条件进行分析；第五节，根据前面分析，提出产业结构优化的对策。

需要说明的是，本章的第二产业优化方向，既包括产业层面的主导产业的选择，也包括在主导产业内，对重点产品及重点技术的选择。

① 根据国家颁布的《国民经济行业分类和代码》标准，第二产业包括工业（包括采掘业、制造业、自来水、电力、蒸汽、热水、煤气）和建筑业，本书只对第二产业中的工业进行研究。

第一节　初始条件分析

一、规模与效益

（一）东北地区工业在全国的地位

从整体上看，东北地区的工业总产值呈持续上升趋势，但是其占全国工业总产值的比重1978～2004年持续下降，2005～2009年才略有上升，但仍低于10%（见图5－1）。

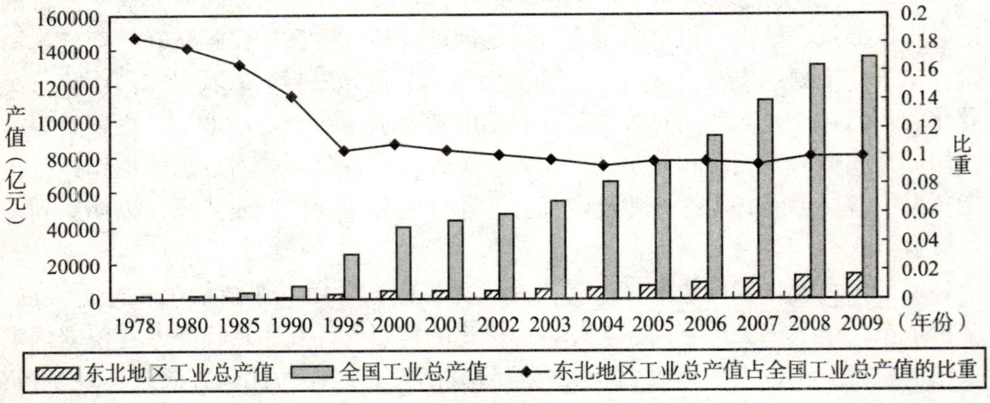

图5－1　东北地区工业产值水平

资料来源：《中国统计年鉴（2010）》整理得出。

从产业规模来看，截至2009年底，在我国七个区域中，东北地区规模以上工业企业工业总产值仅领先于西南、西北地区，居于第5位（见表5－1）；在各省份工业总产值排名中辽宁处于第5位，而吉林处于第17位，黑龙江居于第20位。

（二）东北地区工业现状

从图5－2可以看出，第一产业比重持续下降，至2009年底，其值为11.5%；第三产业比重1978～2003年持续稳步增长，2004年之后虽略有波动但始终保持38%左右；第二产业长期在国民经济中处于主导地位，近10年虽有波动，但除2008年的51.2%外均集中在47%～50%之间，其中，工业在第二产业中的比重均在87%以上。

表5-1　　各区域工业生产总值排名

地区	华东地区	华南地区	华中地区	华北地区	东北地区	西南地区	西北地区
工业总产值（亿元）	239611.41	76213.26	66566.77	68134.94	45480.88	333520.32	18783.83
排名	1	2	3	4	5	6	7

资料来源：《中国统计年鉴（2010）》整理得出。

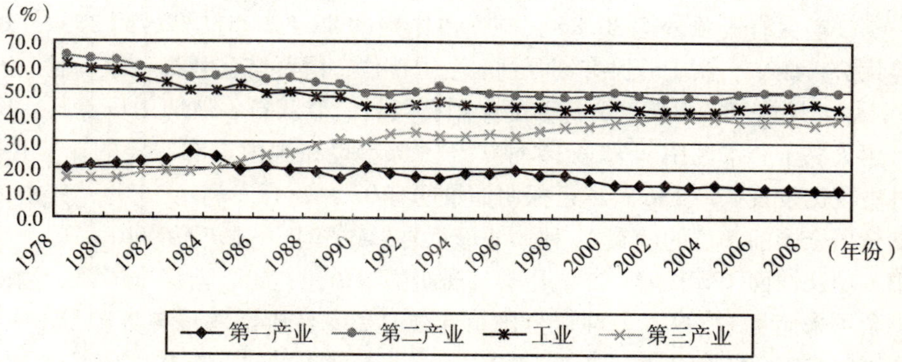

图5-2　第一、二、三产业占GDP的比重

资料来源：根据《中国统计年鉴（2010）》整理得出。

从经济效益来看，2009年辽宁、吉林、黑龙江工业增加值增长率分别为16.8%、16.8%和12.1%，共实现利润2794.60亿元，比上年同期增长7.6%，实现利税2569.60亿元，比上年同期增长36.1%。就东北三省各工业企业经济效益指标而言，辽宁省各行业工业企业经济效益指标大部分低于全国平均水平，其中差距较大的行业包括煤炭开采和洗选业，石油和天然气开采业，化学原料及化学制品制造业，交通运输设备制造业，而石油加工、炼焦及核燃料加工业则以大比例高出全国平均水平；吉林省各行业工业企业经济效益指标大部分低于全国平均水平，其中差距较大的行业包括煤炭开采和洗选业，化学原料及化学制品制造业，木材加工及木、竹、藤、棕、草制品业，农产品加工业，黑色金属冶炼及压延加工业，电力、热力的生产和供应业，而交通运输设备制造业以大比例高出全国平均水平；黑龙江省各行业工业企业经济效益指标大部分高于全国平均水平，其中食品制造业，石油和天然气开采业，石油加工、炼焦及核燃料加工业和通信设备、计算机及其他电子设备制造业高出比例较大，而低于全国平均水平且差距较大的行业包括有色金属矿采选业，通用设备制造业和交通运输设备制造业。

二、自然资源

关于自然资源中的土地资源与水资源概况在上一章已经进行了介绍，本章不再赘述。

（一）矿产资源

东北地区矿产资源丰富。截至2009年底，辽宁省已发现矿产110余种，其中，菱镁矿保有资源量达30.86亿吨，占中国的85.6%和世界的约25%，具有明显优势；硼矿、铁矿的保有资源量居全国首位，滑石、金刚石和玉石居全国第2位；煤、煤层气、天然气、锰、冶金用石英岩、硅灰石、玻璃用石英石、珍珠岩、耐火黏土、水泥用灰岩等16种矿产资源量也在国内具有一定的比较优势。吉林省现已发现矿产136种，已探明储量的有93种，开发利用75种，其中，保有储量居全国前5位的就有22种；油母页岩、硅藻土、硅灰石等10种矿产居全国第1位；蚀面用辉长岩、二氧化碳气居全国第2位；钼、锗居全国第3位；石油剩余可采储量11399.0万吨居全国第6位。黑龙江省已发现各类矿产134种，占全国已发现234种各类矿产的57.2%，已查明储量的矿产有87（新增菱镁矿）种，其中保有储量位居全国首位的有10种，即石油、晶质石墨、颜料黄黏土、长石、铸石玄武岩、岩棉玄武岩、火山灰、水泥用大理岩、矽线石、铼矿；位居第2位的有2种，即玻璃用大理岩、浮石；位居第3位的有6种，即硒矿、珍珠岩、玻璃用脉石英、陶粒用黏土、制灰用石灰岩、泥炭；占前10位的矿产有42种。东北地区是资源型城市最集中的地区，在全国118个资源型城市中，东北地区就占了31个，更有辽河、吉林、大庆三大油田和鸡西、鹤岗、双鸭山、阜新、抚顺等特大型煤矿。但是，这些城市大多数已经进入老年期，资源开始枯竭，经济也日渐衰退。在国务院公布的两批共43座资源枯竭城市中，东北地区的阜新市、伊春市、辽源市、白山市、盘锦市、大兴安岭地区抚顺市、北票市、葫芦岛市杨家杖子开发区、南票区、辽阳市的弓长岭区、舒兰市、敦化市、九台市、七台河市及五大连池市等16个市（区）榜上有名①。可以说，东北地区资源型产业发展繁荣的时代已经结束，以资源丰富的辽宁为例，其十大有色金属矿山中8

① 其中前6个城市为第一批公布的资源枯竭型城市，其他为第二批公布的资源枯竭型城市。

个已停产，6个中央直属煤炭矿务局中5个已进入衰老期①。

（二）森林资源

东北地区蕴藏着丰富的森林资源，是全国三大林业基地之一。根据辽宁省森林资源二类调查最新成果显示，全省现有林业用地面积695.03万公顷，占全省总面积的46.94%，其中，天然林面积303.44万公顷、蓄积11369.91万立方米；人工林面积330.52万公顷、蓄积12220.83万立方米，森林覆盖率为35.13%。全省有林地划分为防护林、特种用材林、用材林、薪碳林和经济林五大林种。吉林省有林地面积达到12075万亩，活立木总蓄量86089万立方米，列全国第6位，森林覆盖率已达到42.5%，林业年创经济价值220亿元；素有“长白林海”之称的长白山区，是中国六大林区之一，有红松、柞树、水曲柳、黄菠萝等多种种类，其中“长白松”更被列入1999年国务院公布的《国家重点保护野生植物名录》。黑龙江林区是全国重要的林业生产基地，全省林业经营总面积3175万公顷，现有森林面积2007万公顷，活立木总蓄积15亿立方米，森林蓄积14.32立方米，森林覆盖率43.6%；此外，黑龙江植物种类丰富，森林树种百余种，其中利用价值高的有红松、落叶松、樟子松、云杉、冷杉等30余种。

三、人力资源②

截至2009年底，东北地区人口总数为10884.55万人，其中第二产业就业人数为1267.5万人。如图5－3所示，1978～1994年，就业人数呈上升趋势；1994～2004年，就业人数呈下降趋势；2004～2009年，就业人数呈上升趋势，但2009年就业人数低于1994年的1715.1万人。东北地区第二产业就业人数占全国的比例整体呈现下降趋势，其中，2009年的这一比例为5.85%。

（一）年龄结构

将东北三省人口按照年龄划分成18岁以下、18～35岁、35～60岁及60岁以上四个阶段，则东北地区人力资源的年龄结构为1.14:1.63:3.10:1，较之全国人口的年龄结构1.67:1.44:2.83:1，显然，东北三省人员处于青中年的比例要高于全国平均水平，这为满足东北人力资源需求提供了有力的保障。

---

① 王健、刘丽欣，《东北地区资源型城市的可持续发展问题及对策阐析》，载于《工业技术经济》2009年9月第28卷，第9期。

② 第三章对人力资源的初始条件进行了分析，对于重复部分本章不再赘述。

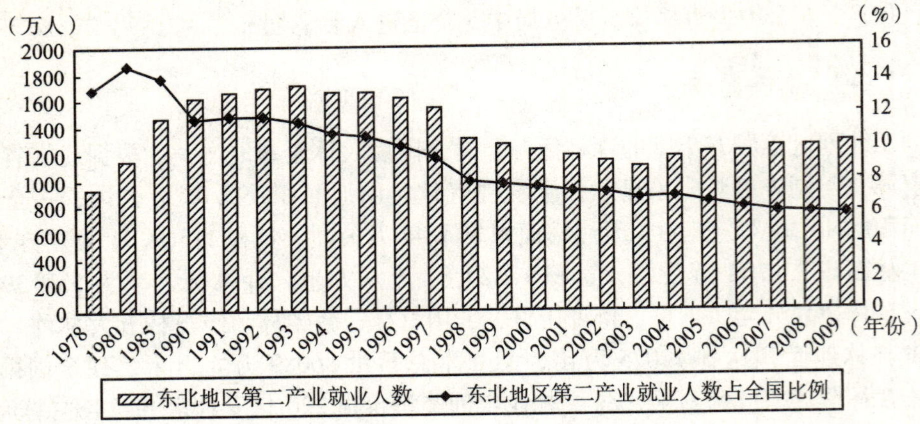

图5－3　东北地区第二产业就业人数及其比重

资料来源：《中国统计年鉴（2010）》整理所得。

（二）教育水平

随着国家及个人对教育的重视程度提高，东北三省人员教育水平也在逐年提高。目前，每万人中大学生超过200人。

截至2009年底，辽宁省普通高中招生24.8万人，在校生71.8万人，毕业生24.9万人；研究生培养单位招生2.8万人，在校生7.6万人，毕业生2.1万人。吉林省有普通高中学校262所，在校生46.86万人；中等职业教育学校（机构）384所，在校生32.29万人；全省共有研究生培养单位19个，招收研究生1.68万人，在学研究生4.68万人。黑龙江共有研究生培养单位25所，招生1.6万人，在学研究生4.9万人，毕业生1.3万人；普通高校70所，招生21.6万人，在校生67.8万人，毕业生17万人。此外，东北地区共有对第二产业人员供给具有重大贡献的技工学校407个，占全国的13.3%，为下岗失业人员、劳动预备制学院、在岗职工和农村劳动者提供了广阔的学习平台。

就人力资源而言，东北地区可以说是人力资源丰富的地区，也可以说是人才资源不足的地区，因为该地区人力资源总数上占优势，但却由于人员流失严重致使人才短缺。

四、技术资源

截至2009年末，辽宁省共有产品质量检验机构57个，其中，国家检测中心

18个，质量认证机构4个，产品认证机构2个，完成产品认证的种类9973种。2009年辽宁科学研究与试验发展（R&D）经费内部支出219.6亿元，比上年增长15.5%，取得科技成果774项（不含高校论文成果及专利成果），其中，基础理论成果28项，应用技术成果698项，软科学成果48项。全省省级以上各类企业研发中心（工程实验室）增加到619个，产学研技术联盟发展到535家。受理专利申请2.6万件，比上年增长23.5%；授权专利1.2万件，增长14.4%。全年共签订各类技术合同1.6万项，技术合同成交额119.8亿元，比上年增长20.2%。

吉林省共有县以上政府部门属自然科学研究机构120个，其中，中科院属3个，省属所48个。全省已建成国家级重点实验室10个，省属重点实验室15个，省级科技创新中心（含工程技术研究中心）81个，产品质量检验机构706个，国家质量检测中心16个。2009年全省国内专利申请量5934件，授权量3274件，分别比上年增长7.2%和10.1%。其中发明专利申请量2166件，授权量718件，分别比上年增长14.3%和25.1%。2009年度（自2008年11月1日至2009年10月31日）登记省级科技成果510项，比上年增长23.5%。全年有15项科研成果获得国家科技奖；20项获得省科技进步一等奖；55项获省科技进步二等奖；135项获三等奖。全年共签订技术合同3222份，实现合同成交额19.80亿元。

黑龙江省有科学研究开发机构719个，产品质量检验机构52个，产品质量、体系认证机构3个。2009年黑龙江省从事科技活动人员11.5万人，其中科学家和工程师8万人。全年科技经费支出117.1亿元，比上年增长25.9%，其中研究与发展（R&D）经费支出72.6亿元，增长20%，R&D支出相当于地区生产总值的0.87%。全年共取得重大科技成果1319项，其中基础理论成果206项；应用技术成果1000项；软科学成果113项。受理专利申请8351件，比上年增长15.3%；授权专利4574件，比上年增长6.3%。全年共签订技术合同1709份，成交金额41.7亿元，比上年增长19.2%。

第二节　东北地区第二产业主导产业的实证分析

一、初选

根据产业划分标准可知，工业可以划分为39个行业。由于对全部39个行业进行基准分析数据过于庞大，因此，我们首先要对着39个行业进行初选。

本书以主营业务收入占2%以上，且利税总额为正作为初选标准。以此为依据选出的主要行业包括：（1）煤炭开采和洗选业；（2）石油和天然气开采业；（3）食品制造及烟草加工业；（4）石油加工、炼焦及核燃料加工业；（5）化学工业；（6）非金属矿物制品业；（7）金属冶炼及压延加工业；（8）金属制品业；（9）通用、专用设备制造业；（10）交通运输设备制造业；（11）电气机械及器材制造业。

二、基准分析

11 个主要产业中哪些可以作为主导产业，要通过一定的标准来衡量。在市场层面上，只有具有较强市场扩张力的产业才能不断发展，成为主导产业，本书用需求收入弹性来衡量某产业的发展前景和对经济的牵动力；在生产潜力上，只有那些技术水平高，技术进步对产值贡献大的产业才能成为主导产业，本书用生产率上升率来衡量某产业的发展潜力及其对经济的推动作用；在动态上，主导产业要符合社会需求导向，能带来更多利益，本书通过比较优势系数来衡量某产业与其他区域该产业相比是否具有优势；在同其他产业的关联上，只有具有较强的关联性的产业，才能带动其他产业的发展，成为主导产业，本书通过关联系数来衡量某产业对其他产业的影响力及对其他产业变化的感应力。

（一）需求收入弹性

所谓需求收入弹性基准通常用于表示某一产业产品消费需求（或人均消费需求）额对国民收入（或人均国民收入）额在某一水平上的变化所产生的反应。其一般计算公式为：

$$E_{di} = \frac{\Delta Q/Q_i}{\Delta Y/Y}$$

式中，E_{di}为第 i 产业部门产品的需求收入弹性系数，$\Delta Q/Q_i$ 为该产业产品要求量（或人均需求量）变动的百分数，$\Delta Y/Y$ 为国民收入（或人均国民收入）变动的百分数。

当 $E_{di}>1$ 时，则表示第 i 产业部门需求增长速度高于国民收入增长速度；当 $E_{di}=1$ 时，则表示第 i 产业部门需求增长速度等于国民收入增长速度；当 $E_{di}<1$ 时，则表示第 i 产业部门需求增长速度低于国民收入增长速度。

显然，产品需求收入弹性系数的大小，可以从需求方面说明各产业部门在产业结构中所占份额发生的变化及其未来可能的变动趋势。产品收入弹性高的产业，其产品的增加由于能够带来更大的收入，从而能够创造更大的需求，往往意味着具有相对广阔的市场前景，而市场需求的拉动正是产业得以进一步发展并实现持续高增长率的先决条件。收入弹性基准实际上强调的是需求结构变动对产业结构有序演进的直接影响。因此，就应该将收入弹性高的产业作为主导产业。在进行主导产业选择时，采用全国统一市场的产品收入弹性为基准更能准确反映该产品的需求份额变化和未来变动趋势。

从2006年年底东北主要工业行业的需求收入弹性的横断面排序看（见表5－2），近期需求增长较快的行业是石油和天然气开采业、化学工业、煤炭开采和洗选业、交通运输设备制造业、非金属矿物制品业、食品制造及烟草加工业。

表5－2　　东北地区各工业行业需求收入弹性和排序

行　　业	2006年工业增加值	2006年工业总产值	2005年工业总产值	需求收入弹性	排名
煤炭开采和洗选业	2144612	5151153	4280240	2.46	3
石油和天然气开采业	19600274	23344032	18897396	4.41	1
食品制造及烟草加工业	6729853	22904418	17227019	1.19	6
石油加工、炼焦及核燃料加工业	1594287	30111182	24239655	0.27	10
化学工业	9993769	20629846	17007026	2.76	2
非金属矿物制品业	4811769	7876863	5497109	2.02	5
金属冶炼及压延加工业	3132515	28512239	23721822	0.65	7
金属制品业	277102.6	4092292	2707271	0.20	11
通用、专用设备制造业	2238097	19734480	13617392	0.37	9
交通运输设备制造业	14433847	29512954	22938145	2.20	4
电气机械及器材制造业	645191.4	6852913	5126253	0.37	8

注：由于2007年之后的辽宁和黑龙江省的工业增加值数据并未公布，所以，这里计算的是2006年的需求收入弹性。

资料来源：根据《辽宁统计年鉴（2007）》、《吉林统计年鉴（2007）》、《黑龙江统计年鉴（2007）》、《辽宁统计年鉴（2006）》、《吉林统计年鉴（2006）》、《黑龙江统计年鉴（2006）》整理所得。

（二）生产率上升率

这里所说的生产率是综合要素生产率，即产出对全部投入要素之比，包括劳动增长率、资本增长率和全要素增长率，其中全要素增长率是指在线性齐次生产函数的假设下，产出增长中不能常规投入增长解释的残差。这个残差叫做“广义上的技术进步”，不仅包括技术进步使生产函数移动带来的经济增长，而且包括规模经济、更有效资源配置等因素引起的经济增长。创新是推动产业结构变化的基本动力之一。主导部门要能够带动整个产业结构的升级，其本身必须是创新活动频繁，能够迅速吸收新技术的部门，只有这样才能保证具有高的生产率上升率和不断降低生产成本。在实际分析中，通常采用新古典增长模型，其计算公式如下：

$$\Delta Y/Y = \Delta A/A(TFP) + \alpha \Delta K/K + \beta \Delta L/L$$

式中，$\Delta Y/Y$ 为国内生产总值增长率；$\Delta A/A$ 为技术进步率；$\Delta K/K$ 为资本增长率；$\Delta L/L$ 为劳动增长率；α 表示资本对 GDP 贡献的权重，β 表示劳动对 GDP 贡献的权重，并且假定 $\alpha + \beta = 1$。

从表 5-3 可以看出，除了交通运输设备制造业和非金属矿物制品业的生产率上升率较高外，其他均较低，且大部分为负值。

表 5-3　　东北地区各工业行业生产率上升率和排序

行　业	2006 年东北地区全要素生产率	2005 年东北地区全要素生产率	全要素生产率上升率	位次
煤炭开采和洗选业	2989.98	2956.64	0.01	6
石油和天然气开采业	933267.20	879436.90	0.06	5
食品制造及烟草加工业	83264.92	71006.28	0.17	4
石油加工、炼焦及核燃料加工业	-12876.20	-44938.70	-0.71	9
化学工业	12028.33	7149.83	0.68	3
非金属矿物制品业	11740.71	4670.69	1.51	2
金属冶炼及压延加工业	7194.13	20207.10	-0.64	8
金属制品业	2060.18	8016.74	-0.74	11
通用、专用设备制造业	3280.47	5803.83	-0.43	7
交通运输设备制造业	24490.21	7185.11	2.41	1
电气机械及器材制造业	3204.91	9119.76	-0.65	10

注：由于无法获得近几年的统计数据，这里选择 2005 年和 2006 年的数据进行分析。

资料来源：根据《辽宁统计年鉴（2007）》、《吉林统计年鉴（2007）》、《黑龙江统计年鉴（2007）》、《辽宁统计年鉴（2006）》、《吉林统计年鉴（2006）》、《黑龙江统计年鉴（2006）》整理所得。

（三）比较优势系数

某产业的比较优势可以用比较优势系数表示。比较优势系数，用于比较工业内部各行业的相对优势，它是比较集中率系数、比较工业成本费用利润率系数、比较生产率系数、比较利税率系数的乘积。

1. 比较集中率系数

地区主导产业必须建立在地区比较优势基础上，因为地区主导产业首先是专业化产业，即是输出大的产业。比较集中率系数可表示为：

$$CC = \frac{C_{ik}/C_i}{C_k/C}$$

式中，CC 为比较集中率系数，C_{ik} 为 i 地区 k 产业的产值，C_i 为 i 地区所有产业的产值，C_k 为全国 k 产业的产值，C 为全有所有产业总产值。

如果比较集中率系数大于1，说明 i 地区 k 产业在产业规模上具有优势；如果比较系数小于1，则说明 i 地区 k 产业在产业规模上处于劣势。在选择主导产业选择时，应优先选择比较集中率系数大的产业。

从表5－4分析，东北地区的石油和天然气开采业，石油加工、炼焦及核燃料加工业，交通运输设备制造业优势明显；通用、专用设备制造业，食品制造及烟草加工业略具优势。

表5－4　　东北地区各工业行业比较集中系数和排序

行　业	工业总产值	东北比例	全国总产值	全国比例	比较集中度系数	位次
煤炭开采和洗选业	5319691.22	0.02	92018300.00	0.02	0.77	9
石油和天然气开采业	23844919.26	0.09	83000500.00	0.02	3.84	1
食品制造及烟草加工业	26863812.58	0.10	324256100.00	0.09	1.11	5
石油加工、炼焦及核燃料加工业	31202883.90	0.11	178508800.00	0.05	2.33	2
化学工业	24877787.89	0.09	372815000.00	0.10	0.89	8
非金属矿物制品业	10808807.92	0.04	155594400.00	0.04	0.93	6
金属冶炼及压延加工业	34944295.91	0.13	517348900.00	0.14	0.90	7
金属制品业	5844340.95	0.02	114470800.00	0.03	0.68	10
通用、专用设备制造业	26254351.95	0.09	290075000.00	0.08	1.21	4
交通运输设备制造业	39945309.78	0.14	271474000.00	0.07	1.96	3
电气机械及器材制造业	9059788.27	0.03	240190700.00	0.06	0.50	11

注：各行业的工业总产值最新统计数据仅至2007年，这里就2007年数据进行分析。

资料来源：根据《辽宁统计年鉴（2008）》、《吉林统计年鉴（2008）》、《黑龙江统计年鉴（2008）》、《中国统计年鉴（2008）》整理所得。

2. 比较工业成本费用利润率系数

$$CX=\frac{X_{ik}}{X_k}$$

式中，CX 比较工业成本费用利润率系数，X_{ik} 为 i 地区 k 产业的工业成本费用利润率，X_k 为全国 k 产业工业成本费用利润率。

比较工业成本费用利润率系数反映的是某地区某产业成本控制程度的高低，如果产业成本控制程度越好，比较工业成本费用利润率系数可能越大。一般来说，主导产业的比较工业成本费用利润率必须大于1，只有当该系数大于1时，才能说明某地区该产业工业成本费用利润率高于全国平均工业成本费用利润率（等于1时说明某地区该产业工业成本费用利润率与全国平均工业成本费用利润率相等，小于1时说明某地区该产业工业成本费用利润率低于全国平均水平），当然，数值越大表示某地区该产业的成本控制能力越高，其经济效益水平就越好。

从表5－5分析，东北地区工业成本控制程度较好的产业有金属制品业、金属冶炼及压延加工业、石油和天然气开采业。但是从东北的主要工业行业的比较工业成本费用利润系数看，大都小于1。

表5－5　　东北地区各工业行业比较工业成本费用利润率系数和排序

行　业	2009年东北地区成本费用利润率	2009年全国成本费用利润率	成本费用利润率系数	位次
煤炭开采和洗选业	0.08	0.15	0.51	10
石油和天然气开采业	0.38	0.35	1.11	3
食品制造及烟草加工业	0.05	0.15	0.36	11
石油加工、炼焦及核燃料加工业	0.03	0.05	0.54	9
化学工业	0.05	0.08	0.60	8
非金属矿物制品业	0.08	0.08	0.92	5
金属冶炼及压延加工业	0.05	0.04	1.15	2
金属制品业	0.07	0.06	1.22	1
通用、专用设备制造业	0.06	0.08	0.79	6
交通运输设备制造业	0.08	0.08	1.00	4
电气机械及器材制造业	0.05	0.07	0.76	7

资料来源：根据《辽宁统计年鉴（2010）》、《吉林统计年鉴（2010）》、《黑龙江统计年鉴（2010）》、《中国统计年鉴（2010）》、《吉林统计年鉴（2006）》、《黑龙江统计年鉴（2006）》整理所得。

3. 比较生产率系数

$$CP = \frac{P_{ik}/P_i}{P_k/P}$$

式中，CP 为比较生产率系数，P_{ik}为 i 地区 k 产业全要素生产率，P_i为 i 地区所有产业平均全要素生产率，P_k代表全国 k 产业全要素生产率，P 代表全国所有产业平均全要素生产率。

该指标是将某产业劳动生产率作地区间比较，当系数大于 1 时，说明某地区某产业全要素生产率高于全国平均水平，等于 1 时则与全国平均水平持平，小于 1 时则说明低于全国平均水平。按柯布—道格拉斯的生产函数分析，假设技术和规模经济不变条件下，生产率主要由资本生产率和劳动生产率决定，因此这里生产率 P 用总资本贡献率和全员劳动生产率的乘积替代，再计算比较生产率系数。

从表 5 - 6 可以看出，东北地区具有相对全要素生产率比较优势的行业为石油和天然气开采业、交通运输设备制造业，其比较生产率系数大于 1；其他行业比较生产率系数均小于 1。

表 5 - 6　　东北地区各工业行业比较生产率系数和排序

行　业	东北地区全要素生产率	全国生产率系数	比较生产率系数	位次
煤炭开采和洗选业	2989.98	14858.02	0.19	6
石油和天然气开采业	933267.20	330830.00	2.72	1
食品制造及烟草加工业	17267.65	295572.50	0.06	10
石油加工、炼焦及核燃料加工业	-12876.20	51961.98	-0.24	11
化学工业	10937.70	22610.77	0.47	4
非金属矿物制品业	11740.71	15399.40	0.73	3
金属冶炼及压延加工业	6981.38	45968.80	0.15	8
金属制品业	2060.18	14045.94	0.14	9
通用、专用设备制造业	3146.64	15090.21	0.20	5
交通运输设备制造业	24490.21	20773.74	1.13	2
电气机械及器材制造业	3204.91	16659.18	0.19	7

注：由于数据不全，这里仅就 2006 年数据进行分析。

资料来源：根据《辽宁统计年鉴（2007）》、《吉林统计年鉴（2007）》、《黑龙江统计年鉴（2007）》、《辽宁统计年鉴（2006）》、《吉林统计年鉴（2006）》、《黑龙江统计年鉴（2006）》、《中国统计年鉴（2007）》、《中国统计年鉴（2006）》整理所得。

4. 比较利税率系数

$$CT=\frac{T_{ik}}{T_k}$$

式中，CT 为比较利税率系数，T_{ik} 为 i 地区 k 产业的产值利税率，T_k 为全国 k 产业的产值利税率。

如果 i 地区 k 产业的 CT 值大于 1，则说明某地区经济效益与全国 k 产业平均水平相比具有优势（但不一定具有绝对优势，因为 k 产业 CT 值大于 1 的地区不止一个，尽管 i 地区 k 产业大于 1，但它也许小于 H 地区 k 产业的 CT 值，此时 i 地区 k 产业的经济效益与 H 地区 k 产业相比处于相对劣势），等于 1 则持平，小于 1 则处于劣势。所以，作为主导产业的候选产业，其 CT 值应该大于 1。

从表 5－7 分析，东北地区具有比较利税率优势的产业为石油和天然气开采业、金属冶炼及压延加工业。

表 5－7　　东北地区各工业行业比较利税率系数和排序

行业	东北地区产值利税率	全国产值利税率	产值利税率系数	位次
煤炭开采和洗选业	0.13	0.21	0.62	9
石油和天然气开采业	0.73	0.55	1.32	1
食品制造及烟草加工业	0.09	0.26	0.35	10
石油加工、炼焦及核燃料加工业	0.01	0.06	0.19	11
化学工业	0.09	0.10	0.84	6
非金属矿物制品业	0.11	0.12	0.95	5
金属冶炼及压延加工业	0.13	0.11	1.24	2
金属制品业	0.07	0.08	0.96	4
通用、专用设备制造业	0.07	0.10	0.72	8
交通运输设备制造业	0.10	0.11	0.97	3
电气机械及器材制造业	0.06	0.08	0.82	7

资料来源：《辽宁统计年鉴（2008）》、《吉林统计年鉴（2008）》、《黑龙江统计年鉴（2008）》、《中国统计年鉴（2008）》整理所得。

注：由于数据不全，这里仅就 2007 年数据进行分析。

5. 比较优势系数

$$CS=CC\cdot CX\cdot CP\cdot CT$$

如果构成比较优势系数的 4 个因素系数均大于 1 时，比较优势系数必然大于 1；如果 4 个因素系数均小于 1，比较优势系数必然小于 1。当 CS 值大于 1 时，

说明 i 地区 k 产业与全国平均水平比较具有相对优势，这个数值越大，相对优势也越大；当 CS 值小于 1 时，说明 i 地区 k 产业与全国平均水平比较具有相对劣势，CS 值越小，劣势越明显。如果 4 个因素系数有的大于 1 有的小于 1，则视乘积是否大于 1 来判别是否具有比较优势。显然，作为地区主导产业的候选产业，其 CS 值必须大于 1，否则很难予以考虑。

从比较优势的计算结果看（见表 5－8），东北应优先选择石油和天然气开采业，交通运输设备制造业为主导产业。

表 5－8　　东北地区各工业行业比较优势系数和排序

行　业	*CC*	*CX*	*CP*	*CT*	*CS*	位次
煤炭开采和洗选业	0.77	0.51	0.19	0.62	0.05	9
石油和天然气开采业	3.84	1.11	2.72	1.32	15.27	1
食品制造及烟草加工业	1.11	0.36	0.06	0.35	0.01	10
石油加工、炼焦及核燃料加工业	2.33	0.54	-0.24	0.19	-0.06	11
化学工业	0.89	0.60	0.47	0.84	0.21	4
非金属矿物制品业	0.93	0.92	0.73	0.95	0.60	3
金属冶炼及压延加工业	0.90	1.15	0.15	1.24	0.19	5
金属制品业	0.68	1.22	0.14	0.96	0.11	7
通用、专用设备制造业	1.21	0.79	0.20	0.72	0.14	6
交通运输设备制造业	1.96	1.00	1.13	0.97	2.16	2
电气机械及器材制造业	0.50	0.76	0.19	0.82	0.06	8

资料来源：由表 5－4、表 5－5、表 5－6、表 5－7 整理所得。

（四）关联系数

一个产业只有与其他产业具有广泛、密切的技术经济联系，才可能通过自身的发展带动地区相关产业的发展。因此，关联效应是选择主导产业的一个重要基准。关联效应的大小主要是利用投入产出表的逆矩阵系数来计算产生的感应度系数和影响力系数这两个指标来判断。

从经济意义上来看，投入产出逆矩阵系数的各列合计，反映了该部门对所有部门所产生的生产需求波及与拉动的绝对水平，也就是表示当某一部门增加单位最终需求时，通过直接和间接关联对各部门所要求的生产量，可称为影响力程度。各列和的总计除以部门个数所得到的平均值与各部门列和的比率，称为影响力系数。影响力程度 a 和影响力系数 α 越大，说明该部门对其他部门的拉动作用越大。当影响力系数 $\alpha>1$ 时，表示第 j 部门的生产对其他部门所产生的生产波及影响程度超过社会平均影响力水平。反之亦然。

投入产出逆矩阵系数用下式表示：

$$(I-A)^{-1}=(r_{ij})_{n\times n}$$

影响力程度计算公式为：

$$a_j=\sum_{i=1}^{n} r_{ij} \quad (j=1,\ 2,\ \cdots,\ n)$$

影响力系数计算公式为：

$$\alpha_j=\sum_{i=1}^{n} r_{ij}\Big/\frac{1}{n}\left(\sum_{j=1}^{n}\sum_{i=1}^{n} r_{ij}\right)$$

与影响力系数相近的另一个指标是感应度系数，它是指当国民经济各部门都增加一个单位的最终需求时，某一部门由此而受到的需求感应程度，也就是需要该部门为其他部门的生产而提供的供应量。

感应度系数计算公式为：

$$b_i=\sum_{j=1}^{n} r_{ij} \quad (i=1,\ 2,\ \cdots,\ n)$$

感应力系数计算公式为：

$$\beta_i=\sum_{j=1}^{n} r_{ij}\Big/\frac{1}{n}\left(\sum_{i=1}^{n}\sum_{j=1}^{n} r_{ij}\right)$$

感应度系数越大，表示该部门受到其他部门需求的影响越大。

从表5-9可以看出，东北地区综合关联系数较高的行业有化学工业，金属冶炼及压延加工业，通用、专用设备制造业，电气机械及器材制造业。

表5-9　　东北地区各行业关联系数及排序

行　　业	感应力程度	影响力程度	感应力系数	影响力系数	综合关联系数	位次
煤炭开采和洗选业	0.26	0.25	0.30	0.28	0.29	10
石油和天然气开采业	1.04	0.03	1.18	0.04	0.61	8
食品制造及烟草加工业	0.10	0.00	0.11	0.00	0.06	11
石油加工、炼焦及核燃料加工业	0.94	0.73	1.07	0.83	0.95	6
化学工业	4.31	1.08	4.91	1.23	3.07	1
非金属矿物制品业	-0.17	0.76	-0.19	0.86	0.34	9
金属冶炼及压延加工业	4.17	1.08	4.75	1.23	2.99	2
金属制品业	0.17	1.21	0.20	1.37	0.78	7

续表

行　　业	感应力程度	影响力程度	感应力系数	影响力系数	综合关联系数	位次
通用、专用设备制造业	1.38	1.17	1.57	1.33	1.45	3
交通运输设备制造业	0.30	1.40	0.34	1.59	0.97	5
电气机械及器材制造业	0.39	1.40	0.44	1.60	1.02	4

资料来源：《辽宁统计年鉴（2008）》、《吉林统计年鉴（2008）》、《黑龙江统计年鉴（2008）》、《中国统计年鉴（2008）》、《新中国六十年统计资料汇编》整理所得。

注：本表数据来源于2007年中国投入产出表。

三、综合分析

依据需求收入弹性基准、生产率上升基准、比较优势基准和产业关联基准等因素综合分析，考虑到不同基准的重要程度存在较大差异，我们首先对四基准分别赋予不同的权重，然后计算综合基准系数，并将其作为选择主导产业的主要依据。

某产业之所以能称为主导产业，必须具备两大功能：第一，它是经济系统的主体和核心，并有较好的发展前景；第二，它要具有明显的相对优势，不但产值比重大，而且关联效应要强。需求收入弹性基准可以从需求方面说明各产业部门在产业结构中所占份额发生的变化及其未来可能的变动趋势；生产率上升基准是技术进步对经济发展作用的综合反映；比较优势基准反映了相对竞争优势；产业关联基准则反映该产业对其他产业的影响及响应力。这里对需求收入弹性基准、生产率上升基准、比较优势基准和关联基准分别赋予25%、30%、35%、10%（和为100%）的权重，从而得出备选方案综合基准系数的排序（见表5－10）。

表5－10　　　　东北地区各行业综合基准系数及排序

行　　业	需求收入弹性	权重（%）	全要素生产率上升率	权重（%）	比较优势系数	权重（%）	综合关联系数	权重（%）	综合基准系数	位次
煤炭开采和洗选业	2.46	25	0.01	30	0.05	35	0.29	10	0.66	5
石油和天然气开采业	4.41	25	0.06	30	15.27	35	0.61	10	6.53	1
食品制造及烟草加工业	1.19	25	0.17	30	0.01	35	0.06	10	0.36	6
石油加工、炼焦及核燃料加工业	0.27	25	－0.71	30	－0.06	35	0.95	10	－0.07	11
化学工业	2.76	25	0.68	30	0.21	35	3.07	10	1.27	3

续表

行业	需求收入弹性	权重(%)	全要素生产率上升率	权重(%)	比较优势系数	权重(%)	综合关联系数	权重(%)	综合基准系数	位次
非金属矿物制品业	2.02	25	1.51	30	0.60	35	0.34	10	1.20	4
金属冶炼及压延加工业	0.65	25	-0.64	30	0.19	35	2.99	10	0.33	7
金属制品业	0.20	25	-0.74	30	0.11	35	0.78	10	-0.05	10
通用、专用设备制造业	0.37	25	-0.43	30	0.14	35	1.45	10	0.15	8
交通运输设备制造业	2.20	25	2.41	30	2.16	35	0.97	10	2.13	2
电气机械及器材制造业	0.37	25	-0.65	30	0.06	35	1.02	10	0.02	9

资料来源：由表5-2、表5-3、表5-8、表5-9整理所得。

在东北地区备选主导产业中需求收入弹性基准相对较高的产业为石油和天然气开采业、化学工业、煤炭开采和洗选业、交通运输设备制造业、非金属矿物制品业、食品制造及烟草加工业；生产率上升基准相对较高的产业为交通运输设备制造业和非金属矿物制品业、比较优势基准相对较高的产业为石油和天然气开采业，交通运输设备制造业。结合表5-10分析，东北地区的主导产业应确定为：①石油和天然气开采业；②交通运输设备制造业；③化学工业；④非金属矿物制造业。

第三节　东北各省产业结构优化方向的选择

由于东北三省工业产业初始条件的差异，仅对东北三省主导产业进行选择是不够的，不足以突出各省的特色。因此，本节将通过分别对东北三省各工业行业的基准分析，对各工业产业作出综合评价①，并依据综合评价结果，选择各省的主导产业及重点产品、重点技术。

一、辽宁省主导产业及重点产品、重点技术选择

（一）主导产业选择

通过初选和基准分析，对辽宁省各工业产业进行综合分析结果如表5-11所示。

① 本节对各省工业产业的初选、基准分析和综合分析的方法均与第二节相同，对初选过程、基准分析各标准的计算过程这里不再赘述。

由表5－11可知，辽宁省可选择的主导产业为：（1）黑色金属冶炼及压延加工业；（2）石油加工、炼焦及核燃料加工业；（3）黑色金属矿采选业；（4）金属制品业。

表5－11　　辽宁各工业产业综合基准系数及排序

行　业	全要素生产率上升率	权重（%）	需求收入弹性	权重（%）	*CS*	权重（%）	综合关联系数	权重（%）	综合基准系数	排名
黑色金属冶炼及压延加工业	0.59	25	2.00	30	3.82	35	1.82	10	2.26	1
石油加工、炼焦及核燃料加工业	1.96	25	3.88	30	0.20	35	1.03	10	1.83	2
黑色金属矿采选业	0.59	25	0.91	30	3.52	35	0.91	10	1.74	3
金属制品业	0.57	25	0.95	30	2.88	35	1.03	10	1.54	4
通用设备制造业	0.32	25	0.99	30	1.12	35	1.24	10	0.89	5
专用设备制造业	0.44	25	0.86	30	1.09	35	1.24	10	0.87	6
农副食品加工业	0.31	25	1.04	30	1.12	35	0.63	10	0.84	7
通信设备、计算机及其他电子设备制造业	0.50	25	1.18	30	0.53	35	1.34	10	0.80	8
电气机械及器材制造业	0.39	25	1.04	30	0.62	35	1.06	10	0.73	9
交通运输设备制造业	0.43	25	0.85	30	0.63	35	1.03	10	0.69	10
化学原料及化学制品制造业	0.31	25	0.93	30	0.22	35	1.81	10	0.61	11

资料来源：《辽宁统计年鉴（2010）》、《辽宁统计年鉴（2009）》、《辽宁统计年鉴（2008）》、《辽宁统计年鉴（2007）》、《辽宁统计年鉴（2006）》、《中国统计年鉴（2010）》、《中国统计年鉴（2009）》、《中国统计年鉴（2008）》、《中国统计年鉴（2007）》、《中国统计年鉴（2006）》、《中国科技统计年鉴（2009）》、《中国科技统计年鉴（2008）》、《中国科技统计年鉴（2007）》整理得出。

（二）主导产业中的重点产品及重点技术选择

1. 黑色金属冶炼及压延加工业

辽宁是全国重要冶金工业基地，已经形成了矿山、冶炼及加工整体配套，在全国处于重要地位。

从产业的生命周期来看，世界钢铁工业已经是一个较为成熟的产业，但我国的工业化进程正处于中期阶段，汽车、钢铁、石油、化工等工业部门正迅速发展。而且在振兴东北老工业基地的过程中，机械、装备制造业、汽车产业等方面对钢材将有大量需求。

钢铁属于高耗能、高污染的资源型产品。因此，辽宁省要发展钢铁业就要依据循环经济的思想，充分发挥钢铁业的关联效应，加大对短缺品种的开发与生产能力建设，做大做强钢铁业。

(1) 加大区际间合作，大力实行战略联盟。目前，宝钢和鞍钢先后和长春一汽建立了战略合作伙伴的关系，实现了汽车和钢铁两个领域的深层次合作。此外，充分利用辽宁省的区位优势，进一步加强与日本、韩国的合作也是一条可行之路。

(2) 把握市场需求方向，生产紧俏产品。辽宁省在黑色金属冶炼及压延加工业上具有明显竞争优势，这正是得益于辽宁省科技创新能力的持续提升。本钢组建了汽车板研发所，不断扩大高等级汽车面板的研发技术能力和批量生产能力，成为了国内少数几家具备批量生产高档汽车面板能力的重点企业之一。鞍钢的桥梁钢板已经占国内桥梁钢板用量的50%以上。东北特钢集团抚顺基地成功为一家国内客户生产出了16支高温合金坯，经技术部门检验，其性能全部达到标准。这是东北特钢集团首次生产高温合金扁钢，同时它也填补了国内高温合金近终型尺寸产品从未成功生产过的空白，这标志着辽宁原材料工业依靠科技创新实现了由钢铁大省向板带材强省的跨越。

要调整钢铁工业结构，就要有效整合省内钢铁企业，重点发展市场短缺和替代进口的热轧板、冷轧板、镀锌板、彩涂板、冷轧硅钢片、100米重轨等产品；凌钢、北钢、新抚钢、五矿营口中板等钢铁企业要加快产品结构调整，避免低水平重复建设，应着力发展各具特色的国内短缺的高附加值钢材品种，重点发展汽车和船舶用型钢、宽厚板、高强度管线钢、石油专用钢管、H型钢及其他高品质建筑用钢材；大力发展钢材深加工，形成系列化、特色化的钢材深加工产业群；同时，要大力支持辽宁特钢集团等企业做大做强，重点发展以不锈钢、轴承钢、工模具钢、齿轮钢、弹簧钢及高合金钢为主的特钢产品；大力支持直接还原炼铁技术，为建设精品钢材基地提供精品原料。

①精品板材。以鞍钢、本钢为重点，大力发展热轧板、冷轧板、镀锌板、涂层板、冷轧硅钢片等高附加值产品，提高辽宁板材的比重，成为中国北方精品板材生产基地。

②特殊钢。发挥特钢集团的整体优势，实施资源整合和技术改造，重点发展不锈钢、轴承钢、工模具钢、齿轮钢、弹簧钢及高合金等六大系列特殊钢品种，形成特钢生产基地。

③建筑用钢材。以凌钢、北钢、新抚钢三个钢铁企业为重点，面向国内市场，重点发展建筑用钢材，在提高螺纹钢、线材等传统产品质量的基础上，重点发展H型钢等产品，满足钢结构建筑用钢材的市场需求。

(3) 打造绿色钢铁业。在生产上，要提高资源的有效利用率，实现清洁生产，重点解决钢渣、瓦斯泥、转炉煤气回收、废水回收等问题；“三废”产生后，如何实现资源的循环利用成为重要问题。

2. 石油加工、炼焦及核燃料加工业

辽宁省虽是石油化工的生产大省，却还不是石油化工生产强省，主要表现在：油气资源不足，严重制约石化工业的发展；石油化工方面结构性问题仍然突出；科技开发投入有待提高，石化工业自主创新能力不足；面临经济增长方式转变的挑战等。当前，国际原油价格居高不下，将对现在以炼油为主的产品结构构成严重的影响，如不加快调整产品结构，全省石化工业乃至全省工业经济的整体效益都要受到严重影响。因此，调整产品结构迫在眉睫。

辽宁省炼油企业生产的成品油产量中汽油和柴油居于首位，燃料油居于全国第2位。但是，炼油技术与国外先进技术相比仍然有很大的差距，主要表现在以下几个方面：①辽宁炼油企业主要加工国产原油，随着成品需求大幅提高，原油资源短缺日益严重，对国际石油资源依赖性加大，而国际原油多以含硫原油为主，辽宁炼油需要通过技术改造来加工含硫原油。②炼油企业多数加工装置的单套配置能力偏小，技术经济指标落后，综合能耗高。国外炼油厂的规模都在1000万吨以上，大的达到4000万吨左右，而国内多数炼油企业达不到1000万吨的规模，平均数在300万吨左右，受到国际原油价格大幅上升影响，辽宁大多数炼油企业处于亏损状态，直接影响辽宁企业经济效益水平和炼油企业自身的发展。③清洁生产的技术水平落后，炼油利用率不高，炼油厂无论是原油一次加工负荷率还是全厂利用率都低于国际先进水平。同时，企业技术创新力度小，突破性技术少，炼油工艺没有能够形成自主知识产权的成套技术。

因此，炼油企业工业技术创新的发展方向主要为通过调整产品结构，优先发展以提高汽油和柴油质量的二次加工装置和炼油配套设施的建设；研制加工进口含硫原油和增产中间馏分油技术；提高生产高附加值产品和优质化工原料的技术。

乙烯工业是石化工业的龙头，在国民经济和社会发展中占有重要地位。世界各国普遍把乙烯工业作为其产业布局的重要环节，乙烯产量已成为衡量一个国家石油化工工业发展水平的标志。辽宁省乙烯工业与世界先进水平相比仍然存在着相当大的差距，具体表现为：①装置规模小。②产品加工深度不够，产品和副产品没有得到有效利用，乙烯装置的产品除了乙烯和丙烯之外，还有副产品混合碳四和裂解汽油。③乙烯生产成本居高不下。一是在原料方面，不仅价格高而且质量差，我国乙烯生产的原料以石脑油和轻柴油为主，而国外先进企业主要以天然气为主要原料；二是乙烯生产能耗高，与发达国家有很大差距。

因此，辽宁乙烯工业发展方向要坚持装置大型化、产品系列化、结构均衡化、技术独特化的原则，搞好延伸加工和深加工，实现进口替代。积极实施盘锦、抚顺、辽化现有3套中型乙烯装置的改造。

3. 黑色金属矿采选业

虽然辽宁省黑色金属中铁矿探明储量居于全国榜首，但从总体上来讲，我国铁矿是储备是不足的，而且铁矿石在近一段时间内仍会有较大需求。辽宁的铁矿普遍存在矿物嵌布粒度细、原矿品位较低以及需深层开采等问题，如何高效利用铁矿石资源成为主要问题。另外，也要依靠新技术的产生，降低在黑色金属采选过程中的损失和污染。

（1）采矿技术。采矿技术的发展目标是高效化和环保化。目前，被加拿大、瑞典、美国等国家认可的矿山数字化、智能化与无人化采矿技术实现了地下开采的遥控作业，利用新技术实现采矿高效化；被国格隆德和奥地利布莱堡铅锌矿应用无扰动矿山采矿技术通过对井下矿开采过程中形成的采区进行技术处理，使之周边环境基本无干扰，而且将尾矿填充到采矿区，减少排放量，实现采矿技术环保化目标。

（2）选矿技术。随着钢铁行业的不断发展，随着全社会对环境问题的重视，铁矿资源日渐枯竭，如何兼顾环保，高效利用铁矿资源就成为我们亟待解决的问题。因此难选铁矿石选矿技术、低品位铁矿石利用技术、高效无毒新型浮选药剂的研究、高效破碎磨矿选矿设备的应用技术、尾矿过滤干堆技术、尾矿综合利用技术、高浓度长距离管道输送技术将成为采选业的技术选择。

4. 金属制品业

金属制造业主要分为金属制品及金属零部件两类。但在现今市场上，纯金属的产品越来越少，随着人们对新产品需求的增长，市场上金属产品呈现出多样化趋势，为了增加产品的功能，使设计更具吸引力，在产品中加入如塑胶、电子等科技元素成为当前金属制品的主流。因此，对于金属制品业产品的选择主要集中在融入多元素的产品上。

在技术上，则应选择超精密加工技术。超精密加工技术具有显著的经济效益、社会效益以及市场需求前景。超精密加工技术的应用范围日趋广泛，无论在高新技术领域，在军事工业还是在民用工业中都有广泛的应用，是技术发展不可或缺的一门技术。

二、吉林省主导产业及重点产品、重点技术选择

（一）主导产业选择

通过初选和基准分析，对吉林省各工业产业进行综合分析结果如表5－12所

示。由表5－12可知，吉林省可选择的主导产业为：（1）交通运输设备制造业；（2）医药制造业；（3）农副食品加工业；（4）木材加工及木、竹藤、棕、草制品业；（5）化学原料及化学制品制造业；（6）非金属矿物制品业。

表5－12　吉林各工业产业综合基准系数及排序

行　业	全要素生产率上升率	权重（%）	需求收入弹性	权重（%）	比较优势系数	权重（%）	综合关联系数	权重（%）	综合基准系数	排名
交通运输设备制造业	0.98	25	1.00	30	25.70	35	1.03	10	9.64	1
医药制造业	0.98	25	0.92	30	6.95	35	0.60	10	3.01	2
农副食品加工业	0.95	25	0.97	30	4.45	35	0.63	10	2.15	3
木材加工及木、竹、藤、棕、草制品业	0.97	25	0.89	30	4.28	35	0.81	10	2.09	4
化学原料及化学制品制造业	0.98	25	2.40	30	0.01	35	1.81	10	1.15	5
非金属矿物制品业	0.97	25	0.81	30	1.43	35	0.86	10	1.07	6
黑色金属冶炼及压延加工业	0.96	25	1.31	30	0.26	35	1.82	10	0.91	7
石油和天然气开采业	0.99	25	0.68	30	0.46	35	1.03	10	0.72	8
煤炭开采和洗选业	0.95	25	0.88	30	0.29	35	0.88	10	0.69	9

资料来源：《吉林统计年鉴（2010）》、《吉林统计年鉴（2009）》、《吉林统计年鉴（2008）》、《吉林统计年鉴（2007）》、《中国统计年鉴（2010）》、《中国统计年鉴（2009）》、《中国统计年鉴（2008）》、《中国统计年鉴（2007）》、《中国科技统计年鉴（2008）》、《中国科技统计年鉴（2007）》整理得出。

（二）主导产业中的重点产品及重点技术选择

1. 交通运输设备制造业

交通运输设备制造业是装备制造业中最重要的行业之一，是推动经济发展的重要行业。吉林省交通运输制造业以长春一汽为依托，不断发展壮大，现已成为吉林省工业的主导行业之一。

从产业高度化角度来看，一方面，要提升公共交通制造业的技术水平，积极引进国际最先进的350km/h高速动车组、新型城轨车辆核心制造技术，并对其进行消化、吸收，进而提高牵引系统、制动系统、转向架、车体等核心部件的自主设计制造能力，争取早日使吉林省轨道交通装备制造业技术达到国际先进水平，增强其国际竞争力。另一方面，要提高汽车产业的技术水平，加大科研力度。吉林省在我国素有“汽车城”的美誉，2009年吉林省汽车产量为123.5万辆，同比增长44.3%，销售121.9万辆，同比增长37.1%，其中，轿车产量为86.2万辆，同比增长44.8%，汽车产业已形成规模。由于汽车产业的辐射力较强，因此，其技术提升必定会产生更大的乘数效应。为加快推进自主创新和科技成果产业化，吉林省近日正式启动了7个重大科技专项，包括汽车关键核心技术、设计新能源汽车、汽车电子、汽车轻量化、汽车节能减排以及汽车零部件等方向。目前，吉林省应重点支持汽车专用冷冲压及热锻模具，汽车涂装成套设备制造，积极开发汽车专用设备，发展重型摩擦焊机、凸轮轴磨床、数控龙门导轨磨床及汽车专用工装夹具等产品，提高为汽车及零部件生产配套的加工辅助制造能力。

从产业高效化角度来看，应充分发挥吉林省现有的产业资源，延长产业链条，壮大产业规模，将汽车产业做强。吉林省作为我国最大的汽车产业基地，要重点培养发展汽车产业集群，打造世界级汽车产业基地。以一汽为核心，以奔腾、红旗等自主品牌和节能型小排量汽车作为重点产品，构建整车研发、零部件配套和服务系统，提高整车生产能力；加大力度扶持长春旭阳内饰件产业集群、吉林整车及配套产业集群、四平装用车及配套产业集群、四平伊通汽车零部件产业集群和临江冶金铸造及零部件产业集群等零部件行业；加快建设汽车物流、金融、售后服务、二手车交易等服务体系。

从产业环保化角度来看，交通运输设备制造业是高能耗、高污染的产业，因此，吉林省应将新能源汽车作为新兴产业加以扶持。目前，新能源汽车业已经取得了一定成绩，并形成了新能源汽车电池、电机和电控系统的配套体系，但还有待于继续扶持发展。

2. 医药制造业

充分利用现有资源，构建现代化医药基地。吉林省的医药制造业在全国占有重要地位，它拥有丰富的药物资源和庞大的制药集团，可以依托长白山北药资源和吉林生物制药技术及产业的基础优势，重点发展现代中药和生物制药，扶持兴建医药产业园区。

我国整体医药制造业与国际水平有相当大的差距。我国医药制造业分为四大类，即化学制药、中药制药、生物制药和动物制药，约有4000家制药企业，虽然药品制造业发展很快，产出增长速度明显高于大多数其他制造业部门，但我国医药企业的规模普遍偏小，由于研发投入的风险系数较大，一般的医药制造企业都不敢在新产品的研发试制上投入太多的资金，却都投入到仿制新型药品上，而仿制专利期限到期的药品，市场竞争激烈，利润空间小。各类抗生素等高附加值药品和特效新药却大量依赖进口，这正是吉林药业发展的契机。

（1）走自主研发的道路，实现医药业的集约化发展。研究资源的极端分散化是目前我国所有高技术产业发展的最大障碍，医药产业也不例外。吉林省虽然有一定的医药制造、研发基础，但各个医药企业间相互独立，难以形成大规模的新药试制。医药产业是一个技术开发投入强度比较高的产业，其技术创新和产业化要求、规模要求也相对高于其他制造业。

（2）加强医药研发的分工协作，完善生产环节。国际医药产业的高利润回报源于技术研发的创新能力，而每一种新药的研制都要经过很多环节，投入多以亿美元计算，一旦开发成功便会形成一定时期的技术垄断，并形成可观的超额利润。由于研发过程中的巨额投入以及风险，我国制药业缺乏自主研发能力，即使研制出新产品大多也停留在实验室，不能投入中间试验和市场化开发。

（3）发展医疗器械制造。目前我国有医疗器械制造企业3500家，但能够生产大型医疗设备和高技术含量医药器械的厂商数量很少，且大多是国外公司在中国合资或独资的生产基地。大量小型医疗器械企业主要生产常规设备、消耗材料、保健器材、中小型医用电子仪器和生化仪器。

3. 农副食品制造业

吉林省是我国重要的粮食产区，是世界著名的黄金玉米带。近年来，吉林省农副产品加工业已初具规模，在国内外市场上具有一定的竞争优势，成为吉林省的主导产业之一。

截至2009年底，吉林省拥有国家级农产品加工龙头企业34家，省级农产品加工龙头企业381家，农产品加工业总收入达2150亿元。长春大成公司已成为世界最大的玉米深加工企业之一，赖氨酸产能全球第一，其销量占世界市场的70%，化工醇生产技术处于世界领先水平；而皓月、修正、阜康酒精、天景等企业也成为国内同行业的排头兵。

在产业结构高度化的目标下，吉林省一方面要注重产品创新，加大农产品精深加工投入力度，充分利用其农产品资源丰富的优势，以玉米、畜禽和特产品加工为重点，积极启动建设科技含量高，发展潜力大的项目，加快“产学研一体化”步伐，利用高技术创高收益，培养具有吉林特色的安全优质品牌。目前，长春大成集团已利用玉米开发生产化工醇，辽源迪康药业公司也利用玉米、大豆做原料生产国家一类抗癌新药博安霉素系列产品，皓月集团利用牛血、内脏等副产品开发研制保健品和药品，华正牧业、敖东药业等企业也都与吉林大学、吉林省农科院等科研院校组建了科研生产联合体，这些举措无疑在增加企业经济效益的同时也增强了企业的发展后劲。另一方面要积极引进农产品加工先进设备，经过消化—吸收—创新过程，提高企业工艺技术水平。以吉林省现状来看，其农产品加工企业的技术和装备水平呈现两极化特点，部分大型企业如长春大成等的生产技术和装备已位于世界先进水平，而大多数该产品加工企业的装备还是20世纪生产的。

在高效化目标下，第一，吉林省应利用其农业大省的基础条件，促进农业产业化的形成，充分发挥其集群效应。过去，农产品加工的生产、加工、销售三者分离，制约了它的发展，虽然已形成玉米加工型，大豆加工型，绿色食品加工型，中药、特产品加工型和畜禽业加工型5个企业集群，但他们的集群优势并不明显，配套服务机制还不够健全。第二，提高产品精深加工度，延长产业链条。事实上，我国农产品普遍存在加工层次低的问题，而吉林省表现更为突出。目前，吉林省精深加工的稻米产品不足10种，在近200种的玉米加工产品中，仅有不足40种为精深加工产品，玉米的精深加工量只占其产量的10%左右，这些比例明显落后于发达国家的90%以上的精深加工比例。

由于农产品加工业具有高耗农畜资源、高耗水、高污染等特征，因此，在环保化的目标下，吉林省应选择合适的具有交通便利，水资源丰富等特点的区域建设专业化、循环型的农产品加工园区，形成“资源—产品—废弃物—再生资源”的循环模式。

4. 木材加工及木、竹、藤、棕、草制品业

吉林省是中国的重要林业基地，森林覆盖率高达38.93%。现有活立木总蓄量列全国第6位。长白山区素有“长白林海”之称，是中国六大林区之一，从北向南为温带针叶林、温带针阔混交林和暖温带落叶阔叶林，木材品种齐全，林质优良，树的种类有100多种。草地资源主要分布在西部地区，天然草地类型以羊草、针茅为主，组成草甸草原。正是靠着这些丰富的自然资源，吉林省的木材加工及木、竹、藤、棕、草制品业在20多年的发展中，凭借着在技术、管理、营销等领域的创新，成为了木材加工及木、竹、藤、棕、草制品业全球市场的重要参与者，具有了较强的国际竞争力。

随着人们生活水平的提高，对健康的重视程度也越来越高，人们对天然制品的需求将逐渐增加，因此该产业将有一个较大的市场需求。在技术的选择上，应注重健康环保，用无毒无害的产品及技术处理木材加工及木、竹、藤、棕、草制品。

5. 化学原料及化学制品制造业

化学原料及化学制品制造业是国民经济的基础产业部门，以化学法作为其主要生产过程，包括吉林基础化学原料制造、吉林肥料制造、吉林农药制造、吉林涂料油墨颜料及类似产品制造、吉林合成材料制造、吉林专用化学产品制造、吉林日用化学产品制造7个子行业。该行业是我国六大高污染高能耗行业之一，虽然其发展带来了较大经济效益，但其对生态环境的破坏力同样很强。目前，该产业存在的主要问题有：第一，高能耗、高污染产品如氮肥、纯碱等产业近几年投资增长率较高，致使产能过剩，造成不必要的能耗和污染。第二，节能减排的基础工作不到位，不管是对能源消耗和污染物排放的统计标准，还是专业环保管理等人员的配备，都不能满足要求。第三，对节能减排的投入力度和国家的激励力度不够。

为了解决上述问题，实现产业结构优化目标，就要将有机原料、化工新材料和精细化学品作为重点产品，以能源节约和替代技术、能量系统优化和梯级利用技术、废物综合利用技术、延长产业链和相关产业链接技术等为依托，做好节能减排工作。

6. 非金属矿物制品业

非金属矿物制品业是我国具有高成长性和利润积累能力高的双重特点的行业。选择非金属矿物制造业作为主导产业应着重注意将先进技术引入该领域。

中科院兰州化物所研制出了一种水性助磨剂，将其在多家水泥企业进行应用试验，实验结果表明该种助磨剂可大幅提高产品细度，平均节能达20%，这无疑是水泥产品的一个选择方向。另外，随着环保意识的不断深化，生态水泥成为水泥产品的重要选择。生态水泥就是利用各种固体废弃物包括各种工业废料、废渣以及生活垃圾作为原材料制造的水泥。这种水泥能降低废弃物处理的负荷，节省资源、能源，达到与环境共生的目标，是21世纪水泥生产技术发展的方向。①

对于玻璃制品，可以选择的产品有：（1）光伏玻璃。在世界范围内，利用光伏技术发电的重点研发项目是太阳能光伏建筑一体化（BIPV）。为了促进我国光太产品的发展，财政部于2009年3月23日发布了《关于加快推进太阳能光电建筑应用研究的实施意见》。这无疑为浮法玻璃企业提供了一个发展方向——TCO导电膜玻璃。（2）节能玻璃。依据新《节约能源法》，在未来一段时间内，节能建材的需求将大幅增加。Low-E玻璃作为我国节能玻璃开发的重点项目，将成为玻璃企业的又一产品选择方向。（3）玻璃深加工产品。平板玻璃深加工是多种技术的综合，其应用呈现复合性特点。对平板玻璃进行深加工，可以从涂层材料开发，PVB膜片及EN膜片的开发，各种玻璃合理组合开发等方面着手。

对于陶瓷制品而言，特种陶瓷无疑是其发展的必然选择。特种陶瓷——工程结构陶瓷、电子陶瓷、生物陶瓷——是现阶段的一种重要的高性能材料，已发展成为一种新兴产业，在未来一段时期内将占据不可替代的重要地位。具体的重点产品有：纳米陶瓷、陶瓷分离膜、仿生复相陶瓷、电阻基体材料、电容器陶瓷介质材料、压电陶瓷材料、微波陶瓷介质材料及热敏陶瓷材料。

---

① 袁玲、施惠生，http：//www.cement114.com/eMagazineDetail.asp？id = 5725&utype = 53，同济大学，2007年4月。

三、黑龙江省主导产业及重点产品、重点技术选择

（一）主导产业选择

通过初选和基准分析，对黑龙江省各工业产业进行综合分析结果如表 5－13 所示。由表 5－13 可知，黑龙江省可选择的主导产业为：（1）石油和天然气开采业；（2）食品制造业；（3）通用设备制造业；（4）石油加工、炼焦及核燃料加工业；（5）煤炭开采和洗选业。

表 5－13　黑龙江各工业产业综合基准系数及排序

行　业	全要素生产率上升率	权重（%）	需求收入弹性	权重（%）	比较优势系数	权重（%）	综合关联系数	权重（%）	综合基准系数	排名
石油和天然气开采业	0.17	25	4.83	30	12.20	35	1.09	10	5.87	1
食品制造业	－0.07	25	3.36	30	5.22	35	0.78	10	2.89	2
通用设备制造业	0.46	25	1.27	30	1.65	35	1.17	10	1.19	3
石油加工、炼焦及核燃料加工业	1.11	25	0.90	30	1.47	35	1.13	10	1.18	4
煤炭开采和洗选业	0.11	25	2.76	30	0.19	35	1.13	10	1.03	5
交通运输设备制造业	0.34	25	1.38	30	0.09	35	1.03	10	0.63	6
化学原料及化学制品制造业	－0.47	25	1.36	30	0.12	35	1.45	10	0.48	7
黑色金属冶炼及压延加工业	0.04	25	0.91	30	0.05	35	1.51	10	0.45	8

资料来源：《黑龙江统计年鉴（2010）》、《黑龙江统计年鉴（2009）》、《黑龙江统计年鉴（2008）》、《黑龙江统计年鉴（2007）》、《中国统计年鉴（2010）》、《中国统计年鉴（2009）》、《中国统计年鉴（2008）》、《中国统计年鉴（2007）》、《中国科技统计年鉴（2008）》、《中国科技统计年鉴（2007）》整理得出。

（二）主导产业中的重点产品及重点技术选择

1. 石油和天然气开采业

当前，生产对于石油和天然气的需求正在不断增长，在之后一段时间内中国石油和天然气的产量将远远不能满足需求，并且缺口有越来越大的趋势。因此，在下一阶段应加大石油和天然气的开采力度。

要增加原油的产量，就要将技术重点放在研究推广采油新技术上以增加原油产量，满足市场需求。

天然气在我国的利用率明显太低，应大幅提高其在我国基础能源消费结构中的比例，同时天然气是一种清洁高效的能源，使用天然气有利于节能减排目标的实现，因此，要将战略重点放在如何多层次利用天然气资源上。

2. 食品制造业

近年，黑龙江省批准创建22个国家绿色食品标准化生产基地，3个产品获得无公害农产品认证，350个生产基地获得无公害农产品产地认定。截至2009年，黑龙江A级水稻、小麦、玉米和大豆的产量分别达933.0万吨、17.4万吨、418.7万吨和180.7万吨；有机食品级水稻、小麦、玉米和大豆的产量分别达26.2万吨、8.5万吨、15.3万吨和15.2万吨；绿色食品养殖业牵动农户131383户，猪肉、牛肉和牛奶产量分别达1338吨、12795吨和1671520吨；绿色食品加工企业500个。如此优越的农业初始条件，为黑龙江省的食品制造业提供了一个稳固的基础。

在产业结构优化过程中，黑龙江省应该充分发挥商品粮基地和生态农业优势，以发展绿色、特色食品工业为核心，形成产业集群。健全以绿色、特色食品为主导的新型食品工业体系和食品安全检验检测体系，建设全国最大的绿色、特色食品工业基地。根据黑龙江的农业发展特色，发展的重点是乳制品、大豆制品、玉米加工、薯类制品、肉类制品、啤酒饮料及山特产品深加工。

3. 通用设备制造业

通用设备制造业是指使用于1个以上行业的设备制造，这就意味着它的产业关联度较大。因此，要将技术创新作为重点，以高新技术为导向，以节能减排为原则，使该行业产品能适应其他各行业的发展要求。

围绕通用设备制造业升级和结构调整，结合对国外先进技术的引进、消化、吸收和企业自身的技术创新，黑龙江省通用设备制造业需要加强电子信息技术的应用，加快改造重点骨干企业，提高企业自主开发能力，使其技术工艺和装备达到现代国际先进水平。黑龙江企业技术创新的方向要与之相适应，重点应放在加强产学研的联合攻关，抢占科技制高点，形成一批具有自主知识产权，对机械工业具有长远影响的关键技术和共性技术，这些关键技术包括：计算机辅助设计（CAD）技术、现代集成制造系统（CIMS）、快速原型制造技术、精密成型与加工技术、热加工工艺模拟优化技术、激光加工技术和现场总路线技术等。主导产品也应围绕这些技术展开。通过这些关键和共性技术的广泛应用可以迅速提升机械工业的整体科学技术水平，增强重点企业科技竞争力，为机械工业结构升级和调整提供重要的技术支撑。

在机床行业要重点发展数控机床，数控机床行业是典型的高技术产业，其技术发展日新月异，新产品的诞生速度越来越快，对企业的创新能力要求越来越高，创新难度很大，为使黑龙江在机床产业发展中取得优势地位，需要加快开发大型龙门五面以上加工中心、重切削五轴以上联动加工中心、大扭矩卧式加工中心、大型动梁式龙门加工中心、高速卧式加工中心、大型卧式数控深孔钻床、落地式铣镗床、精密磨床等；重点支持柔性制造系统、开发数控系统、伺服系统、数控机床共性技术和精密机床轴承等核心部件的设计制造技术。

在通用机械行业要围绕国内大型工程，重点发展乙烯、聚氯乙烯、合成氨、甲醇、尿素等大型石化离心压缩机组和往复式压缩机、配套化工流程泵、阀门等产品，以及大型发电机组辅机成套设备、超临界机组用泵、风机、核电用泵、制冷设备等，主导产品的技术水平要接近或达到国际先进水平，在大型成套机械设备方面，政府要扶持龙头企业发挥主导作用。

在基础件行业要支持瓦轴集团及其他轴承生产企业，重点发展高速、高精度、高可靠性的轴承及直线导轨等系列产品。推进瓦轴集团重大装备精密轴承等一批项目的实施，使其技术水平达到国际先进水平并进入世界轴承企业 10 强行列。

当前，我国已进入工业化中期，“中国制造”已经在全球市场上占据了比较重要的市场份额。纵观国内，东南沿海发达省份都相继把发展装备制造业放在重要位置，中西部省份也在大力发展装备制造业，并且已在某些领域形成了竞争优势。对面向国际、国内两个市场的激烈竞争，黑龙江只有充分发挥产业基础较好、技术力量雄厚等优势，抓住世界制造业加速转移和我国推进重大装备国产化的有利时机，大幅度提高装备制造业在黑龙江工业经济中的比重，努力实现装备制造业的快速发展，才能赢得未来。

4. 石油加工、炼焦及核燃料加工业

黑龙江省作为传统的老工业基地之一，其石油加工、炼焦及核燃料加工业已颇具规模，应以提高炼油企业集中度为重点，推行炼油化工一体化，扩大乙烯及合成材料生产规模。加快发展有机原料、化肥、精细化工、塑料加工。一是重点发展聚烯烃改性材料及工程塑料，以大庆石化公司、大庆炼化公司为龙头，生产高端牌号、高性能专业树脂，为下游企业提供优质原料。重点推进大庆石化公司 120 万吨/年乙烯改扩建工程、大庆炼化公司二期 30 万吨/年聚丙烯扩建项目、大庆中蓝石化有限公司 50 万吨/年 C4 综合利用项目、大庆华科股份有限公司 15 万吨/年乙烯裂解 C5 综合利用和 15 万吨/年乙烯裂解 C9 综合利用项目、哈尔滨鑫大高科有限公司 10 万吨/年高品质 PP 改性塑料项目、黑龙江中盟龙新公司 5 万吨/年 MMA 扩产改造项目。二是积极发展精细化工，以大庆石化公司、大庆炼化公司、大庆油田化工集团等企业为龙头，重点发展驱油超高分子量聚丙烯酰胺和表面活性剂、三次采出液絮凝剂等油田化学品，环氧树脂、高性能黏合剂、农药中间体等精细化工产品，重点推进大庆炼化公司聚丙烯酰胺扩充改造项目、大庆油田化工集团重烷基苯磺酸盐表面活性剂扩产改造项目、大庆志飞生物化工有限公司阿维菌素扩产改造项目、佳木斯兴宇生物技术开发有限公司阿维菌素苯甲酸盐扩产改造项目。

5. 煤炭开采和洗选业

对于煤炭开采和洗选业，应大力提高煤矿采掘机械化水平，扩大洗选加工能力，提高原煤洗选率，加快洁净煤技术产业化进程；坚持以煤为主，多元化经营，把煤炭资源“四转一开发”（煤转电、煤转热、煤转油、煤转气和非金属矿产资源综合开发利用）作为延长产业链的主攻方向；组建煤炭集团，重点建设东荣、鸟山、新华等煤矿项目，巩固提高煤炭生产能力和竞争力；建设鹤岗电厂二期、双鸭山电厂三期、七台河电厂二期、双鸭山热电联产等坑口电站，推进煤炭液化，鹤岗、鸡西煤层气开发，七台河、双鸭山焦化等项目，促进煤炭转化，发展煤化工。

第四节　产业结构优化的约束条件分析

一、实现高度化目标的约束条件

从产业结构的比例看，高度化有三个方面的内容：（1）在整个产业结构中，由第一次产业占优势比重逐级向第二次、第三次产业占优势比重演进，即产业重点依次转移；（2）产业结构中由劳动密集型产业占优势比重逐级向资金密集型、技术知识密集型占优势比重演进，即向各种要素密集度依次转移；（3）产业结构中由制造初级产品的产业占优势比重逐级向制造中间产品、最终产品的产业占优势比重演进，即向产品形态依次转移。从产业结构高度化的程度看，高度化有四个方面的内容：（1）产业高附加值化，即产品价值中所含剩余价值比例大，具有较高的绝对剩余价值率和超额利润，是企业技术密集程度不断提高的过程；（2）产业高技术化，即在产业中普遍应用高技术（包括新技术与传统技术复合）；（3）产业高集约化，即产业组织合理化，有较高的规模经济效益；（4）产业高加工度化，即加工深度化，有较高的劳动生产率。①

因此，产业结构高度化的约束条件主要有：

（一）技术——产业结构高度化的“瓶颈”

从产业结构发展的进程可以看出，产业结构高度化的原动力就是技术的革新。技术创新可以引起新兴科技产业的崛起，促进资源向新兴产业聚集，使得主导产业得以更迭，实现产业结构优化。首先，需求结构受到技术进步的制约。技术进步往往会带来产品成本的降低，进而影响需求结构，扩大需求市场；技术进步可以加速产品的升级换代，新产品的出现促使需求结构变化。其次，技术创新可以使产业劳动生产率得以提高，相应的部分游离出的劳动力就会流向一些新兴部门，进而实现产业结构的高度化。最后，技术创新可以改造传统工业，将高能耗、高污染、高投入、低效益的产业转化为低能耗、低污染、低投入、高收益的新兴产业，实现高度化目标。

1. 技术差距

目前，东北地区工业企业技术水平距国际先进水平仍有相当大差距，能耗高于国际先进水平约40%，设备役龄过长，以三个省会城市为例，沈阳市一部分工业企业至今仍在使用20世纪60、70年代的设备，长春市大部分工业企业设备的平均服役年龄在20年以上，哈尔滨市约1/4的工业企业在使用20世纪60、70年代的落后设备。

2. 技术引进状况

东北地区技术引进数量较大，但是技术引进能力较弱。在技术市场平均交易指标中，假设最先进省份为1，那么辽宁为0.17，吉林为0.07，黑龙江为0.10；在平均国内技术成交金额指标中，假设最先进省份为1，那么辽宁为0.05，吉林为0.15，黑龙江为0.42；在平均国外技术引进金额指标中，假设最先进省份为1，那么辽宁为0.62，吉林为0.64，黑龙江为0.36；在平均外国直接投资额指标中，假设最先进省份为1，那么辽宁为0.31，吉林为0.03，黑龙江为0.04。从东北三省内部单项指标比较分析可以看出，吉林省、黑龙江省外国直接投资指标都相对辽宁以及发达省份呈现鲜明的弱势，技术市场交易也呈现出相对的弱势。②

---

① 李悦、李平，《产业经济学》，东北财经大学出版社2004年版。

② 金春雨、孙瑜、姜洪文，《东北老工业基地技术引进能力实证分析》，载于《工业技术经济》2009年6月第28卷第6期。

3. 自主研发能力

从科技创新成果角度来看，近年来，东北三省有着较快的科技创新成果增长率，这表明东北三省在技术创新上具有一定潜力。但是，三个省份的创新能力存在着一定差异，辽宁省的各项科技成果总量占东北三省总量的一半以上，而三省中只有辽宁省的综合科技水平具有一定的相对优势。要实现东北地区的经济振兴，就要在各省提升技术创新能力的同时努力缩小彼此差距，加强跨省的科技创新领域合作。

从技术投入角度来看，在技术基础薄弱的同时，虽然东北三省的 R&D 经费支出正逐年增长，但与我国其他地区相比，三省的经费支出相对偏低，根据2010年统计数据，辽宁 R&D 经费支出居全国第 6 位，而吉林居第 22 位，黑龙江居第 16 位。这说明虽然对于技术的重要性我们已经有所认识，但投入力度不够，没有给技术创新奠定一个良好的资本基础。另外，东北地区高新技术产业现在虽然已经有了一定的发展，但是，在这些产业中我们所掌握的往往并非核心技术，在竞争中处于劣势地位。

从科研机构角度来看，作为技术创新的孵化地的研发机构是技术创新所必备的基础条件。目前，东北地区拥有大量科学研究与开发机构，2009 年中国科技统计年鉴数据显示，截至2008 年底，东北地区共有科学研究与开发机构 480 个（其中辽宁 171 个，全国排名第 5 位；吉林 120 个，全国排名第 14 位；黑龙江 189 个，全国排名第 3 位），占全国的 12. 88%，总体来看，东北地区的科研机构在数量上是占有一定优势的。

（二）制度—产业结构高度化目标实现的重要影响因素

此处我们所讲的制度包括经济制度、经济发展战略及各种产业政策等内容。显而易见，其中的市场机制等会直接作用于产业结构，而企业制度等内容则间接作用于产业结构。特别地，产业结构政策如幼小产业保护政策、战略扶植政策、主导产业选择政策等从宏观的角度引导产业结构的转变。建立健全合理的制度，是产业结构优化的必要条件，也是产业结构高度化的必要保证。

二、实现高效化目标的约束条件

（一）经济发展方式

要想实现产业高效化目标，在经济发展方式上，就要选择以稳定发展、高效生产为目标，以技术、管理水平的提高和结构调整为手段，以实现经济发展的集约型经济发展方式。然而，长期以来，东北地区经济发展方式属于放型经济发展方式，依靠增加生产要素量的投入来扩大生产规模，实现经济增长。这种以速度为目标，以环境的损害为代价的经济发展方式，使得东北地区长期位于价值链低端，大量低效率产业长期存在，处于高能耗、高污染状态，严重制约了东北地区产业结构高效化目标的实现。

1. 资源投入角度

由于多年的开采及粗放使用，目前，东北地区的煤炭、石油等资源储量大幅减少（2009 年，东北地区煤炭储量为 125.6 亿吨，较 2008 年减少 3%，石油储量为 87681.2 万吨，较 2008 年减少 4%），行业增长潜力开发殆尽，面临着资源枯竭的状况，这在东北 14 个资源枯竭城市都有所体现。

另外，从表 5－14 可以看出，中国主要老工业生产基地中，东北地区单位工业产值投入的人力资源数量虽低于全国平均水平，但仍高于上海、天津这两个高效化水平较高的城市，在传统工业基地中处于中等水平。其中，黑龙江单位工业产值从业人数仅略小于重庆，高于全国平均水平，人力资源投入较大。

表 5－14　　主要老工业基地单位工业产值从业人数　　单位：万人/亿元

省市	单位工业产值从业人数
上海	0.011793
天津	0.010457
重庆	0.02027
湖北	0.017498
辽宁	0.013733
吉林	0.013669
黑龙江	0.019787
东北地区	0.014691
全国	0.016106

资料来源：《中国统计年鉴（2010）》。

2. 技术角度

如前面所述，东北地区在经历了重工业化过程后，部分自然面临枯竭，因此，通过提高技术水平来实现产业高效化目标成为必须选择。但相对于长三角、京津冀等地区，一方面东北地区技术拥有量少，即使东北地区专利项目数量有所增加，但大部分没有实现产业化；另一方面技术创新能力差，仍处于“引进—吸收一再引进”的模式，缺乏自主创新能力。目前，东北地区技术水平普遍落后于国际水平5~10年，单位能耗、产品成本均高于国际先进水平，资源利用率、产品可靠性和寿命均低于国际水平。可见，技术对东北地区产业结构高效化的实现起到决定性的作用。

（二）产品结构约束

根据《国际统计年鉴（2010）》显示，我国工业产品产量居于世界前列的均为低端产品。2009年我国粗钢、煤、水泥、棉布居世界首位，发电量居于第2位，原油产量居于第4位；2008年我国化肥产量居世界第1位（目前没有2009年化肥产量的相关数据）。而对于先进的工业化国家，其主要工业产品则倾向于相对高端的产品，如日本工业产品产量上处在世界前列的除钢铁外还有：乙烯、苯乙烯、聚乙烯、丙烯、甘醇、汽油、石脑油、煤油、煤焦油、水泥、钢管、粗制铜、船舶、合成橡胶、再生橡胶、汽车轮胎、桥车、卡车、车床、铣床、镗床、刨床、柴油机、内燃机、联合收割机、电动机、电冰箱、电话机、半导体、电子元器件、摄像器材、光学仪器、办公设备等。可见，如果一个国家或地区具有优势的工业产品集中在低端产品，则该国家或地区的工业化水平较低。

从2009年东北工业产品产量上看（见表5－15），至少有一个省在全国排名排在前5位的产品有原油、乙烯、生铁、粗钢、钢材、金属切削机床和汽车七类产品。在这七类产品中，除汽车外，均属于低端产品，其产量的增加必然伴随les大量的资源消耗及环境污染。可见，低表着低效的低端产品是东北地区的主要工业产品，阻碍了东北地区产业高效化目标的实现。

表5－15　　主要产品产量及其排名

产　品	辽宁		吉林		黑龙江	
	产量	全国排名	产量	全国排名	产量	全国排名
原油（万吨）	100.02	7	639.90	8	4000.70	1
乙烯（万吨）	47.98	10	83.85	5	58.34	8
生铁（万吨）	5094.30	3	780.20	18	494.56	24
粗钢（万吨）	4803.34	4	803.64	19	565.96	23
钢材（万吨）	4935.55	4	870.74	21	506.04	25
金属切削机床（万台）	14.1	1	0.2	22	0.4	14
汽车（万辆）	50.85	12	110.64	6	28.37	16
其中：轿车	26.04	10	86.17	3	3.38	20

资料来源：《中国统计年鉴（2010）》。

（三）组织结构约束

1. 产业组织约束

合理的产业组织有利于加快推动区域产业结构高效化的发展，因为产业结构高效化是通过资源配置的优化，生产要素不断从低效率产业向高效率产业，从低技术产业向高技术产业转变的过程。而这一过程的实现是通过企业的扩张、兼并、破产、转产等一系列活动完成的，即通过产业组织不断重组完成。显然，不合理的产业组织与产业结构的高效化过程无法相互适应。

东北是传统的老工业基地，尽管我国经济发展在指导思想上已经放弃了“大而全，小而全”的封闭式经济发展模式，但在东北，这种现象仍普遍存在。在求全的过程中，无疑企业资源会分散在运营的各环节上，无法充分发挥其优势，致使大部分企业无法达到合理的规模，产业集中度低，组织结构分散，过度竞争普遍，资源竞争、地方保护主义加重，企业创新能力不足等。

2. 产业链约束

完善的产业链是产业结构高效化目标实现的必要条件。产业链的内涵包括四方面内容：第一，产业关联性，关联性越强，则说明其资源利用率越高，相应的，其成本得以降低，效益得以提升；第二，产业深度与产业链长度呈正比关系，而产业链的延长就意味着产品的开发深度增加，附加价值增加；第三，产业层次，多层次的开发则可吸引多层次的客户，进而扩大市场份额，增加经济效益；第四，产业链的起点和终点是动态变化的，视当时的经济、技术和资源状况而定。这四方面内容无一不说明产业链的完善与否直接关系着产业结构的高效化水平，产业链的完善和产业结构的高效化目标是统一的。一个链条的断裂就可能导致一个产业链的瘫痪，产业规模缩小，进而可能会影响整个工业体系。

目前，东北地区的重点产业，仍未形成完善的产业链。比如吉林的汽车产业，多数集团的战略重点仍停留在资金引进，设备更新等环节上，而忽视了销售和服务能力等环节。当然，产业链的完善并不意味着面面俱到。与某主导产业相关的产业数量多、行业复杂，在选择时，应尽量选择与该主导产业最为密切的、在该区域有一定发展条件的产业，不具备发展条件的产业则可与其他区域协调合作。此外，随着一些资源型产业的萎缩，除资源型产业本身外，与之相关的全部产业链均将受到影响，迫使我们不得不面对新的产业链条的断裂问题。例如，有色金属产业萎缩，与之相关有采选、冶炼和加工三个行业以及与这三个行业有纵向关联的所有行业都将面临产业链断裂的危险。沈阳冶炼厂之所以倒闭，主要就是因为辽宁有色金属产业的萎缩。

三、实现生态化目标的约束条件

（一）环保化现状

从表5－16可以看出东北地区“三废”排放量较大，其中辽宁省的“三废”排放量几乎占东三省的一半以上。从2009年污染治理项目完成投资状况来看，废水、废气的完成投资量占全国的比例尚可接受，但对于排放比例最高的工业固体废物来说，其治理项目完成的投资额比例显得过低。通过统计年鉴数据可以看出东北三省的工业废水排放量在逐年降低，但其排放达标率也呈下降趋势，工业废气和工业固体废物的排放量则逐年上升。可见老牌的重工业基地的经济发展是以高污染为代价的。

表5－16　　2009年东北地区“三废”排放及治理情况

地区	工业废水排放总量（万吨）	工业废气排放总量（亿标立方米）	工业固体废物产生量（万吨）	污染治理项目本年完成投资（万元）		
				治理废水	治理废气	治理固体废物
辽宁	75159.00	25211.19	17221.00	35281.00	157282.00	1519.00
吉林	37563.48	9618.62	3940.52	26959.00	48409.00	435.00
黑龙江	34188.00	9977.00	5275.00	45333.00	50109.00	755.00
东北	146910.50	44806.81	26436.52	107573.00	255800.00	2709.00
全国	2343857.00	436064.00	203943.40	1494606.00	2324616.00	218536.00
东北占全国比例（%）	6.27	10.28	12.96	7.20	11.00	1.24

资料来源：《辽宁统计年鉴（2010）》、《吉林统计年鉴（2010）》、《黑龙江统计年鉴（2010）》、《中国环境统计年鉴（2010）》。

（二）约束条件分析

1. 技术约束

产业结构环保化是由高投入、高能耗、高污染、低收益产业向低投入、低能耗、低污染、高收益产业转移的动态过程。

要实现产业环保化目标，就必须改造工业生产方式提高资源循环利用效率：一是通过资源的反复循环利用，形成工业生态链网，建设循环经济型企业，通过工业产业结构调整，淘汰浪费能源资源、污染环境的落后工艺、设备，用清洁生产技术改造能耗高、污染重的传统产业，大力发展循环经济型企业；二是通过实施清洁能源计划，改变能源消费结构，提高天然气等清洁能源的利用率，充分利用工业生产环节的共生、伴生资源，实施垃圾发电工程，反复回收利用废钢铁（及其制造品）、废纸、废塑料、各种家用电器等再生资源的一系列措施，实施清洁生产，合理利用资源；三是通过产业结构调整和技术进步等途径降低能源消耗，延伸产业链，使上游排放物成为下游的生产原料，避免热源重复建设，提高整个热力系统效率，使上游工艺热源介质成为下游工艺预热介质，实施热电联产工程和企业系统节能等措施，大力推行工业企业节能降耗，同时推广高新节电技术，如变频调速技术、中央空调节能技术等。

2. 制度约束

制度具有指导性和约束性、鞭策性和激励性、规范性和程序性三大特点，由此可见，当制度向环境保护方向倾斜时，产业结构的优化过程也就会受制度的指导、约束和鼓励，把环境保护融入到产业结构优化的过程中，其具体体现就是产业结构的环保化。

我国环境制度分为两类：一类是管制制度，如环境影响评价制度、排污收费制度、污染物总量控制制度等；另一类是经济激励制度。我国的管制制度缺乏正面激励，属于先污染后治理的模式，未起到预防作用；而我国经济激励制度体系并不完善，主要以税收、收费为手段，但缺乏配套措施，并未发挥预期的作用。

3. 政策约束

产业政策是政府为了实现一定的经济和社会目标而对产业的形成和发展进行干预的各种政策的总和，具有导向作用。这种导向作用的具体表现为：调整商品结构、调整资金流向、优化配置资源、促进市场发育等。产业政策正是通过其导向作用，以政策倾向引导产业结构的变更。当政策倾向于环境保护，对其予以支持，就有了有利于实现产业结构环保化目标的宏观环境。

事实上，环境保护意识已渗透进了我国的产业政策，但是政府在政策上的支持并未让企业认识到产业环保化的利益所在，大部分企业仍认为对环境保护的投入是增加成本而非增加投资。这也就意味着，我国的产业政策仍存在不足，没有起到其应有的对产业结构环保化目标实现的推动作用，是产业结构环保化的另一约束条件。

四、小结

这一节从高度化、高效化和环保化三个角度分析了产业结构优化的约束条件，综合来讲，产业结构优化的制约条件可以概括为：技术约束、制度约束、产业组织和政策四点。

第五节　产业结构优化的主要对策

一、加大技术投入力度，以技术带动结构优化

（一）充分利用科研优势，增加科研投资

前面已经指出，东北地区拥有大量科研机构，科研实力高于全国平均水平，因此，我们应利用现有优势，加大科研投资，使科研机构不仅在数量上更要在质量上能更进一步，研发出更多更好的项目。

（二）大力支持高新技术产业

1. 支持高新技术产业的发展，在资金上予以保证

加大对于高新技术产业尤其是在信息、生物、新能源、航空技术等一些重要领域的研究及其成果转化的资金支持。

2. 在政策上予以引导

一方面，在宏观调控、科研开发、金融、税收等政策上给企业以优惠性的倾斜，鼓励企业开拓创新；另一方面，要加强各项政策的协调工作，使高新技术得以均衡发展。

（三）积极改造传统优势产业

传统产业的特点是用传统技术生产传统产品，一般具有投入高、消耗大、污染重的特点。但是传统产业仍然是东北工业的主体，在国民经济中占有绝大比重，同时也是参与国际竞争的比较优势所在。因此，要广泛应用先进信息技术、清洁生产技术、资源节约技术、绿色资源替代技术、废弃物再资源化技术以及污染处理技术，对东北传统优势产业进行改造提升。

（四）以人才战略，推动技术进步

如我们所知，东北地区拥有大量高等院校、科研院所，但是东北地区却也存

在着人才短缺的问题。造成这一问题的原因就在于人才流失，应届毕业生去外省就业，人才被挖角，技术成果外流等现象比比皆是，没有人才就没办法实现技术的创新，因此人才战略的实施在东北地区显得尤为重要。首先，要通过优惠条件如提供住房等吸引人才，特别是一些带项目、有成果的高级人才；其次，要对引进的人才予以尊重，为他们提供更广阔的发展空间，借以留住人才。

二、转变经济发展方式

（一）从追求速度转向追求效率

对于产业结构优化而言，政策制度的导向就是方向问题，如果方向错误，单纯追求速度，势必会带来严重后果，就如同我们现在所要面对的环境问题、能源紧缺问题等。在确定产业结构高效化目标的同时，事实上我们已经选定了从低效到高效，从低技术到高技术的方向，因此，产业政策和制度就要体现出这样一个方向性。比如加大对高技术的激励机制，对排污大的产业进行制约等。

（二）采用绿色 GDP 核算制度

该制度将环境污染和能源消耗等内容考虑进来，将传统算法得到的 GDP 扣除自然资源耗减价格与环境污染价格后的值作为绿色 GDP 的值。可见，这种新的核算制度引入了生态补偿理念，凸显了生态环境问题，把这座单纯追求经济增长所建立起来的空中楼阁呈现在人们面前，使得我们不得不正视这个问题。

三、优化产业组织结构

（一）完善产业组织结构

1. 提高产业集中度

由于大企业往往具有较强的辐射作用，则可以由其吸引中小企业，形成产业集聚，提高集中度。

2. 创建主导产业集群

产业集群可以减少成本，强化产业内企业分工合作，推动技术创新，形成其特有的竞争优势。构建以主导产业为核心，再配以完善的配套服务体系，进而充分发挥核心机构的扩散与辐射作用，最终增强区域竞争力。

3. 规范企业行为

通过政策法规，实现规范作用，使企业之间的竞争与合作实现从无序到有序的转变，提高资源利用率。

（二）延长产业链

延长产业链并非只是为了延长而延长，其根本目的是要提高产品附加值，使产品向价值链高端移动，获取更高的经济效益。加大科研力度，提升其技术水平，不管是新材料的产生还是更深程度的产品开发，都会令产品附加值得以提高。

（三）以四大经济带领跑东北经济

东北地区的四大经济带分别是辽宁沿海经济带、沈阳经济区、吉林长吉图经济区、黑龙江哈大齐和牡绥地区。我国“十二五”规划纲要中指出，这四个经济带是全面振兴东北的重点。辽宁省提出，将以沿海经济带、沈阳经济区建设为引擎，以贯通沿海与腹地的沈大经济带为战略轴线，构建“双擎一轴联动”的空间发展新格局。吉林省提出，加快推进长吉一体化进程，推动中部城市群发展，切实增强对全省经济社会发展的带动力。以长春、吉林、延吉高新技术产业园区为重点，构建长吉图区域高新技术产业隆起带。黑龙江提出，将哈大齐工业走廊构建成全省振兴老工业基地核心区、全面实现小康社会先行区。到 2015 年，建成多种产业相互配套、高科技、结构合理、高速增长的经济密集区和战略性新兴产业聚集区。①

四、完善相关政策

（一）财政政策

推行绿色财政，建立绿色财政体系，一方面对有利于资源再生，能源替代的产业予以扶持，同时从自己做起，通过优先购买绿色产品的行为引导企业；另一方面要加大对生态环保的投资，以补偿生态损失。

（二）产业政策

在产业结构环保化的目标下，产业政策倾向性选择的一个重要依据就是产业

① 根据辽宁、吉林、黑龙江三省的“十二五”规划纲要整理。

的资源消耗多少和对环境破坏力的大小。要选择那些能耗小、污染少的行业作为优先发展的对象。

（三）税费政策

通过对造成资源损失或环境污染的行业增加税收，如增加水资源税，或者实行差别税率，对其从高收取资源税费，以限制那些高能耗、高污染产业的发展。

第六章

第三产业的优化方向与实现途径

随着世界经济的发展，第三产业在经济中所占的比重越来越大，发达国家第三产业增加值占GDP的比重已经达到70%，我国北京、上海等发达省份第三产业增加值占GDP的比重已超过60%，而东北地区第三产业增加值占GDP的比重始终在40%以下，发展水平明显滞后，因此，如何发展东北地区第三产业，优化第三产业结构对于振兴东北老工业基地、优化东北地区产业结构显得十分重要。

本章在全面描述东北地区第三产业基本概况的基础上，提出了第三产业主导产业选择的基准，即比较优势基准、经济效益基准和收入弹性基准，并在基准分析的基础上，设计了东北地区第三产业主导产业选择的指标体系，通过实证分析，提出了东北地区第三产业的优化方向及主导产业；对于第三产业的现代化、信息化和标准化方向进行了理论上的阐述，并以第三产业结构优化方向为指导，提出了东北地区第三产业发展的重点领域；最后通过对东北地区第三产业发展的SWOT分析，提出了相应的解决对策。

第一节 初始条件分析

一、东北地区第三产业总体规模与效率

（一）第三产业规模不断扩大，但总体结构水平相对滞后

东北三省作为一个整体，第三产业规模不断扩大，呈现快速增长的态势。东北地区第三产业增加值变动情况如表6-1所示。

表6－1　　东北地区第三产业增加值变动情况（2000～2009年）

指标	2000年	2001年	2002年	2003年	2004年	2005年	2006年	2007年	2008年	2009年
增加值（亿元）	3465.0	3939.3	4346.7	4807.6	5401.7	6514.1	7321.9	8441.7	9945.2	11773.0
增长率（%）	—	13.69	10.34	10.60	12.36	20.59	12.40	15.29	17.81	18.38
占GDP比重（%）	35.46	37.36	37.99	37.79	37.14	38.00	37.11	36.12	35.27	38.53

资料来源：2000～2009年各省国民经济和社会发展统计公报整理。

从表6－1可以看出，东北地区第三产业增加值从2000年的3465.0亿元增加到2009年的11773.0亿元，增长近2.4倍。增长速度始终保持在10%以上，甚至有些年份增速超过20%（2005年）。

据世界银行统计，2006年全世界第三产业在整体经济中的比重已达69%，而近十年来，东北地区服务业增加值占地区生产总值比重始终保持在37%左右，明显低于国际水平。2008年全国主要省市第三产业产值占GDP比重及排序如表6－2所示。

表6－2　　全国主要省市第三产业产值占GDP比重及排序（2008年）

类　别	北京	西藏	上海	广东	贵州	吉林	辽宁	黑龙江
第三产业占GDP比重（%）	73.2	55.5	53.7	42.9	41.3	38.0	34.5	34.4
排序	1	2	3	4	5	14	21	22

资料来源：《中国统计年鉴（2009）》。

2008年，全国第三产业增加值为120486.6亿元，占GDP总量的39.78%，而国内一些发达省份第三产业产值占GDP的比重已经超过50%。无论是从第三产业产值占GDP的比重上看，还是从排名上看东北三省都较落后，只有辽宁排名居中；比例上东北地区第三产业所占比重远远落后于国内发达地区，所占比例仅仅相当于北京市的一半。可见，东北地区第三产业发展水平也落后于全国平均水平，更落后于国内发达省份。

（二）东北地区各省份发展比较分析

东北地区作为一个整体，其第三产业规模逐年扩大，而三个省份的第三产业也有不同程度的增长，如图6－3所示。

表 6－3　　东北三省第三产业增加值变动情况

省份	指标	2000 年	2001 年	2002 年	2003 年	2004 年	2005 年	2006 年	2007 年	2008 年	2009 年
辽宁	增加值（亿元）	1851.0	2043.9	2258.4	2527.4	2823.9	3244.6	3559.85	4013.8	4647.5	5829.0
	增长率（%）	10.60	11.20	11.10	11.70	10.70	9.20	10.10	10.10	11.20	12.10
	占 GDP 比重（%）	39.64	40.61	41.38	42.11	42.32	40.51	38.48	36.41	34.52	38.69
吉林	增加值（亿元）	620.00	742.04	822.31	892.2	1017.94	1402.79	1676.64	2022.73	2442.73	2730.72
	增长率（%）	11.00	10.30	10.50	9.10	11.10	12.30	16.30	15.10	16.70	12.70
	占 GDP 比重（%）	31.77	35.00	35.06	33.52	32.61	38.75	39.22	38.28	38.02	37.91
黑龙江	增加值（亿元）	994.0	1153.4	1266.0	1388.0	1559.9	1866.7	2085.4	2405.2	2855.0	3213.3
	增长率（%）	11.00	8.80	10.20	10.10	9.30	10.70	10.50	11.20	12.40	10.10
	占 GDP 比重（%）	31.54	34.02	34.81	34.21	32.84	33.87	33.63	34.04	34.36	38.77

资料来源：2000～2009 年各省国民经济和社会发展统计公报整理。

从 2000～2009 年的数据看，吉林省第三产业增长速度最快，特别是 2006 年、2007 年和 2008 年 3 年。增长率在 15% 以上，10 年间第三产业增加值翻了两番，2009 年是 2000 年的 4.4 倍；辽宁增长比较平稳，除 2009 年增长较快外，其他年份都保持在 11% 上下；黑龙江省第三产业发展速度较慢，10 年平均增长速度在 10% 上下。

从总量及占 GDP 的比重看，辽宁省第三产业发展基础较好，在 GDP 中所占的比重最高，在 2001～2005 年间超过了 40%，但近些年来有所下降，吉林次之，并在近些年表现出上升趋势，黑龙江相对落后，平均不到 GDP 的 35%。

二、第三产业内主要产业规模与效益分析

（一）交通运输与邮政通信业

1. 交通运输业

2008 年全国主要地区旅客周转量与货物周转量分别如表 6－4 和表 6－5 所示。2008 年，整个东北地区共完成货物周转量 10045.35 亿吨公里，其中，铁路 2941.27 亿吨公里；公路 2571 亿吨公里；水运 4343.03 亿吨公里。全年完成旅客周转量 1849.02 亿人/公里。其中，铁路 877.8 亿人/公里；公路 749.5 亿人/公里；水运 8.53 亿人/公里。

表 6-4　全国及主要地区旅客周转量及排名（2008 年）　单位：百万人/公里、%

地区	旅客周转量		其中			排名
	绝对数	占全国比重	铁路	公路	水运	
全国	2319700.0	100.00	777860.0	1247611.0	5918.0	
东北地区	184902.0	7.97	87780.0	74950.0	853.0	
广东	284479.0	12.26	42012.0	156673.0	98.0	1
江苏	176600.0	7.61	31914.0	140080.0	37.0	2
河南	151733.0	6.54	66732.0	80832.0	49.0	3
山东	141867.0	6.12	36694.0	104569.0	604.4	4
湖南	126777.0	5.47	64598.0	57297.0	109.0	5
辽宁	89260.0	3.85	46590.0	32300.0	780.0	12
黑龙江	52410.0	2.26	22070.0	21360.0	30.0	19
吉林	43232.0	1.86	19120.0	21290.0	43.0	23

资料来源：《中国统计年鉴（2009）》。

表 6-5　2008 年全国及主要地区货物周转量　单位：百万吨/公里、%

地区	货物周转量		其中			排名
	绝对数	占全国比重	铁路	公路	水运	
全国	11030084.0	100.00	2510629.0	3286819.0	5026274.0	
东北地区	1004535.0	9.11	294127.0	257100.0	434303.0	
上海	1603100.0	14.53	2900.0	25300.0	1571200.0	1
山东	1010234.0	9.16	134133.0	511792.0	364309.0	2
辽宁	707680.0	6.42	134250.0	135420.0	433330.0	3
安徽	584349.4	5.30	101169.9	377329.3	105821.4	4
河南	521584.0	4.73	200641.0	299515.0	21377.0	5
黑龙江	170430.0	1.55	100650.0	65320.0	850.0	17
吉林	126425.0	1.15	59227.0	56360.0	123.0	22

资料来源：《中国统计年鉴（2009）》。

从旅客周转量的全国排名上看，东北地区排名较靠后，特别是吉林省排在全国第 23 位；从绝对数上比较，整个东北地区的旅客周转量还不及广东一个省，与江苏省持平，说明东北地区的客运能力较发达省份还有很大差距。

从货物周转量的全国排名看，东北地区的货运能力要好于客运能力，辽宁省在货物周转量上排进了全国前 3 名，这也与辽宁作为东北地区交通枢纽的地位相适应；从绝对数上看，整个东北地区的货物周转量之和才与山东省持平，特别是吉林和黑龙江两省货运能力更为落后。

2008 年全国主要地区运输线路长度及民用汽车拥有量如表 6－6 所示。截至 2008 年底，整个东北地区共有铁路 13240 公里，公路 339089 公里，其中 1.39% 为高速公路，内河航道 7962 公里，民用汽车拥有量为 506 万辆。从铁路里程上看，东北地区铁路较发达，总里程处于全国前列，公路里程与国内先进水平有一定差距，如河南省的公路里程是辽宁省的两倍多，是吉林省的近 3 倍；从高速公路所占比例上看，除辽宁省高速公路比重高于全国平均水平外，其他两省都要低于全国平均水平，而与国内的先进水平相比，如天津为 6.92%，江苏为 2.64%，相差更远。

表 6－6　　2008 年全国主要地区运输线路长度及民用汽车拥有量

地区	铁路营业里程（公里）	公路里程（公里）	高速公路比重（%）	内河航道（公里）	民用汽车拥有量（万辆）
全国	79687	3730164.00	1.62	122763	5100
东北地区	13240	339089	1.39	7962	506
河南	3989	240645	2.01	1439	338
四川	2999	224482	0.96	224	162
山东	3329	220687	1.94	1012	597
天津	—	12059	6.92	412	109
河北	5275	149504	2.16	286	389
江苏	1643	140930	2.64	24638	373
辽宁	3928	101144	2.72	813	242
黑龙江	5563	150846	0.69	5528	141
吉林	3749	87099	1.06	1621	123

资料来源：《中国统计年鉴（2009）》。

可见在交通运输业上，东北地区发展态势良好，但三省内部发展极不均衡，辽宁一枝独秀，吉林和黑龙江差距很大。

2. 邮政通信业

2009 年全区内全年邮电业务总量 2178.4 亿元，比上年增长 15.9%。其中，邮政业务总量 99.86 亿元，比上年增长 19.78%；电信业务总量 2078.5 亿元，比上年增长 15.9%，年末移动电话用户 6446.4 万户，比上年末增长 16.95%，电话普及率 83.73 部/百人。东北地区邮政通信业基本情况如表 6－7 所示。

表 6－7　　东北地区邮电业基本情况（2009 年）

地区	邮电业务		移动电话用户（万元）		电话普及率（部/百人）
	总量（亿元）	增长率（%）	用户数（万元）	增长率（%）	
全国	27313.00	14.60	74738.00	16.55	79.90
东北地区	2178.40	16.11	6446.40	16.95	83.73
辽宁	948.50	15.80	2882.10	19.00	94.80
吉林	532.60	16.80	1574.20	7.70	78.90
黑龙江	697.30	16.00	1990.10	21.30	74.70

资料来源：《中国统计年鉴（2009）》。

从表 6－7 可以看出，东北地区 2009 年邮电业务总量增长速度高于全国 1.5 个百分点，移动电话用户增长速度高于全国平均水平 0.5 个百分点，电话普及率每百人比全国多 3.83 部。

但是我们也应该看到，东北地区内部各省还是存在较大差距，与国内发达地区相比差距更为明显。以电话普及率为例，如表 6－8 所示，东北地区辽宁电话普及率较高，但吉林和黑龙江两省电话普及率仍低于全国平均水平。国内发达地区如北京、上海、广东、浙江等地区电话普及率已超过 100 部/百人，甚至超过 160 部/百人，而东北地区平均只有 83.73 部/百人，说明在邮政通讯业上东北地区还有很长的路要走。

表 6－8　　部分地区电话普及率（2008 年）

地区	北京	上海	广东	浙江
电话普及率（部/百人）	163.6	153.4	125.40	122.6

资料来源：《中国统计年鉴（2009）》。

（二）批发、零售、住宿、餐饮业

1. 规模分析

2009 年，东北地区全年社会消费品零售总额 12171.73 亿元，比上年增长 18.67%。如表 6－9 所示，区内三省辽宁所占比重较大，将近 50%，而从增长速度上看，吉林和黑龙江要快于辽宁。

2008 年，东北地区批发、零售、餐饮、住宿业限额以上企业总数达到 9115 家，占全国的 6.6%，从业人数达到近 70 万人，占全国的 6.1%，其中辽宁省无论从企业数还是从业人数在东北地区都处于前列，分别排在全国的第 8 位和第 9

位，而黑龙江和吉林两省相对实力较弱，在全国都排在20名以后，如表6－10所示。从表6－10可以看出，东北三省无论从企业数和从业人数上都远远落后于国内较发达的地区，如广东、江苏、山东、北京等地区，特别是黑龙江、吉林两省，落后得更多。

表6－9　　东北各省2009年社会消费品销售情况

东北地区		辽宁		吉林		黑龙江	
销售额	增长率（%）	销售额	增长率（%）	销售额	增长率（%）	销售额	增长率（%）
12171.73	18.67	5812.6	18.20	2957.33	19.00	3401.8	19.20

资料来源：①2009年辽宁省国民经济和社会发展统计公报；②2009年吉林省国民经济和社会发展统计公报；③2009年黑龙江省国民经济和社会发展统计公报。

表6－10　　2008年东北各省限额以上批发、零售、餐饮、住宿业企业数

地区	企业数量			从业人员		
	企业数	占全国比重（%）	排序	从业人数	占全国比重（%）	排序
全国	138086	100.00		11374819	100.00	
东北地区	9115	6.60		693979	6.10	
江苏	15300	11.08	1	961468	8.45	3
山东	14583	10.56	2	1079865	9.49	2
广东	13184	9.55	3	1328956	11.68	1
北京	11914	8.63	4	890766	7.83	4
浙江	11424	8.27	5	687586	6.04	6
辽宁	6130	4.44	8	388121	3.41	9
黑龙江	1718	1.24	22	176359	1.55	21
吉林	1267	0.92	25	129499	1.14	24

资料来源：《中国统计年鉴（2009）》。

2. 效益分析

从经济效益上看，东北地区批发零售业整体效益较低，从表6－11可以看出，2008年限额以上批发零售业全国平均利税率为8.48%，整个东北地区低于全国0.6个百分点，特别是辽宁和吉林两省分别低于全国1个和1.7个百分点，只有黑龙江省排进了全国前10名，但与排名第1位的山西相比，也落后近9个百分点。

表 6－11　　2008 年主要地区限额以上批发零售业财务指标　　单位：亿元、%

地区	主营业务收入	主营业务成本	主营业务税金及附加	主营业务利润	利税率（%）	排序
陕西	2238.745	1842.2461	14.5381	419.7006	19.40	1
西藏	61.2578	50.5202	0.1813	10.5563	17.53	2
内蒙古	2051.617	1700.7088	15.3223	334.8039	17.07	3
贵州	1001.7087	818.9584	13.4765	147.1239	16.03	4
江西	1220.0868	1031.3086	15.0434	168.4773	15.04	5
辽宁	8095.8661	7479.6484	30.2498	572.0852	7.44	25
吉林	2924.4627	2687.1253	7.7344	190.2527	6.77	28
黑龙江	2107.4578	1887.2542	10.5795	208.9553	10.42	10
全国	187656.8	171305.6	581.8	15327.8	8.48	—
东北地区	27469.902	25239.8209	54.4248	2105.9464	7.86	—

资料来源：《中国统计年鉴（2009）》。

餐饮住宿业比批发零售业整体效益稍好，从表 6－12 可以看出，东北地区 2008 年餐饮住宿业平均利税率为 57.17%，略高于全国平均水平，但与国内先进地区相比还有明显的差距。

总之，在批发、零售业和餐饮住宿业上，东北地区在全国处于中下游，尤其是黑龙江与吉林两省处于较落后的局面，辽宁因地理优势发展态势良好，在全国处于中上游，尽管在企业数和从业人员数量上处于前列，但在经济效益上与国内发达省份还有明显的差距。

表 6－12　　2008 年主要地区餐饮住宿业财务指标　　单位：亿元、%

地区	主营业务收入	主营业务成本	主营业务税金及附加	主营业务利润	利税率	排序
全国	4848.3	2068.0	259.8	2488.9	56.69	
东北地区	258.7	109.9	15.0	132.9	57.17	
海南	54.8	14.1	2.9	35.7	70.58	1
北京	607.0	212.0	30.8	364.3	65.08	2
云南	51.4	20.1	2.9	28.6	61.41	3
西藏	2.9	1.1	0.1	1.7	60.95	4
广西	52.3	19.4	2.9	29.0	60.92	5
辽宁	178.4	74.1	10.0	93.8	58.21	11
黑龙江	40.0	17.7	2.9	19.4	55.71	15
吉林	40.2	18.1	2.1	19.6	54.04	19

资料来源：《中国统计年鉴（2009）》。

（三）金融和保险业

东北地区2009年年末金融机构（含外资）本外币各项存款余额为42779.6亿元，比年初增加8676.13亿元；金融机构（含外资）本外币各项贷款余额28510.82亿元，比年初增加6786.49亿元；2009年年末共有上市公司173家，其中境内上市公司129家；全年保险保费收入925.07亿元，比上年增长9.31%；支付各类赔款和给付总额303.69亿元，比上年增长2.63%，各省的分布情况如表6－13所示。

表6－13　　2009年东北三省金融和保险业概况

项　目	辽宁	吉林	黑龙江	合计
各项存款余额（亿元）	23351.1	8405.7	11022.8	42779.6
比年初增加额（亿元）	4650.3	1962.43	2063.4	8676.13
各项贷款余额（亿元）	16222.1	6300.42	5988.3	28510.82
比上年增加额（亿元）	3913.5	1403.49	1469.5	6786.49
境内外上市公司（家）	93	37	43	173
境内上市（家）	55	33	41	129
各种保费收入（亿元）	461.8	184.87	278.4	925.07
比上年增长率（%）	5.90	16.30	10.80	9.31
各项赔付与给付（亿元）	150.9	56.09	96.7	303.69
比上年增长率（%）	7.90	5.90	－6.20	2.63

资料来源：①2009年辽宁省国民经济和社会发展统计公报；②2009年吉林省国民经济和社会发展统计公报；③2009年黑龙江省国民经济和社会发展统计公报。

东北三省金融保险业的全国排名情况如表6－14所示。从表中的数据可以看出，东北地区的金融保险业还不够发达，而且发展很不平衡，辽宁在上市公司数量、保费收入、存贷款余额等方面的排名在全国属于中上有水平，而吉林省则处于中游，黑龙江省相对落后。

（四）科学技术与教育业

东北地区科学技术与教育业概况如表6－15所示。

表 6－14　　2008 年东北三省金融保险业全国排名

地区	境内上市公司		保险公司保费收入		各项存款		各项贷款	
	数量（家）	全国排名	金额（万元）	全国排名	金额（万元）	全国排名	金额（万元）	全国排名
辽宁	55	9	4361000	8	182232078	8	117946433	7
吉林	34	14	1589185	20	63624751	21	48358879	19
黑龙江	26	22	2511965	14	89937700	16	45326400	21

资料来源：①2009 年辽宁省国民经济和社会发展统计公报；②2009 年吉林省国民经济和社会发展统计公报；③2009 年黑龙江省国民经济和社会发展统计公报。

表 6－15　　东北地区科学技术也教育业概况（2008 年）

类　型		辽宁	吉林	黑龙江	东三省	全国
科学研究、技术服务和地质勘查业	法人单位数（个）	7246	2192	3075	12513	125412
	从业人员数（万人）	11.40	3.95	4.22	19.58	268.4
	营业收入（万元）	2582169	883900	746008	4212077	87454000
	营业利润（万元）	343953	278800	131175	753928	10875000
	营业利润率（%）	13.32	31.54	17.58	17.90	12.44
教育	法人单位数（个）	1011	378	463	1852	21423
	从业人员数（万人）	1.44	0.61	0.70	2.74	40.3
	营业收入（万元）	199353	161700	94798	455851	5939000
	营业利润（万元）	31684	57800	41344	130828	1007000
	营业利润率（%）	15.89	35.75	43.61	28.70	16.96

资料来源：①《第二次全国经济普查主要数据公报》；②辽宁省《第二次全国经济普查主要数据公报》；③吉林省《第二次全国经济普查主要数据公报》；④黑龙江省《第二次全国经济普查主要数据公报》。

截至 2008 年年底，东北地区科学技术与教育业共有法人单位 14365 个，从业人员 22.32 万人，占全国的比重分别是 9.8% 和 7.2%。从经济效益上看，东北地区科学技术与教育业效益良好，科学研究、技术服务和地质勘查业与教育业法人单位的营业利润率分别为 17.9% 和 28.7%，各高出全国平均水平的 5.5 个和 12.2 个百分点。

东北地区教育系统较完善，九年义务教育按时完成率 90% 以上，截止到 2009 年年底，东北地区教育业共有法人单位 1852 个，从业人员 102.3 万人，共有普通小学在校生 562.11 万人，初中学校在校生 356.7 万人，普通高中在校生 179.46 万人，中等职业教育在校生 126.59 万人，普通本专科在校生 209.2 万人，研究生培养单位在校生 17.48.6 万人。

（五）其他第三产业

1. 规模分析

2008年年末，东北三省共有从事其他第三产业的法人单位数205454个，其中辽宁99798个，吉林47104个，黑龙江58552个；从业人员440.21万人，其中，辽宁197.16万人，吉林105.16万人，黑龙江137.9万人（见表6-16）。

表6-16　东北三省其他第三产业法人单位和从业人员（2008年）

行业	法人单位数（个）				从业人员数（万人）			
	辽宁	吉林	黑龙江	合计	辽宁	吉林	黑龙江	合计
合计	99798	47104	58552	205454	197.16	105.16	137.9	440.21
房地产业	11379	3361	4426	19166	21.66	8.34	13.1	43.05
信息传输、计算机服务和软件业	6330	1668	2214	10212	13.29	6.95	8.23	28.47
租赁和商务服务业	20085	6260	8342	34687	31.33	10.11	14.07	55.52
水利、环境和公共设施管理业	2642	1276	956	4874	11.22	5.81	6.38	23.40
居民服务和其他服务业	5711	2140	3233	11084	7.50	3.7	4.81	16.01
卫生、社会保障和社会福利业	10138	3610	4743	18491	28.50	16.57	20.42	65.49
文化、体育和娱乐业	3477	1758	1754	6989	7.40	4.52	4.92	16.85
公共管理和社会组织	40036	27031	32884	99951	76.26	49.16	66.00	191.42

资料来源：①辽宁省《第二次经济普查主要数据公报》；②吉林省《第二次经济普查主要数据公报》；③黑龙江省《第二次经济普查主要数据公报》。

2. 效益分析

2008年年末，东北地区其他第三产业企业法人单位的营业收入8644.2亿元，营业利润1887.2亿元，营业利润率21.83%，高于全国平均水平近6个百分点。在营业收入中，信息传输及计算机服务和软件业、租赁和商务服务业、科学研究、技术服务和地质勘查业所占比重分别是39.8%、27%和12.6%，三个行业合计占79.6%。营业利润中，上述三个行业分别占42.3%、26.2%和10.3%，合计占78.8%（见表6-17）。①

① 房地产业因该项数据不全，没有列入表内。

表 6－17　　东北地区其他第三产业企业法人单位营业收入和营业利润（2008 年）

行业	营业收入（亿元）				营业利润（亿元）				营业利润率（%）	全国平均营业利润率（%）
	辽宁	吉林	黑龙江	合计	辽宁	吉林	黑龙江	合计		
合计	1484.2	677.7	648.23	2810.14	286.2	212.3	138.88	637.32	21.83	15.33
信息传输、计算机服务和软件业	571.8	230.7	264.07	1066.64	114.2	79.9	60.39	254.48	23.18	22.72
租赁和商务服务业	422.3	237.6	168.48	828.42	101.3	64.4	32.93	198.59	21.11	21.34
科学研究、技术服务和地质勘查业	258.2	88.4	74.60	421.21	34.4	27.9	13.12	75.39	17.71	12.44
水利、环境和公共设施管理业	33.7	14.9	15.70	64.29	2.8	4.8	2.31	9.95	14.93	15.50
居民服务和其他服务业	91.2	55.5	68.77	215.50	19.1	18.6	16.36	54.08	24.12	19.43
卫生、社会保障和社会福利业	41.8	28.2	34.54	104.56	5.6	8.5	8.34	22.44	23.47	12.38
文化、体育和娱乐业	65.1	22.4	22.06	109.52	8.7	8.2	5.44	22.38	23.17	11.98

资料来源：①辽宁省《第二次全国经济普查主要数据公报》；②吉林省《第二次全国经济普查主要数据公报》；③黑龙江省《第二次全国经济普查主要数据公报》。

三、第三产业内部结构比较分析

（一）产值结构分析

2008 年东北三省第三产业产值结构如表 6－18 所示。表中的排序是按照当年第三产业生产总值占 GDP 比重，对全国 31 个地区（不包括香港、澳门、新疆建设兵团，下同）进行的排序，表中只列出了前 5 名的省份。按照中国统计年鉴的划分标准，其他第三产业包括信息传输、计算机服务和软件业、租赁和商务服务业、科学研究、技术服务和地质勘查业、水利、环境和公共设施管理业、居民服务和其他服务业、卫生、社会保障和社会福利业、文化、体育和娱乐业。

表 6－18　　各地产业产值占第三产业生产总值的比重（2008 年）

地区	交通运输、仓储和邮政业	批发和零售业	住宿和餐饮业	金融业	房地产业	其他	按第三产业产值占 GDP 比重排序
北京	6.58	13.81	3.61	19.44	7.95	48.60	1
西藏	13.30	25.08	4.40	14.96	8.39	33.87	2
上海	23.83	15.72	2.75	7.79	8.11	41.80	3
广东	20.10	17.79	7.22	8.01	7.13	39.75	4
贵州	24.79	21.23	9.12	6.46	6.49	31.93	5
吉林	19.17	21.87	5.22	4.89	9.51	39.34	14
辽宁	16.44	25.07	7.15	4.55	9.76	37.02	21
黑龙江	14.83	21.52	5.35	9.64	9.16	39.51	22

资料来源：《中国统计年鉴（2009）》。

从第三产业内部产值结构上看，交通运输、仓储和邮政业及批发和零售业所占比例较大，特别是批发和零售业所占比例与国内发达地区持平；金融业产值所占比例明显低于北京、上海、广州等发达地区，但是黑龙江省金融业的产值比重明显高于其他两省；房地产业产值比例较高；在其他第三产业中有相当一部分属于社会服务业，在这里不予考虑，但我们也应该看到，在其他第三产业中也包括信息传输、计算机服务和软件业、租赁和商务服务业、科学研究、技术服务业等与生产密切相关的生产性服务业，这些服务业对于地方经济发展有着举足轻重的作用，由于这些产业的产值数据不完整，因此在这里暂不予考虑。

（二）投资结构分析

2008 年东北地区三次产业投资结构如表 6－19 所示。根据第三产业投资比重对全国 31 个地区进行了排序，表中只列出了前 3 名。从排序上看东北地区第三产业投资状况在全国处于较落后的地位；从投资结构上看，由于东北地区属于老工业基地，在第二产业的投资比例仍然很高，对第三产业的投资比例开始加强，但仍然低于全国平均水平，与前 3 名的省份相比，落后得更多。

2009 年东北地区第三产业内部投资结构如表 6－20 所示。其他第三产业包括水利、环境和公共设施管理业、居民服务和其他服务业、卫生、社会保障和社会福利业、文化、体育和娱乐业，这些产业多为社会服务业。

表 6-19　　东北地区三次产业投资结构及在全国的水平（2008 年）

产　　业	北京	海南	上海	辽宁	吉林	黑龙江	全国
按第三产业投资比重排序	1	2	3	20	25	19	
第一产业	0.04	1.18	0.05	0.98	1.74	3.63	1.55
第二产业	9.37	17.75	25.58	47.87	55.32	44.89	44.31
第三产业	90.59	81.07	74.37	51.16	42.94	51.48	54.13

资料来源：《中国统计年鉴（2009）》。

表 6-20　　东北地区第三产业内部投资结构及在全国水平（2008 年）

行　　业	北京	海南	上海	辽宁	吉林	黑龙江	全国
交通运输、仓储和邮政业	17.57	23.42	23.56	16.47	13.19	22.58	16.31
信息传输、计算机服务和软件业	3.21	2.98	3.47	2.53	2.27	9.14	2.72
批发和零售业	0.38	0.35	0.32	4.94	8.24	5.32	4.47
住宿和餐饮业	1.37	6.46	0.83	2.44	2.8	1.74	2.21
金融业	0.16	0.55	0.55	1.04	0.53	0.06	0.32
房地产业	61.85	38.5	48.16	48.17	38.9	30.18	45.75
租赁和商务服务业	1.36	0.47	2.03	2.73	2.56	0.59	1.6
科学研究、技术服务和地质勘查业	0.94	0.12	0.52	1.34	1.64	1.85	0.91
教育	1.38	2.79	1.37	2.31	3.27	3.38	3.00
其他服务业	11.77	24.36	19.19	18.04	26.61	25.16	23.11

资料来源：《中国统计年鉴（2009）》。

从表 6-20 中可以看出，东北地区交通运输、仓储和邮政业除吉林省所占比例较低外，其他两省均高于全国平均水平，但与海南、上海等地还有一定差距；在信息传输、计算机服务和软件业上，黑龙江省投资比例较高，而辽宁和吉林都明显低于全国平均水平；东北地区的批发零售业的投资比例较大，高于全国平均水平；住宿和餐饮业也表现出投资比例较高的现象；金融业上，辽宁异军突起，黑龙江明显落后；房地产业上，辽宁投资比例较高，与上海持平，且高于全国平均水平，吉林和黑龙江省投资比例较低；在科学研究、技术服务和地质勘查业上，东北地区投资比例较高，明显高于全国平均水平和北京、上海等发达地区；教育业上，东北地区投资比例较高，体现了东北地区重视教育的程度。

（三）就业结构分析

2008 年东北地区三次产业就业结构如表 6－21 所示。从就业结构上看，吉林和黑龙江第三产业就业人员比例明显高于全国平均水平，而辽宁第三产业就业人员比例相对较低，但总体上，东北地区第三产业从业人员较多。

表 6－21　　东北地区三次产业就业结构（2008 年）

产　业	辽宁	吉林	黑龙江	全国
第一产业	0.1	0.7	13.0	0.7
第二产业	57.7	49.4	44.1	57.6
第三产业	42.2	65.6	57.8	53.6

资料来源：①《第二次全国经济普查主要数据公报》；②辽宁省《第二次全国经济普查主要数据公报》；③吉林省《第二次全国经济普查主要数据公报》；④黑龙江省《第二次全国经济普查主要数据公报》。

表 6－22 列示了东北地区第三产业的就业结构。在第三产业中，辽宁的交通运输、仓储和邮政业就业人员比例较高，而吉林和黑龙江省较低；在信息传输、计算机服务和软件业、批发、零售业和金融业上，东北地区的从业人员比例都高于全国平均水平；在房地产业、租赁和商务服务业、科学研究、技术服务和地质勘查业上，东北地区的从业人员比例基本上都低于全国平均水平；在教育业上，辽宁的从业人员比例偏低，吉林和黑龙江都高于全国平均水平。

表 6－22　　2008 年东北地区第三产业就业结构

行　　业	辽宁	吉林	黑龙江	全国
交通运输、仓储和邮政业	11.5	7.3	6.4	9.5
信息传输、计算机服务和软件业	3.0	3.0	3.0	2.8
批发和零售业	17.5	18.7	16.4	16.6
住宿和餐饮业	4.0	3.1	2.6	5.1
金融业	5.0	5.2	4.6	4.3
房地产业	4.9	3.5	4.7	4.9
租赁和商务服务业	7.1	4.3	5.1	6.8
科学研究、技术服务和地质勘查业	4.3	3.8	3.6	3.9
教育	12.7	17.4	16.6	15.1
其他服务业	29.6	33.9	37.0	31.0

资料来源：①《第二次全国经济普查主要数据公报》；②辽宁省《第二次全国经济普查主要数据公报》；③吉林省《第二次全国经济普查主要数据公报》；④黑龙江省《第二次全国经济普查主要数据公报》。

第二节　第三产业主导产业的选择

一、主导产业选择基准

第三产业主导产业的选择基准不能照搬国民经济发展中主导产业的选择基准，因为第三产业有其自身的特点。但是，可以借鉴其方法来确定主导产业的选择基准。经过比较分析，并考虑数据的可获取性，我们确定了以下三个第三产业主导产业的选择基准：①

（一）比较优势基准

这个基准基于主导产业的发展需要具有一定规模的考虑，因为具有规模的主导产业才能充分发挥带头和促进作用，包括静态比较优势和动态比较优势基准。静态比较优势基准是指根据现行生产要素和资源的相对优势来选择区域主导产业，要求重点发展那些可以充分利用相对优势的产业部门，然后依次为中心，按照产业部门之间的经济技术联系，逐步推动相关产业部门的发展，进而形成一个能充分利用本地区优势的产业结构。动态比较优势基准是指把那些目前比较成本还处于劣势，但未来具有比较成本优势，有可能成为带动本地区产业结构高级化演进的幼小产业扶持为主导产业。这个基准所使用的指标包括比较产值规模、比较固定资产规模和比较就业规模。

（二）经济效益基准

经济效益基准是从资源的优化配置的角度来选取第三产业主导产业。我们通过对各产业投入一定的资金和一定的劳动力，能获得增加值。但各产业的效益却不一样，我们只有通过分析各产业经济效益，才能确定最有效的服务产业，并使之成为重点发展的产业，这样才能使社会效益最大化，避免资金和劳动力的无用功。这个基准所使用的指标包括产业相对投入产出率和产业相对生产率。

---

① 根据赫希曼产业关联度基准，主导产业应该具有后向拉动效应和前向推动效应较强的特征，但产业的关联度分析有赖于第三产业投入产出表提供的数据，由于课题研究期间没有找到较新的第三产业投入产出数据，因此不得不放弃基于投入产出表计算的产业关联度基准，由此造成的未预期结果可能十分重大。

（三）收入弹性基准

收入弹性（或称需求收入弹性）是指人们对某一产业产品的需求随着国民收入的变化而变化的相关关系。这种关系就是在价格不变的条件下，产业产品需求的增长率和人均国民收入的增长率之比，即某一产业产品的需求收入弹性系数 = 某一产业产品的需求增长率/人均国民收入的增加率。如果弹性系数大于 1，则这一产品的需求收入弹性就大，即其需求增长速度高于国民收入增长速度，生产这种产品的产业就是收入弹性高的产业。收入弹性基准的主要含义是：政府应选择收入弹性高的产业作为第三产业的主导产业。

工业化发展史表明，生产结构和需求结构的变化有一条共同的原则，即伴随着工业化的发展，它们都是向需求收入弹性大的产业倾斜。需求收入弹性小的商品一般是生活必需品，如食品、简单住房和非奢侈消费的服装等，而需求收入弹性大的商品（或服务）是人们用于提高生活质量所需要的，如购买高档住房、旅游消费、教育投资等。在一无所有的情况下，人们首先需要的是需求收入弹性小的商品，以此来满足生存需要。当物质财富不断增加，生存需要已得到满足以后，人们的注意力便开始转向发展需要，这时，需求弹性大的产业便获得发展。虽然从总体上可以把产业分为收入弹性大的产业和收入弹性小的产业两类，但是，同一产业在工业化发展的不同阶段收入弹性会有所变化。例如，信息产业是收入弹性比较大的产业，但在工业化中期，由于经济发展水平决定了社会对信息的需求还不是那样强烈，这一产业的收入弹性不会很高。到了工业化后期，社会对信息产业的发展有了迫切的要求，这一产业的需求收入弹性较之在工业化中期时将提高。从产业之间的横向比较来看，如果说在工业化过程中某一阶段石化产业的需求收入弹性大于信息产业，那么这一时期的主导产业应选择石化产业而不是信息产业，因为这时还不具备大力发展信息产业的条件。但到了工业化后期，在即将进入知识经济时代时，信息产业的需求收入弹性会大于石化产业，这时，信息产业就应成为主导产业。所以，根据需求收入弹性选择主导产业，要密切结合经济发展阶段，考察在这一阶段上哪些产业需求收入弹性大，就选择哪些产业作为主导产业，而不能超越阶段来选择主导产业。

二、主导产业选择方法与实证分析

（一）构建指标体系

主导产业的选择需要通过一定的指标体系进行测度，评价指标的选择和量化直接决定着评价结果的优劣。根据前述主导产业选择的基准，同时考虑到指标的可计算性和可比较性，本着指标设计的系统性、科学性、全面性的原则，设计了东北地区第三产业主导产业选择的定量侧度体系，如表 6－23 所示。

表 6－23　　东北地区第三产业主导产业选择的定量侧度体系

评价基准	指标设计	计算方法	指标说明
比较优势基准	比较产值规模	$B_1=\dfrac{Y_{ik}/\sum Y_{ik}}{Y_i/\sum Y_i}$	Y_{ik}表示 k 地区 i 产业增加值 $\sum Y_{ik}$表示 k 地区第三产业增加值 $Y_{ik}/\sum Y_{ik}$表示 k 地区 i 产业产出占整个第三产业的比重 Y_i 表示全国 i 产业增加值 $\sum Y_i$ 表示全国第三产业增加值 $Y_i/\sum Y_i$ 表示全国 i 产业增加值占整个第三产业增加值的比重
	比较固定资产规模	$B_2=\dfrac{K_{ik}/\sum K_{ik}}{K_i/\sum K_i}$	K_{ik}表示 k 地区 i 产业固定资产投资规模 $\sum K_{ik}$表示 k 地区第三产业固定资产投资规模 $K_{ik}/\sum K_{ik}$表示 k 地区 i 产业固定资产投资占整个第三产业固定资产投资的比重 K_i 表示全国 i 产业固定资产投资规模 $\sum K_i$ 表示全国第三产业固定资产投资规模 $K_i/\sum K_i$ 表示全国 i 产业固定资产投资占整个第三产业固定资产投资的比重
	比较就业规模	$B_3=\dfrac{L_{ik}/\sum L_{ik}}{L_i/\sum L_i}$	L_{ik}表示 k 地区 i 产业就业人数 $\sum L_{ik}$表示 k 地区第三产业就业人数 $L_{ik}/\sum L_{ik}$表示 k 地区 i 产业就业人数占整个第三产业就业人数的比重 L_i 表示全国 i 产业就业人数 $\sum L_i$ 表示全国第三产业就业人数 $L_i/\sum L_i$ 表示全国 i 产业就业人数占整个第三产业就业人数的比重
经济效益基准	相对投入产出率	$B_4=\dfrac{Y_{ik}/\sum Y_{ik}}{K_{ik}/\sum K_{ik}}$	$Y_{ik}/\sum Y_{ik}$含义同上 $K_{ik}/\sum K_{ik}$含义同上
	产业相对生产率	$B_5=\dfrac{Y_{ik}/\sum Y_{ik}}{L_{ik}/\sum L_{ik}}$	$Y_{ik}/\sum Y_{ik}$含义同上 $L_{ik}/\sum L_{ik}$含义同上
收入弹性基准	需求收入弹性	$B_6=E_i=\dfrac{\Delta Q_i/Q_i}{\Delta l/l}$	E_i 为产业 i 的需求弹性系数 $\Delta Q_i/Q_i$为产业 i 需求量的增长率 $\Delta l/l$ 为同期城镇居民人均可支配收入增长率

（二）各指标值的计算

计算时采取的第三产业内部各行业划分标准是按照《中国统计年鉴》及东北各省份统计年鉴中2003年以后第三产业的划分标准，即第三产业包括：交通运输、仓储和邮政业；信息传输、计算机服务和软件业；批发和零售业；住宿和餐饮业；金融业；房地产业；租赁和商务服务业；科学研究、技术服务和地质勘查业；水利、环境和公共设施管理业；居民服务和其他服务业；教育；卫生、社会保障和社会福利业；文化、体育和娱乐业和公共管理与社会组织业。

1. 比较产值规模

根据东北各省份的统计年鉴中的数据，各产业增加值仅有交通运输、仓储和邮政业、住宿和餐饮业、金融业和房地产业的数据，而将其他行业都归入“其他服务业”统一发布，但是在各省份《第二次全国经济普查主要数据公报》中可以找到除公共管理与社会组织外的13个行业的法人单位营业收入指标，因此在本次研究中凡是涉及某产业2008年增加值的数据全部用该行业法人单位年度营业收入代替，而公共管理与社会组织业的增加值数据用该行业的收入代替。

东北地区第三产业内部各产业的比较产值规模计算结果如表6－24所示。

表6－24　东北地区第三产业内部各产业的比较产值规模（2008年）

行　业	辽宁	吉林	黑龙江	东北
交通运输、仓储和邮政业	0.9788	1.1159	1.1159	0.9804
信息传输、计算机服务和软件业	0.9651	1.0912	1.2352	1.0480
批发和零售业	1.1186	1.3024	1.0056	1.1330
住宿和餐饮业	0.9210	0.7755	0.7010	0.8446
金融业	0.7767	0.0053	0.7830	0.6178
房地产业	1.0780	0.8729	1.0568	1.0310
租赁和商务服务业	0.5700	0.8987	0.6302	0.6509
科学研究、技术服务和地质勘查业	0.7531	0.7224	0.6031	0.7152
水利、环境和公共设施管理业	0.7156	0.8826	0.9232	0.7939
居民服务和其他服务业	1.1493	1.9617	2.4025	1.5813
教育	0.8562	1.9461	1.1284	1.1398
卫生、社会保障和社会福利业	1.5055	2.8464	3.4467	2.1918
文化、体育和娱乐业	0.8486	0.8178	0.7974	0.8315
公共管理和社会组织	0.8717	1.2503	1.4935	1.0810

资料来源：①《第二次全国经济普查主要数据公报》；②辽宁省《第二次全国经济普查主要数据公报》；③吉林省《第二次全国经济普查主要数据公报》；④黑龙江省《第二次全国经济普查主要数据公报》。

2. 比较固定资产投资规模

东北地区第三产业内部各产业的比较固定资产投资规模计算结果如表6－25所示。

表6－25　　东北地区第三产业内部各产业的比较固定资产投资规模（2008年）

行　业	辽宁	吉林	黑龙江	东北
交通运输、仓储和邮政业	0.8559	0.6854	1.1735	0.8817
信息传输、计算机服务和软件业	0.9685	0.8688	3.4986	1.4747
批发和零售业	1.2628	2.1054	1.3590	1.4845
住宿和餐饮业	1.1474	1.3144	0.8173	1.1182
金融业	3.3475	1.7200	0.2000	2.2987
房地产业	1.0943	0.8838	0.6855	0.9583
租赁和商务服务业	1.7739	1.6629	0.3823	1.4558
科学研究、技术服务和地质勘查业	1.5228	1.8618	2.1033	1.7255
水利、环境和公共设施管理业	0.9038	1.3300	0.8680	0.9983
居民服务和其他服务业	1.8817	1.9546	1.6434	1.8492
教育	0.7995	1.1314	1.1723	0.9570
卫生、社会保障和社会福利业	0.8608	1.5036	2.4943	1.3568
文化、体育和娱乐业	0.7257	1.0905	0.9293	0.8556
公共管理和社会组织	0.3299	0.4930	1.6559	0.6467

资料来源：《中国统计年鉴（2009）》。

3. 比较就业规模

东北地区第三产业内部各产业的比较就业规模计算结果如表6－26所示。

表6－26　　东北地区第三产业内部各产业的比较就业规模（2008年）

行　业	辽宁	吉林	黑龙江	东北
交通运输、仓储和邮政业	1.3653	1.0822	1.2842	1.2686
信息传输、计算机服务和软件业	0.9739	0.9849	1.0682	1.0087
批发和零售业	0.7630	0.7084	1.1628	0.8857
住宿和餐饮业	0.8578	0.6563	0.5111	0.6906
金融业	1.2536	0.9618	0.9034	1.0632
房地产业	0.9608	0.8416	0.7824	0.8710
租赁和商务服务业	1.1095	0.5638	0.4781	0.7614
科学研究、技术服务和地质勘查业	1.0036	1.0505	1.3540	1.1343

续表

行　业	辽宁	吉林	黑龙江	东北
水利、环境和公共设施管理业	1.4675	1.6391	1.3417	1.4666
居民服务和其他服务业	0.9020	0.9716	3.1708	1.6908
教育	0.8310	1.0603	0.8938	0.9083
卫生、社会保障和社会福利业	1.0924	1.1145	1.0038	1.0677
文化、体育和娱乐业	1.0038	1.2755	0.9395	1.0483
公共管理和社会组织	0.9359	1.0009	0.9476	0.9558

资料来源：《中国统计年鉴（2009）》。

4. 相对投入产出率

东北地区第三产业内部各产业的相对投入产出率计算结果如表 6－27 所示。

表 6－27　东北地区第三产业内部各产业的相对投入产出率（2008 年）

行　业	辽宁	吉林	黑龙江	东北
交通运输、仓储和邮政业	0.3987	0.4314	0.3315	0.3877
信息传输、计算机服务和软件业	1.2411	1.5642	0.4397	0.8851
批发和零售业	12.0574	8.4199	10.0720	10.3887
住宿和餐饮业	0.4994	0.3671	0.5337	0.4699
金融业	11.6773	0.1547	197.0149	13.5255
房地产业	0.1473	0.1477	0.2306	0.1609
租赁和商务服务业	0.8497	1.4293	4.3589	1.1825
科学研究、技术服务和地质勘查业	1.0585	0.8305	0.6137	0.8872
水利、环境和公共设施管理业	0.0136	0.0114	0.0183	0.0137
居民服务和其他服务业	0.6942	1.1407	1.6615	0.9719
教育	0.0474	0.0762	0.0426	0.0527
卫生、社会保障和社会福利业	0.2041	0.2210	0.1613	0.1885
文化、体育和娱乐业	0.2797	0.1793	0.2052	0.2324
公共管理和社会组织	3.9397	3.7815	1.3446	2.4920

资料来源：①《第二次全国经济普查主要数据公报》；②辽宁省《第二次全国经济普查主要数据公报》；③吉林省《第二次全国经济普查主要数据公报》；④黑龙江省《第二次全国经济普查主要数据公报》；⑤《中国统计年鉴（2009）》。

5. 产业相对生产率

东北地区第三产业内部各产业的相对生产率计算结果如表 6－28 所示。

表 6－28　　东北地区第三产业内部各产业的相对生产率（2008 年）

行　业	辽宁	吉林	黑龙江	东北
交通运输、仓储和邮政业	0.4930	0.5388	0.5975	0.5314
信息传输、计算机服务和软件业	1.2994	1.4527	1.5162	1.3624
批发和零售业	9.7614	12.2410	5.7578	8.5176
住宿和餐饮业	0.4726	0.5201	0.6037	0.5383
金融业	1.4876	0.0132	2.0812	1.3951
房地产业	2.7501	2.5424	3.3107	2.9012
租赁和商务服务业	0.4891	1.5177	1.2548	0.8139
科学研究、技术服务和地质勘查业	0.3533	0.3238	0.2097	0.2969
水利、环境和公共设施管理业	0.0411	0.0454	0.0580	0.0457
居民服务和其他服务业	0.6312	1.0002	0.3753	0.4633
教育	0.0055	0.0098	0.0068	0.0067
卫生、社会保障和社会福利业	0.0240	0.0444	0.0597	0.0357
文化、体育和娱乐业	0.1817	0.1378	0.1824	0.1704
公共管理和社会组织	0.2655	0.3560	0.5975	0.3224

资料来源：①《第二次全国经济普查主要数据公报》；②辽宁省《第二次全国经济普查主要数据公报》；③吉林省《第二次全国经济普查主要数据公报》；④黑龙江省《第二次全国经济普查主要数据公报》；⑤《中国统计年鉴（2009）》。

6. 需求收入弹性

在进行东北地区主导产业选择时，采用全国统一市场的产业收入弹性为基准更能准确反映该产业的需求份额变化和未来变动趋势。由于在 2009 年《全国统计年鉴》中没有 2008 年第三产业增加值数据，因此这里采用的是 2007 年和 2006 年的数据进行的计算。全国第三产业内部各产业需求收入弹性计算结果如表 6－29 所示。

表 6－29　　全国第三产业内部各产业需求收入弹性（2007 年）

行　业	需求收入弹性
交通运输、仓储和邮政业	1.08063
信息传输、计算机服务和软件业	0.72990
批发和零售业	1.27312
住宿和餐饮业	0.91409
金融业	3.30848
房地产业	1.56896
租赁和商务服务业	0.86960

续表

行 业	需求收入弹性
科学研究、技术服务和地质勘查业	1.24375
水利、环境和公共设施管理业	0.99013
居民服务和其他服务业	0.74753
教育	1.03966
卫生、社会保障和社会福利业	1.07536
文化、体育和娱乐业	0.82488
公共管理和社会组织	0.79473

资料来源：《中国统计年鉴（2008）》。

（三）主导产业选择的基准分析

1. 比较优势基准分析

根据前面已经计算出的比较产值规模、比较固定资产投资规模及比较就业规模的数据，用 C_1 表示比较优势基准系数，使 $C_1 = B_1 \times 1/3 + B_2 \times 1/3 + B_3 \times 1/3$，计算结果如表6－30所示。系数越大表示这一产业在第三产业中所占的比重越大，越具有比较优势，是第三产业的主导产业。

表6－30 东北第三产业比较优势基准系数（及位次）

行 业	东北	辽宁	吉林	黑龙江
居民服务和其他服务业	1.7071（1）	1.3110（2）	1.6293（2）	2.4056（1）
卫生、社会保障和社会福利业	1.5388（2）	1.1529（3）	1.8215（1）	2.3149（2）
金融业	1.3266（3）	1.7926（1）	0.8957（13）	0.6288（12）
科学研究、技术服务和地质勘查业	1.1917（4）	1.0932（5）	1.2116（6）	1.3535（5）
信息传输、计算机服务和软件业	1.1771（5）	0.9692（10）	0.9816（9）	1.9340（3）
批发和零售业	1.1677（6）	1.0481（7）	1.3721（4）	1.1758（7）
水利、环境和公共设施管理业	1.0863（7）	1.0290（9）	1.2839（5）	1.0443（9）
交通运输、仓储和邮政业	1.0436（8）	1.0667（6）	0.9612（10）	1.1912（6）
教育	1.0017（9）	0.8289（13）	1.3793（3）	1.0648（8）
租赁和商务服务业	0.9560（10）	1.1511（4）	1.0418（8）	0.4969（13）
房地产业	0.9534（11）	1.0444（8）	0.8661（14）	0.8416（11）
文化、体育和娱乐业	0.9118（12）	0.8594（12）	1.0613（7）	0.8887（10）
公共管理和社会组织	0.8945（13）	0.7125（14）	0.9147（12）	1.3657（4）
住宿和餐饮业	0.8845（14）	0.9065（11）	0.9154（11）	0.6765（14）

从表6－30可以看出，排在前5位的分别是：①居民服务与其他服务业；②卫生、社会保障和社会福利业；③金融业；④科学研究、技术服务和地质勘查业；⑤信息传输、计算机服务和软件业。说明这五个行业目前占有比较优势，在全国处于领先水平。但是，就金融业而言，吉林省和黑龙江省相对落后，在该省14个产业中排名较靠后，特别是吉林省排名最后，说明金融业在东北地区发展极不平衡。

排在第6～10位的五种行业具有中等相对比较优势。在这五种产业中，批发零售业和交通运输业属于传统服务业，但经过信息化和高新技术改造可升级为现代服务业，发展潜力不容忽视；水利、环境和公共设施管理业与教育业属于公共服务领域，对于提高人民生活水平、从业人员素质，对于经济发展的基础性作用也不容忽视；租赁与商务服务业具有信息化、现代化的特点，属于新兴服务业，具有很强的发展潜力，因此应该选择其中的重点领域优先发展。

2. 经济效益基准分析

经济效益基准主要有产业相对投入产出率和产业相对生产率两个指标，用C_2表示经济效益基准系数，使$C_2 = B_4 \times B_5$，计算结果如表6－31所示。系数越大表示这一产业在第三产业中经济效益越好，在同样的资金、人力投入的情况下，可以产生更大的产出，应该确定为第三产业的主导产业。

表6－31　　东北第三产业经济效益基准系数（及位次）

行　　业	东北	辽宁	吉林	黑龙江
批发和零售业	88.4868（1）	117.6971（1）	103.0680（1）	57.9926（2）
金融业	18.8694（2）	17.3712（2）	0.0020（12）	410.0274（1）
信息传输、计算机服务和软件业	1.2059（3）	1.6127（3）	2.2723（2）	0.6667（6）
租赁和商务服务业	0.9624（4）	0.4156（6）	2.1692（3）	5.4695（3）
公共管理和社会组织	0.8034（5）	1.0460（4）	1.3462（4）	0.8034（4）
房地产业	0.4668（6）	0.4051（7）	0.3755（6）	0.7634（5）
居民服务和其他服务业	0.4503（7）	0.4382（5）	1.1409（5）	0.6236（7）
科学研究、技术服务和地质勘查业	0.2634（8）	0.3740（8）	0.2689（7）	0.1287（10）
住宿和餐饮业	0.2529（9）	0.2360（9）	0.1909（9）	0.3222（8）
交通运输、仓储和邮政业	0.2060（10）	0.1966（10）	0.2324（8）	0.1981（9）
文化、体育和娱乐业	0.0396（11）	0.0508（11）	0.0247（10）	0.0374（11）
卫生、社会保障和社会福利业	0.0067（12）	0.0049（12）	0.0098（11）	0.0096（12）
水利、环境和公共设施管理业	0.0006（13）	0.0006（13）	0.0005（14）	0.0011（13）
教育	0.0004（14）	0.0003（14）	0.0007（13）	0.0003（14）

从表6－31可以看出，排在前5位的分别是批发和零售业，金融业，信息传输、计算机服务和软件业，租赁和商务服务业和公共管理和社会组织业，说明这五个行业目前经济效益较高，通过增加对这几个产业的投入，可以带来更高的产出，其中的信息传输、计算机服务和软件业与租赁和商务服务业目前在东北地区经济总量中所占的比例还较低，但其具有较好的发展前景和较高经济效益，应该加大对其的投入，使其发展成为东北地区的主导产业。金融业的经济效益也较高，但吉林省金融业的经济效益较低，在该省14个产业中排名较靠后，又进一步说明了金融业在东北地区发展极不平衡。批发零售业是东北地区第三产业中的传统优势产业，目前仍具有较高的经济效益，是东北地区第三产业中的主导产业。

排在第6～10位的分别是房地产业，居民服务与其他服务业，科学研究、技术服务和地质勘查业，住宿和餐饮业，交通运输、仓储和邮政业，这五种行业具有中等的经济效益，而这五种产业除了住宿餐饮业和交通运输、仓储和邮政业外都属于新兴服务业，具有很强的发展潜力，而住宿餐饮业和交通运输、仓储和邮政业这两种传统服务业，随着现代科学技术的广泛应用，行业面貌已经有了巨大的变化，特别是在传统交通运输、仓储和邮政业基础上发展起来的现代物流业，更是具有巨大的发展空间，因此这五个行业的发展也不可忽视。

3. 收入弹性基准分析

按照全国第三产业内各产业需求收入弹性的大小进行降序排序，结果如表6－32所示。

表6－32　　全国第三产业内部各产业需求收入弹性及排序（2007年）

行　业	需求收入弹性	排序
金融业	3.30848	1
房地产业	1.56896	2
批发和零售业	1.27312	3
科学研究、技术服务和地质勘查业	1.24375	4
交通运输、仓储和邮政业	1.08063	5
卫生、社会保障和社会福利业	1.07536	6
教育	1.03966	7
水利、环境和公共设施管理业	0.99013	8
住宿和餐饮业	0.91409	9
租赁和商务服务业	0.86960	10

续表

行　业	需求收入弹性	排序
文化、体育和娱乐业	0.82488	11
公共管理和社会组织	0.79473	12
居民服务和其他服务业	0.74753	13
信息传输、计算机服务和软件业	0.72990	14

从表6－32可以看出，排在前5位的分别是金融业，房地产业，批发和零售业，科学研究、技术服务和地质勘查业以及交通运输、仓储和邮政业，说明这五种行业近年来随着人们生活水平的提高，对这几种行业产品的需求量增长的更加迅猛，其中房地产业排在第2位，确实反映了这几年来出现的房地产热的事实。但是随着国家对房地产业调控政策的实施，这一数据应该会有很大变化。排在第6、7位的卫生、社会保障和社会福利业，教育业的需求收入弹性大于1，说明这两个行业增加值增长率也超过了收入的增长率，即具有需求弹性，随着人们收入的提高，这两个行业也将有较快的发展。

（四）主导产业选择的综合分析

依据比较优势基准、经济效益基准、收入弹性基准等因素综合分析，考虑不同基准的重要程度存在较大差异，我们对三个基准分别赋予不同的权重，然后计算综合基准系数，作为选择主导产业的主要依据。上述三个基准依据对产业发展影响作用的重要程度顺序分别赋予不同权数，这里对比较优势基准、经济效益基准、收入弹性基准分别赋予35%、30%、35%的权数，得出备选方案综合基准系数的排序，如表6－33所示。

表6－33　　东北地区主导产业选择综合基准系数表

行　业	比较优势基准		经济效益基准		收入弹性基准		综合基准系数	排序
	系数（位次）	权重（%）	系数（位次）	权重（%）	系数（位次）	权重（%）		
批发和零售业	1.1677（6）	35	88.4868（1）	30	1.2731（3）	35	27.400	1
金融业	1.3266（3）	35	18.8694（2）	30	3.3085（1）	35	7.283	2
信息传输、计算机服务和软件业	1.1771（5）	35	1.2059（3）	30	0.7299（14）	35	1.029	3

续表

行　业	比较优势基准		经济效益基准		收入弹性基准		综合基准系数	排序
	系数（位次）	权重（%）	系数（位次）	权重（%）	系数（位次）	权重（%）		
房地产业	0.9534（11）	35	0.4668（6）	30	1.5690（2）	35	1.023	4
科学研究、技术服务和地质勘查业	1.1917（4）	35	0.2634（8）	30	1.2438（4）	35	0.931	5
租赁和商务服务业	0.956（10）	35	0.9624（4）	30	0.8696（10）	35	0.928	6
卫生、社会保障和社会福利业	1.5388（2）	35	0.0067（12）	30	1.0754（6）	35	0.917	7
居民服务和其他服务业	1.7071（1）	35	0.0396（11）	30	0.7475（13）	35	0.871	8
公共管理和社会组织	0.8945（13）	35	0.8034（5）	30	0.7947（12）	35	0.832	9
交通运输、仓储和邮政业	1.0436（8）	35	0.2060（10）	30	1.0806（5）	35	0.805	10
文化、体育和娱乐业	0.9118（12）	35	0.4503（7）	30	0.8249（11）	35	0.743	11
水利、环境和公共设施管理业	1.0863（7）	35	0.0006（13）	30	0.9901（8）	35	0.727	12
教育	1.0017（9）	35	0.0004（14）	30	1.0397（7）	35	0.715	13
住宿和餐饮业	0.8845（14）	35	0.2529（9）	30	0.9141（9）	35	0.705	14

资料来源：表6－30、表6－31、表6－32。

从表6－33看出，综合基准系数排在前5位的分别是：①批发和零售业；②金融业；③信息传输、计算机服务和软件业；④房地产业；⑤科学研究、技术服务和地质勘查。应该看到这些主导产业具有各自不同的特点。批发零售业属于传统第三产业，在整个第三产业中占有较大的比重，作为第三产业中的支柱产业具有较强的相对比较优势，应该对其进行现代化和信息化建设，发挥其主导行业的作用。对于像信息传输、计算机服务和软件业和科学研究、技术服务和地质勘查业这样新兴的第三产业，在整个第三产业中所占的份额较小，但其具有较高的经济效益，政府部门应该重点发展。金融业近年来有了飞速的发展，对地方经济具有很强的拉动效应，需要加强对其进行信息化、标准化建设。房地产业是近年来发展较旺盛的行业，它对于改善人民住房条件、带动相关产业发展起到了积极的作用，但鉴于其发展过热，处于对政府部门宏观政策的考虑暂不将其列为第三产业发展的主导产业。

因此，东北地区第三产业的主导产业确定为：①批发和零售业；②金融业；③信息传输、计算机服务和软件业；④科学研究、技术服务和地质勘查业。

第三节　产业结构优化方向与重点发展领域

虽然从上述研究中已经找到了东北地区第三产业的主导产业，但在每一产业中都包含许多行业，在发展主导产业时，不可能兼顾其中的所有行业；另外，尽管有些产业经过上述的分析没有被列为主导产业，但可能是因为目前它还比较弱小，将来会有更好的发展前景。因此，有必要在以上分析的基础上再找到各产业中的重点发展领域。

本节首先从理论分析的角度提出第三产业的现代化、信息化和标准化发展方向，然后根据这些要求再提出主导产业中的重点发展领域及非主导产业中的重点发展领域。

一、产业结构的优化方向

随着世界经济的发展，新技术的不断出现，现代管理方法的广泛应用，第三产业已经展现出了全新的面貌，正在朝着现代化、信息化和标准化的方向发展。

（一）现代化

1. 第三产业现代化的含义

第三产业现代化，也称服务业现代化，是指将第三产业由传统的、低技术含量的、劳动密集的服务业转变为现代的、高技术密集型服务业的过程，即将传统服务业转变成为现代服务业的过程。

现代服务业的概念是我国的提法，是在1997年9月党的十五大报告中首次提出的，是指在工业化比较发达的阶段，主要依托高新技术和现代管理方法、经营方式及组织形式发展起来的，主要为生产者提供中间投入的知识、技术、信息相对密集的服务业。具有先进性、创新性、知识密集型、高附加值和集群性的特点。

2. 第三产业现代化的必然性与必要性

首先，第三产业现代化符合我国各级政府的发展战略。加快发展现代服务业，提高服务业发展水平已经成为中央“十一五”规划、国家中长期科技发展规划纲要、国家信息化发展战略、国务院《关于加快发展服务业的若干意见》等一系列纲领性文件的重要战略方向。关于软件、动漫、现代物流等部分行业发展的指导意见也纷纷出台。

其次，第三产业现代化有利于优化我国第三产业结构。目前，我国第三产业中批发零售业、餐饮住宿业、交通运输业等传统第三产业仍占有相当大的比重，而代表着先进科学技术的信息服务业、科学研究与技术服务业、现代物流业等现代服务业占有的比例较低。因此，第三产业现代化就是要大力发展现代服务业，同时对传统服务业进行现代化改造，优化第三产业结构。

最后，第三产业现代化有利于改善我国就业环境。现代服务业就业方式灵活多样，可以为社会提供多元化的就业岗位，日益成为吸纳就业的主要渠道，如英国典型的现代服务业（包括金融保险、公共管理、教育、医疗、交通、通信）合计就业人数的比重由1984年的36.5%上升到2007年的51.5%。随着我国现代服务业的发展，第三产业在吸收农村富余人口及第二产业富余劳动力方面必将发挥重要的作用。

（二）信息化

1. 第三产业信息化的含义

第三产业的信息化就是将信息技术、自动化技术等高新技术集合现代管理技术，运用于服务产品的生产、销售、消费以及服务企业管理的全过程，主要内容就是最大限度地实现服务产品的数字化生产、销售、消费和控制及对服务企业的数字化管理。

如今，信息技术已经不单局限于在第三产业的某个行业或者某一领域应用，信息技术已经深入渗透到整个第三产业的各个行业。目前第三产业中的每一个行业都或多或少地利用信息技术，从而推进第三产业信息化程度的提高。

2. 第三产业信息化的必然性与必要性

首先，电子政务风行世界。当今世界，政府信息化已成为带动国家信息化发展的重要力量。信息化的政府是一个国家和地区在全球经济中的竞争力要素和社会现代化程度的重要标志。建设以网络为依托，以服务为导向，以为民众服务并与民众产生良好互动反馈关系为目的的电子政府，大力倡导和推行电子政务，作为一种国家行为和世界潮流，在世界各地得到了迅速发展。

其次，电子商务盛极一时。电子商务一诞生就以超常速发展，销售额成倍增长。1994年全球电子商务销售额仅为12亿美元，1997年即达到26亿美元，1998年销售额竟高达500亿美元，比1997年增长了近20倍，2000年更猛增到

3000亿美元。同时，电子商务交易额的增长也十分迅猛。北美地区在线零售额以每年翻三番的速度增长。欧洲的电子商务虽比美国起步晚了18个月，但不甘落后，奋起直追。亚太地区信息产业发达的日本、新加坡和韩国，电子商务的发展也是如火如荼。电子商务的规模更是急剧扩大。1994年以来，全球Internet用户平均每月增加100万户，为电子商务的使用和普及奠定了良好的客户基础，近几年无论是客户基础还是网上交易额都出现了惊人的变化，全球电子商务在1998年的376亿美元的基础上，交易额直线攀升，2001年为5500亿美元，到2003年就达到10000亿美元，占全球商业贸易总额的10%左右。这一切足以证明，电子商务代表世界贸易发展的方向，具有强大的生命力，发展电子商务是大势所趋。

再其次，信息技术在服务业各行业中大量运用。基于互联网的信息技术已经在服务业中的商贸流通、物流配送、交通运输、金融保险、教育医疗、旅游休闲、广播电视等行业大量地运用，通过信息技术对原来的销售渠道、销售模式、物流配送、银行结算等方面进行了信息化处理，促进生产工具数字化、交易支付自助化，运营管理网络化和经营网点虚拟化（见表6-34），有效地提高了行业生产率。

表6-34　信息技术在各行业中的应用

行业领域	应用环节			
	生产工具数字化	交易支付自动化	运营管理网络化	经营网点虚拟化
金融	点钞机、ATM机、银行卡及各种中间业务、在线录音监听系统，银行数据仓库系统	POS机、自动取款机、移动取款终端、电子支付	CRM、后台支持和管理系统、客户呼叫中心、金融信息交换平台	电话银行、网上银行、手机银行、移动炒股
物流	电子数据交换技术、物流公共信息平台、电子口岸统一身份认证系统	电子支付	供应链管理SCM系统、ERP系统、快速反应QR系统、仓储管理系统、快件通关系统	电子订货系统EOS、网上订单
商贸	商务网站	电子支付	ERP系统、有效客户反应ECR系统	网上商场、电子商务
交通	信号控制、交通一卡通、GPS、电子地图	网上订票、网上交罚单、不停车收费	管理信息系统TMIS、智能交通系统ITS	网上审批、电子缴税
旅游	网络营销、短信平台、呼叫中心、旅游信息港	网上预订、网上查询	前台管理系统PMS、收益管理系统、分销系统GDS	网络虚拟连锁经营、网络游记、旅游视频
医疗	声讯咨询、数字化医疗器械	网上预约	数字医院	远程会诊
教育	数字化期刊、多媒体教学	网上报考、网上查分	数字图书馆、数字校园	远程教育

最后，第三产业信息化必将产生深远的影响。信息化带来的变化是信息量大、针对性强、成本低廉、反馈迅速，这就有利于提高服务质量。服务业产业链的延伸和专业化分工的深化将催生多种类型的信息咨询服务业、信息内容服务业，提供更深入、更具个性化的定制信息服务产品。信息技术对传统服务业改造提升，形成新的服务行业，使信息技术更广泛地应用于商贸、流通等领域，衍生出便捷、高效的新服务产品，如网络购物、网络银行等服务产品。信息化加强了企业联系的深度和广度，使分布在不同地区的人员通过网络协作提供远程服务产品。使不同地区的资源通过网络整合在一起，节约资源，提供完善的服务，提高社会整体效益。

（三）标准化

1. 第三产业标准化的含义

第三产业标准化即要实现服务标准化。服务标准化是指通过对服务标准的制定和实施，以及对标准化原则和方法的运用，以达到服务质量目标化、服务方法规范化、服务过程程序化，从而获得优质服务的过程。

2. 第三产业标准化的必然性与必要性

首先，第三产业标准化有利于服务企业稳定服务质量。第三产业标准化要求服务企业建立权责明确的领导机构，制定相应的工作计划、规划和实施方案，利用会议或其他有效形式进行广泛动员，组织有关部门（或单位）有计划、有步骤地开展服务标准化活动。并要求各部门（各单位）配备具备与其工作相适应的标准化知识，职责、权限明确，标准化意识较强，并经过培训的标准化人员，这些都有利于稳定服务企业的产品质量。

其次，第三产业标准化有利于服务企业降低生产成本。由于服务产品无形性和异质性的特点，第三产业通常被认为是非标准化的行业，但是在信息技术和先进管理思想的支持下，第三产业采用类似工业的流水线作业方式，在内部管理、对外服务诸方面通过一系列的标准化和程序设计提供质量稳定可靠的服务并降低生产成本。

最后，第三产业标准化有利于规范各服务行业市场秩序、增强服务企业核心竞争力，为构建和谐社会提供有利的技术支撑。

二、主导产业的重点发展领域

根据第三产业现代化、信息化和标准化的要求，在确定东北地区主导产业的基础上，并结合第三产业发展规律、国际及国内所取得的经验、东北地区的产业特点、发展规划及产业的关联效应，来确定主导产业中的重点发展领域。

（一）批发零售业的重点发展领域

从世界经济发展来看，批发零售业在经济发展中的地位不断加强。在发达国家，流通业对国民经济的贡献率稳定在20%以上，成为服务业中吸纳就业人员最多的部门。在东北地区，批发零售业无论是在产出还是在吸纳就业方面，都排在所有服务业中的第1位。因此，批发零售业必然成为东北地区服务业发展的主导产业。发展东北地区批发零售业应重点做好以下几方面的工作：

1. 大力发展新型零售业态

发达国家的批发零售业之所以能够保持持续竞争力，关键在于不断适时推出新业态。这些新业态有些是依附于传统业态，从传统业态中分离出来，有些是新创业态，还有些是通过业态之间的组合而成为新的业态。只有不断推出新业态，才能不断创造新市场。因此，东北批发零售业要想保持快速发展，必须密切关注国内外批发零售业新兴业态的发展趋势。对一些新出现的业态要有足够的了解和研究，并结合地区的实际，有针对性地加以培育和引导，从而优化东北地区批发零售业的业态结构，促进批发零售企业的快速发展。另外，应该重点发展社区生活食品超市、便利店、早点快餐店、家庭服务、废旧物品回收等零售业态，不断创新服务内容，拓宽服务领域，培育新的消费热点和新型消费方式。

2. 加快批发零售业的连锁经营步伐

连锁经营产生于美国，20世纪80年代得到了迅速发展。近10年来，在我国得到了迅速发展，在零售业的主导地位日益突出，国内一些大型零售企业一般都采取了连锁经营形式。中小批发零售企业通过连锁经营，形成群体优势，可以增强竞争力和抗风险能力，同时规范管理，激发企业活力。而随着企业两极分化、组合以及特大型批发零售企业集团的兴起，连锁经营的范围将从国内走向全球、从偏重商品零售向多种形式的连锁服务业发展，业态种类由目前的偏重超市向便利店、仓储商场等发展，经营形式由偏重直营连锁向特许连锁过渡。

3. 拓展新市场

第一，农村市场的开拓。东北地区有着广大的农村市场，特别是黑龙江省，不仅是工业大省，也是农业大省，农村市场大有可为。随着城市中心区地价昂贵，基础设施交通体系的完善，一些大型零售企业（如百货店、购物中心、超市等）的商业设施要不断往城市郊区或卫星城、中心镇延伸，向这些地区覆盖商业设施。第二，海外市场的开拓。东北地区有着优越的地理优势，与俄罗斯、朝鲜、韩国、日本等国有着密切的贸易往来。因此，东北地区的一些大型零售企业在国内集聚、发展到一定阶段和一定规模后，要充分利用这一区位优势，勇于开拓国际市场，走出国门。第三，特殊人群市场的开拓。在日趋激烈的市场竞争中，零售企业为增强企业竞争力，要努力打“温情牌”，更加注重人性化的营销，对零售市场进行细分，满足不同年龄段、不同收入阶层、不同居住社区、不同消费人群、不同时间节奏人群的消费需求，开拓新的市场。

4. 提高信息化水平

目前，世界上各种新兴业态之所以发展迅速，经营业绩不断上升，一个重要的原因是零售业信息化投资不断增加，信息技术广泛应用。其中，电子商务就是批发零售业信息化的杰出代表。在批发零售业中广泛应用的电子商务，如 BtoB、BtoC 等已在批发零售业中占有重要地位。可以说，正是由于电子商务的广泛应用，推动了批发零售业不断跃上新的台阶，使零库存、无店铺销售、网上营销进入消费者视野并被广大消费者所接受。美国是应用电子商务最多的国家，全球所有电子商务交易额中，有半数以上发生在美国，90% 以上的商业网站位于美国。2003 年，美国专业批发商实现销售额 27422. 8 亿美元，其中通过电子商务实现的销售额 3197. 5 亿美元，占总数的 11. 9%。亚洲电子商务应用最多的国家是日本和韩国，日本超过 5 万家的便利店在使用电子商务。据估计，电子商务在未来几年还会大幅度地增长，特别是 BtoC 形式的电子商务将有更大的增长空间。因此，应以信息化建设为突破口，进而带动批发零售业实现由传统向现代的转型。在零售企业中大力推广数字终端设备、条形码技术、电子标签技术和电子订货系统，进一步推广供应链管理技术，使批发零售业通过推进信息化建设，逐步走上现代化管理之路；在批发企业中应用信息管理系统，降低库存，提高经营效率。

（二）金融业的重点发展领域

发展东北地区金融服务业，有利于支持资本密集型企业发展。同时，振兴东北应当大力发展中小企业和民营企业。而目前民营企业在金融市场仍然受到一些歧视，融资渠道受限制。因此，要发展民营企业，也迫切需要建立完善的市场融资体系和市场融资保证体系。振兴东北是一项巨大的系统工程，必须有一个全方位、多层次的支持体系。其中，作为现代经济核心的金融支持具有不可替代的举足轻重的地位和作用。因此，东北地区发展金融业应该重点抓好以下几方面：

1. 建立一批综合性的地方商业银行

商业银行业务种类齐全，经营范围广泛，信誉度较高，实力雄厚，在建立地方金融体系的过程中，应首先把重点放在此类机构上。此类银行的服务范围很广，应在全区各地，并且在国内外一些重点地区设立机构。这些银行以盈利为目的，通过向效益好的项目提供贷款等方式，带动整个东北地区经济的发展。地方商业银行的建立是一个较为复杂的事情，其建立一般有新建和改建两种方式，根据东北地区目前的客观情况以及国内其他地区地方商业银行的实际做法，改建是一条比较可行的途径。通过改建的方式建立地方商业银行，应主要依托现有省属金融机构，对现有信托公司充实资本，扩展业务范围，使其转变为能够经营资产、负债、中间性业务的综合性的商业银行。

2. 大力发展城市合作银行

城市合作银行的组建是国家今后若干年内金融体制改革的一个重点内容。东北地区应当抓住这一契机，在一些大中城市建立此类银行。城市合作银行应以所在城市为依托，由市政府、当地工商企业及其他机构共同组建。其业务范围主要在本市，但也可适当向周边地区扩展。这些银行除在本地开展正常的银行业务，以此为当地经济做出贡献外，还可以大量地通过参股等方式，与当地工商企业及其他机构形成紧密的联系，使银行及企业获得极大的好处，促进地方经济发展。

3. 尝试建立中外合资银行

利用合资方式建立地方银行是一条较为便利的途径，应该进行积极的研究与探索。通过此种方式，可以比较容易地筹集到银行创建初期所需要的大量资本；可以使银行一建立就具有较高的起点，获得先进的经营方式和管理技术；银行可以利用合资外方的融资渠道、信息网络、客户关系，从而使合资银行的业务经营活动能够较顺利地进行。合资银行的建立较其他银行的组建要更为困难，应逐渐发展，不应盲目追求数量。一方面应寻找好合作伙伴，与国外知名的大银行合作，最好同在当地从事直接投资的大公司合作，通过这些公司同它们的往来银行合资；另一方面合资银行应主要在沈阳、大连等中心城市建立，以利于银行业务的开展。

4. 大胆探索建立省属政策性银行

政策性银行是为实现政府经济政策而服务的银行，是健全的金融体系的一个重要组成部分。政府要想顺利地贯彻执行所制定的各项经济政策，促进所辖地区经济健康、平衡地发展，需要有此类机构的支持。目前我国中央政府已经意识到了这一点，已经组建国家开发银行、中国农业发展银行和中国进出口银行。作为地方政府，在建立本地区金融体系的过程中也应适当考虑此类机构。地方政策性银行的建立，必须以地方政府为主，主要由地方财政提供资金。

5. 加快民间金融业发展

辽宁省大量民间资本的存在为发展民间金融提供了必要条件。近年来，辽宁省的城乡居民储蓄存款上升速度飞快，总量也非常大（见图6-1）。

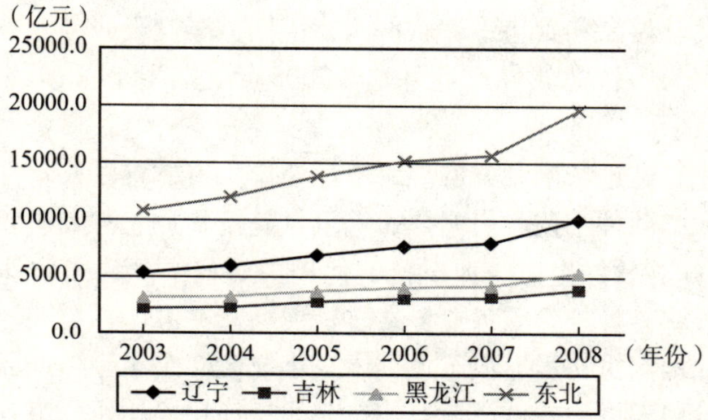

图6-1　城乡居民人民币储蓄存款余额

资料来源：《中国统计年鉴（2009）》。

正是在这样的形势下，辽宁省加快了发展民间金融的步伐。从2004年起，开始筹建东北振兴银行，初步确定由中央财政、东北三省地方财政以及民间资本联合出资，其中中央财政和东北地方财政控股。而东北三省的地方财政出资比例相同。经过3年的筹备，于2007年3月1日正式落户沈阳，名为“盛京银行”，并且获准跨区域经营，并在天津设立分行，从而实现了当初成立东北振兴银行的梦想。实践表明，民营经济融资困境的根本解决必须依赖于民间金融制度的建立。

（三）信息传输、计算机服务和软件业的重点发展领域

近年来，东北地区把发展软件产业和软件外包服务产业作为调整产业结构的一个重要突破口，加大政策扶持力度，创新形式，使产业规模不断壮大。尽管受到国际金融危机影响，东北地区软件和软件外包服务产业仍然取得了不俗的业绩。

辽宁省软件业从2004年开始，每年均以50%的速度提升。仅2009年前10个月，辽宁省就出口软件（不含服务外包）总值就达4.3亿美元，较上年同期增长66.9%，占同期全国软件出口总值的34%，位居全国之首。

黑龙江省为确保全方位推动软件外包服务产业发展，打造了一条沿边软件外包服务产业带，以哈尔滨、大庆为中心，通过培育重点园区、重大项目带动产业

集群化发展。2008 年全省软件外包服务产业产值达 80 多亿元，从业人数超过 3 万人。

吉林省目前有软件外包服务企业 70 多家。长春市、吉林市、延边朝鲜族自治州是吉林省软件外包服务产业发展重点区域。经过几年发展，该省已形成以长春软件园、吉林软件园和延边中韩软件园为依托，集投资服务、技术研发、企业创新和人才培训为一体的软件产业基地。2008 年，吉林省软件及信息服务业年销售收入达 90 亿元。

东北三省还打破地域限制，实现跨地区合作。吉林省以省软件出口基地为载体，组织吉林大学软件学院、启明公司等重点院校和企业与大连软件园股份有限公司等 30 余家知名软件出口企业对接，促进了对日本、韩国软件外包服务业务的快速增长，并将软件外包服务业务逐步扩展到欧美市场。

目前，东北地区也初步形成了大、中、小规模梯次不等，产品齐全，各具特色，具有相当发展潜力的软件产业群。东北的软件和软件外包服务企业已经走出东北，向我国其他地区和境外发展。大连软件园股份有限公司自 2006 年接手武汉光谷软件园以来，已先后在武汉、苏州、天津建立了 3 个外埠基地，构筑了一个辐射东北亚、环渤海、长三角和华中地区的庞大的软件外包服务网。

因此，可以说东北地区已经具备了发展软件业的坚实基础，软件产业不仅可以充分利用东北地区现有的人才优势和技术优势，而且符合服务业现代化、信息化与标准化的要求，软件业特别是软件外包业应该作为东北地区的重点发展领域。

（四）科学研究、技术服务与地质勘查业的重点发展领域

东北的振兴离不开科技的支持，因此科技服务业就显得尤为重要。东北地区科学技术与教育业经济效益在全国处于领先水平，如表 6－15 所示，科学研究、技术服务和地质勘查业法人单位的营业利润率为 17.9%，其中：辽宁为 13.31%，吉林为 31.54%，黑龙江为 17.58%，而全国的平均数仅为 12.44%，吉林省的数据已经高出全国平均数 1 倍还多。东北地区每 10 万人高等学校在校生数达到 2500 人以上，高于全国的平均水平 20%，除了北京、天津、上海外，东北地区都领先于全国其他省份。

面对这样好的科技资源和人才储备，如何将科技与生产相结合，发挥科学技术的作用，关键在于科技中介服务。科技中介是在市场经济条件下，寻求科技与经济紧密结合，促进各项生产要素合理流动而诞生的一种新型经济服务业。科技中介服务渗透到从科技创新到成果转化的整个体系之中，几乎无处不在，主要包

括技术扩散、成果转化、科技评估、技术示范与检测、创新资源配置、创新决策和管理咨询等专业化服务，属于知识密集型服务业。技术交易机构、生产力促进中心、科技企业孵化器、科技咨询和评估机构、创业投资服务机构等，是科技中介机构的主要形式。可见，科技中介机构是科技创新体系的重要组成部分，是科技服务体系的重要力量。

党的十六大明确提出要“完善科技服务体系”，从而把科技服务体系建设提上重要日程。2003 年被国家科技部确定为科技中介机构建设年，旨在整合社会各方面资源、统一思想、明确思路，在未来几年建成具有服务方式市场化、提供技术专业化、组织结构网络化等特点的一批科技中介机构，使科技中介服务业建设跨上新台阶。就东北地区而言，恰逢振兴东北老工业基地的有利时机，把科技中介服务业做大、做强，对强化科技与经济的有效结合，提高资源的配置效率，加速科技成果产业化，推动产业结构优化升级和富民强省，具有重要的战略意义。

三、非主导产业的重点发展领域

除了主导产业的重点发展领域外，非主导产业中也有许多领域具有现代化、信息化和标准化的特点，或是现在不具备这样的特点，但随着经济的发展，技术的不断改进，将来会具有这样的特点，对于这样的行业，也应该包括在重点发展的领域当中。

（一）现代物流业

现代物流业是在传统交通运输和仓储业基础上发展起来的现代服务业，是将运输、储存、装卸、搬运、包装、流通加工、配送、信息处理等基本功能根据实际需要实施有机结合的活动的集合。

物流业是物流资源产业化而形成的一种复合型或聚合型产业，物流资源有运输、仓储、装卸、搬运、包装、流通加工、配送、信息平台等，其中运输又包括铁路、公路、水运、航空、管道等。这些资源产业化就形成了运输业、仓储业、装卸业、包装业、加工配送业、物流信息业等。这些资源分散在多个领域，包括制造业、农业、流通业等。把产业化的物流资源加以整合，就形成了一种新的物流服务业。这是一种复合型产业，因为所有产业的物流资源不是简单地叠加，而是通过优化整合，可以起到 1 +1 >2 的功效。

东北地区具有发展现代物流业地域优势与交通优势。从地域范围看，东北地区与蒙古国、俄罗斯、朝鲜、韩国、日本相邻。近年来东北亚经济圈的形成和发展以及各国之间的经贸往来给东北地区现代物流业的发展带来了良好的机遇。沿边沿海的双向开放为加快东北地区现代物流业的发展提供了条件。东北三省既是我国铁路最密集的地区，也是我国管道运输和高速公路兴建最早的地区之一，交通路网四通八达，涵盖了公路、水运、铁路、管道、航空等五种运输方式。国务院关于《东北地区振兴规划》的批复提出，优先发展现代物流业是东北地区发展服务业的一项重要任务。截至 2008 年，辽宁省公路里程为 10.05 万公里，交通技术装备水平获得较大提升，铁路运输的高速重载技术取得突破，时速超过 200 公里的客运专线建设开始运行；万吨级以上的集装箱、油气和大宗散货等大型专业化码头发展迅速；船舶向大型化、专业化和标准化发展趋势明显，净载重吨大大提高。2009 年黑龙江省也加快了对交通运输业的投资，其固定资产投资占了全省第三产业投资的 22.58%。

加快发展东北地区现代物流业应着重完成以下几方面的工作：

1. 加快哈大铁路客运专线建设

哈大铁路客运专线是国务院批准的《中长期铁路网规划》和《铁路“十一五”规划》的重点工程，也是东北地区有史以来投资最大的项目。线路全长 904 公里，纵贯东北三省，途经 3 个省会城市、一个计划单列市（大连）和 6 个地级市。目前，贯穿东北全境的哈大铁路是东北地区客货运输的重要通道，由于振兴东北等老工业基地重大战略的实施，该通道承担着日益繁重的煤炭、石油、粮食、木材等能源资源和战略物资的运输任务，运输能力早已饱和。哈大铁路客运专线建成后实行客货分线运营，对有效化解东北地区铁路运输紧张的状况、提高运输能力和质量、推动哈大经济带产业整合与升级、促进东北地区物流产业发展意义重大。

2. 发挥政府在行业发展规划、行业标准制定等方面的主导作用

首先，在海港、空港、铁路网、公路网、物流中心、物流保税园区、铁路集装箱中心站等基础设施的建设上，政府要加大资金和政策的支持力度，建设现代化的物流基础设施，并在此基础上积极发挥大连东北海上门户和哈尔滨陆上对俄开放门户的作用，贯通大连、沈阳、长春、哈尔滨四大中心城市，构建辐射整个东北乃至整个东北亚地区的多元化、立体式大物流系统。

其次，对于工程大、耗资多的重点物流园区，可采用“政府兴办，民间经营”的方式进行建设，快速改善物流业基础设施条件。政府应统筹考虑交通干线、生产力布局、物流状况、运输方式衔接的可能性，提供合适的土地、公路、铁路、通信等基础设施，也可根据情况兴建综合服务中心、维修保养厂、加油站、清洗站、餐厅等公共服务设施。项目建成后，可通过租赁或转让的方式吸纳物流企业入园经营。在经营过程中，政府应充分发挥调控、服务和监督功能，而企业则应依据自身业务需要建设库房、堆场、车间，配备相关机械设备等辅助设施，照章纳税，自主经营。

3. 鼓励第三方物流企业进行兼并、重组、联合与技术升级，完善网络，做大做强

第三方物流企业的规模与物流运作成本之间呈明显的负相关关系。物流企业只有具备了一定的规模，才可能为客户提供全方位、多元化的物流服务，才能实现低成本扩张，取得规模效益。

首先，东北地区规模较大的物流企业应进行内部整合，优化资源配置，提升企业核心竞争力，为客户提供全方位的物流服务。而且，企业应强化联盟经营意识，实行异地兼并、重组、联合，利用资源的互补性提高效率和效益，提高网络网点密度。业绩好的物流企业可考虑运作上市，以借助资本市场的力量吸收、利用社会闲散资金，满足企业扩张的资本需求，推动企业快速成长。

其次，鼓励企业采用现代物流技术对传统业务进行升级改造，积极推广射频标识技术、条形码技术、自动引导小车技术、搬运机器人技术、卫星定位技术、电子数据交换技术等现代技术在物流企业中的应用。完善企业的供应链资源网络、用户资源网络和计算机信息网络，促进东北地区第三方物流企业的升级改造。

最后，培育有国际竞争力的物流集团，实行精细化管理、集约化经营。

4. 鼓励行业内领先的物流企业不断拓展业务范围，发展增值服务项目

物流业发展史表明，只有那些既有大量物流设施和高密度网络网点，又能提供全方位、多元化增值服务的企业才能在市场竞争中立于不败之地。首先，东北地区物流行业内的领先企业要不断提高自身的全程物流设计能力，开设增值服务项目，为客户提供“一站到位”的整体物流解决方案。还要根据客户要求与行业发展程度，不断细分目标市场，拓展业务范围，发展增值物流服务，同时以为客户节约增效为己任，用专业化、多元化、全方位的服务去满足客户的个性化需求，提高第三方物流服务的质量与效率。其次，物流产业的高附加值不仅表现为成本节约与效益提高，还表现为对资源环境造成的负荷最小化。东北地区的政府与物流企业要有高度社会责任感，对物流过程中产生的污染进行控制，即在物流服务规划与实践中优先采用资源消耗少、环境污染小的方案，如控制运输工具尾气排放标准、减少车辆空驶率、近距离运输、夜间行车、减少交通流量等，以保持东北地区资源环境与经济的和谐发展。

5. 加快物流信息化和标准化建设

物流企业应加快建立集成化的物流管理信息系统，引入和使用网络技术、EDI、人工智能、条形码与POS等各种先进信息技术，实现物流信息的商品化、物流信息收集的数据库化和代码化、物流信息处理的电子化和计算机化。政府应加大对物流信息化的扶持力度，在规划、协调、资金和政策等方面发挥宏观管理优势。加快制定系列化物流公共信息平台数据交换和数据共享的规范和标准。整合社会物流信息资源，实现各行业管理部门信息系统、城市间物流公共信息和物流企业信息系统之间的交换和共享，推动物流企业与上下游企业之间的合作，促进电子商务发展。此外，还应加强社会公共网络建设，拓展通信服务、电子政务、电子商务和社会信用等网络增值服务，提供一个公正、开放、安全、高效的公共物流信息平台。

（二）商务服务业

商务服务业包括企业管理服务、法律服务、咨询与调查、广告业、职业中介服务等行业，是符合现代服务业要求的人力资本密集行业，也是高附加值的行业。商务服务业在引导生产、促进消费等方面“乘数效应”显著，可有力地推动相关产业的发展。应以发展商务服务为契机，积极发展总部经济，促进沈阳、大连、长春、哈尔滨等城市功能转型，由制造业中心城市向服务业中心城市转变，实现产业结构升级，形成扩散效应，带动全省服务业发展。

（三）旅游业

东北地区独具特色的旅游资源，自然资源由山（千山、长白山、医巫闾山）、河（鸭绿江、黑龙江、松花江等）、湖（五大连池堰塞湖等）、海（渤海）、洞（本溪水洞）、林（大、小兴安岭）及冰雪等几大景观组成。总体上看，东北北部的白山黑水，南部的碧海特色鲜明，冰雪风光覆盖全区，湿地草原又显别样风情。冰城哈尔滨、汽车城长春、北方明珠大连等著名旅游城市遥相呼应，共同撑起了东北旅游业这片广阔蓝天。

根据“十二五”规划的目标，到2015年，国内旅游人数将达33亿人次，年均增长10%；旅游业总收入年均增长12%以上，旅游业增加值占全国GDP的比重提高到4.5%；占服务业增加值的比重达到12%。这意味着，在接下来的5年中，旅游业的发展速度将远远跑赢其他行业。因此，东北地区应整合旅游资源，拉长产业链，发挥冰雪、森林、草原、湿地、温泉旅游方面的优势，开发具有国际竞争力的冰雪旅游产品，发展森林旅游、草原旅游、工业旅游、温泉旅游和农业旅游精品，打造“拳头”产品，提供观光、度假、休闲相结合的多样型旅游产品，提升旅游产业附加值。

（四）居民服务业

居民服务业包括为居民日常生活提供服务和便利的家庭服务、中介服务、养老服务、托儿所、洗染服务、理发及美容保健服务、洗浴服务、婚姻服务、殡葬服务、摄影扩印服务、文化及日用品出租、法律服务、公证服务、旅行社服务等等。近年来，随着人们生活水平的不断提高，我国的居民服务业得到了快速的发展，但还远远没有满足人们日益增长的服务需求。而且，民生服务业在促进消费、吸纳就业、构建和谐社会等方面发挥着重要作用。

由于民生服务业需求的个性化、差异化要求更高，服务价格、服务标准化滞后，从业人员素质较低下，乱收费、服务质量不稳定等问题较突出。因此，发展居民服务业一是政府要加大职业培训力度，包括把高新技术应用到人们日常生活中的培训，全面提升居民服务行业从业人员的素质；二要建立行业规则，呼唤诚信服务，从诚信体系建设和加强行业管理入手，通过实施许可证制度、建立公正透明的价格体系、严格规范从业人员、充分发挥行业协会在行业管理和发展中的作用等一系列措施，建设诚信经营的居民服务体系；三要树立品牌化、规模化、连锁化的经营模式。把现代企业的经营方式和信息技术运用到服务业发展中去，推广品牌效应，追求更大的社会效益；四要构建政府信息平台，扶持服务业健康发展。政府搭建信息平台不仅可以解决服务资源分散、供求信息不对称的问题，还可以整合政府的服务功能和社会的服务资源，有助于服务产业规模化、规范化发展，使居民服务需求和供给之间形成相互促进的良性机制。

第四节　SWOT分析与策略选择

一、SWOT分析

（一）优势分析

1. 区位优势

东北地区地处东北亚中心区域，也是东北亚和欧洲之间最近的陆地连接通道，又与我国环渤海地区临近，区位优势明显，旅游市场空间广阔，具备加快发展的基础条件。

黑龙江省地处我国北疆，临近俄罗斯，加之国家给予黑龙江的边境贸易政策，边境贸易比较发达，黑龙江省对俄贸易成为黑龙江省的主要对外贸易收支途径。

辽宁省作为东北地区的门户省份，不仅是东北地区的交通枢纽，而且是东北三省的金融中心，另外，由于辽宁省作为一个沿海省份，与韩国和日本隔海相望的优越的地理位置，与韩日之间发达的地区贸易，也为辽宁省的经济以及服务业的发展提供了得天独厚的优越条件。我国加入世界贸易组织的备忘录中，对服务贸易的开放地区的顺序中，东北地区只有沈阳和大连列入其中，成为东北地区的领头城市。2003 年，国家提出振兴东北老工业基地，其主要的侧重点以及资金流向主要倾向于辽宁省。

2. 技术优势

东北地区具有较强的技术创新能力和综合技术服务能力。2009 年科学研究与试验发展（R&D）经费内部支出 219.6 亿元，比上年增长 15.5%。取得科技成果 774 项（不含高校论文成果及专利成果），其中，基础理论成果 28 项，应用技术成果 698 项，软科学成果 48 项。全省省级以上各类企业研发中心（工程实验室）增加到 619 个，产学研技术联盟发展到 535 家。受理专利申请 2.6 万件，比上年增长 23.5%；授权专利 1.2 万件，增长 14.4%；全年共签订各类技术合同 1.6 万项，技术合同成交额 119.8 亿元，比上年增长 20.2%。

截至 2009 年末，吉林省有用县以上政府部门属自然科学研究机构有 120 个。全省已建成国家级重点实验室 10 个，省属重点实验室 15 个，省级科技创新中心（含工程技术研究中心）81 个。黑龙江省共有科学研究开发机构 719 个，全年科技经费支出 129.0 亿元，比上年增长 10.2%，其中，研究与发展（R&D）经费支出 78.0 亿元，增长 7.4%。东北地区共有产品质量检验机构 892 个，其中仅吉林一省就有 706 个，共有法定计量技术机构 336 个，强制检定计量器具 252.25 万件。各省均设有一定数量的气象雷达观测站、卫星云图接收站、地震台站和地震遥测台站

3. 人才优势

东北地区大多数现代服务行业具有高人力资本含量、高技术含量和高附加值等特点，其发展也需要高素质的人才。近年来，东北地区部分企事业单位积极引进人才，一些院校也不断调整专业方向，加大培养力度，现代服务业从业人员素质不断提高。2005 年，在东北地区城镇单位从事现代服务业人员中拥有专业技

术职称的达 197.5 万人，占城镇单位从业人员总数的 61.15%，教育业从业人员素质远高于其他各行业，卫生、社会保障和社会福利业、金融业、科学研究、技术服务和地质勘查业从业人员素质也较高。

科技人力资源指数分列全国的第 5 位、第 6 位和第 9 位；平均受教育年限分列全国第 4 位、第 5 位和第 6 位；万人专业技术人数分列全国第 5 位、第 6 位和第 12 位，高于江苏、浙江、福建等沿海发达地区。

（二）劣势分析

1. 城市化实际水平低

城市是服务业发展的载体，其发展的规模与结构、取决于城市化水平和城市的规模结构。一般来说，城市化水平越高，城市规模越大，第三产业越发达。按照非农业人口占总人口比重来统计，东北地区的城市化率高于工业化率，在全国属于城市化率较高的地区。但是实际上东北地区城市化水平存在虚高，城市化实际质量并不高。首先，东北地区是国家重要的工业基地、能源基地、粮食基地，依靠行政手段，依托农场、矿山、林区设市较多，这些人口按户籍制度是计算在城镇人口中的，但这部分居民没有享受到高质量的城市文明。其次，城市平均规模较小，关联度较弱。东北地区平均城镇规模为 64.04 万人，低于全国平均水平，仅高于西北地区，而低于其他经济区。区域内城市之间经济联系不紧密，互补性弱，城市间没有形成规模优势和整体优势。除省会城市和少数几个大城市外，一般城市实力较弱，对周边地区的辐射、带动作用有限。

2. 市场化程度较低

与成熟的市场经济国家和我国发达地区相比，目前东北地区第三产业的市场化程度还比较低，竞争也不够充分。主要表现在：一是部分行业特别是一些发展潜力较大的行业存在限制进入和垄断现象，如金融、保险、信息传输、文化、广播电视等行业，还基本处于垄断经营、管制经营、限制经营的状态，市场资源配置的作用尚未得到充分发挥，市场机制和市场体系还不健全，政企不分的现象还存在，使一部分潜在的服务需求无法实现。二是部分行业国有成分比重大。在部分现代服务行业中，国有经济仍占主导地位，甚至是绝对主导地位，固定资产投资也以国有投资为主。三是市场定价机制不完善。非市场定价现象多，部分服务产品的价格还是由政府制定和管理，而且某些必须管制的服务价格透明度低。

3. 国际化水平不高

实践证明，经济越开放，生产配套需要的现代服务越多，消费也更加国际化，这都有助于拉动第三产业的发展。同时，开放越高，也意味着利用国外服务业资源、进入国外市场的机会越多。近年来东北地区对外开放程度不断提高，2009 年，东北三省实际利用外资占全国的比重为 21%，比 2006 年增长了近 9 个百分点。

但是，东北地区的对外开放是从第二产业开始的，国际资本一直集中在制造业，加上市场化和产业化水平低，导致了第三产业的对外开放程度不够高。尽管近年来东北三省现代服务业利用外资步伐加快，但其对外开放程度仍低于第二产业。辽宁是东北三省中开放程度较高，而在 2009 年辽宁第三产业利用外资的比例仅为 27.6%，远低于全国的平均水平（42.8%）。

4. 失业保障体系与就业体系不完善

促进就业与失业保障两者如能互相结合，则既保证了失业者的基本生活，又能为其就业创造条件。因而，完善的失业保障制度，既是市场经济转型的必然结果，也是缓解失业压力的一种好办法。目前，在完善失业保障体系的建设中，尽管辽宁作为试点进行社会保障体制改革，仍然存在失业保险的覆盖面太小、失业保险金的领取受到限制及失业保险金管理不完善等诸多问题。与此同时，对于就业体系，仍然存在劳动力市场的不完善、信息不畅通、缺乏足够的资金支持等问题。

5. 以服务业为主体的中小企业发展不充分

中小企业的发展大大拓宽了就业渠道，成为劳动力就业的主要增长点。但是在现阶段，中小企业的发展，不仅数量偏少且质量不高，中小企业发展仍显不足，仍旧存在许多问题，比如政府对中小企业的扶持力度不够，乱摊派、乱收费等现象使中小企业社会负担过重，社会化服务体系不健全，也制约了中小企业的发展。以上种种问题，严重制约了以服务业为主体的中小企业的发展，使得社会失去了很多潜在的就业机会。

6. 消费性服务需求不足

目前，东北地区城乡居民收入水平不仅偏低，而且增长缓慢。2008 年，东北地区平均每人全年可支配收入为 13119.67 元，低于全国 15780.76 元的平均水平，比西部地区仅仅高出 1.14%，与东部地区相差更大。辽宁、吉林、黑龙江三省城镇居民人均可支配收入分别为 14392.69 元、12829.45 元、11581.28 元，在全国分别列为第 10、23、29 位；农村居民人均纯收入分别为 5576.48 元、4932.74 元、4855.59 元，在全国分别列为第 9、10、11 位，三省均略高于全国水平。城镇居民人均消费性支出不仅远远低于东部发达地区，城镇居民用于居住、医疗保健、交通通信和文教娱乐的人均支出分别为 4625.24 元、4226.51 元、3461.38 元，均低于全国 4706.99 元的平均水平。收入水平和消费水平偏低，直接导致对现代消费性服务需求的拉动不足，这也是导致东北地区第三产业发展滞后的原因之一。

7. 生产性服务业发展滞后

生产性服务业是现代服务业中最具活力的部门，对经济增长的贡献度越来越大。根据对国外服务业结构变化的发展分析，在服务业内部生产性服务业（金融、现代物流、房地产及社会救助、教育等）近年来有较快的增长，而传统的仓储、交通、批发贸易有一定的下降。东三省生产性服务业的发展相对滞后，主要表现为其占 GDP 的比重偏低。表 6 - 35 列示国内部分地区生产性服务业占 GDP 的比重，排序是指按照生产性服务业生产总值占 GDP 的比重对全国 31 个地区（不包括香港、澳门）进行排序的结果，生产性服务业以统计年鉴中交通运输、仓储和邮政业、金融业和房地产业三项之和来表示。2008 年东北三省生产性服务业占 GDP 的比例分别为 10.97%、10.38% 和 9.53%，在全国的排名分别为第 23、29、31 位，整个东北地区生产性服务业生产总值占 GDP 的比重还低于排名第 27 位的河南。

表 6 - 35　　2008 年部分地区生产性服务业发展情况　　单位：亿元、%

地区	GDP	生产性服务业生产总值			$a+b+c$	$(a+b+c)/\text{GDP}$	排序
		a 交通运输、仓储和邮政业	b 金融业	c 房地产业			
北京	10488.03	505.74	1493.58	610.84	2610.16	24.89	1
上海	13698.15	769.64	1442.60	747.00	2959.24	21.60	2
广东	35696.46	1387.51	2117.35	2209.78	5714.64	16.01	3
湖南	11156.64	523.13	245.67	387.08	1155.88	10.36	27
辽宁	13461.57	715.17	345.62	416.21	1477.00	10.97	23
吉林	6424.06	318.84	147.20	181.35	647.39	10.08	29
黑龙江	8310.00	386.79	155.28	249.86	791.93	9.53	31
东北地区	28195.63	1420.80	648.10	847.42	2916.32	10.34	

资料来源：《中国统计年鉴（2009）》。

8. 现代服务业人才短缺

大多数现代服务行业具有高人力资本含量、高技术含量和高附加值的特点，其发展基础也需要拥有高素质的人才，因此现代服务业对劳动者的素质和技能提出了更高的要求。尽管东北地区部分企事业单位积极引进人才，一些院校也调整专业方向，加大培养力度，但短期内现代服务业从业人员的素质还远不能适应其快速发展的需要。一些行业，如现代物流、电子商务、信息服务业、房地产管理业、中介服务业等对创新人才、技术、技能型人才和经营管理人才的需求十分迫切。

（三）机遇分析

1. 宏观政策带来的机遇

振兴东北老工业基地战略举措为东北第三产业发展提供了难得的机遇。在《东北地区振兴规划》中，明确提出了“积极发展服务业……坚持市场化、产业化、社会化方向，依托中心城市构建现代服务体系，积极承接国际服务贸易转移，提高服务业发展水平。深度挖掘服务业安置就业的巨大潜力，发挥服务业吸纳就业的重要作用”。深化国企改革、产业结构调整和技术升级所带来的投资增加、体制转换、社保体系改革都将有效地扩大第三产业，特别是现代服务业的市场需求和发展空间；而社会基础设施的投入和支持，又会增强服务业的供给保障能力。所以要利用国家加大东北经济区投资和支持的有利时机，顺应东北经济区体制、机制创新的大趋势，加快推进第三产业的发展，特别是生产性服务业的跨越式发展。

国家对现代服务业发展十分重视。党的十五大第一次提出了现代服务业的概念；党的十五届五中全会、十六大、十七大又提出要加快发展现代服务业，提高服务业比重和水平；2007 年 3 月 28 日国务院下发了《关于加快发展服务业的若干意见》，要求从财税优惠、供地倾斜、降低注册门槛、拓宽融资渠道等方面加大对服务业的政策扶持力度，推动服务业加快发展。在国务院办公厅下发的《关于促进东北老工业基地进一步扩大对外开放的实施意见》中，第 11 条实施办法就是“适应对外开放新形势和老工业基地优势产业发展以及城市功能转换与进一步促进就业的需要，在积极引进外资改组提升传统服务业的同时，以发展现代服务业为重点，推进服务贸易领域对外开放。”

2. 第三产业全面开放的机遇

随着第三产业开放度的不断提高，东北老工业基地的引资规模与日俱增。这主要体现在以下两个方面：

一方面是东北地区服务业引资规模的扩大。新技术革命使得全球贸易重心向服务领域倾斜，第三产业已成为我国吸引外资的新渠道。加入 WTO 之前，由于第三产业起步较晚，基础设施条件差，再加上过多的限制措施的存在，使得东北地区服务业利用外资发展缓慢，跟制造业比相差甚远。事实上，国外服务提供者早已对中国服务行业廉价劳动力垂涎三尺。全面开放下，随着服务贸易领域市场准入限制的放宽，进而会有更多的外商投资流入东北地区相关的服务行业。

另一方面，服务业全面开放将间接促进制造业引资规模的提高。与服务业相比，重型制造工业是东北地区的比较优势所在，同时也是最需要外商注入资金的领域。由于长期以来受重产品轻服务的影响，东北地区只重视发展重工业，忽视服务业及高新技术产业的全面进步，致使东北三省相关服务产业和配套服务产业基础薄弱，服务业发展滞后，严重影响了国外投资者对老工业基地改造的热情和信心。服务业全面开放带动了与老工业基地改造相关服务产业的快速发展，提高了外商的积极性，间接地扩大了东北地区传统制造业的引资规模。

随着东北地区吸收和利用外资的规模不断加大，资金紧缺问题将得到缓解，高新技术的匮乏成为制约老工业基地更快更好发展的杀手锏。服务业全面开放使外商投资流向技术含量高、产品附加值高的技术密集型产业，通过示范作用推动老工业基地吸纳先进技术，提高国有大型企业自主创新能力及产品竞争力，尽快使东北地区经济贸易走向持续、均衡的健康发展道路上来。

3. 信息技术革新的机遇

全球信息技术革新速度加快，信息技术广泛应用于各领域。凭借强大的知识和信息处理能力，信息技术可以突破时空的限制，形成一个有利于与创新的信息交换的平台，从而创新服务内容、变革服务方式、扩大服务渠道、改变监管模式、促进生产工具数字化、交易支付自助化、运营管理网络化和经营网点虚拟化，实现对传统第三产业的改造提升。这种改造和提升打破了第三产业原有的发展范式和产业格局，引发了第三产业领域的一系列变革和创新。

4. 制造业服务化趋势的机遇

传统意义上的第二产业与第三产业的边界越来越模糊，二者之间形成了高度相关和互补的关系。依托于信息—知识—技术的平台，不同产业、不同厂家的不同产品或某一职能可由一家企业提供，并以服务业为中心将分工价值链的各个环节串联起来，实现“以生产为中心”向“以服务为中心”的转型。传统上由制造业企业内部在产前、产中或产后所进行的一些生产、经营甚至管理服务活动，如产品设计、信息管理等，均转由其他企业完成。企业要充分发挥核心竞争力，就必须采取业务流程外包方式，把自己不擅长的业务外包出去，专注于核心业务。

第二产业与第三产业的融合发展开拓了后者发展的新空间，为第三产业的发展带来了重大机遇。一方面，制造业的发展促进了现代服务业的发展：制造业的国际营销网络和生产网络的形成，就是聚集营销人才、进行研发产品、产品运输与储存、广告、保险、会计和法律服务等市场开发的过程，每一环节都伴生服务需求。另一方面，制造业的服务化趋势将推动生产性服务业形成完整的产业链：生产性服务业作为产品生产或其他服务的投入发挥着中间功能，提高了不同生产阶段的产出价值和运行效率。围绕制造业的生产、流通、分配、消费等社会再生产环节，完整的自上游（如可行性研究、风险资本、产品概念设计、市场研究等）、中游（如质量控制、会计、人事管理、法律、保险等）到下游（如广告、物流、销售、人员培训等）的生产性服务业产业链将会形成。

5. 区内市场空间扩展为第三产业发展形成了有力支撑

首先，庞大的人口规模产生了巨大的消费性和公共性服务需求市场。随着东北地区经济的不断振兴和人民生活水平的快速提升，庞大人口规模带来的巨大市场潜力被不断挖掘出来。电话、互联网、宽带、电信等用户数居全国前列，煤炭、粮食、日用品等物流运输总量迅速增长，餐饮、商贸、教育、医疗、旅游等需求不断向高端延伸，由此带动了东北地区消费性和公共性服务业的发展。

其次，雄厚的制造业基础为生产性服务业的发展带来了巨大的潜在市场需求。东北地区是全国著名的老工业基地，制造业基础雄厚，2007 年全部国有及规模以上非国有制造企业实现的增加值已占 GDP 的 39.4%，随着工业化和专业化程度的不断加深，与生产密切相关的金融保险、物流配送、员工培训、技术推广、信息服务、产品营销，以及法律、税务、会计、广告、管理、咨询、计算机应用服务等现代生产性服务业的需求将快速扩大。

（四）挑战分析

1. 利用外资不平衡现象加剧

主要体现在两个方面：一是地域发展不平衡。吸引外资规模是和经济发展水平紧密联系的，由于经济发展水平的差异，东北地区利用外资也呈现出明显的地区性不平衡。这一点在服务业利用外资上显得更为突出。鉴于服务业发展的特殊性，东北地区服务业利用外资主要集中在大连、营口等沿海地区。服务贸易全面开放，意味着我国服务业市场将基本上取消地域限制，并在服务行业和品种上也将逐步取消限制。尽管如此，外商投资企业对于服务业的投资仍将是有所选择的，利润的驱动将使外商进入投资回报率高的部门和地区，这将在一定程度上加剧东北地区服务业的发展不平衡问题。二是引资机构不平衡。在部门和行业方面，外商主要投资于东北地区具有劳动力成本优势的低附加值的门类，如零售业、运输业等，而对于亟待发展的高附加值的新兴服务业，则由于投资环境差、技术保留等因素发展甚缓。全面开放使东北地区利用外资结构有进一步恶化的趋势，具有较高国际竞争力的新型服务业由于得不到资金支持，发展前景不容乐观。

2. 金融风险加大

外国直接投资量不断增加以及外资企业对某些行业和产品的控制，都给东北地区经济发展带来不安全因素。尽管外资企业的工业总产值并不是很高，但其正在逐渐进入一些重要领域和关键部门，表现为外资企业在新兴产业和高技术领域中的市场占有率不断提高，部分企业已占市场绝对优势。高利润行业也有被外国投资者占据的倾向，如计算机产品60%的市场份额来自外资企业。此外，外国投资者转嫁投资风险，威胁到我方投资安全。一些外国投资者为减少投资风险，实现利润最大化，极力把投资风险转嫁给我方。20世纪90年代以来，外国投资者投入的现汇比例逐渐下降，以设备等实物作价投入的比例越来越高，为70%～80%。而我方则需要花费大量外汇购买设备，从而承担了汇率风险。

3. 国内外竞争加剧

国内很多发达地区，服务业也相对发达，如北京、上海、浙江等地服务业占GDP的比重明显高于东北地区，而且均把发展第三产业作为重点，这样势必会挤占东北地区服务业的市场份额，再加上发达地区职工福利待遇较好，生活条件较优越，这样也会造成东北地区人才的流失，对东北地区服务业的发展构成威胁。

另外，随着我国在服务进口贸易领域种种限制的取消，国外服务企业在投资行业的选择上将更有自主权。毫无疑问，外商必然选择那些有发展前景的朝阳行业，相应地必然将成本高、利润率较低的行业留给本土企业经营。由于同发达国家服务企业相比，我国不论在管理经验、经营技巧还是资金技术等硬性指标上，都与之有着明显的差距。国外服务业巨头的进入，无疑给原本弱不禁风的本土服务企业雪上加霜。因此，在国外优秀服务企业感兴趣的领域，本土企业很难立足，将被抢去大部分市场份额，前景极不乐观，甚至会让国外企业形成垄断。以大型超市行业为例，随着家乐福、沃尔玛等的进驻，自主品牌超市纷纷倒闭，现已难觅踪影。

二、第三产业结构优化的策略选择

（一）优化第三产业发展的宏观环境

1. 加速城市化进程

提高城市化质量是东北地区产业结构有序转变及促进经济社会发展的重要动力。通过加速小城镇建设，提高小城镇的规模水平，促进农村剩余劳动力转化；通过调整城市职能结构，突出特大城市职能的非生产性，发挥作为区域社会经济活动中心的地域组织作用；通过都市区建设，增强中心城市辐射功能，加速城市区域化进程，形成以沈阳、哈尔滨、长春、大连为主的东北地区都市化地域体系；加强东北西部、东部落后地区中心城市建设，培育区域发展极；重点建设中部哈—长—沈—大城市轴带、北部齐—大—哈—牡城市轴带、南部丹—大—营—锦—兴沿海城市轴带，通过轴带城市产业扩张与结构转换，城市经济区要素与职能的轴带扩散，轴带基础设施和生态环境建设，促进东北地区一级经济地带快速发展与功能增强；加速城市整合进程，以城市密集区为载体，促进近域大中城市的整合，合理确定近域城市的整合带点及整合过程，建立近域城市整合的产业结构与地域空间体系。

2. 提高市场化水平

第三产业要发展，就应该引入市场竞争机制，打破市场壁垒，除重要行业和关键领域实行国有控股外，在明确行业要求和经营资质的前提下放松进入管制，降低市场准入条件，放宽准入领域，鼓励引导民间资本进入，扩大非公有经济比重，形成各种经济类型相互竞争的局面，为民间资本提供更多的发展机会和更大的发展空间。

政府提高自身行政效能，加快推进垄断行业市场化改革，按照政企分开、政事分开、政社分开的原则，加快现政府向提供最基本公共产品的公共服务型政府转轨。按照竞争性机构与公共性机构分开、营利性机构与非营利性机构分开的原则，加快推进中介机构和其他经营性事业单位或有偿服务事业单位的改革改制工作。

建立公开透明、高效规范的市场监管体制。加强对产业发展的总体规划和统筹管理，全面清理涉及服务业的行政事业性收费。积极推进产业标准化工作，提高服务质量，规范服务行为。健全完善行业自律机制，减少和避免无序竞争造成的资源浪费。运用网点发展基金、信贷和税收等政策，扶持第三产业的发展。

3. 加大政府扶持力度

东北地区第三产业的发展，离不开政府的主导、引导和扶持。首先，要开展政府服务效能改革，打造服务型政府。加快转换行政主管部门职能，从行政管理转为法制管理，从直接管理转向间接调控，通过全程办事代理制等形式，全面建设服务型政府。其次，加强电子政务的建设，简化项目开发及审批流程，优化政府办事流程，提高行政效能。树立绩效当为民所评的意识，加强绩效管理，建设政府门户网站，发展网上评议和投诉系统，打通投诉绿色通道。最后，要注重发挥政府调节作用，鼓励在研发、教育和培训、企业组织管理等方面的投资，以刺激需求，由中介机构提供现代服务的供应，通过现代服务经济的溢出效应带动企业的发展。

（二）加强第三产业人才引进与培养力度

第三产业的现代化、信息化、标准化离不开高素质的人力资本。这就要求我们一方面要加大人才引进的力度。各级政府应加快制定人才引进计划，建立人才引进的激励机制，特别要吸引一批具有国际经营管理水平的首席执行官、知名首席工程师群体；鼓励服务业企业引进省外、国外优秀的管理人才，提高企业的管理组织水平；政府应积极组织搭建本省服务业企业与外省同行业企业合作交流平台，建立服务业人才流动机制、人才激励机制和人才引进渠道，发展并完善人才资源配置体系，为加快发展服务业提供人才保障。

另一方面要加大人才培养的力度。首先，依托东北地区的高等学校和科研机构，通过适当调整教学内容和培养方式来培养适应现代服务业发展需要的专门人才。其次，还应加强现代服务业职业教育的建设，推进职业资格证书制度，完善职业资格培训和认证体系，鼓励在职培训，加大对企业人员知识素养的培训力度，提高在职人员的业务水平，促进企业专业化发展。通过一系列举措的实行，培养一批一流的管理人才和高端的技术人才，通过技术和管理创新推进现代服务业向更高层次发展。最后，加强对涉外人员关于 WTO 规则及国家相关涉外法律法规的培训工作，更好地适应新形势下外资工作的需要。尽快将一大批懂外语、懂项目、懂国际惯例、熟悉国外企业经营管理的人才充实到外资工作的第一线，全面提高利用外资队伍的整体素质和管理水平。

国际经验表明，在服务领域，一个国家虽然缺乏初级要素，但如果能培养出较多的高级要素，一样可以获得竞争优势。目前，东北地区第三产业的发展最缺乏的正是高级竞争要素。要改变这种状况，在引进发达国家先进技术和管理经验的基础上，需进一步加大对科研和教育的投入，把人才培养作为一个基础性工程来抓。

（三）多渠道满足第三产业发展的资金需求

产业的发展离不开资金的投入，各级政府要采取有效措施满足第三产业发展所需的资金投入。

1. 设立支柱产业引导资金，拓宽融资渠道

可以根据城市或地区第三产业发展定位，针对支柱产业设立引导资金，同时财政与税收政策应加大对支柱产业的引导和扶持性投入，重点扶持现代服务业集聚区、现代物流、金融业、商务服务业、信息服务业等领域的重点项目建设。鼓励企业主动将服务环节外包，并对企业予以资金支持和鼓励，促进专业化发展。

拓宽融资渠道，政府层面可积极采取BOT、PFI、TOT、ABS、基础设施信托计划、无形资源融资等融资模式。企业层面可通过发行股票、企业债券、项目融资、股权置换以及资产重组等多种方式筹措资金，进而形成多渠道、多层次、多方位的服务业投融资体系。

2. 扩大对外开放，充分利用外资

外资在发展第三产业方面，具有明显的技术、管理经验、服务创新等方面的优势；外资的引入，会对东北第三产业的发展起到示范效应、竞争效应。因此，应利用多种渠道和手段，更好地吸引资本、技术和管理，引导外资投向第三产业，优化第三产业内部结构，推动产业升级。

首先，东北地区应该以服务业全面开放为契机，扩大利用外资的规模。东北三省务必抓住第三产业全面开放的契机，进一步加大第三产业招商引资力度，扩大招商规模，完善引资举措，逐步缩小东北三省与东部发达地区利用外资水平的差距。

其次，要改善和优化东北三省投资环境。随着全国各地区对外资的竞相引进，投资环境成为能否成功引资的决定性因素。东北三省应该在继续加快基础设施建设的同时，切实实现外商投资审批的简化和相关的咨询服务，对外资企业的建设过程提供全方位的服务，对企业开工投产后提供经常性的服务，逐步建立起完善、协调的外商投资服务体系。

再其次，从经济区域化角度协调利用外资，防止利用外资的恶性竞争。东北老工业基地改造是一个区域振兴的问题，是一个区域经济发展问题。所以，东北地区应树立区域经济发展观念和东北地区的全局观念，在利用外资方面应进行区域协调，避免恶性竞争。东北三省在老工业基地改造和利用外资方面，应充分考虑区域发展及专业协作，三力合一，共同打造东北地区的强势企业和名牌产品，共同走向国际市场。

最后，变革引资方式，形成系统、高效的产业链。逐步降低政策性引资比重，转变东北三省政策引资的形象。从传统引资方式向合资合作、合作研发、购并重组、国际租赁等国际通行的方式转变，将招商引资同发展优势产业结合起来。同时，提高引进外资的聚集效应，充分发挥支撑服务行业的作用，实现利用外资方式与产业链拓展的战略性转变。

（四）提高第三产业的科技含量

当前第三产业正呈现出信息化、国际化、标准化的趋势，科学技术的广泛应用不仅为改造传统第三产业提供了支撑，也可以引领新的需求，成为第三产业发展的发动机。高新技术的发展，特别是信息技术的发展，为第三产业的跨越式发展提供了可能。面对这一形势，我们应制定有利于发展第三产业的科技产业政策，以科技进步全面提速第三产业的进程。

1. 加强国际科技合作与开放

第三产业对外开放步伐的大小和速度的快慢直接决定着东北地区第一、二产业对外开放的布局。推进服务贸易领域对外开放，着力提升现代服务业的发展水平，是促进东北老工业基地进一步扩大对外开放的前提。现代科技服务业具有应用性、集成性、系统性的特点，在坚持科技服务业自主创新的同时，还要立足现实，与国内外强势企业合作，实现技术共享。要加强对国外服务业科技发展趋势的跟踪和研究，把自主创新、集成创新、模仿创新结合起来，缩短与国外的科技距离，迅速提高第三产业的科技水平。坚持把利用外资和引进国外大型服务业跨国公司作为有效途径，充分利用国外先进的技术成果，加强国际科技合作和对外开放，吸收国外在发展第三产业方面的技术、资金、人才，学习他们在管理方法、服务创新等方面的先进经验，从而对第三产业技术的发展产生示范效应、竞争效应、规范效应和增加供给的效应。建立一批国际科技合作的示范基地，以企业为载体，通过政府引导和科技资源整合，探索扩大技术转移、扩散的有效途径和方式。积极组织具有世界一流水平和品牌效应的国际科技展览、国际学术会议和科技论坛等活动，为东北地区第三产业科技的发展搭建开放的对接平台。

2. 构筑第三产业的信息化支撑体系

随着信息技术的发展，必须运用信息技术对传统服务业进行改造和提升。第一，在政府的统一组织和协调下，建设电子商务平台，包括CA认证中心、支付系统和货物配送系统等，为企业广泛应用电子商务提供技术支持。第二，建设电子认证支付体系，促进银行网络之间的互联互通，使银行间各类信用卡兼容；建立统一的电子交易安全体系；建立和完善物流配送系统；加快电子商务培训基地的建设，逐步在商业物流和金融业开展电子商务。第三，建立企业信息网络，建设生产服务过程的自动化系统、管理过程的企业资源计划（ERP）系统和销售过程的电子商务系统。

（五）建立以信息技术为平台的诚信体系

要充分利用信息化的发展优势，加快诚信体系建设。一些人之所以不守信用，就是由于信息不对称产生的。信息化的发展为解决信息不对称问题提供了可能。要采取“政府推动，企业运作”的发展模式，加快建立征信体系、政策体系、信息源的协调体系，做到信用资源集中统一和共享，实现联合征信，形成以道德为支撑、产权为基础、政策法规为保障的社会信用制度，恢复和提高东北地区在国内外的公信力。要通过信息化，有计划、有重点、有步骤地推进企业和个人征信体系建设，构筑良好的信用发展环境。无论是商品交易、货物流通特别是金融的发展，都应以全社会的诚信为基础。

目前解决这个问题的办法可考虑结合第二代IC卡身份证的实行，以身份证等编号为个人和企业永久信息（永久ID），由省政府科技部门和信息部门牵头，协同经贸、财政、金融、税务、工商、质量技术监督、海关、外汇管理、公安、公共服务等有关部门建立信用编号，记录企业和高管人员、个人的信用信息，从而建立企业信用和负责人、个人的信息库，通过与各金融机构联网，实现资源共享。在此基础上，扩展功能，建立企业贷款信用评级制度和企业法人代表资信评级制度，以信息技术促进信用制度建设，通过信息平台，了解企业信用等级，简化必要的程序和要素，以征信制度建设防范金融风险。

为此，在城市要加快建立企业信用档案和个人信用档案，加快信用信息网的建设；建立个人信用调查和报告制度以及个人信用评估体系，加快建立信用服务和管理系统并不断拓展服务范围、完善服务功能；建立企业信用身份证制度、企业信用档案和信用信息网，实现企业信用信息数据的征集、整理、公示和查询，预警和控制信用风险。在农村要通过评定“诚信农户”、实行农户间信用互相担保制，满足诚信户发展经济的资金需要。此外，还要为生产要素自由流动提供信用保障，发挥金融对振兴东北老工业基地应有的作用。

（六）加强第三产业的区域合作

东北地区应着眼于第三产业市场开放的竞争格局，积极盘活第三产业资源，促进第三产业集团化、网络化、品牌化经营。坚持互利共赢的原则，在第三产业链条的设计上，实现与周边省市优势互补、共同发展。可以建立高层联席会议制度，设立东北地区第三产业协作联络工作小组，互相沟通信息，协调解决问题，明确有关工作思路和工作重点。在完善合作组织架构的基础上，签署关于发展第三产业的合作协议，就东北地区各级政府之间、各服务行业之间的合作内容、合作重点、合作机制形成框架性合作协议，指导东北地区发展第三产业。同时，在整体战略规划方面，东北地区的各级政府应以第三产业发展为重心，专门立项规划论证，可由国家发展改革委员会牵头，组织专家对东北地区第三产业发展进行调研、设计规划和论证，提出发展重点、发展策略和发展政策，以便各省根据实际情况确定相应的产业发展策略，发挥整体效应，实现东北地区经济的腾飞。

第七章

产业结构优化的新理念和战略选择

在完善的市场经济条件下，市场机制是推动产业结构优化的基本动力。由于市场的不完善和市场失灵，在遵循市场经济规律的前提下，政府应当成为推动产业结构优化的重要力量。本章主要是站在客观的立场上，运用理论研究与实证分析相结合的方法，客观地分析政府应当如何在产业结构优化中发挥良性作用。关于这章内容的分析，按照以下思路展开：第一节是引入指导产业结构优化的新理念；第二节是产业结构优化可供选择的实施战略；第三节是为了实现产业结构优化目标，政府应当如何运用政策工具。

第一节　产业结构优化的新理念

为了实现产业结构高度化、合理化、高效化、环保化的目标，需要摒弃诸多传统理念和思维，采纳诸多新理念、新思维，通过更新决策者理念和思维，更好地指导产业结构优化。

一、绿色 GDP 理念

20 世纪中叶开始，尤其是 80 年代以来，由于资源、环境问题日益严重，环境保护运动得到发展，可持续发展理念兴起，自然资源核算开始引起世界各国自然科学家、经济学家、社会学家、政府部门以及众多国际组织的重视。

（一）绿色 GDP 的含义

绿色 GDP 的基本思想是由希克斯在其 1946 年的著作中提出的。绿色 GDP 是对 GDP 指标的一种调整，是指扣除经济活动中投入的环境成本后的国内生产总值。这个概念的基础是：只有当全部的资本存量随时间保持不变或增长时，这种发展途径才是可持续的。绿色 GDP 定义为不会减少总资本水平所必须保证的收入水平。对绿色 GDP 的衡量要求对环境资本所提供的各种服务的流动进行价值评估。绿色 GDP 数量上等于传统意义的 GDP 减去人造资本、自然资本、人力资本和社会资本等各种资本的折旧。衡量绿色 GDP 意味着要调整国民经济核算体系。

（二）绿色 GDP 的特点

在传统的 GDP 基础上，绿色 GDP 增加了以下三种因素：

第一，在原有 GDP 的基础上考虑了环境资源因素，从现行 GDP 总量中扣除环境资源成本和对环境资源的保护服务费用。

第二，在原有 GDP 的基础上考虑了环境资源及产品资本因素，从现行 GDP 总量中扣除环境资源成本和对环境资源的保护服务费用，还要扣除不良物品和服务价值。

第三，在原有 GDP 的基础上考虑了环境资源、产品资本和人力资本因素，从现行 GDP 总量中扣除环境资源成本和对环境资源的保护服务费用，还要扣除不良物品和服务价值，再加上地下经济活动、非市场交易的家务劳动、国民时间资产和闲暇活动等。这是对第一、二种含义的拓展，可视为最广义的绿色 GDP。

可见，上述三种不同的含义，是从构成国民财富的不同层次来界定的。第一种定义只考虑了自然资本，第二种定义考虑了自然资本和产品资产，第三种定义则将自然资本、产品资产和人力资源都考虑进去。从 GDP 到绿色 GDP 的最广义概念，体现了国民经济核算“经济—环境—社会”这样一个逐步深化的演变过程。

（三）绿色 GDP 的核算

对应上述对绿色 GDP 的三种不同理解，在绿色 GDP 核算的内容和方法上也有三种形式。

1. 只考虑自然资源的核算方法

计算公式如下：

绿色 GDP（I）= GDP - 环境资源的耗减 - 对环境保护的支出费用

有的学者还将环境退化损失计算在内，即将公式右边第 2 项表述为“环境资源的耗减和环境退化损失”。有人将“对环境保护的支出费用”细化为“预防支出 + 恢复支出 + 由于非优化利用资源而进行调整计算的部分”。

对自然资源耗减，有学者提出通过计算森林面积变化和城市煤气、天然气、石油气的使用量加总得出，即：

自然资源耗减 = 森林面积减少 + 煤气消费 + 天然气消费 + 石油气消费

对环境保护的支出费用的计算主要是通过计算污水、废气、固体废弃物治理费用，再加上环境事故所造成的损失计算得出，即：

对环境保护的支出费用 = 污水治理费用 + 废气治理费用 + 固体废气物治理费用 + 环境事故造成损失

在确定计算公式后，最重要的是确定实物量的货币价值。森林的价值可以通过估算地区森林总体价值和森林面积来计算每单位面积的森林价值。煤气、天然气和石油气的价格可以直接取自市场的平均价格。废气治理费用可从环境统计公报取得。废物治理费用可通过计算每吨垃圾的处理费用取得。

2. 进一步考虑产品资产的核算方法

计算公式如下：

绿色 GDP（Ⅱ）= GDP - 环境资源的耗减 - 对环境保护的支出费用 - 产品资本的折旧

产品资本的折旧计算的是社会所创造财富的损耗，因此也要计算在内。现行 GDP 减去产品折旧后便是国内生产净值。实际上，要将全社会的产品资本的折旧计算出来非常困难。

3. 进一步考虑社会资本的核算方法

计算公式如下：

绿色 GDP（Ⅲ）= GDP - 环境资源的耗减 - 对环境保护的支出费用 - 产品资本的折旧 + 漏统部分 ± 国民时间资产与闲暇活动等

漏统部分指地下经济活动、非市场交易的自给性生产与服务（如非交易的家务劳动）等，这些活动在现行国民经济核算中并没有被包括进去。应该说，社会资本的内容非常之多，涵盖面广，要将所有的社会资本核算进去是不可能的，只能是核算主要的部分。也有学者将疾病和公共卫生条件所导致的支出、失业所造成的损失、犯罪所造成的损失、教育水平低下导致的损失等内容加进公式 3 中。

此外，也有研究从编制绿色 GDP 综合指数的角度去考虑如何反映绿色 GDP 问题。即将影响绿色 GDP 的各种因素指数化、权数化，然后直接相加得出绿色 GDP 综合指数值，这种方法避开了实物量向价值量的转化过程及转化方法，比较方便。但它始终解决不了绿色 GDP 的价值量核算问题，绕不开揭示绿色 GDP 真实状况，实用价值不高。

（四）推行绿色 GDP 核算的效果

在可持续发展理论的引导下，传统的经济账户和国民经济核算体系日益受到挑战，世界银行提出“绿色账户”的核算理念，试图采用扩展的国民账户来修订传统 GDP 指标所存在的种种缺陷，使统计数据能真实反映经济所提供的、能给国民带来福利和满足的产品的产出数量。新账户扩展了传统账户的核算边界，使它能涵盖一些重要的非市场交易行为，并修正那些被传统账户忽略和遗漏的有害的经济活动。

我国提出科学发展观，建立促进经济社会可持续发展机制，促进经济社会和人的全面发展。为确保这一模式转换目标的实现，摆在我们面前的一个十分重要并亟待解决的基础性任务是：从可持续发展的角度，迅速建立以人为本的可持续发展绿色核算评价体系，以新的核算指标——绿色 GDP 和人均绿色 GDP 替代传统指标——GDP 和人均 GDP 来审视、衡量和把握产业结构优化路径。绿色 GDP 占 GDP 比重越高，表明国民经济增长对自然的负面效应越低，经济增长与自然环境和谐度越高。实施绿色 GDP 核算，将经济增长导致的环境污染损失和资源耗减价值从 GDP 中扣除，是统筹“人与自然和谐发展”的直接体现，对“统筹区域发展”、“统筹国内发展和对外开放”是有力的推动。同时，绿色 GDP 核算有利于真实衡量和评价经济增长活动的现实效果，克服片面追求经济增长速度的倾向和促进经济发展方式的转变，从根本上改变 GDP 唯上的政绩观，增强公众的环境资源保护意识。

（五）推行绿色 GDP 核算的途径

由于绿色 GDP 的核算技术难度大，实施基础较薄弱，目前我国还处于研究探索阶段。为了全面落实科学发展观，实施绿色 GDP，我们应该建立由政府、企业和公众及非政府组织耦合成的多管齐下且各负其责的社会参与机制。

首先，以政府为实施绿色 GDP 的宏观调控主体。实施绿色 GDP，目的不仅在于计算绿色 GDP，更主要的在于政府形成并具备“绿色控制”能力。从宏观的角度，通过环境教育、环境立法、环境税收、环境标志、环境审计、绿色国民经济核算体系等手段，使“绿色控制”的链条从规划设计环节开始，到废物重复利用终端，达到完全的物质能量循环使用的目标；“绿化”我们的经济行为，实现从追求单纯的经济增长到追求经济、社会、环境的协调发展的转变。在全国统筹的基础上，对各地区的生态环境保护及经济发展进行科学合理的布局，既防止发达地区把发展代价转嫁给落后地区，又防止落后地区不顾后果盲目追赶发达地区；将实施绿色 GDP 的理念贯穿到经济计划、国土计划、城市规划以及城乡建设的各个层面，建立资源环境有偿使用制度、财政信贷鼓励制度、排污权交易制度、环境标志制度等，完善从生产到消费各个领域的环境政策支撑体系，倡导新的行为规范和行为准则。

其次，以企业为实施绿色 GDP 微观创新的主要载体。落实科学发展观，实施绿色 GDP，是以企业的积极参与为基础的。然而，作为市场经济的主体，企业又总是以赢利最大化为目的的。实施绿色 GDP，难免要影响企业的短期利益。目前的实际情况是，很多企业尚未形成对实施绿色 GDP 的认同感和责任感，相关技术力量比较薄弱，资金投入不足，主动性、积极性和创造性也不够。因此，我们要把政府的宏观调控能力与企业的微观创新能力充分结合起来，把环境文化的理念从单纯的自然环境保护扩展到教育、科技、企业经营及废物处理等诸多环节之中，引导企业自觉地在生产经营的各个环节采取相应的技术和管理措施，实施绿色经营。同时，企业也应把实施绿色 GDP 视为自己获得更大利益和树立更好社会形象的有力杠杆，把政府的环境政策与法规内化到企业的经营管理之中，推行“绿色管理”和“绿色会计”，促进企业内部的绿色制度创新，从而既保证企业的利益与发展，又促进社会的效益与进步。

最后，形成公众参与实施绿色 GDP 的社会氛围和机制。目前，由于信息机制不畅通，公众难以及时、准确地获取有关绿色 GDP 实施情况的信息，致使其监督功能缺位；由于多数社会成员绿色消费观念和环保意识不强，导致其社会参与意识薄弱；由于尚未建立起普遍的群众性环保组织，使得政府和企业的“绿化”GDP 行为缺少一定的社会基础，难以取得预期效果。因此，实施绿色 GDP，就必须疏通信息渠道、建设信息资源共享网络；加强对公众的绿色教育，促使公众树立与环境相协调的伦理观和价值观，自觉自愿地选择有利于经济、社会与环境和谐共处的绿色生产生活方式；鼓励、支持建立群众性环保组织，大力提升公众与非政府组织的绿色参与意识和参与能力；认真收集与了解公众对经济收入和环境破坏的主观评价，对政府及企业的行为进行有效的监督。

综上所述，绿色 GDP 理念，不仅强调关注自然资源和环境质量，而且要求在保护资源和环境的同时保持经济的适度增长，也就是经济发展与自然资源和环境的利用、保护、建设并重，逐步实现全面、协调、可持续的发展。这种可持续，是当代人利益的可持续，也是跨代人利益的可持续，即在代际之间形成合理的资源配置。

二、低碳经济理念

（一）低碳经济的含义

低碳经济是指在经济活动中不断追求降低碳排放量的一种经济发展方式。低碳经济以低能耗、低排放、低污染为基础，其实质是提高能源利用效率和创建清洁能源结构，核心是技术创新、制度创新和发展观的改变。发展低碳经济是一场涉及生产模式、生活方式、价值观念和国家权益的全球性革命。

（二）发展低碳经济的必要性

发达国家自工业革命以来的工业文明发展模式，导致了越来越严重的全球气候变化问题，大气中二氧化碳（CO_2）浓度不断增加，使全球气候变暖。使用化石燃料这种高碳能源是产生这种生态环境灾难的主要原因。研究表明，地球生态系统自净CO_2的能力每年只有30亿吨，全世界每年约剩下200多亿吨CO_2残留在大气层中，使地球生态系统不堪重负。长此下去，气候将更为反复无常，气象灾害范围更大、更频繁和更严重，直接威胁着人类的生存与发展。因此，控制大气中CO_2浓度增加，缓解全球气候变暖，是现代人类得以生存与发展的内在要求和迫切需要。

当今中国的经济仍然是以煤炭、石油和天然气等石化燃料为主体，在一次能源消费结构中，煤炭的比重一般为2/3。这种典型的碳基能源经济，“高碳”特征十分突出，CO_2排放强度相对较高，节能减排形势非常严峻。由此，发展低碳经济，建设低碳社会，推动经济由高碳能源经济向低碳与无碳能源经济根本转变，是实现科学发展、和谐发展、绿色发展、低代价发展的迫切要求和战略选择。

（三）实现低碳经济的途径

实现低碳经济战略目标，政府政策是第一驱动力。在设计各种有效的低碳经济实现途径时，既要充分利用市场机制，尽可能调动微观经济主体的积极性，也要弥补市场失灵。目前产业经济学中关于低碳经济的实现途径有以下五类：

一是基于市场失灵理论的低碳经济实现途径。传统的市场失灵理论认为，垄断、外部性和信息不对称的存在，使得市场难以完全解决资源配置的效率问题，无法充分实现资源配置效率最大化，从而出现市场失灵。为了实现资源配置效率的帕累托最优，就必须借助政府干预来完成。现代市场失灵理论认为，市场不能解决的社会公平和经济稳定问题也需要政府出面化解。政府干预经济领域的扩大，既说明政府在市场经济中的作用越来越重要，也对政府管理效率有了较高的要求。经济学理论以外部性和公共品性质来解释能源环境领域的市场失灵，经常采用的是政府管制、税收、补贴、碳基金等手段。政府管制就是政府通过制定严格的产品能耗效率标准逐步淘汰现存的高碳产品，并对进口贸易商品的能耗标准进行认定；碳排放税就是政府针对二氧化碳排放所征收的税种；碳税通过对燃煤和石油下游的汽油、航空燃油、天然气等石化燃料产品，按其碳含量的比例征税来实现减少石化燃料消耗和二氧化碳排放，是目前普遍看好的实现途径之一，有望成为撬动经济增长模式转向低碳经济的杠杆；补贴又称为“反税收”工具，其作用与税收的负激励作用相反，是起到正向激励的效用，例如对新能源技术研发给予补贴等等；碳基金就是通过设立基金来减少碳排放和促使开发商采用低碳技术。

二是基于产权理论的低碳经济实现途径。这一观点认为在处理外部性问题时，市场失灵与产权紧密相连，效果最优化的实现依赖产权的分配与界定。碳交易是为促进全球温室气体减排、减少二氧化碳排放所采用的市场交易机制。碳排放权交易制度作为市场经济体制下最有效率的污染控制手段已在全世界范围内被广泛采用。基于产权理论的排污权交易有助于消除环境“公共物品”的外部性，目前世界上最大的排污权交易项目就是2005年《京都议定书》实施之后的跨国间的碳排放交易，该协议也是历史上第一个给成员国分配强制性减排指标的文件。根据国际碳咨询公司预测，到2020年全球碳交易市场规模将达到3.5万亿美元，有望超过石油市场成为世界第一大市场。

三是基于信息不对称、委托—代理理论的低碳经济实现途径。这种途径是指为了克服能源节约与碳减排方面的信息不对称和复杂的委托—代理问题，依据激励相容机制理论设计的途径，包括自愿协议、标签计划等具体措施，用以激励厂商和消费者主动减少“逆向选择”和“道德风险”。自愿协议主要指发达国家一些社会责任意识比较强烈的企业，通过自愿承诺减少碳排放或采用清洁生产技术，以实现减少政府管制的目的。标签计划、ISO14000认证等均属于激励信息公开的政策工具。企业通过这些认证能够在社会上树立起自身“碳中性”和“碳生态足迹为零”的良好“低碳”形象。

四是基于不确定性理论的低碳经济实现途径。自从李嘉图之后在经济学理论的构建上遇到了两难选择，即经济分析只有排除不确定性和变动性才能进行，而经济政策只有仔细考察到不确定和变动性才能实行。凯恩斯的一个重要贡献就是将不确定性牢牢地置于经济各阶段的中心。不确定性的预期在消费、投资及货币政策三大规律中起着决定作用。在低碳经济政策工具研究上，不确定性碳排放和企业责任测度，成为低碳政策工具的重要内容。例如，由于非点源污染无法测度个体责任，点源污染只能承担有限责任，对能源节约与环境保护的投资具有投资大而收益不明显的特征，解决这些问题的途径有能源合同管理与第三方融资。能源合同管理是一种新型的市场化节能机制，其实质是以减少的能源费用来支付节能项目全部成本的节能业务方式。第三方融资是一种由技术革新带来的基于储蓄的金融方式，指拥有技术和金融能力的第三方为顾客提供能源转换系统，从而获得经济收益。

五是基于生态工业学理论的低碳经济实现途径。低碳经济与生态经济、循环经济是一脉相承的。生态工业学通过把生态学、经济学和工业组织理论联系在一起，研究工业系统的能源物质流动及其对环境的影响。循环经济发端于生态经济，将范围从生产延伸到消费领域，以源头预防和全过程管理替代末端治理的模式。这类实现途径主要倡导生态工业园区的建设。在国外发达国家，生态工业园区已经成为关注能源环境和发展政策的焦点。

（四）低碳经济发展的对策

由于低碳经济是经济发展的一种新趋势，也会带来贸易条件、国际市场、国际技术竞争格局的变化，因此即便现阶段在低碳经济之路上存在困难及挑战，但低碳经济仍是保持经济稳定发展实现节能减排目标的首要选择。走出有区域特色的低碳经济之路，应当从宏观政策和低碳技术方面着手。

从宏观层面上，一是将低碳经济发展纳入国家战略，将建设“资源节约型、环境友好型、低碳发展型”社会作为国家战略理念和战略目标，并制定国家战略层面的低碳经济发展体系及中长期规划，将单位 GDP 碳排放强度指标下降纳入考核体系之中。二是以积极姿态参与有关低碳经济的国际谈判和国际规则的制定，否则就可能受新的环境壁垒的制约，进而削弱产品的竞争力。三是确定“城市化和低碳化”并行发展的战略，可考虑优先培育一些发展低碳的城市，建立区域性低碳经济的示范区。四是制定及实施向低碳经济投资的激励措施，进一步鼓励加大新能源投资力度。

在低碳技术发展上，第一，以循环经济推进节能减排。目前，我国 70% 的能源消费主要集中在工业领域，特别是化工、建材、石化、冶金等方面，因此，发展循环经济，既是缓解能源资源约束矛盾的根本出路，也是从源头上减少污染、减轻环境压力的治本之策。第二，以提高能源效率，调整能源结构推动节能减排。根据卡亚公式（二氧化碳排放量 = 人口 × 人均 GDP × 单位 GDP 能源消耗量 × 单位能耗排放量），低碳经济发展模式重点必须放在能源效率的提升和能源结构的优化上：通过引入先进技术、加强能源管理、深化资源能源的市场机制改革等措施，实现能效大幅度的提升。在能源构成上，多开发清洁能源和低碳能源，充分利用和开发水能、风能、太阳能、生物燃料、地热、潮汐能以及核能，使太阳能、风能、生物质能等综合形成一条能源链，达到调整能源结构、缓解能源短缺、减少二氧化碳排放的目的，实现资源可持续供给。在能源消费结构上，通过产业政策导向和经济手段，调整产业结构，加快发展第三产业，限制资源型产品的出口，优化工业内部结构，达到优化能源使用结构，提高能源使用效率的目标。重视高碳生活方式的改变，借鉴国外的先进经验，积极发展太阳能光伏发电、光热发电以及地热能、海洋能等。在广大的农村广泛利用生物能源，大力发展沼气，为百姓做饭、取暖、照明提供能源，培养低碳生活方式。还必须积极研发包括清洁煤和可再生能源在内的低碳技术，形成低碳技术体系，充分发挥其对节能减排的积极作用。

三、环境经济理念

（一）环境经济的含义

环境经济是指不断追求、维护和提高生产、生活、生态环境水平的经济发展模式。环境经济就是研究合理调节人类经济活动，使之符合自然生态平衡和物质循环规律，使社会经济活动建立在环境资源的适度承载能力基础之上，综合考虑短期直接效果和长期间接效果，兼顾自然资源利用的代内公平和代际公平。环境经济问题的实质是生态经济问题。它既受经济规律的制约，也受自然规律的制约。人类的社会生产与周围的生态环境是不可分割的。人类社会在与周围环境进行物质交换的过程中，维持生态平衡，就能促进生产发展，同时保护环境质量，获得经济和生态两方面的效益。反之，就得不到应有的经济效益还会造成生态平衡的破坏，影响经济的进一步发展。因此在处理环境经济问题上，必须做到经济与生态之间的矛盾得到统一。环境经济学研究如何充分利用经济杠杆来解决环境污染问题，使环境的价值体现得更为具体，将环境的价值纳入到生产和生活的成本中去，从而阻断了无偿使用和污染环境的通路。经济杠杆是目前解决环境问题最主要和最有效的手段。这将为探索建立一种既能充分利用、保护、提高自然生产力和环境自净能力，又能综合利用自然资源的多层次的社会经济生态系统提供条件，从而保证经济发展既有利于提高近期经济效益，又有利于发挥长远生态效果。

（二）环境经济的核算——环境经济损益分析

环境经济损益分析，也称为环境影响的经济评价，就是要估算某一项目、规划或政策所引起环境影响的经济价值，并将环境影响的价值纳入项目、规划或政策的经济分析中去，以判断这些环境影响对该项目、规划或政策的可行性会产生的影响。

环境影响经济评价方法主要采用环境经济损益分析方法。随着人类对环境影响的全面认识，建设项目也不能简单分为环境污染型和非污染型（生态影响）项目，环境影响包括环境污染和生态破坏，相应的环境经济评价方法也不能简单地分为费用效益分析方法和针对生态破坏的价值评估方法，而是以费用效益分析思路为主脉络，包含费用效益分析、环境价值评估等多种经济评价方法的综合方法。其实质就是经济学的费用效益分析理论，只是费用与效益的计算范围更广，除直接能用货币计量的环境费用与效益，还包括难以直接用货币计量的生态变化引起的环境费用与效益。环境经济损益分析也不只使用在建设项目的自身的经济损益分析，还更多使用在方案的选择和比较之中。环境经济损益分析方法是一种综合方法，是费用效益分析和环境价值评估方法的综合运用。

1. 费用效益分析

又称为国民经济分析、经济分析，针对环境问题而言，称为环境费用效益分析，是指在财务分析的基础上，考虑项目、规划和政策所产生的环境效益和环境成本，从全社会的角度，评价项目、规划、政策对整个社会的净贡献，权衡利弊，指导决策。

2. 环境价值评估方法

随着人类对环境问题认识在深度和广度上的深入，环境费用与效益的计算更加复杂，对不能直接量化的由于生态变化引起的环境费用与效益，就要采用特殊的手段和方法进行量化和货币化，使环境费用与效益的计算更科学、客观、全面和准确，这样的手段和方法就是所谓的“环境价值评估方法”。主要方法有：

一是市场价值法。利用因环境质量变化或生态变化引起的可用市场价格来计量的产量和利润变化，计量环境质量或生态变化的经济效益或经济损失。

二是机会成本法。常用于方案比较中。使用一种方案而舍弃另一种方案，被舍弃的方案带来的环境效益或环境损失减少值，就是被采用方案的机会成本。机会成本法就是将这种成本货币化后计入采用方案成本之中，进行方案比较。

三是恢复和防护费用法。环境资源被破坏产生的环境损失不能量化，用把它恢复或防护它不受破坏所需要的费用作为该环境资源被破坏带来的最低经济损失。

四是影子工程法。当环境资源被破坏后，再投资建设一个环境工程代替原有的环境功能，该投资额作为该环境资源被破坏带来的最低经济损失。

五是调查评价法。通过向专家或环境使用者进行调查获得环境资源价值和环境损失的估价。常用专家评估法和投标博弈法（通过对环境资源的使用者或环境污染的受害者进行调查，获得对该环境资源的支付意愿作为环境资源价值和环境损失的估价）。

六是成果参照法类比法。利用环境功能类似的评价结果，作为被评价的环境资源价值和环境损失的估价。

上述方法中，最直接、最准确、最常用的是成果参照法。

3. 环境经济损益分析的指标体系

（1）贴现率。由于资金存在时间价值，费用发生在近期，效益发生在若干年后，为了在经济损益分析时费用和效益具有可比性，必须把费用和效益贴现到基准年进行比较，费用和效益贴现时的折算比率称贴现率。

公式表示为：$PV = FV/(1+r)^t$

式中，PV 为贴现值；FV 为未来值；r 为贴现率；t 为项目期第 t 年。

（2）经济净现值（$ENPV$）。经济净现值是反映项目对国民经济所作贡献的绝对量指标，用社会贴现率将项目计算期内各年的净效益折算到建设起点的现值之和。当经济净现值大于零时，说明项目在寿命期内，现金流入量大于现金流出量，表示该项目的建设能为社会做出净贡献，项目可行。

公式表示为：$ENPV = \sum_{t=1}^{n} (CI - CO)^t (1+r)^{-t}$

式中，CI 为现金流入量；CO 为现金流出量；$(CI - CO)^t$ 为第 t 年的净现金流量；n 为项目计算期（寿命期）；r 为贴现率。

（3）经济内部收益率（$EIRR$）。当项目资金来源不明确，不能确定贴现率时，采用经济内部收益率进行分析。经济内部收益率，是指项目在计算期内，现金流入总现值与现金流出总现值相等时的贴现率，反映项目对国民经济贡献的相对量指标。国家公布有各行业的基准内部收益率，当计算的经济内部收益率大于行业内基准内部收益率时，表明项目可行。

公式表示为：$\sum_{t=1}^{n} (CI - CO)^t (1 + EIRR)^{-t} = 0$

（4）经济净现值率（$ENPVR$）。经济净现值率是项目净现值与全部投资现值之比，即单位投资现值的净现值，反映单位投资对国民经济的净贡献程度指标，运用于方案比较。一般情况下，应选择经济净现值高的项目。

公式表示为：$ENPVR = ENPV/I_p$

式中：$ENPV$ 为经济净现值；I_p 为投资净现值，投资总额的贴现。

环境经济损益分析指标运用见表 7－1。

表 7－1　　环境经济损益分析指标运用汇总

用途＼指标	经济净现值	经济内部收益率	经济净现值率
项目评价（项目方案的可行性）	*ENPV*≥0 时项目可行	*EIRR*≥*r*[①]项目可行	*ENPVR*≥0 时项目可行
方案比较（互斥方案[②]的优选）	取 *ENPV* 较大者（投资不同时，结合 *ENPVR* 一起考虑）	不能直接用，可计算差额投资经济内部收益率（Δ*EIRR*）[③]。Δ*EIRR*≥*r* 时，投资大的方案好，反之，投资小的方案好	存在明确的资金限制时，选择 *ENPVR* 较大者
项目排队（独立方案按优劣排序的最优组合）	不单独使用	一般不采用	按 *ENPVR* 大小排序，选满足资金约束条件下的项目组合，使 *ENPVR* 最大

注：①表中 *r* 代表社会贴现率。②互斥方案是指彼此相互排斥的一组方案，只能选择其中一个方案进行投资。③在对互斥方案进行选择时，可以用甲方案的净现值减去乙方案的净现值，该差额净现值的经济内部收益率就是差额投资经济内部收益率［转自国家环保总局环境工程评估中心，《环境影响评价技术方法》，2005 年］。

4. 敏感性分析

敏感性分析，是通过分析和预测一个或多个不确定因素的变化所导致的项目可行性指标的变化幅度，判断该因素变化对项目可行性的影响程度，确定变化因素的变化对项目的重要性。如果一个或多个特定因素在相当大的范围内变化，项目的费用效益损益变化不大，则项目对该一个或多个特定因素不敏感；反之，如果有关因素稍有变化就使项目费用效益损益发生很大变化，则该项目对此因素具有高度敏感性。高度敏感性项目风险性较大；反之，抗风险能力强。

方案比较时，选择敏感性小的方案，保证项目环境效益实现的可靠性；通过对环境效益费用损益最有利和最不利的分析，寻找替代方案和对原方案采取控制措施的方法，确保环境效益最大。在项目评价中改变某一指标或参数的大小，分析这一改变对项目可行性（*ENPV*，*EIRR*）的影响。

环境经济损益分析中，对项目敏感性进行分析时，可以考虑分析的指标或参数有：（1）贴现率；（2）环境费用效益变动临界值（上限、下限）；（3）环境影响强度临界值（受影响人群的规模变化、资源变化的临界值等）；（4）环境影响持续时间（超出项目计算期时）；（5）环境保护计划执行情况（好、坏）。

5. 环境经济损益分析中应注意的问题

一是环境经济损益分析指标的内涵比项目的财务指标内涵大，包括评价对象自身成本效益和评价对象产生的外部成本效益，不但要考虑直接支出和收入，还要考虑评价对象引起的间接的、未发生实际支付和收入的费用和效益，是从全社会的角度出发，分析评价对象对整个国民经济净贡献的大小。

二是选择贴现率，要注意项目背景和性质，高低适度。高贴现率容易使对未来环境造成长期破坏（环境成本高）的项目容易通过可行性分析，不利于环境保护。同时，高贴现率降低了未来的投资效益，限制了投资总量，减少了资源消耗，有利于环境保护。高贴现率对环境的保护是双面的，恰当的贴现率并非越小越好。

三是为体现稀缺资源的代间公平，可使用零贴现率。

四是在环境损益分析中，使用社会贴现率。社会贴现率由国家有关部门根据当前的投资收益水平、资金机会成本、资金供求状况、资源供求状况等因素，统一制定和发布，这样有利于项目的宏观比较，使社会贴现率引导投资、产业结构调整、环境保护的宏观调控目的能够实现。

五是对项目进行费用效益计算时，只能使用同一个贴现率。

六是费用效益计算时使用的价格，不是使用社会资源预期的现实价格，而是整个社会资源长期供给与需求平衡时的均衡价格。

七是环境价值评估法所估算的环境价值或影响一定要科学量化，排除定性分析。

八是指标运算公式主要提供的是一种模式和思路，内涵可根据分析需要进行转换。如现金流不局限于“现金”的流进和流出，可理解为货币化的环境收益和环境投入。

（三）环境经济的实现途径——生态现代化

按照传统观念，经济发展是以资源消耗和环境破坏为代价的。经济与环境的关系是一种偏利耦合，经济发展了，环境和生态就会退化。后来学者们部分修正了这种观念，提出环境影响的倒“U”形曲线模型，认为当经济处于低水平时，环境退化很少发生；当经济高速发展时，环境退化加剧；当经济达到高水平时，环境退化会逐步减少。大量的分析数据显示，这种倒“U”形曲线模型是相对的、有条件的，是部分成立的。环境退化不会随着经济水平的提高而自动消失。那么，经济和环境的关系，有没有第三种选择？这种选择就是实施生态现代化，实现经济和环境的双赢。生态现代化是20世纪80年代德国学者胡伯提出的，已经成为发达国家环境社会学的主要理论——追求经济有效、社会公正和环境友好的发展。

生态现代化理论认为，生态现代化不是简单地从污染治理入手，而是从改变人的行为模式出发，通过改变经济和社会发展模式，达到环境与经济互利双赢、人与自然互利共生的目的。它的基本要求包括，非物化（轻量化）：高效低耗；绿色化：无毒无害和清洁健康；生态化：预防创新和循环双赢；经济与环境退化脱钩：经济发展与物质需求、自然资源消耗、能源消耗、环境污染的增长和生态退化脱钩；经济发展与环境进步互利耦合。

20 世纪 90 年代以来，发达国家经济持续增长，环境持续改善，生活质量不断提高，经济合作与发展组织国家（OECD）52% 的环境指标已经与经济增长脱钩，经济和环境互利双赢的局面正在形成。我国生态现代化是一个长达百年的世纪工程，它将大致经历四个阶段：经济与污染相对脱钩、经济与环境退化绝对脱钩、经济与环境互利双赢、人与自然互利共生。生态现代化水平预计在 2050 年前后进入世界前 40 名，在 21 世纪末进入前 20 名，达到世界先进水平。前景美好，但任务艰巨。当前一段时期，工业化和城市化将逐步完成，人口规模将达到最大值，资源需求和环境压力有可能达到最大值，实施生态现代化，可以以生态经济、生态社会和生态意识为突破口，以轻量化、绿色化、生态化、经济增长与环境退化脱钩为主攻方向，从源头入手解决发展与环境的冲突，努力完成现代化模式的生态转型，实现环境管理从“应急反应型”向“预防创新型”的战略转变。建议采用绿色发展道路，控制和降低新增的环境污染；继续实施污染治理和传统工业改造工程，清除历史遗留的环境污染；建立生态补偿制度、关键岗位环境责任制和关键项目环境风险定期评价制度，协同推进生态现代化。

四、技术替代理念

（一）技术替代的含义

经济学角度，技术进步是增长的主要来源。技术替代是指一个复杂的活动过程从新思想和新概念开始通过不断地解决各种问题，最终使一个有经济价值和社会价值的新技术得到实际的成功应用。技术替代主要解决企业技术创新的基本原则、根本目标和主要规划等企业技术创新经济活动中一些带有全局性、长远性和方向性的问题。具体来讲，企业技术替代主要是从宏观上解决三类问题：一是技术创新面向市场竞争采取何种态势，是进攻型，还是防卫型；二是研究开发何种技术；三是采用何种方式进行技术的研究和开发。

（二）技术替代的基本类型

技术替代决定企业创新的具体行为，因此对技术替代的分类是正确选择创新战略的首要条件。对技术替代的分类可以从不同的角度进行划分：按技术竞争态势分类，可划分为领先、跟随和模仿类型；按市场竞争策略分类，可划分为市场最大化、市场细分化和成本最小化类型；按行为方式分类，可划分为进攻、防御类型。这里就技术替代分类，划分为自主创新、模仿创新和合作创新。

自主创新是指以自主创新为基本目标的创新替代方式，是企业通过自身的努力和探索产生技术突破，并在此基础上依靠自身的能力推动创新的后续环节，完成技术的商品化，达到预期目标的创新活动。

模仿创新是指企业通过学习率先创新者的创新思路和创新行为，吸取率先者成功的经验和失败教训，引进购买或破译率先者的核心技术和技术秘密，并在此基础上进一步开发。

合作创新是指企业、科研机构、高等院校之间的联合创新行为，通常以合作伙伴的共同利益为基础，以资源共享或优势互补为前提，有明确的合作目标、合作期限和合作规则，合作各方在技术创新的全过程或某些中间环节共同投入、共同参与、共享成果、共担风险。

（三）不同类型技术替代的特点

1. 自主创新的特点

（1）技术突破的内生性。自主创新所需的核心技术是企业内部的技术突破，是企业依靠自身力量，通过独立的研究开发活动而获得的。这样不仅有助于企业形成较强的技术壁垒，而且很可能会导致一系列的技术创新，形成创新的集群现象，推动新兴产业的发展。

（2）技术与市场的率先性。要发挥自主创新的优势，只有在技术与市场方面都具有领先的优势，因此率先性是自主创新的目标。这种率先性不仅有利于积累生产技术和管理方面的经验，获得产品成本和质量控制等方面的竞争优势，取得超额利润。而且企业所制定的产品标准和技术规范可演变为本行业或相关行业统一认定的标准，增强企业的知名度和市场竞争力。

（3）知识和能力支持的内生性。创新与知识和能力之间具有相辅相成的关系。知识和能力支持是创新成功的内在基础和必要条件，技术创新的主体工作及主要过程都是通过企业自身知识与能力支持实现的；自主创新过程本身也为企业提供了独特的知识与能力积累的良好环境。

（4）高投入和高风险性。企业为保证始终有占据市场优势地位的创新产品，必须能够持续进行创新的研究与开发活动，将创新贯穿于企业整个的生产经营活动中，这就要求企业必须有较高的资金和强大的人力投入。同时，由于新技术领域的探索具有较高的复杂性和不确定性，资金投入具有很强的外溢效果和较强的迟滞性，所以进行自主创新的企业必须承受巨大的风险。

2. 模仿创新的特点

（1）模仿的跟随性。企业最大程度的吸取率先者成功的经验与失败的教训，吸收、继承与发展率先创新者的成果。当然这种战略不是简单模仿的战略，而是巧妙的利用跟随和延迟所带来的优势，化被动为主动，变不利为有利的一种战略。

（2）研究开发的针对性。模仿创新的研究开发不仅仅是对率先者技术的反求，更是对率先者技术的完善或进一步开发。该战略的研究开发活动主要偏重于破译无法获得的关键技术、技术秘密以及对产品的功能与生产工艺的发展和改进。

（3）资源投入的中间聚积性。集中力量在创新链的重要环节投入较多的人力物力，也就是在产品设计、工艺制造、装备等方面投入大量的人力物力，使得创新链上的资源分布聚积于中部。

（4）被动性。这主要是指竞争的被动性，包括技术积累、营销渠道和实施效果等方面的被动，这是由模仿创新者只做先进技术的跟进者来决定的。

3. 合作创新的特点

（1）合作主体间的资源共享，优势互补。全球性技术竞争的不断加剧，使技术创新活动中面对的技术问题越来越复杂，技术的综合性和集群性越来越强。因此，以企业间合作的方式进行重大的技术创新，通过外部技术资源的内部化，实现资源共享和优势互补，成为新形势下企业技术创新的必然趋势。

（2）创新时间的缩短，企业竞争地位的增强。合作创新可以缩短收集资料、信息的时间，提高信息质量，降低信息费用；可以使创新自愿组合趋于优化，使创新的各个环节能有一个比较好的接口环境和接口条件，从而缩短创新过程所需的时间；合作创新可以通过合作各方技术经验和教训的交流，减少创新过程中的因判断失误造成的时间损失和资源浪费；合作创新的成功能够为参与合作的企业赢得市场，提高企业在市场竞争中的地位。

（3）降低创新成本，分散创新风险。合作创新对分摊创新成本和分散创新风险的作用与合作创新的规模和内容有关，一般来说创新项目越大，内容越复杂，成本越高，风险越大，合作创新分散风险的作用也就越显著。

（四）技术替代目标的策划和选择

企业策划技术替代时，要根据对外部和内部环境的分析，弄清问题，发现机会，恰当地确定自己的创新目标，选择正确的创新方向和途径，并确定切实可行的创新计划。

一是确定企业希望的市场态势，即创新产品在市场上体现竞争优势的方式。一般有四种可能的形态：开拓型态势，即通过产品创新创造新的市场机会；发展型态势，通过产品创新扩大市场占有率；用创新产品替代即将退出的产品，保持市场份额；放弃部分已有市场份额，通过产品创新巩固其余市场。

二是其他目标。如改善产品工艺、提高生产率、降低生产成本、提高产品差异、使产品结构更合理化、产品更多样化、取得满意的投资回报率、维持和改善企业形象等。

五、产业融合理念

随着技术革新的不断发展和信息化时代的来临，产业融合正日益成为产业经济发展中的重要现象。以信息技术为核心的新技术革命，给世界带来一个全新的信息时代，而作为经济发展载体的产业，必然进行适应性的调整，战略性的调整。

（一）产业融合的含义

产业融合是指高新技术及其产业作用于传统产业或其他产业，使得两种或两种以上产业，融合成为一个新产业的过程，这种产业融合逐步成为新经济的主导产业。产业融合是一种从信息产业逐渐扩散的全新经济现象；产业融合的发展态势已广泛影响到世界产业的走向，并必将重塑全球产业的结构形态。

（二）产业融合的特征

产业融合正逐渐发展成为现代经济生活中非常重要的经济现象，它的出现是必然的。虽然从不同的分类标准能得出多种结果，但产业融合具有它共同的特征。

1. 产业融合本质上是一种产业创新

信息化时代下的产业融合是一场新的产业革命，它加速了社会经济系统的深刻变化。产业融合在本质上是一种突破传统范式的产业创新，它丰富了传统的产业创新理论。新产业革命不仅仅是信息技术产业对传统产业的整合和改造，更重要的是以信息技术与信息产业为平台，关联产业互动与融合形成了一种新的产业创新方式。发生在多个产业边界之间的技术进步，往往形成不同产业之间通用的技术平台；当这种通用技术逐渐成为主导性的技术时，产业之间产出方式和产出结果都趋同型的产业可融合在某一个产业技术平台上。

2. 产业融合往往发生在产业边界处

产业融合是在开放产业系统之中发生的，开放产业系统是指产业与外部环境进行物质、能量与信息交换的系统，即不同产业之间通过技术、制度、产品、资源的互动与交换，不同产业的企业之间可以获得更多的支持，促进不同产业系统由原来的非竞争关系变成竞争关系，并进而影响到产业的发展。

产业具有横向边界和纵向边界动态性，而产业融合往往发生在产业边界处。第一，产业融合不等于横向兼并，横向兼并通常发生在同一个产业内部，而产业融合是发生在产业之间，因此大部分的横向兼并都不是产业融合。第二，产业融合也不等于纵向一体化，有些前后向关联产业的融合，或许属于纵向一体化，但其他一些融合，发生在没有前后生产步骤的衔接、关联性很弱的产业之间，不属于纵向一体化，而是属于混合型融合。混合型融合从企业的角度看可能表现为某种多角化经营，而有些多角化经营则不是产业融合的表现。产业融合不是产业重叠，因为信息化并不能完全消除产业边界，融合后的新产业可能会在很大程度上替代原有的产业，但是并不能完全替代原有产业，而是部分替代。

3. 产业融合是一个动态的过程

产业融合从无到有的过程是一个产业构成要素的扩散与整合的过程。其中，技术融合、产业系统的开放性、模块化分工的演进起着关键作用。从产业融合产生到实现过程是一个替代的过程。其中，制度融合、融合型产品功能的完善及价格的降低、市场融合等对于产业融合的实现起着非常重要的作用。在产业融合发生之前，各产业内的企业之间是相互独立的，它们各自生产不同的产品，提供不同的服务，完全是一种“互不相干”的状态。随着企业规模的扩大和技术进步，一些企业为了生存，选择了多元化生产的路径和方法，生产多种产品、提供多种服务，这样一来，就会有部分企业的产品和服务有接近的地方，但它们之间的影响甚小。当越来越多的企业选择多元化生产和服务时，产业边界会逐渐模糊，不同产业之间发生交叉，融合型产品出现，标示着产业融合的发生。不同产业之间的相互促进，会促进产业创新，当新兴产业出现并且融合型产品成为市场的主导时，产业融合的实现成为事实。

4. 产业融合是产业间分工的内部化

产业融合是产业分工的新路径和新起点。分工的基本含义是由两个或两个以上的个人或组织去执行原本由一个人或一个组织所执行的不同操作或职能；融合的基本含义是由一个人或一个组织去执行原本由两个或两个以上的个人或组织所执行的不同操作或职能。

第一，融合与分工不是简单的对立和否定关系。只有在同一层级或同一范围时，融合与分工之间的这种对立关系才能成立。在不同的层次上，融合与分工完全可以同时发生，并且互相强化。融合在消灭了本层次分工的同时，往往会带来其他层次的更多分工和专业化。第二，产业融合并不等于产业内所有企业都融合。事实上，可能只有部分企业甚至是一两个具有产业代表性的企业发生融合，向相应的融合产业扩大经营范围，而其他的企业则仍然在新的融合产业内的某一个部分或环节进行专业化经营，扮演内部化分工的角色。第三，在发生融合的企业内，企业的经营范围扩大了，原有的企业外部的社会化分工转化为企业内的分工，企业由此获得了规模经济，但是其内部协调成本会上升。

5. 产业融合是信息化与工业化融合的重要依据

信息化和工业化都是社会生产形态演进过程，在演进过程中生产方式内容包括发展理念、发展方式和发展动力、产业内容和管理模式等多方面。产业内容则是对应生产方式的重要组成部分和基础，没有产业内容的生产是不存在的，无法促进社会形态的变化。推进信息化与工业化的融合应首先促进产业融合，用信息化的先进技术、理念和管理模式推动传统产业分解和重构，促进产业创新，实现新的市场、业务和产业发展，所以产业融合应是信息化与工业化融合的重要依据和出发点。

（三）产业融合的作用和效果

产业融合是在经济全球化、高新技术迅速发展的大背景下，产业提高生产率和竞争力的一种发展模式和产业组织形式。它所产生的效应是多方面的，主要有：

促进了传统产业创新，进而推进产业结构优化与产业发展。由于产业融合容易发生在高技术产业与其他产业之间，产业融合过程中产生的新技术、新产品、新服务在客观上提高了消费者的需求层次，取代了某些传统技术、产品或服务，造成这些产业市场需求逐渐萎缩，在整个产业结构中的地位和作用不断下降；同时产业融合催生出的新技术融合更多的传统产业部门，改变着传统产业的生产与服务方式，促使其产品与服务结构的升级。

促使市场结构在企业竞争合作关系的变动中不断趋于合理化。现行的市场结构理论认为，有限的市场容量和各企业追求规模经济的动向结合在一起，就会造成生产的集中和企业数目的减少。而在产业融合以后，市场结构会发生更复杂的变化。产业融合能够通过建立与实现产业、企业组织之间新的联系而改变竞争范围，促进更大范围的竞争。产业融合使市场从垄断竞争向完全竞争转变，经济效率大幅度提高。

有助于产业竞争力的提升。产业融合与产业竞争力的发展过程具有内在的动态一致性。技术融合提供了产业融合的可能性，企业把融合过程推进到各个运作层面，从而把产业融合的可能性转化为现实。不同产业内企业间的横向一体化加速了产业融合进程，提高了企业竞争力、产业竞争力。同时，产业融合对企业一体化战略也提出了新的挑战。产业融合中企业竞争合作关系发生变革，融合产业内的企业数量不断增加，企业间的竞争加剧，企业创新与灵活性被提升到新的战略高度。在这场技术革命与产业变革中，创新能力弱、灵活性差的企业会以更快的速度被淘汰出局。

有助于推动区域经济一体化。产业融合能够提高区域之间的贸易效应和竞争效应，加速区域之间资源的流动与重组。产业融合将打破传统企业之间和行业之间的界限，特别是地区之间的界限，利用信息技术平台实现业务重组，发展新的业务，这将会加速区域之间资源的流动和重组，产生贸易效应和竞争效应。产业融合将促进企业网络的发展，提高区域之间的联系水平。产业融合带来企业网络组织的发展将成为区域联系的主体，有助于打破区域之间的壁垒，增强区域之间的联系。产业融合扩大了区域中心的扩散效应，有助于改善区域的空间二元结构。

六、循环经济理念

（一）循环经济的含义

循环经济是一种以资源的高效利用和循环利用为核心，以“减量化、再利用、资源化”为原则，以低消耗、低排放、高效率为特征，按照自然生态系统物质循环和能量流动方式运行的经济模式。它是一种生态经济，要求运用生态学规律来指导人类社会的经济活动。传统线性经济模式中，人们高强度地把地球上的物质和能源提取出来，经过生产以及消费，然后又把污染和废物大量地抛弃到空气、水体、土壤等这类被当作地球“垃圾箱”的地方。正是通过这种把资源不断变成垃圾的运动，线性经济模式以自然代价来实现经济数量的高速增长。循环经济本质上是一种生态经济，它要求运用生态学规律而不是机械论规律来指导人类社会的经济活动。循环经济与线性经济的根本区别在于，后者内部是一些相互不发生关系的线性物质流的叠加，由此造成输入输出系统的物质流远远大于内部相互交流的物质流，造成经济活动的“高开采、低利用、高排放”的特征；而前者则要求系统内部要以互联的方式进行物质交换，以最大限度利用进入系统的特质和能量，从而能够形成“低开采、高利用、低排放”的结果。一个理想的循环经济系统通常包括四类主要行为者：资源开采者、处理者（制造商）、消费者和废物处理者。由于存在反馈式、网络状的相互联系，系统内不同行为者之间的物质流远远大于出入系统的物质流。循环经济可以为优化人类经济系统各个组成部分之间关系提供整体性的思路，为工业化以来的传统经济转向可持续发展的经济提供战略性的理论范式，从而从根本上解决长期以来环境与发展之间的尖锐冲突。

（二）循环经济的基本原则

循环经济要求以“减量化、再使用、再循环”作为经济活动的行为准则（称为3R原则）。其中：

减量化原则（Reduce）原则属于输入端方法，旨在减少进入生产和消费过程的物质量。它要求用较少的原料和能源投入，达到既定的生产或消费目的，特别在生产活动的源头就注意节约资源和减少污染物排放。例如，减量化原则常常表现为要求产品体积小型化和产品重量轻型化，既小巧玲珑又经久耐用。产品包装追求简单朴实而不是豪华浪费，既要充分又不过度，从而达到减少废弃物排放的目的。

再使用原则（Reuse）属于过程性方法，目的在于提高产品和服务的利用效率。大力实施物料的多次重复使用，而不是用过一次就了结。在许多产品的设计开始，就研究零件的可拆性和重复利用性，从而实现零件的再使用。

再循环原则（Recycling）是输出端方法，意在把废弃物变成再生资源循环利用。它要求生产出来的物品在完成其使用功能后，尽可能重新变成可以利用的资源而不是无用的垃圾。因此，一些国家要求在大型机械设备上标明原料成分，以便利于循环利用或寻找新的用途，尽可能多地再生利用或资源化。

循环经济的基本原则，反映了20世纪下半叶以来人们在环境与发展问题上，以环境破坏为代价追求经济增长的理念终于被扬弃。人们的思想从排放废物的净化转变为认识到环境污染的实质是资源浪费，进而要求进一步从净化废物升华到利用废物，从根本上减少由线性经济引起自然资源的耗竭，并通过在经济流程中避免和减少废物的产生造成的环境退化，以实现环境与发展的协调统一。

（三）循环经济的效果

1. 资源型向资本型转变

传统意义上，资源是生产过程中的各类型投入，是生产系统的起点，经过一系列的生产工艺或加工等程序而最终输出产品。各类型资源作为生产线的投入，这一资源投入一旦发生，就再也没有或少有使用价值。循环经济观点认为，任何资源都可以将其资本化，即资源的再利用，尤其是将废弃资源进行重复和循环利用。从“资源”到“资本”的转化，是外部非经济性升格为再生产过程的内部经济性。其结果是，原有资源的价值得到升值，第一次生产过程的结束也是再生产过程的开始。

2. 实体经济向真空经济转变

为实现循环经济低消耗这一目标，就要在产业结构优化过程中尽力减少对现有资源的利用，这里的资源多数指有形的物质性实体资源，如土地、煤、石油等自然资源和水、电、气等再生性能源，从产业结构调整方向看，基于东北地区社会经济发展的现状，我们认为，传统的原材料加工乃至耗能高但效率低的重工业等实体经济形态应该结合以会展、旅游、金融、保险、信息咨询等现代服务业，后者对有形资源的依赖程度相对较小，属于一种真空产业的范畴。此外，除了具体经济实体外，大力发展创意产业、动漫产业等文化产业也有助于减少对资源的消耗。

3. 断裂经济向循环经济转变

传统产业结构转变路径往往遵循“要素投入—加工生产—产品输入”的单线性模式，从整个生产过程看有始有终。循环经济发展的发展逻辑是“要素投入—加工生产—产品输入—废物再利用—再生产—二次产品输入”的复杂循环模式，特点是第一次投入一旦发生，后续生产过程就持续发生。从生产组织流程看，短链经济发展成为长链经济，从无循环的初级阶段发展到局部小循环的中级阶段，最后，通过要素在各生产环节间的系统整合发展为产业大循环的高级阶段。

4. 产业分割向产业整合转变

除了在同一生产部门运动循环经济的发展思路外，还可以实现跨度较大的产业整合。依据同一产业内部生产系统的要素供给链条看，某一主导产业可以与其上游产业、下游产业、侧向产业和辅助产业等关联产业进行密切合作，打造连环发展模式。此外，在第一、二、三产业范畴的产业整合在循环经济组织下也可以进行系统整合，实现单独产业发展的分割模式向产业圈的整合模式转变。

从根本上改变生态环境观念。实现资源节约、环境友好的目标，必须实现生态环境观念的创新，重估自然资源的价值。任何一种经济都需要人力资源、金融资源、加工资源和自然资源等四种资源来维持运转。循环经济模式将自然资源列为最重要的资源形式，认为自然资源是人类社会最大的资源储备，提高资源生产率是解决环境问题的关键。这一认识对实现科学发展有着重大的影响，我们必须首先从观念上转变过来。发挥自然资源的作用，既要重视其经济价值，又要重视其生态价值、精神价值和社会价值等，这就要求我们：一是要通过向自然资源投资来恢复和扩大自然资源存量；二是运用生态学模式重新设计产业工艺与流程；三是改变以往的生产方式和消费方式。

第二节　产业结构优化可供选择的实施战略

东北老工业基地产业结构优化，需要根据地区经济发展的客观情况，选择并实施若干战略，以保证实现产业结构优化的总体目标。本节根据产业结构优化目标的要求，并结合国内外经验，提供了一组可供选择的实施战略。

一、集约发展战略

（一）集约发展的基本内涵

经济增长是对不同时期的产出总量而言，主要指数量增加；经济发展则不仅要求有数量增加，而且要求有结构改善和质量提高。经济发展包含经济增长，但是经济增长却不能包含经济发展。从发达国家和一些发展中国家的实际情况来看，有两种经济发展方式：一是主要通过增加资本和资源投入来实现经济增长，即粗放型增长方式；二是主要通过提高资本和资源利用效率来实现经济增长，即集约型增长方式。转变经济发展方式，就是从粗放型增长方式转变为集约型增长方式，即从主要依靠增加资源投入来实现经济增长转变为主要依靠提高资源利用效率来实现经济增长。经济发展方式复杂得多，可以理解为实现经济发展的方法、手段和模式，其中不仅包含经济增长方式，而且有结构、质量、效益、环保等方面的内容。

（二）集约发展的必然性与必要性

长期以来，东北地区经济发展过多地依靠扩大投资规模和增加物质投入。具体说来，就是走了一条主要靠发展一般加工业，靠增加加工业企业数量的扩大外延的经济发展道路。这种工业化初期的粗放型增长方式，不断增加对资源环境的压力，难以长期坚持；企业和产品的科技含量低、经济效益低，同时导致长期处于产业链的低端，严重影响国际竞争力。粗放型的增长方式，也是当前经济生活中许多矛盾和问题的症结所在。如高投入、低产出会造成货币的过量投放，导致通货膨胀，这是近几年物价涨幅过高的一个深层次原因；工业粗放经营势必会占压大量资金，进而挤压农业，造成农业投入的不足，影响国民经济基础的巩固；热衷于基本建设而忽视对老企业的技术改造，造成大量国有企业活力不足，影响国民经济的发展后劲；产品的技术含量低和质量不高，必然影响产品在国际市场的竞争力等。

粗放型向集约型增长转变，要调整经济结构，优化产业结构。相比较而言，第三产业特别是信息产业和现代服务业，对资源的依赖和对环境的破坏比较小。根据经济普查的结果，2009 年国家第三产业占 GDP 的比重由 41.9% 上升到 42.6%，这仍然是发展中国家的水平，与发达国家服务业占 GDP 的比重 70% 左右的水平仍然有很大的差距。同时，在新兴信息产业，大部分的投资来自外资。可见，这一转变任务很重，但空间也很大。

（三）集约发展主要途径

多年来，国家为转变经济发展方式作出了巨大努力，取得了明显成效。但是也要看到，虽然转变经济增长方式要求提高经济质量，特别是提高科学技术对增加经济总量的贡献，但是这种转变主要强调通过提高资源效率来增加经济总量，依然是追求数量扩张，并没有必然要求提高质量和效益，调整和优化经济结构，更没有要求转变资源利用方式。对一个国家来说，转变经济增长方式并不能保证实现全面协调和可持续发展，因此它存在一定的局限性。转变经济发展方式并不排斥经济增长方式从粗放型转向集约型，而是包含这种转变。除此之外，还要求从注重数量增加转向注重数量增加和质量提高相结合，更加注重质量提高和结构优化；从一次性和单一性利用资源转向循环利用和综合利用资源；从牺牲环境发展经济转向力争经济与环保双赢。只有这样，才能真正实现科学发展。粗放型向集约型增长方式转变，要注意扩大内涵生产。就是要改变热衷于“铺新摊子”的做法，致力于通过企业的技术改造和加强管理挖掘企业的潜力；要改变只注重数量不注重质量和效益的做法，致力于通过扩大企业的科技投入来实现企业产品的升级换代，以质取胜；要改变传统的工业生产方式，坚持以信息化带动工业化，以工业化促进信息化，走新型工业化道路。

要由粗放发展向集约发展。转变增长方式的一个重要目标，是减少经济发展对资源的依赖和对环境的破坏。这就带来了另一个转型：资源消耗型向资源节约型、环境友好型转变。

首先，必须抓好资源的节约和综合利用。如在资源开采、加工、运输、消费等环节建立全过程和全面节约的管理制度，构建资源节约型国民经济体系和资源节约型社会等。

其次，必须大力发展循环经济。循环经济是“资源—产品—再生资源”的发展模式。

再其次，必须严格资源管理。特别是对土地资源的管理，重点是确保基本农田面积不减少，质量不下降；坚持耕地“占多少、垦多少”的原则；加快土地征用制度改革，完善土地征用程序，认真监督土地用途，提高征地补偿标准；强化土地执法监察，严肃查处土地违法案件。

最后，必须加大保护生态环境的力度。如严格控制高污染项目，淘汰高污染行业等。

二、新兴产业战略

（一）新兴产业战略的基本内涵

新兴产业战略是对战略性新兴产业的发展全局进行长远的、根本性的规划。战略性新兴产业是以重大技术突破和重大发展需求为基础，对经济社会全局和长远发展具有重大引领带动作用，是知识技术密集、物质资源消耗少、成长潜力大、综合效益好的产业。新技术一开始，属于一种知识形态，在发展过程中其成果逐步产业化，最后形成一种产业。比如说生物工程技术在20世纪50、60年代或者说在更早的时候，它只是一项技术，那么现在成为生物工程产业，让这些成果服务于社会。对东北地区而言，现阶段重点培育和发展的战略性新兴产业主要包括：

1. 新医药产业

由生命科学推动的医药产业，如新药物研发和先进医疗设备制造等，把生命科学前沿、高新技术手段与传统医学优势结合起来，研发适应多发性疾病和新发传染病防治要求的创新药物，突破应用面广、需求量大的基本医疗器械关键核心技术，形成以创新药物研发和先进医疗设备制造为龙头的医药研发产业链。

2. 新材料产业

目前国内高性能的材料、核心部件和重大装备严重依赖于进口，关键技术受制于人，总体水平处于国际产业链低端。无论是推进大飞机、高速列车、电动汽车等重点工程，还是发展电子信息、节能环保等重要产业，都面临着一系列关键材料技术突破问题。必须大力发展稀土功能材料，积极发展高品质特殊钢、新型合金材料、工程塑料等先进结构材料。提升碳纤维、芳纶、超高分子量聚乙烯纤维等高性能纤维引人瞩目及其复合材料发展水平。开展纳米、超导、智能等共性基础材料研究。

3. 生物产业

大力发展用于重大疾病防治的生物技术药物、新型疫苗和诊断试剂、化学药物、现代中药等创新药物大品种，提升生物医药产业水平。加快先进医疗设备、医用材料等生物医学工程产品的研发和产业化，促进规模化发展。着力培育生物育种产业，积极推广绿色农用生物产品，促进生物农业加快发展。推进生物制造关键技术开发、示范与应用。加快海洋生物技术及产品的研发和产业化。

4. 新能源产业

加快太阳能热利用技术推广应用，开拓多元化的太阳能光伏光热发电市场。提高风电技术装备水平，有序推进风电规模化发展，加快适应新能源发展的智能电网及运行体系建设。因地制宜开发利用生物质能。

5. 节能环保产业

重点开发推广高效节能技术装备及产品，实现重点领域关键技术突破，带动能效整体水平的提高。加快资源循环利用关键共性技术研发和产业化示范，提高资源综合利用水平和再制造产业化水平。示范推广先进环保技术装备及产品，提升污染防治水平。推进市场化节能环保服务体系建设。加快建立以先进技术为支撑的废旧商品回收利用体系，积极推进煤炭清洁利用、海水综合利用。

6. 新能源汽车产业

着力突破动力电池、驱动电机和电子控制领域关键核心技术，推进插电式混合动力汽车、纯电动汽车推广应用和产业化。同时，开展燃料电池汽车相关前沿技术研发，大力推进高能效、低排放节能汽车发展。

7. 农业和生物育种产业

实现优良品种的显著改良，发展转基因育种技术，这是提高农业产量和改善产品质量的重要途径。科学家建议超前部署分子设计育种，大规模挖掘动植物种质中蕴藏的优异基因资源，尽可能实现小麦、水稻等主要农作物和猪、牛、羊等主要牲畜的优良品种的显著改良。

8. 高端装备制造产业

重点发展以干支线飞机和通用飞机为主的航空装备，做大做强航空产业。积极推进空间基础设施建设，促进卫星及其应用产业发展。依托客运专线和城市轨道交通等重点工程建设，大力发展轨道交通装备。面向海洋资源开发，大力发展海洋工程装备。强化基础配套能力，积极发展以数字化、柔性化及系统集成技术为核心的智能制造装备。

9. 新一代信息技术产业

加快建设宽泛、融合、安全的信息网络基础设施，推动新一代移动通信、下一代互联网核心设备和智能终端的研发及产业化，加快推进三网融合，促进物联网、云计算的研发和示范应用。着力发展集成电路、高端软件、高端服务器等核心基础产业。提升软件服务、网络增值服务等信息服务能力，加快重要基础设施智能化改造。大力发展数字虚拟等技术，促进文化创意产业发展。

（二）掌控战略性新兴产业的必要性与必然性

全球经济发展历史中无数次的经验表明，新兴产业是新兴科技和金融、工业、商业的深度融合，既代表着科技创新的方向，也代表着产业发展的方向，在科技革新力量的推动下，一批又一批新兴产业在战胜重大经济危机的过程中孕育和成长，并以其特有生命力成为新的经济增长点，成为摆脱经济危机的根本力量，并在危机过后，推动经济进入新一轮繁荣。以发达国家为主导的新兴产业，将成为全球产业结构调整、产业转移、技术转移的重心。加快培育和发展以重大技术突破、重大发展需求为基础的战略性新兴产业，对于推进产业结构升级和经济发展方式转变，提升自主发展能力和国际竞争力，促进经济社会可持续发展，具有重要意义。

（三）战略性新兴产业的发展途径

根据区域经济和科技、产业基础，以及战略性新兴产业的发展阶段与特点，现阶段应紧紧围绕经济社会发展的重大需求，一是以有效缓解经济社会发展的资源、环境“瓶颈”制约为目标，着力发展节能环保和新能源产业；二是以加快推进经济社会信息化、促进信息化与工业化深度融合为目标，着力发展新一代信息技术产业；三是以提高人民健康水平、促进现代农业发展为目标，着力发展生物产业；四是以提升制造业核心竞争力、促进产业结构优化升级为目标，着力发展高端装备制造、新材料和新能源汽车产业。

从节能环保产业看，为应对全球气候变化和适应产业绿色发展的国际趋势，结合当前面临的资源环境巨大压力，以先进适用技术集成应用为重点，大力发展新型高效节能、先进环保、资源循环利用技术和装备，发展节能环保服务业和再制造产业等环保产业新业态。

从新能源产业看，绿色新能源技术发展和产业化是解决能源危机、优化能源结构的根本出路。未来发展应以巨大内需市场为后盾，快速提升创新能力；加快太阳能热利用技术推广应用，开拓多元化的太阳能光伏光热发电市场；提高风电技术装备水平，有序推进风电规模化发展；因地制宜开发利用生物质能。

从新一代信息技术产业看，信息技术正在纵深发展并深刻改变人类的生产和生活方式，新一代信息技术依然是产业结构优化升级的最核心技术。未来应以建设宽泛、融合、安全的信息网络基础设施、推进“三网”融合，促进物联网、云计算的研发和示范应用为主线，增强集成电路、高端软件等核心基础产业的发展能力，加速网络增值服务等新业态壮大发展。

从生物产业看，生命科学和生物技术将是从根本上影响21世纪人类发展的重大领域，将对改变消耗自然资源的传统发展模式、构建绿色可再生产业体系、促进人类健康产生革命性影响。生物产业未来发展要以巩固基础研究、加速推进产业化、有序促进大规模应用为主线，大力利用生物技术开发重大疾病防治新药，加快发展新型生物医学工程产品，强化重要粮食作物、经济作物、畜禽和水产品等为主要对象的生物育种产业发展，促进绿色农用生物产品和海洋生物技术产品的发展。推进生物制造技术和产品对传统化工工艺路线的技术替代和对化石资源的原料替代。

从高端装备制造业看，它是装备制造业的高端部分，具有技术密集、附加值高、成长空间大、带动作用强等突出特点，对于加快东北老工业基地工业现代化建设，实现具备国际竞争力制造业基地的战略目标具有重要意义。

从新材料产业看，它是国民经济各行业特别是战略性新兴产业发展的重要基础，也是长期以来制约制造业发展和节能减排目标实现的“瓶颈”。其发展要以在纳米、超导、稀土等材料科学技术研究方面的优势为基础，以满足重大工程建设和产业结构升级为目标，巩固学科研究优势，大力发展新材料制备技术和装备，大力推进新型材料产业化，大力推进大宗高端材料规模化生产应用。

同时，战略性新兴产业是一个动态的概念，是根据现阶段地区经济社会发展需要和科学技术进步的实际情况而确定的，随着形势的发展，战略性新兴产业的重点领域应当适时进行调整。

三、节能与能源替代战略

当今世界能源资源对经济、社会、人民生活发展的重要性是不言而喻的。而随着经济的快速发展，能源紧缺已成为制约全球经济持续发展的重大问题。面对挑战，世界各国都积极寻求应对措施，能源替代作为一种有效的战略，被许多国家广泛采用。

（一）节能与能源替代战略的基本内涵

所谓能源替代战略主要是指能源间的替代，即以可再生能源替代不可再生能源、以新能源替代传统能源。可再生能源主要包括水力资源、太阳能、风能、生物质能及核能等；不可再生能源包括煤炭、石油、天然气等。众所周知，不可再生能源因储量固定，使其具有可耗竭性和稀缺性的特点，这使得能源对于经济发展构成一种刚性约束。与此同时，不可再生能源又具有可替代性，为此，人们可以通过各种手段和措施以可再生能源替代不可再生能源，来保证经济发展的可持续性。

（二）节能与能源替代战略的必要性与必然性

长久以来，经济的快速发展主要是依靠能源资源的过度消耗来支撑，以至于现今我国的传统能源已面临枯竭，能源的人均储量列世界末位。能源的日益短缺，无疑将成为我国未来经济发展的最大制约。在此种情形下，实施能源替代战略，大力发展和推广新能源的开发和利用将是解决我国能源缺口的最佳途径。节约能源，保护环境，是全面建设小康社会、实现可持续发展的必不可少的前提条件。中国万美元 GDP 能耗水平是发达国家的 3 ~ 11 倍，节能潜力很大。其中工业部门是我国的能源消费大户，其能源消费占全国能源消费总量的比重一直保持在 70% 左右，其节能潜力也居第 1 位。2020 年中国实现全面建设小康社会的目标，人均 GDP 是 3000 美元，按届时人口 15 亿人计算，全国 GDP 为 49500 亿美元，所需要的能源总量是 33 亿吨标煤，万美元 GDP 的能耗是 6. 67 吨标煤；人均能耗是 2. 13 吨标煤。只要政策选择适当，我国完全可以以当初发达国家一半的能源供应实现其相应的人均经济发展目标。为此，我们需要继续建立和完善适应市场经济要求的推动能源节约与资源综合利用的新机制；加快制定与《节约能源法》配套法规，引导和规范用能行为；加快建立以企业为主体的技术创新体系。节能首先是全面建设小康社会的需要。其次，中国常规能量资源的特点是煤多、油少、天然气不足，结构性缺能的问题将长期存在，节能是国家能源安全的需要。再其次，节能降耗是减少环境污染的主要出路。最后，对于企业来说，降低能耗是降低产品成本，提高产品竞争力的主要途径，特别是在经济全球化的今天，节约能源是提高国际竞争力的需要。

（三）节能与能源替代战略的途径与措施

1. 节能战略的主要途径与措施

（1）大力推进技术进步，强化技术导向作用，培育和发展节约能源和环境保护的产业和技术市场。节能降耗既是企业也是国家技术进步的重要内容之一。在对比和发现国内外能源效率差距的基础上，找出能源利用技术差距，加快建立以企业为主体的技术创新体系，组织重大技术开发，是推进技术进步，提高能源节约与资源综合利用整体技术水平的首要任务。要推动“产学研”联合，促进能源节约与资源综合利用科技成果的产业化；为促进能源节约与资源综合利用技术进步，把能源节约技术开发、技术引进、技术改造、技术推广有机地结合起来，重点抓好技术改造示范项目，抓好能源节约与资源综合利用重大示范工程；积极培育和发展技术市场，运用市场机制促进新技术、新工艺、新产品、新设备的推广应用。继续定期或不定期地发布国家鼓励发展的能源节约与资源综合利用工艺、技术和设备目录及淘汰的落后工艺、技术和产品目录。

（2）完善节能和资源综合利用管理体系和运行机制，强化能源利用和节能的基础管理工作。继续建立和完善适应市场经济要求的推动能源节约与资源综合利用的新机制，如基于完善市场机制的节能信息传播机制，基于公开、透明的节能产品政府采购机制，基于科学认识、科学管理的综合能源规划和需求管理方法，基于合同能源管理的技术服务机制等等。

强化能源利用和节能的基础管理工作，如建立严格的规章制度、能耗、物耗考核制度和监督管理制度。健全和完善资源节约综合利用统计指标体系，完善节能降耗统计，建立资源综合利用统计报表制度。加快信息网络建设，搞好信息服务。

加强企业节能典型示范工作。要建立以市场机制为基础的、有效的激励机制和约束机制，把资源节约综合利用管理与职工经济利益挂钩，节奖超罚。要深入实际调查研究，发现和总结节能降耗综合利用的先进典型，及时组织交流和推广，发挥先进典型的示范和导向作用。

通过机制建设和加强基础管理工作，促进节能新技术、新工艺、新设备的推广应用；引导企业进行节能技术改造；加速节能新技术、新产品的推广应用；引导企业与政府或协会之间采取自愿方式实现节能目标。

（3）扩大节约能源和环境保护的国际合作与交流。在全球化的大形势下，节约能源、保护环境成为当今全球经济社会发展面临的共同问题。中国的发展离不开世界，世界的发展需要中国。因此在节能和环保领域里，在各国政府首脑已形成共识并签署的《联合国气候变化框架公约》和《京都议定书》的架构内，中国需要进一步扩大双边和多边交流与合作，共同面对能源安全和全球气候变化的严峻挑战，学习借鉴发达国家在能源节约、资源综合利用和环境保护方面先进的管理经验，引进国外节约能源，减少 CO_2 等有害气体排放的先进的技术，充分利用国际组织、金融机构、有关国家政府在节能、环保、新能源开发方面的优惠贷款和赠款，提高我国能源利用效率和能源节约的水平。

2. 能源替代战略的途径与措施

（1）可再生能源对不可再生能源的替代。目前，能源领域正面临着重大变革。以“石化能源为主”的世界能源体系正在改变，在现有的能源供求格局下，向以“替代能源、可再生能源”为主的能源体系转变的趋势已经日益明确，各国纷纷加快研究步伐，以期能在新的能源结构形成过程中先人一筹。

我国近年来也开始重视可再生能源的开发和利用，特别是自 2005 年《可再生能源法》实施以来，全国可再生能源的开发力度进一步加大。当年年底，可再生能源年利用量就占一次能源消费量的 8%，同比上升了 0.5 个百分点。目前我国的太阳能光伏发电总量已经达到 2000 兆瓦，风电装机容量已达到 300 万千瓦左右，列世界第 6 位。生物质发电也已经起步，装机总量已突破了 200 万千瓦。由此可见，以太阳能、风能、生物质能为主的可再生能源的开发利用方兴未艾，势头很好。但是，我们也必须看到，可再生能源在国内的大规模开发利用，尚还处于起步阶段，要实现长足发展，可谓任重道远，且有待突破诸多“瓶颈”。

首先，由于可再生能源开发利用是新兴的技术含量较高的产业，因此无论太阳能还是风能、生物质能的利用，核心技术以及核心设备制造都是我们的短项，都不得不很大程度上依赖进口。比如风能，虽然我国风能储量世界第一，但是风力发电的核心设备主要依靠进口。再如太阳能发电，我国太阳能光伏发电企业的自主研发实力也普遍不强，虽然生产规模庞大，在全球数一数二，但主要的半导体原材料和设备均依靠进口。

核心技术以及核心设备对外依存度过高，一定程度上影响了可再生能源发展的速度与质量，并直接提升了成本。因此，可再生能源开发，如果短期内在核心技术以及主要装备上无法突破，可再生能源的大规模利用很难实现。

其次，作为新兴产业，可再生能源开发特别是市场推广和利用，不可能完全靠市场机制自身实现，一定的政策扶植是必须的，否则很难广泛推广，只能成为“试点”，甚至“标本”存在。比如，太阳能光伏发电，虽然自身的成本一直在下降，已经由最初的每千瓦时 5 美元下降到 0.5 美元左右，但其成本仍远远高于常规电力，这导致一些项目变成仅仅为了环保的“花瓶工程”。

最后，还有些电厂，虽然电价有优势，但因为无法上网销售，造成“卖电难”。比如内蒙古是我国利用风力发电最早、规模最大的省区之一。虽然风力资源得天独厚，设备年有效利用达到2400小时左右，每千瓦时电成本也比华东、南方一些电网的火电成本低，但是，由于受电力市场分割的制约，连“绿色能源送北京”都尚未实现，只能在蒙西电网内销售。

所以，对于可再生能源这样的新生事物，必须出台系统的扶植政策，比如在电力上网、电价制定、税收、融资等方面，给予一定的倾斜。同时，可再生能源产业的发展应避免单一的产能规模扩大化，而应注重整个产业的技术升级；不走粗放型的增长模式，而应注重科学的规划和合理的发展模式。

（2）新能源对传统能源的替代战略。高油价、气候变化和环境保护等因素，使得许多国家都在大力发展可再生的、清洁的新能源，因为这不仅关乎现在，还涉及未来。任何技术的应用都要经过三个阶段：一是技术攻关，进行前沿性研发，储备技术；二是技术示范，通过实施重大示范工程，以点带面推动发展；三是大力推广效果显著的成熟技术，获得整体效益。对新（可再生）能源的不同品种，也应视具体情况逐步推广。

水电技术成熟、经济性好，宜大力推广；风电发展应寻求关键技术突破，谨防低水平重复建设造成社会财富的巨大浪费；光伏上游产业亟待通过整合来改变当前行业布局分散的局面；氢能、燃料电池和转基因生物质能源宜增强对前沿科技攻关能力。

突破电池组件核心技术是我国太阳能发电产业面临的最主要问题，同时，要有序开发国内太阳能发电应用市场。要确立装机目标，调控行业发展速度。目标过高，会形成一哄而上、过度竞争的局面；目标过低，会使地区再次失去在新兴领域取得全国领先地位的机会。要结合各地实际情况，选择合适的太阳能发电推广方式。

当前发展可再生能源，既要重视可再生能源的重要战略意义，着手研发新能源技术、培育新能源产业，又不能过分夸大可再生能源发展的迫切性。未来的能源格局将由资源主导转向科技主导，设备和技术是决定能源利用状况的关键因素。也就是说，在不久的将来，占有油气、煤炭等常规石化能源并不意味着占据了能源的制高点。随着可再生能源替代常规能源历史进程的推进，谁掌握了先进的可再生能源设备和技术，谁才能拥有可再生能源领域的主导权。

四、生态环境战略

从各国应对金融危机、推动全球经济复苏中，我们看到了以开发洁净能源、清洁生产等为基本内容的生态环境战略革命正在悄然兴起，展现出向节能低碳的、更为绿色的经济转变的良好势头。政府应当抓住这个时机，把加快实施生态环境战略，促进生态产业结构优化，推动经济社会有机整体的可持续发展。

（一）洁净能源

1. 洁净能源含义

洁净能源是指在生产和使用过程中不产生有害物质、不排放污染物的能源，包括水能、风能、太阳能、生物质能、地热能、海洋能等，洁净能源大多转化为电力加以利用。根据国际能源署的统计，石化能源仍然是当今世界能源消费的主要能源，洁净能源所占比重较小。近年来，我国洁净能源发电装机总体呈现迅猛发展的态势。据统计，截至2009年底，我国洁净能源发电装机约占总装机的25.4%，其中，水电19629万千瓦、风电1760万千瓦、核电908万千瓦；按煤耗法折算，2009年我国非石化能源消费占一次能源消费总量的比重约为8.9%。

2. 发展洁净能源的途径

（1）需要加快发展调峰电源。随着经济社会发展，电力负荷峰谷差逐年加大。我国电源结构以煤电为主，而煤电机组中热电联产机组比重较大，冬季为了满足供热需求，发电调节困难；水电在丰水期一般不参与调峰，水电装机中的径流式水电所占比重较大，水利枢纽工程发电受防洪、灌溉、航运等综合调度影响，我国水电的整体调峰能力受到很大限制；从保证核电站安全、高效、经济运行的角度考虑，核电基本不参与调峰；风电和太阳能发电出力具有随机性、间歇性的特点，风电在多数情况下又具有反调峰特性。综合来看，洁净能源的大规模发展使得系统调峰能力不足问题更加突出，需要增加系统调峰能力。

（2）需要加快特高压交直流输电通道建设。东北地区水能、风能、太阳能等洁净能源分布集中度高、与负荷中心呈逆向分布，而且本地消纳规模有限。研究表明，2020年全国风电开发规模将达到1.5亿千瓦左右；新疆、甘肃、内蒙古、吉林的开发规模约8000万千瓦，其中跨省区外送约6200万千瓦，占78%。因此，急需加快特高压跨区输电通道建设，使洁净能源在更大范围内应用。

洁净能源开发需要其他电源合理配置、联合开发和输送，实现电网的高效经济运行，降低电力供应成本。风电、太阳能发电具有随机性和间歇性特点，年发电利用小时数低，单独输送时输电通道的利用率很低；同时系统在频率控制、电压调节、安全稳定等运行方面难度很大。综合考虑各种能源资源分布、技术经济条件，风电等洁净能源适宜与当地的火电等联合外送，以提高输电线路的利用效率，降低输电价格；同时，可借助于整个送端系统整体调节能力，保证电力系统的安全稳定运行。

(3) 支持洁净能源发展的配套政策体系有待进一步完善。洁净能源政策需要进一步加强规范、注重综合协调。目前全额保障性收购可再生能源的实施细则尚未出台，需要加快明确与完善，以保障电力系统的安全性与整体经济性。此外，目前国家对洁净能源开发的激励政策侧重于发电环节，对输电环节、常规电源辅助服务激励不足，对其他电源为风电等洁净能源发电提供的辅助服务（调峰、调频等）还没有建立完善的定价和补偿机制等。

（二）清洁生产

1. 清洁生产的含义

清洁生产在不同的发展阶段或者不同的国家有不同的叫法，例如“废物减量化”、“无废工艺”、“污染预防”等。但其基本内涵是一致的，即对产品和产品的生产过程、产品及服务采取预防污染的策略来减少污染物的产生。联合国环境规划署与环境规划中心综合各种说法，采用了“清洁生产”这一术语，来表征从原料、生产工艺到产品使用全过程的广义的污染防治途径，给出了以下定义：清洁生产是一种新的创造性的思想，该思想将整体预防的环境战略持续应用于生产过程、产品和服务中，以增加生态效率和减少人类及环境的风险。对生产过程，要求节约原材料与能源，淘汰有毒原材料，减降所有废弃物的数量与毒性；对产品，要求减少从原材料提炼到产品最终处置的全生命周期的不利影响；对服务，要求将环境因素纳入设计与所提供的服务中。美国环保局的定义：在美国，清洁生产又称为“污染预防”或“废物最小量化”。废物最小量化是美国清洁生产的初期表述，后用污染预防一词所代替。美国对污染预防的定义为：“污染预防是在可能的最大限度内减少生产厂地所产生的废物量，它包括通过源头削减（源头削减指：在进行再生利用、处理和处置以前，减少流入或释放到环境中的任何有害物质、污染物或污染成分的数量；减少与这些有害物质、污染物或组分相关的对公共健康与环境的危害）、提高能源效率、在生产中重复使用投入的原料以及降低水消耗量来合理利用资源，人们常用的两种源削减方法是改变产品和改进工艺（包括设备与技术更新、工艺与流程更新、产品的重组与设计更新、原材料的替代以及促进生产的科学管理、维护、培训或仓储控制）。污染预防不包括废物的厂外再生利用、废物处理、废物的浓缩或稀释以及减少其体积或有害性、毒性成分从一种环境介质转移到另一种环境介质中的活动。”《中国21世纪议程》的定义：清洁生产是指既可满足人们的需要又可合理使用自然资源和能源并保护环境的实用生产方法和措施，其实质是一种物料和能耗最少的人类生产活动的规划和管理，将废物减量化、资源化和无害化，或消灭于生产过程之中。同时对人体和环境无害的绿色产品的生产亦将随着可持续发展进程的深入而日益成为今后产品生产的主导方向。

综上所述，清洁生产的定义包含了两个全过程控制：生产全过程和产品整个生命周期全过程。对生产过程而言，清洁生产包括节约原材料与能源，尽可能不用有毒原材料并在生产过程中就减少它们的数量和毒性。对产品而言，则是从原材料获取到产品最终处置过程中，尽可能将对环境的影响减少到最低。

2. 清洁生产的必要性和必然性

清洁生产从本质上来说，就是对生产过程与产品采取整体预防的环境策略，减少或者消除它们对人类及环境的可能危害，同时充分满足人类需要，使社会经济效益最大化的一种生产模式。清洁生产的观念主要强调三个重点：（1）清洁能源。包括开发节能技术，尽可能开发利用再生能源以及合理利用常规能源。（2）清洁生产过程。包括尽可能不用或少用有毒有害原料和中间产品。对原材料和中间产品进行回收，改善管理、提高效率。（3）清洁产品。包括以不危害人体健康和生态环境为主导因素来考虑产品的制造过程甚至使用之后的回收利用，减少原材料和能源使用。

根据经济可持续发展对资源和环境的要求，清洁生产谋求达到两个目标：（1）通过资源的综合利用，短缺资源的代用，二次能源的利用，以及节能、降耗、节水，合理利用自然资源，减缓资源的耗竭，达到自然资源和能源利用的最合理化。（2）减少废物和污染物的排放，促进工业产品的生产、消耗过程与环境相融，降低工业活动对人类和环境的风险，达到对人类和环境的危害最小化以及经济效益的最大化。

清洁生产是生产者、消费者、社会三方面谋求利益最大化的集中体现：（1）它是从资源节约和环境保护两个方面对工业产品生产从设计开始，到产品使用后直至最终处置，给予了全过程的考虑和要求。（2）它不仅对生产，而且对服务也要求考虑对环境的影响。（3）它对工业废弃物实行费用有效的源头削减，一改传统的不顾费用有效或单一末端控制办法。（4）它可提高企业的生产效率和经济效益，与末端处理相比，成为受到企业欢迎的新事物。（5）它着眼于全球环境的彻底保护，为人类社会共建一个洁净的地球带来了希望。

3. 实施清洁生产的微观途径

为实现其目标，清洁生产的具体措施包括：不断改进设计；使用清洁的能源和原料；采用先进的工艺技术与设备；改善管理；综合利用；从源头削减污染，提高资源利用效率；减少或者避免生产、服务和产品使用过程中污染物的产生和排放。

一是实施产品绿色设计。企业实行清洁生产，在产品设计过程中，一要考虑环境保护，减少资源消耗，实现可持续发展战略；二要考虑商业利益，降低成本、减少潜在的责任风险，提高竞争力。具体做法是，在产品设计之初就注意未来的可修改性，容易升级以及可生产几种产品的基础设计，提供减少固体废物污染的实质性机会。产品设计要达到只需要重新设计一些零件就可更新产品的目的，从而减少固体废物。在产品设计时还应考虑在生产中使用更少的材料或更多的节能成分，优先选择无毒、低毒、少污染的原辅材料替代原有毒性较大的原辅材料，防止原料及产品对人类和环境的危害。

二是实施生产全过程控制。清洁的生产过程要求企业采用少废、无废的生产工艺技术和高效生产设备；尽量少用、不用有毒有害的原料；减少生产过程中的各种危险因素和有毒有害的中间产品；使用简便、可靠的操作和控制；建立良好的卫生规范（GMP）、卫生标准操作程序（SSOP）和危害分析与关键控制点(HACCP)；组织物料的再循环；建立全面质量管理系统（TQMS）；优化生产组织；进行必要的污染治理，实现清洁、高效的利用和生产。

三是实施材料优化管理。材料优化管理是企业实施清洁生产的重要环节。选择材料，评估化学使用，估计生命周期是能提高材料管理的重要方面。企业实施清洁生产，在选择材料时要关心再使用与可循环性，具有再使用与再循环性的材料可以通过提高环境质量和减少成本获得经济与环境收益；实行合理的材料闭环流动，主要包括原材料和产品的回收处理过程的材料流动、产品使用过程的材料流动和产品制造过程的材料流动。

第三节　产业结构优化的政策工具的应用

政府主导的产业结构优化，离不开对政策工具的正确选择和应用。本节根据前面对产业结构优化新思维和战略选择的分析，将产业结构理论和财政、金融、税收等政策工具进行有机结合，研究各种政策工具对实现产业结构高度化、高效化、生态化、合理化目标的作用。

一、产业结构优化的财政政策选择

财政政策作为国家宏观调节的重要手段，与产业结构优化具有高度相关性。

因此，如何正确运用财政政策手段促进我国产业结构优化，对继续保持我国经济持续快速增长具有十分重要的意义。

（一）产业结构优化中财政政策的作用机制

财政政策作为国家宏观经济调节的重要手段，它不仅对经济景气及波动起到调节和“熨平”作用，而且对经济空间结构的改善，对产业结构优化和升级具有重要意义。在市场经济条件下，国家利用财政政策引导资源在不同产业及行业间流动，相应地影响其他投资主体的投资方向和存量资产的重新组合，促进产业结构的优化。财政对产业结构调整的独特作用决定了财政在产业政策实施的不可替代的重要地位。

政府对产业结构优化的调节方式主要有两种：一种是运用计划进行直接干预的方式；另一种是基于市场的间接干预方式。在凯恩斯主义占统治地位期间，世界各国主要是采用直接干预的方式来促进本国产业结构变动。在这种方式下，政府直接采用强制措施，把财政支出投向农业、水利、能源工业、交通运输和邮电通讯等国民经济重点基础设施和主要原材料项目的建设，可以促进这些重点部门和基础产业的发展。随着市场经济的发展和完善，现在大多采用间接干预方式，财政政策更多地是通过运用税收或政府鼓励直接投资引导私人资本流向公共产品领域，为产业结构优化提供更多的公共产品，特别是国家通过对研究与开发的投入，为产业结构优化提供技术支持；通过对基础设施的投入，为产业结构优化提供基础保障。同时，国家还可以利用财政政策工具对市场需求进行直接启动，促进整体经济的结构性转换，并对某些产业的进入或退出进行必要的规制，从而促进产业结构的合理化。财政补贴、税收优惠等政策措施也是经常使用的间接手段。通过财政补贴、税收优惠可以影响私人经济主体的决策行为，引导私人经济作出符合财税政策导向的决策，促进产业结构优化。

（二）产业结构优化的财政政策取向

为了提高财政政策促进产业结构优化的效果，必须在科学分析的基础上，明确财政政策取向。

1. 加强对农业产业结构优化的投入力度，为农业产业结构的合理化提供必要的资金保证

农业是国民经济的基础，没有农业的全面发展，就不会有国民经济的全面发展。近年来，我国农业取得了较好的成效，然而，由于本身的弱质性，还需要国家进一步加大对农业的投入力度。国家财政部门对农业投入的方向和重点应是农业基础设施建设、农业科技开发研究及农业科技成果的推广、农户的科技知识培训以及农村的基础教育等。通过科技兴农战略不断促进农业产业结构优化。鼓励民间资本投向农业。为此，国家可以通过财政贴息等方式引导和鼓励金融机构和非金融机构加大对农业的投入，对于无经济效益或经济效益不明显而社会效益显著的农业投资项目如农业水利工程建设等，由国家财政无偿投入，而对于经济效益明显的项目，则实行资金有偿使用，即农业经济组织必须按期还本付息。

2. 加大对高新技术产业的投入，不断改造传统产业

在国际市场上具有较高竞争力的主要是高新技术产业。因此，国家应综合运用财政担保、财政贴息等多种手段，促进高新技术产业的发展和对传统产业的技术革新与改造。对具有高风险而又前景良好的高新技术企业提供以政府信用为后盾的担保，已成为政府鼓励高新技术产业发展的一项重要工具，政府应选择符合产业结构优化方向、发展前景好的高新技术项目重点资助，加速其产业化和规模化的进程。财政贴息使得金融机构能够以低利率放出贷款，鼓励资金流向高新技术的研究开发和传统产业的技术革新，从而使金融资本与产业资本有效地融合在一起，实现产业结构的迅速高科技化，增强产业结构的整体竞争力和经济效益。

3. 配合产业技术政策，扩大技术公共产品供给，促进科技成果转化

由于现代科学技术出现了科学与技术的混合现象，产业技术开发向技术前端甚至基础科学部分延伸，技术公共产品的供给水平直接影响到技术的扩散速度，影响到产业结构优化升级。在促进科技成果转化为现实生产力的财政政策选择方面，政府一定的财力投入是十分必要的。在当今世界各国，特别是经济发达国家，政府在科学技术研究与开发、科技成果的应用与推广以及科技服务等方面的投入呈现出明显的递增趋势，巨额的资金投入已经成为推动研究开发与成果转化的重要保障。因此，国家应在逐步提高 R&D 经费占 GDP 比重的基础上，把科研经费投向那些高科技和高新技术产业，以推动新兴产业的崛起，培育新的经济增长点。财政投资将扩大技术公共产品的供给作为重要方面，可以推动技术公共产品的各产业共享机制的形成，缩短科技成果转化为现实生产力的周期，促进技术扩散，提升产业结构。

4. 实施财政投资倾斜政策，促进第三产业快速增长

从世界各国经济发展的历程来看，第三产业的快速增长是经济发展的必然趋势。目前，我国服务业比重比低收入国家低 10 个百分点，比中低收入国家低 15 ~ 20 个百分点，发展空间很大。由于我国银行、保险、证券、电信、医药和贸易等产业与发达国家相比较弱，因此，国家应通过财政投资倾斜政策，对那些具有较强增长势头而暂时又无力与国外企业相竞争的行业，加大财政资金的注入，促进这些产业的快速发展。在条件允许的情况下，可以通过财政扶持一批流通企业、金融行业的上市。房地产业是拉动经济增长的重要产业，应加快房地产租赁业的发展。批发零售、旅馆饭店等服务业，它们的快速发展可以增加就业机会，促进经济发展，国家可以通过放松管制、降低税费鼓励服务需求的社会化、企业化，以吸纳更多的剩余劳动力；也可以通过财政资金的加大投入来支持这些行业的技术进步，有利于通过科技进步促进产业结构的升级换代。最后，国家还应加大对教育、医疗卫生等投入力度，提高劳动力素质，满足经济全球化和信息化发展中对人力资源的需求，加速产业结构的优化。

二、产业结构优化的税收政策选择

产业政策加速产业结构高度化和合理化的途径一般为通过各种政策手段确定主导产业、协调各产业之间的关系、推动产业的技术创新等，而税收手段在这些方面均能够发挥有效的作用。

（一）税收政策的作用机理

税收政策是通过对需求以及供给这些中间因素的影响进而作用于产业结构的，税收政策对这些中间因素的作用机制归根结底就是通过各种手段对不同的调控对象设置不同的税收负担。产业结构税收政策的这些手段主要分为两类：一是与基本的税收制度有关的手段，包括税种的设置、计税依据的确定、税率的设定、课税范围的选择等；二是背离基本的税收制度的手段，即给特定的纳税人或经济活动以特殊的税收待遇，主要包括税收豁免、加速折旧、税收抵免、费用扣除、准备金制度、优惠退税等税式支出手段。产业结构税收政策通过这两类手段的运用，为不同的产业、不同的产品、不同的经济行为设置差别税负，从而改变其比较利益，进而导致其资金、劳动、技术、产品市场等方面发生变化，最终引导产业结构不断向高度化和合理化的方向发展。

（二）产业结构优化中的税收政策取向

1. 改革资源税，促进产业结构生态化

长期以来，由于我国资源税的征收范围过小，使得东北地区在一部分资源开发利用中得不到应有的利益，影响东北地区的财政收入。另外，由于现行资源税税率偏低的原因，导致企业对资源及其下游产品的需求畸形增长，使自然资源遭受严重掠夺性开采和浪费，给环境带来了压力，产业结构也极不合理。为有效保护资源属地的利益，促使产业结构合理化，应进一步改革完善资源税。应适当扩大资源税的征税范围，把铁矾土、珍珠岩、镓、铂等矿产资源纳入征收范围内；为促进资源的合理利用、减少资源浪费和环境污染，应提高资源税的税率，把计税依据由定量计征改为按价计征，并合理确定税率。

2. 完善税收政策，促进产业结构高度化

实行优惠的税收政策，支持高新技术产业的发展。对于从事高新技术研究的企业，不论是否处在技术开发区或列入国家计划，只要其科研成果和科技行为对经济、社会的贡献达到规定标准，都应享有同等的企业所得税优惠。对高科技人才转让技术成果、提供技术服务所取得的收入可减征个人所得税。为促进科技成果的转化，通过税收优惠的方式鼓励个人购买科技成果。

3. 实施倾斜性的税收政策，促进产业结构高效化

采取税收优惠的方式鼓励物流业、旅游业和金融业发展。为鼓励物流业发展，对于东北地区境内的国道、省道建设用地免征耕地占用税，对于农村公路建设可以提高补助的标准。为加快旅游业的发展，对利用东北地区资源发展旅游业的企业，可在一定期限内减免营业税。为鼓励发展金融业，对于地方商业银行和农村信用社贷给地方政府或农民发展生产的贷款利息收入，可以免征营业税。

三、产业结构优化的金融政策选择

（一）产业结构优化中金融政策的作用机理

在实现产业结构优化调整目标的过程中，离不开金融的支持。金融作用于产业结构的过程可简述为：金融→影响储蓄投资→影响资金的流量结构→影响生产要素分配结构影响资金存量结构→影响产业结构。即金融活动主要作用于资金分配，进而作用于其他生产要素的分配；而在资金存量与资金流量的相互作用中，它首先作用于资金流量，进而再作用于资金存量，间接作用于产业结构。产业结构调整中企业须具备取得金融支持所需的条件，金融须具备支持产业结构调整所需的条件，金融才能更好地支持产业结构调整金融具有产业范围选择功能，金融通过使产业结构高度化与高效化来促进产业结构调整和优化。

1. 金融对产业结构调整的影响

产业结构的调整、优化和升级都离不开金融的支持与协调发展。金融通过储蓄供给、投资需求、储蓄—投资转化机制以及宏观政策的运用对产业结构的优化产生影响。金融资本是推动一国或一个地区产业结构优化与升级的主要因素。从国际经验看，产业政策的实施需要金融政策的支持。日本和东南亚新兴工业化国家和地区完成产业结构的转换，产业政策和金融政策起到了决定性作用。如日本政府在战后实施金融先导战略，政府通过金融资本的杠杆大力推动汽车、家电等行业提高产品的科技含量，获得了巨大的经济效益。又如韩国政府广泛运用倾斜的信贷政策，有60%左右的银行贷款受政府控制。这部分资金主要是鼓励和支持由政府挑选出来的、有潜力的大型企业作为生产资本密集型企业加快发展。

2. 金融资源配置对产业结构及其优化的影响机制

所谓的经济结构优化，实质是经济资源在各个产业部门重新组合和优化配置的过程，通过劳动和资本在不同产业和不同部门内部进行转移，实现不同产业和不同部门内部产出的调整。在经济货币化和金融化时代，这种转移表现为资金在各个部门间的流动，而金融机构和证券市场对资金的分配方式恰恰满足了这种流动的实现。金融内部不同结构对GDP结构优化的传导机制可以概括为：合理的金融结构通过改变不同产业部门的融资结构，改变储蓄向投资转化的效率，实现资金的有效配置与其他要素之间的相互促进功能；金融资源在产业之间进行转移，从被替代型产业部门转移出来的金融资源投入到新兴产业上，促进产业结构调整，从而优化GDP结构。同时，金融为GDP结构升级提供必要的资金支持，通过金融结构的优化形成灵活、高效的资金融通机制带来资金融通效率的改善，可以使资金流量倍增，缓解三次产业协调发展而面临的资金资源不足困难。

3. 金融通过推动技术创新促进产业结构高度化

低水平产值状态的产业结构发展模式往往是资源推动型模式，而高水平产值状态的产业结构发展模式属于技术创新驱动型模式，因此，金融支持产业结构高度化的作用过程，就是通过金融支持技术创新，来实现产业结构由低水平产值状态的资源推动型发展模式向高水平产值状态技术创新驱动型发展模式转变，从而实现金融支持产业结构高度化的目标。金融对产业结构高度化的支持作用是间接的，是通过支持技术创新，来改善产业技术结构，从而实现产业结构的高度化。不管是产品创新还是工艺创新，不论是自主创新还是引进与模仿创新都可有效提高生产要素的生产率，增加产品的技术与知识含量，改善产业技术结构，促进产业结构高度化。只有技术创新，才能极大促进产业结构由低产值状态向高产值状态演进。现代经济发展和产业结构升级越来越依赖高效的技术创新活动，而金融是促进技术创新实现的重要条件。金融对产业结构高度化的促进作用是通过对技术创新改善产业结构的路径来实现的。金融资源的初次优化配置是实现产业选择功能的，而金融资源的二次优化配置是实现产业合理化功能的，因此，金融支持产业结构高度化的作用路径就是在前两次金融资源优化配置基础上，再对金融资源进行三次优化配置，来优化产业的技术结构，从而实现产业结构的高度化目标。金融支持产业结构高度化的作用过程，具体而言，主要通过以银行信贷为主导的间接金融、以资本市场为主导的直接金融两种路径来实现。显然，由于上述两种支持路径在金融运营模式上存在着较大差异，导致它们支持产业结构优化的作用机理与效率也会大不相同。

（二）直接金融支持产业结构优化的传导机理与路径选择

1. 直接金融支持产业结构的高度化演进

以资本市场为主导的直接金融主要包括政策性直接金融和市场性直接金融。从发展过程来看，高新技术项目通常要经历种子期、成长期、扩张期和成熟期四个阶段。其中，种子期是指产品或技术的实验阶段；成长期是指产品技术进入市场并获得市场认可，局部市场需求量呈快速增长的阶段；扩张期是指产品被市场普遍认可，企业加大营销网络建设和广告投入，迅速提高市场份额的阶段；成熟期是指该产品的竞争对手已大量涌现，企业的产品增长曲线已趋于平缓，产品的利润率已回归到社会平均利润率水平的阶段。因此，研究直接金融对产业结构高度化的支持问题，主要应探讨直接金融支持高新技术产业问题。

（1）政策性直接金融支持产业结构的高度化。政策性直接金融支持高新技术产业的作用机理，应从高新技术项目的发展过程来分析：

①在高新技术项目发展的初期（种子期和成长期），考虑到高新技术项目发展初期所呈现的高风险性，同时，高新技术项目产业化成功为投资者所带来的巨大投资回报，将会吸引部分风险博弈资金进入高新技术项目的直接融资领域，如果把众多的风险资金聚集起来，并将风险资金集合科学地配置于不同的高新技术项目，这一过程就是风险投资过程。风险投资机制设立与存在的理论依据就是基于高新技术项目所呈现的高风险与高收益的对称性，因此，风险投资机制对于高新技术产业发展具有重要的推动作用。尤其是在高新技术项目发展的初期，风险投资机制利用其高风险博弈倾向的资金运作特性，克服了以银行信贷为主导的间接金融因难以承受风险而无法提供资金支持的金融缺陷，为高新技术产业初期的发展提供了非常重要的资金支持作用。需要指出的是，风险投资机制是为贯彻政府扶持高新技术产业政策目标而设立的，因此，风险投资基金的募集应以政府资金为主导，再吸收部分社会资金，这样的资本组成模式更能体现风险投资机制的

政策性直接金融含义。

②在高新技术项目发展的中后期（扩张期和成熟期），考虑到高新技术项目所带来的产品或技术已被市场普遍接受认可，为了实现高新技术项目的大规模产业化运作，政府可通过政策性直接金融手段来给予支持，一方面，可通过政府全资组建的政策性担保机构为处于高新技术项目发展中后期的载体企业提供低费率信用担保方式，使高新技术企业顺利在金融市场发行企业债，发行企业债所募集到资金可以用于高新技术项目的大规模产业化运作。另一方面，政府通过设立高新技术企业股票发行倾向机制或创业板市场，使得处于扩张期和成熟期的高新技术企业可以通过股票发行方式来顺利募集资金，从而在很大程度上体现了政策性直接金融对于高新技术产业发展的支持作用。

（2）市场性直接金融支持产业结构的高度化。市场性直接金融支持高新技术产业的作用机理，也应从高新技术项目的发展过程来分析：

①在高新技术项目发展的初期（种子期和成长期），由于高新技术项目的载体企业规模较小，持续高盈利能力尚未真正表现出来，因此难以通过发行企业债或股票等直接金融方式获得资金支持，但是企业所拥有的高新技术项目所呈现的高风险高收益特性，将引发资本市场上那些正在寻找优质项目的上市公司的并购欲望，而完善的资本市场交易机制为上市公司并购高新技术项目提供了重要的契机，使得正处于发展初期的高新技术项目因获得上市公司充裕的资金支持而快速发展，这正是市场性直接金融推动高新技术产业快速发展的作用机理之一。

②在高新技术项目发展的中后期（扩张期和成熟期），由于高新技术项目的载体企业规模较大，企业的产品或技术已被市场认可，企业的持续高盈利能力已逐步体现，这时，载体企业可通过发行企业债或股票等直接金融方式获得资金支持。由于载体企业的持续高盈利能力已被市场所挖掘，载体企业发行的企业债或股票将具有较大的投资吸引力，而载体企业有价证券的投资价值吸引力就是载体企业顺利实现资金募集功能的重要保障，因此，在高新技术项目发展的中后期，正是通过以资本市场为主导的市场性直接金融支持机制，快速推进了高新技术产业的发展。

2. 直接金融支持产业结构的合理化演进

以资本市场为主导的直接金融支持产业结构合理化，主要体现在实现产业结构的动态存量转换和动态增量发展两大层面上。具体而言：

（1）资本市场的资金募集功能支持产业结构的合理化。以资本市场为主导的直接金融，一方面通过优质产业承担企业的股份制改造和资本一级市场的股份公开发行，可以将通过资本一级市场股份公开发行而募集到的资金用于优质产业发展，以扶持优质产业的逐步壮大，从而实现产业结构的增量发展。另一方面那些经营范围处于逆向选择的劣质产业的企业因无法获得资本市场支持，要获得持续经营能力，只能选择从劣质产业向优质产业的及时转换，从而实现产业结构的存量转换。因此，资本市场的资金募集功能是从根本上支持产业类型结构和比例结构的合理化配置。需要说明的是，特别在优质产业的初期发展阶段，资本市场的资金募集功能更能体现直接金融对优质产业的支持作用。因为在优质产业的初期发展阶段，收益与风险不匹配，使得间接金融因不愿独自承担较大的风险而导致支持力度的欠缺，此时，资本市场的资金募集功能所表现出的风险分散特性，可以在很大程度上发挥对处于发展初期的优质产业的支持作用。

（2）资本市场的信息披露功能引导产业结构的合理化。资本市场的信息披露功能主要是指在资本二级市场上，上市公司应按照公平、公开、公正“三公”原则进行信息披露的制度规范。通过资本二级市场的信息披露制度，可以了解所处各种产业的企业年度收益状况，从而清晰揭示了各种产业的优劣性。因此，资本市场的信息披露功能，一方面使得处于优质产业经营范围的企业较容易地通过增发、配股等形式获得资金，因为资本市场投资者愿意认购优质产业的股份，于是优质产业因获得大规模资金支持而逐步壮大，从而实现产业结构的增量发展。另一方面资本市场的信息披露功能使得处于劣质产业经营范围的企业无法通过增发、配股等形式获得资金，因为资本市场投资者不愿意认购劣质产业的股份，于是处于劣质产业的企业因缺乏资金支持而逐步从劣质产业退出，要获得持续经营能力，必须将经营范围及时向优质产业转换，从而实现产业结构的存量转换。可见，资本市场的信息披露功能引导产业结构合理化的作用效果是比较明显的。

（3）资本市场的并购重组功能推进产业结构的合理化。资本市场的并购重组功能主要利用资本二级市场的股权交易来实现参股、控股、兼并、收购等目标。一方面通过资本市场的并购重组，经营范围处于优质产业的企业一旦缺乏资金，立即就会成为大资金收购方的收购目标，运用参股、控股、兼并、收购等手段，快速实现大资金收购方进入优质产业的经营范围，以分享优质产业带来的高回报，推进了优质产业的快速发展，从而实现产业结构的增量发展。另一方面具有资金实力而苦于经营范围处于劣质产业的企业，由于面临较大的股东盈利压力，必须及时进行产业转型，资本市场的并购重组功能正好为其提供了向优质企业快速转换的机遇，转型的结果只能是放弃劣质产业，快速配置并发展优质产业，以缓解股东的盈利压力，从而实现产业结构的存量转换。显然，资本市场的并购重组功能极大地推进了产业结构的合理化，尤其是在股份全流通机制下，资本市场的并购重组行为的实施更加便利，这时，资本市场的并购重组功能推进产业结构合理化的效率会更高，效果会更加明显。

（三）间接金融支持产业结构优化的传导机理与路径

1. 间接金融支持产业结构的高度化演进

以银行信贷为主导的间接金融是实现金融支持产业结构高度化战略的基本路径之一，而以银行信贷为主导的间接金融主要包括政策性间接金融和市场性间接金融，因此，探讨以银行信贷为主导的间接金融对产业结构高度化的作用机理，就必须从上述两个视角分别去深入分析：

（1）政策性间接金融支持产业结构的高度化。以银行信贷为主导的政策性间接金融支持产业结构高度化的机理主要过程归纳为：

①为了实现政策性间接金融支持产业结构高度化的目标，政府可以通过制定相关金融政策和产业政策，引导政策性银行对技术创新型项目实施低利率的政策性贷款，并为技术创新型项目贷款提供便利的操作服务，以充分发挥政策性银行对产业技术创新的支持作用。因为政策性银行的主要定位就是作为贯彻国家产业政策的政策性金融机构，并不以盈利为目标。通过政策性银行对技术创新型项目的资金扶持，有利于产业技术结构的改善，在很大程度上推进了产业结构高度化的进程。

②为了实现政策性间接金融支持产业结构高度化的目标，政府也可以通过制定相关金融政策和产业政策，对商业银行信贷倾向进行干预，如为鼓励商业银行积极开展对技术创新型项目的低利率贷款业务，由于商业银行是以盈利为主要目标的，因此，对于市场利率与实际贷款利率之间的差异部分，政府可通过财政补贴方式补偿给商业银行，以建立商业银行的激励机制，从而有效改善产业技术结构，使得产业发展由原有的资源推动型模式朝着有利于产业结构高度化目标的技术驱动型模式转变，并在根本上推进了产业结构高度化的进程。

（2）市场性间接金融支持产业结构的高度化。以银行信贷为主导的市场性间接金融支持产业结构高度化的机理主要过程归纳为：

①市场性间接金融的主要载体是商业银行，商业银行是以预期收益率最大化为经营目标的。信贷理论表明，商业银行的预期收益并非与信贷利率成正相关关系，由于信贷市场存在较大的信息不对称，因此，如果商业银行一味地提高信贷利率，往往会造成信贷逆向选择和道德风险行为的发生，导致发展前景不理想的项目或产业获得贷款，从而在一定程度上降低了商业银行的预期收益，因此，商

业银行的信贷偏好必然是具有持续盈利能力较强、正处于良好发展阶段的项目或产业。而对原有产业进行技术创新，其目的正是为了更大程度上提升产业的产能水平，从而进一步提升产业的持续盈利能力。因此，对技术创新项目实施商业信贷与商业银行稳健的经营目标是一致的，有利于技术创新项目获得商业银行的市场性金融支持。

②获得商业银行市场性金融支持后的技术创新项目，一方面，因其产能水平大大提升而导致盈利水平也大大提升，从而为偿还商业银行的贷款提供了重要保障。另一方面，商业银行市场性金融支持技术创新项目的高成功概率也为其他产业的技术创新启到了重大的示范性效应，在一定程度上将会引发其他产业也不断实施技术创新，从而有效改善了产业的技术结构，真正实现了市场性间接金融支持产业结构高度化的目标。

2. 间接金融支持产业结构的合理化演进

以银行信贷为主导的间接金融支持产业结构合理化，主要体现在实现产业结构的动态存量转换和动态增量发展两大层面上。具体而言：

（1）若产业选择过程错选了一些劣质产业，导致产业类型结构失衡，这时，可通过间接金融体系对金融资源的二次优化配置，如商业银行按市场化信贷机制发放贷款等方式，使得经营范围处于低效益劣质产业的企业获得资金支持，使企业从原有低效益劣质产业转型为高效益优质产业，最终结果只能是低效益劣质产业逐步被高效益优质产业所替代。正是通过金融支持产业结构的这种动态存量转换过程，才使得产业类型结构逐步调整到合理的程度。

（2）若某些优质产业发展过缓而导致产业数量结构失衡，则在这些优质产业发展初期，由于其边际收益不明显（或较低）而无法获得商业性资本支持，这时，可以通过间接金融体系对金融资源实施政策性配置，如政策性银行对这些优质产业提供贷款、对这些优质产业实施优惠利率的商业贷款（市场利率与优惠利率间的利差由政府财政补贴给贷款银行）、引导商业银行优先为这些优质产业提供贷款等方式，通过政策性金融手段来扶持这些优质产业的发展。当这些优质产业发展到一定程度（具有较高的边际收益）时，政策性金融支持应逐步退出，这时市场性金融将逐步发挥支持作用，使这些优质产业在市场化机制下逐步发展壮大。正是通过金融支持产业结构的这种动态增量发展过程，才使得产业比例结构逐步调整到合理的程度。

（3）在经过多次类型与比例上的调整，产业结构配置趋于合理化的状态下，需要对产业目录中的产业群实行同步增量发展。这时，只需要在国家扩张性货币政策配合下，如国家推出增加基础性货币的市场投放、降低商业银行存款准备金率、降低金融市场利率、中央银行向商业银行回购票据、中央银行进行公开市场逆回购操作、通过减少外汇储备来改变因外汇储备过大而造成对人民币占款过大等政策措施，以银行信贷为主导的间接金融体系，利用其信用创造功能和货币创造效应，在政策性金融与市场性金融共同作用下，在较大程度上支持相关产业的快速发展，这体现了金融支持产业结构动态增量发展的作用力度。

参考文献

［1］苏东水，《产业经济学》，高等教育出版社2000年版。

［2］郭熙保，《经济发展理论与政策》，中国社会科学出版社2000年版。

［3］蒋昭侠，《产业结构问题研究》，中国经济出版社2005年版。

［4］陈明森，《产业升级外向推动与利用外资》，科学出版社2004年版。

［5］施刚，《中国产业结构高级化研究》，武汉大学出版社2004年版。

［6］张久台，《产业结构高度化的理论与实证研究——以西安市为例》，西北大学出版社2009年版。

［7］温杰、张建华，《中国产业结构变迁的资源再配置效应》，载于《中国软科学》2010年第6期，第57~67页。

［8］徐现祥、周吉梅、舒元，《中国省区三次产业资本存量估计统计研究》，载于《统计研究》2007年第5期，第6~13页。

［9］海日古丽·艾买尔、瓦哈甫·哈力克、阿不都海力·肉孜、艾山·赛买提、阿依努尔·买买提，《新疆产业结构变化及其生态环境效益分析新疆农业科学》，载于《新疆农业科学》2010年第8期（总第47期），第1687~1692页。

［10］张东青，《区域产业结构变动及其生态环境效应研究——以诸城市为例》，载于《科技经济市场》2009年第11期，第63~65页。

［11］汤学俊，《三次产业结构预测方法与实证分析》，载于《商业研究》2005年第22期，第146~148页。

［12］崔民选、贺然，《我国产业结构变化的国际比较》，载于《生产力研究》1998年第3期，第50~52页。

［13］张延平、李明生，《广东省产业结构演进预测及发展战略选择》，载于《统计与决策》2010年第5期，第95~97页。

［14］刘刚、沈镭，《1951~2004年西藏产业结构的演进特征与机理》，载于《地理学报》2007年第4期（总第62期），第364~376页。

［15］张海峰、白永平、刘峰贵，《1949~2007年青海省产业结构演进特征及定量评价与分析》，载于《西北师范大学学报》2009年第3期，第105~110页。

[16] 李杰，《产业结构演进的一般规律及国际经验比较》，载于《经济问题》2009 年第 6 期，第 31 ~ 34 页。

[17] 韩瑛、陈忠祥、韩珺，《宁夏移民区产业结构演进的实证分析》，载于《山西师范大学学报（自然科学版）》2007 年第 4 期（总第 21 期），第 92 ~ 97 页。

[18] 刘鹤、刘毅、许旭，《黄河中上游能源化工区产业结构的演进特征及机理》，载于《经济地理》2010 年第 10 期（总第 30 期），第 1657 ~ 1663 页。

[19] 郭腾云，《北京产业结构演变与发展阶段的灰色关联判断》，载于《地理科学进展》2010 年第 2 期（总第 29 期），第 193 ~ 198 页。

[20] 杨秀云、管东升，《陕西第三产业演进趋势及其内部结构分析》，载于《西北大学学报（哲学社会科学版）》2005 年第 1 期，第 42 ~ 46 页。

[21] 金凤君、张平宇等著，《东北地区振兴与可持续发展战略研究》，商务印书馆 2006 年版。

[22] 石玉林主编，《东北地区农业发展战略研究（农业卷）》，科学出版社 2007 年版。

[23] 郭淑敏、马帅，《我国中东部粮食主产区粮食综合生产能力研究》，中国农业出版社 2008 年版。

[24] 马延吉，《哈大产业带农业商品基地布局与农业产业化发展》，载于《农业系统科学与综合研究》2007 年第 1 期，第 2 ~ 4 页。

[25] 刘兴土、何岩、邓伟，《东北区域农业综合发展研究》，科学出版社 2003 年版。

[26] 李增梅、李桃，《发展绿色农业的路径选择——黑龙江省的实证分析》，载于《农业经济》2007 年第 2 期，第 39 ~ 41 页。

[27] 苏永，《农业产业化的基本特征及其局限性》，载于《现代农业科技》2010 年总第 17 期，第 363 ~ 365 页。

[28] 宋维佳、刘凤芹，《东北地区农业资源优化配置研究》，载于《财经问题研究》2007 年第 5 期，第 70 ~ 76 页。

[29] 何俊仕、程世迎、郭兵托等，《辽宁省水资源可持续开发利用对策探讨》，载于《辽宁农业科学》2005 年第 4 期，第 28 ~ 30 页。

[30] 何秀丽、刘文新，《东北地区水资源供需现状及优化对策》，载于《安徽农业科学》2010 年第 30 期（总第 38 期），第 17027 ~ 17030 页。

[31] 兰晓红，《加快东北三省农村土地承包经营权流转》，载于《经济与管理》2009 年第 10 期，第 77 ~ 78 页。

[32] 许筱蕾，《论我国绿色农业体系的构建》，载于《兰州学刊》2005 年第 4

期，第76~78页。

[33] 杨明升、崔野韩、周云龙，《推进我国农业标准化的战略构想》，载于《农产品质量与安全》2010年第1期，第21~24页。

[34] 吴冠男，《试论我国农业标准化体系建设的现状与推进策略》，载于《黑龙江科技信息》2010年第8期，第85页。

[35] 魏清凤、贺立源、苗洁、罗琼、李猷，《农业网络信息资源现状与标准化思考》，载于《农业图书情报学刊》2008年第3期，第13~16页。

[36] 胡慧萍，《依托电子商务推动农业产业化发展进程》，载于《科技经济市场》2009年第8期，第77~78页。

[37] 高国盛、闫俊强，《农业标准化生产经营微观决策分析》，载于《经济问题》2010年第3期，第86~89页。

[38] 姚文戈，《以信息化推进我国农业产业化》，载于《情报科学》2005年第10期，第1481~1484页。

[39] 王今，《产业集聚的识别理论与方法研究》，载于《经济地理》2005年第1期。

[40] 王学增，《正确认识农业规模化经营的内涵》，载于《职业时空》2008年第3期，第56页。

[41] 黄修杰、何淑群、黄丽芸等，《国内外现代农业园区发展现状及其研究综述》，载于《广东农业科学》2010年第7期，第289~293页。

[42] 李清泉、于运凯、李敏等，《黑龙江（兴十四）现代农业示范园区建设实践与发展前景》，载于《黑龙江农业科学》2010年第11期，第108~109页。

[43] 姜丽凡，《东北三省主导产业选择的理论与实证分析》，载于《东北师范大学》2006年5月。

[44] 王群，《东北老工业基地产业结构优化升级研究的战略路径转变与模式选择》，载于《商场现代化》2007年6月。

[45] 魏红立，《东北振兴中黑龙江省产业结构优化升级研究》，黑龙江大学出版社2009年4月。

[46] 李奕陶，《东北经济区产业结构升级的对策研究》，长春理工大学出版社2009年3月。

[47] 袁丽虹，《知识经济影响下的东北工业基地振兴》，载于《经济视角》2009年第7期。

[48] 魏晓锋，《产业结构调整与专业集群对接的报告》，载于《化工职业技术教育》2010年1月。

[49] 刘佳杰、温晓丽，《东北资源型城市产业结构优化升级的对策研究》，载于《经济特区》2011年1月。

[50] 林君暖，《低碳经济背景下我国产业结构的调整》，载于《特区经济》2011年1月。

[51] 李丽，《第三产业内部结构优化及对策研究》，知识产权出版社2007年版。

[52] 裴长洪，《中国服务业发展报告——No. 8 服务业：城市腾飞的新引擎(2010版)》，社会科学文献出版社2010年版。

[53] 张德祥，《振兴辽宁老工业基地首批重大决策项目研究报告集》，东北财经大学出版社2007年版。

[54] 宋冬林、林秀梅、蒋成林，《东北三省创新能力评价及产业结构调整对策研究——基于产业结构演进规律》，长春出版社2008年版。

[55] 夏杰长，《高新技术与现代服务业融合入发展研究》，经济管理出版社2008年版。

[56] 谭仲池，《现代服务业研究》，中国经济出版社2007年版。

[57] 高新民、安筱鹏，《现代服务业：特征、趋势和策略》，浙江大学出版社2010年版。

[58] 刘荣明，《现代服务业统计指标体系及调查方法研究》，上海交通大学出版社2006年版。

[59] 孙海明、孙海刚，《现代服务业产业组织研究》，上海财经大学出版社2007年版。

[60] 钟韵，《区域中心城市与生产性服务业发展》，商务印书馆2007年版。

[61] 闫星宇、张月友，《我国现代服务业主导产业选择研究》，载于《中国工业经济》2010年第6期。

[62] 钱雪亚、严琴芳，《主导产业选择的原则及评价体系》，载于《统计与决策》2002年第1期。

[63] 梁东黎，《服务业在国民经济中的比重问题研究》，载于《产业经济研究》2009年第2期。

[64] 吕芳，《东北老工业基地城市主导产业的选择》，载于《辽宁师范大学学报（自然科学版）》2010年第12期。

[65] 张良，《黑龙江省科技中介服务业的现状、存在的问题及解决对策》，载于《学术交流》2005年第8期。

[66] 吴玉，《构建面向东北地区中小企业的知识服务模式》，载于《图书馆

学刊》2010 年第 11 期。

[67] 丁宁,《辽宁省振兴老工业基地发展金融服务业的可行性分析》,载于《商场现代化》2006 年第 2 期。

[68] 张丽娜,《基于 SWOT 模型分析吉林省生产性服务业》,载于《吉林工程技术师范学院学报》2009 年第 12 期。

[69] 赵勤,《东北地区现代服务业发展的制约因素及路径探析》,载于《商业经济》2008 年第 8 期。

[70] 申畅,《黑龙江省传统服务业向现代服务业发展的模式研究》,载于《商业经济》2009 年第 9 期。

[71] 张武,《黑龙江省服务业比较优势分析》,载于《辽宁教育行政学院学报》2009 年第 10 期。

[72] 杨艺,《吉林省第三产业发展现状和设想》,载于《工业技术经济》2002 年第 6 期。

[73] 张春光,《辽宁服务业发展的制约因素及其对策》,载于《辽东学院学报(社会科学版)》2009 年第 4 期。

[74] 李小萌,《综合比较优势与中国服务业发展研究》北京邮电大学博士研究生学位论文,2009 年。

[75] 杜辉,《辽宁省现代服务业的发展定位与战略选择》,载于《决策咨询通讯》2007 年第 4 期。

[76] 王后虎,《就业弹性与主导产业选择》,载于《中国工业经济》1992 年第 7 期。

[77] Allan Schmid,《财产,权力与公共选择》(黄祖辉等主译),上海人民出版社,上海三联书店 1999 年版。

[78] 沈满洪,《保护环境靠政府吗?》,载于《浙江省经济学会 2001 年年会交流论文》。

[79] 戴维·皮尔斯等著,《世界无末日》,中国财政经济出版社 1996 年版。

[80] 朱庚申著,《环境管理学》,中国环境科学出版社 2001 年版。

[81] A. J. 霍纳、D. 科尔曼主编,《农业经济学前沿问题》,中国税务出版社 2000 年版。

[82] 王金南著,《环境经济学理论·方法·政策》,清华大学出版社 1994 年版。

[83] 厉以宁、章铮著,《环境经济学》,中国计划出版社 1995 年版。

[84] 李光玉、宋子良主编,《经济·环境·法律》,科学出版社 2000 年版。

[85] 丁大月编著，《发展新思路》，中国国际广播出版社 2000 年版。

[86] 张坤等著，《欠发达地区环境与经济协调发展机制研究》，中国环境科学出版社 1999 年版。

[87] 曾珍香、顾培亮著，《可持续发展的系统分析与评价》，科学出版社 2000 年版。

[88] Thomas Anderson 等著，《环境与贸易——生态、经济、体制和政策》，清华大学出版社 1998 年版。

[89] 苏东水，《产业经济学》，高等教育出版社 2000 年版。

[90] 周振华，《现代经济增长中的结构效应》，上海人民出版社 1995 年版。

[91] 李大明，《产业组织结构调整与中小企业税收政策研究》，载于《财贸经济》2001 年第 10 期，第 41 ~ 44 页。

[92] 龚仰军，《产业结构研究》，上海财经大学出版社 2002 年版。

[93] 黄继忠，《对产业结构优化理论中一个新命题的论证》，载于《经济管理新管理》2002 年第 4 期，第 12 ~ 16 页。

[94] 李淑华，《我国制造业结构升级面临问题及对策建议》，载于《中国经贸导刊》2007 年第 2 期，第 37 页。

[95] 方甲主，《产业结构问题研究》，中国人民大学出版社 2007 年版，第 120 ~ 130 页。

[96] 谭顺福，《中国产业结构的现状及其调整》，载于《管理世界》2007 年第 6 期，第 156 ~ 157 页。

[97] 聂华林、高新才，《区域发展战略学》，中国社会科学出版社 2006 年版。

[98] 詹玉萍、于淑艳，《大连产业结构转换能力与转换速度分析》，载于《科技管理研究》2007 年第 1 期，第 84 ~ 87 页。

[99] 杨公朴、夏大慰、龚仰军，《产业经济学教程 IMl》，上海财经大学出版社 2008 年版。

[100] 杨国庚、杨奇，《产业结构优化升级研究理论综述》，载于《经济理论研究》2009 年第 9 期，第 7 ~ 9 页。

[101] 夏泽义、许进杰，《湖南省产业结构与经济增长的计量分析》，载于《工业技术经济》2009 年总第 28 期，第 1 期，第 77 ~ 79 页。

[102] 黄晓军、李诚固、黄馨，《东北地区城市化与产业结构演变相互作用模型》，载于《经济地理》2008 年第 1 期。

[103] 戴锦，《产业生态化理论与政策研究》，中国铁道出版社 2007 年版，

第6~12期。

[104] 陈英，《产业结构调整过程中的动态经济学——对我国产业结构升级的思考》，载于《经济社会体制比较》2007年第6期，第127~132页。

[105] Environmental and Natural Resource Economics, by Tom Tietenberg, fifth edition, 2000 by Addison Wesley Longman.

[106] Pollution from Livestock Wastes: A Review of Recent Legal Development, by N. T. Williams and J. C. Bough, *FARM MANAGEMENT*, Vol. 10, No, 12, January 2001.

[107] Environmental consequences of agricultural commercialization in Asia, by Prabhu L. Pingali, *Environment and Development Economics*, 2001 (6): 483 - 502.

[108] The Environmental Kuznets Curve: development path or policy result, by Elisabetta Magnani, *Environmental Modelling & Software*, 2001 (16): 157 - 165.

[109] Michio Watanabea, Katsuya Tanakab, Efficiency analysis of Chinese industry: A directional distance function approach [J], *Energy Policy*, 2007 (35): 632 - 633.

[110] Michael Peneder, Industrial structure and aggregate growth [J], *Structural Change and Economic Dynamics*, 2003 (14): 427 - 448.

[111] Magnus Blomstrom and Ari Kokko, from Nature Resources to High—Tech Production: The Evolution of Industry Competitiveness in Sweden and Finland, *Stanford Univesity Press*, 2006, 213 - 238.

[112] Ron A Boschma and Rik Wenting, The spatial evolution of the British automobile-bile industry: Does location matter? *Industrial and Corporate Change*, 2007 16 (2): 213 - 238.

[113] Schlarb, M. E-industrial Development: A Strategy for Building Sustainable Communities [J], *Economic Development Administration*, 2001: 3 - 8.